“十二五”普通高等教育本科国家级规划教材

北京高等教育精品教材
BEIJING GAODENG JIAOYU JINGPIN JIAOCAI

国家精品课程配套教材

高等学校保险学专业主要课程系列教材

保险学

（第六版）

王绪瑾　主编

INSURANCE

高等教育出版社·北京

内容简介

本书力图提供系统的保险理论与应用技术的蓝本。本书在论述保险基本理论与方法的基础上，吸纳了国内、国际保险界最新研究成果与应用技术。在内容上，既包括保险原理，也包括保险实务；既包括商业保险，也包括社会保险；既包括原保险，也包括再保险；既包括财产保险，也包括人身保险；既包括保险经营，也包括保险监管。在财产保险中，既包括财产损失保险，也包括责任保险、信用保险和保证保险。从而形成了由风险与保险、保险合同、保险的数理基础、保险经营、火灾保险、运输保险、工程保险、责任保险、信用保证保险、人身保险、再保险、社会保险、保险市场与监管13章构成的基本构架。本书在结构上采用板块式体系，在专业知识层次上，力求将保险基本理论与前瞻探讨相结合。本书是作者35年从教的总结，力图对保险商品交易的研究和实务有所帮助，可作为高等院校保险专业等财经类本科生或研究生的教材，也可作为保险从业人员参考用书。

图书在版编目（CIP）数据

保险学／王绪瑾主编. —6版. —北京：高等教育出版社，2017.9（2021.12重印）
ISBN 978-7-04-048500-4

Ⅰ. ①保… Ⅱ. ①王… Ⅲ. ①保险学—高等学校—教材 Ⅳ. ①F840

中国版本图书馆CIP数据核字（2017）第217550号

保险学（第六版）Baoxianxue

策划编辑 赵 鹏 责任编辑 赵 鹏 封面设计 张 楠 版式设计 于 婕
插图绘制 杜晓丹 责任校对 刘丽娴 责任印制 刁 毅

出版发行 高等教育出版社
社 址 北京市西城区德外大街4号
邮政编码 100120
印 刷 山东新华印务有限公司
开 本 787mm×1092mm 1/16
印 张 21.5
字 数 520千字
购书热线 010－58581118
咨询电话 400－810－0598
网 址 http://www.hep.edu.cn
http://www.hep.com.cn
网上订购 http://www.hepmall.com.cn
http://www.hepmall.com
http://www.hepmall.cn
版 次 2000年1月第1版
2017年9月第6版
印 次 2021年12月第4次印刷
定 价 49.00元

物 料 号 48500－00

序

王绪瑾教授所撰写的这部《保险学》是国内近年来不断问世的众多保险学著作中比较优秀的一部。这部著作的优秀之处是能够全面地融汇国内外保险理论和实务的最新变化和发展,没有任何偏见地将保险科学的最新理论、观点和动态完整地介绍给读者,使读者能够比较准确地掌握保险学的基础理论和基础知识,系统学习各项保险业务的实际操作手段和方法,全面地熟悉保险市场运作的基本规则,客观地了解保险学术研究的进展。全书从引导和启发读者客观、公正和全面地了解保险理论和实务的变化与发展过程出发,为读者进一步和深入地研讨保险科学的动态脉络奠定了扎实的专业基础。同时,作者在编写这部教材过程中,还注意对于个别在理论和实务发展过程中尚无定论和仍然处于商榷阶段的观点和动态,在予以客观评价的基础上,阐明自己的见解,体现了作者一贯倡导务实基础、动态介绍、观点清晰的治学风格和科研立场。所以,这部《保险学》对于那些准备或者希望系统地了解保险理论与实务的学子们是一部非常适合的启蒙著作。

王绪瑾教授本着严谨、求实的态度,在本书的撰写过程中,认真核实每一项数据、条款和规则,严格考证每一项论据和观点的出处及其变化脉络,注意论述的完整性与逻辑性,兼顾文字表述的语法结构和修辞润色,使得本书既适合于高等院校的课堂教学,也可以方便业余自修者阅读。所以,这部《保险学》反映了作者坚实的保险学科修养与造诣,既是作者多年从事专业理论与实务研究的结晶,也是作者对于我国保险学术研究的贡献。

郝演苏

1999 年仲夏于香港伊利莎白大厦

第六版前言

本书旨在为高等院校保险学的教学提供系统的保险理论与应用技术的基本蓝本。本书在论述一般保险理论与方法的基础上，注意结合我国情况吸纳国际、国内最新保险理论研究成果和技术。既包括保险学原理，也包括保险实务；既包括商业保险，也包括社会保险。在商业保险方面，既包括原保险，也包括再保险。在原保险中，既包括财产保险，也包括人身保险。在财产保险方面，既包括财产损失保险，也包括责任保险、信用保险和保证保险；在财产损失保险方面，则包括火灾保险、运输保险和工程保险；在人身保险方面，则包括人寿保险、健康保险、意外伤害保险。本书的基本构架为：风险与保险、保险合同、保险的数理基础、保险经营、财产保险、人身保险、再保险、社会保险、保险市场与监管。其特点主要有：在内容上，注意吸收国际、国内保险界最新研究成果与应用技术，充分考虑我国保险工作近期的新情况，按最新法律法规的规范来融合各章理论和知识。在结构上，采用板块式体系，从原理到实务，从商业保险到社会保险，从保险经营到保险监管。在商业保险中，从原保险到再保险，在原保险中，则从财产保险到人身保险；从国内保险到海上保险。在分析方法上，注意定性分析与定量分析相结合，理论与实务兼备，图文并茂。在适用层次上，力争既能让读者获得现代保险前沿理论与技能，又能有重点地获得保险从业基础知识与技能。

本书是作者多年从事保险专业教学和研究，并广泛吸取已有研究成果的结晶。各位作者在分别对“保险学原理”“人身保险学”“财产保险学”“再保险”“海上保险”“社会保障学”“保险经营管理学”“风险管理”“保险制度比较”“风险管理与保险研究”“财产保险研究”等保险学本科、研究生专业课程及非保险学本科专业“保险学”课程进行不断的教学探索和研究基础上，广泛吸纳国内外保险学者最新的优秀保险研究成果。

本书自 1999 年第一版以来先后修订了五次。第一次修订是 2001 年，当时修订的原因是我国保险业的快速发展，保险监管制度的不断完善。第二次修订是 2002 年年底，其原因是：为应对入世承诺，修订了《中华人民共和国保险法》（简称《保险法》）中保险业法的内容；国内外保险理论和实务的变化。修订的主要内容包括：结合我国 2002 年修订的《保险法》和最新的法律法规进行了修订；结合入世的部分内容进行了补充；结合国内外的保险业发展的实际作了补充。第三次修订是 2004 年 8 月，其原因在于：有关保险法律和保险行业规章的颁布和修订，如《中华人民共和国行政许可法》《中华人民共和国道路交通安全法》《保险公司管理规定》《保险公司偿付能力额度及监管指标管理规定》等。修订的主要内容包括：结合国内外保险理论发展的动态以及作者新的启示作了补充；根据新修订的有关法律法规和规章进行了修订；结合国内外的保险业发展的实际作了补充，尤其是组织形式多样化问题、条款费率市场化问题；充实了责任保险的内容；对有关研究的问题或文献来源，进一步增加了脚注等。前面三次修订还有一个主要原因是前一版本的脱销，正好借再版之机修订和补充一些新内容，并且本书的总体框架和风格均与第一、二版基本相同。第三版之后，根据相关情况的变化，又及时进行了第四次修订。

第五版主要在于适应国内外保险业的迅速发展、国内外保险理论的新成果和保险经营的新技术、我国保险法律法规和规章的颁布和修订。具体而言，主要包括：第一，结合国内外保险理论发展的动态以及作者新的启示作了补充；第二，根据我国有关新颁布和修订的法律法规和规章，如《保险法》的第二次修订，《中华人民共和国侵权责任法》的颁布，《中华人民共和国社会保险法》的颁布，《保险公司管理规定》的修订，以及保险资金运用、保险代理机构、保险经纪机构、保险公估机构、保险公司偿付能力等监管规定的修订，相应地对有关章节也做了补充和修订；第三，结合国内外的保险业发展的实际作了补充，尤其是保险条款费率市场化问题；第四，根据《中华人民共和国侵权责任法》等充实了责任保险的内容；第五，将运输保险和工程保险的章节互换位置，以便思路更明晰；第六，对有关研究的问题或参考文献进一步完善，使读者从正文、脚注和有关参考文献多视角、多层面了解保险理论与实务。第五版的总体框架和其余风格与过去的四版基本相同。

倏忽六年过去，中国保险业也从 2011 年的全球第 6 位跨入 2015 年、2016 年的全球第 3 位。国内外保险业得到了迅速发展，由大数据时代带来的区块链、产业链、物联网、车联网，使中国保险业也发生了巨大的变化，互联网保险、机动车保险改革尤为突出，为了适应这样的变化，作为源于实践又指导实践的保险理论教材，也有必要进行修订。第六版的变化主要体现在以下几个方面：第一，国内外理论创新和发展，修订、补充了有关章节，如互联网保险、保险服务化等；第二，结合国内外保险市场变化的数据，修订、补充了有关内容；第三，结合有关法律、法规和规章的修订，更新了保险合同、保险投资、社会保险、保险监管的部分内容；第四，结合中国保险行业协会 2014 年公布的《中国保险行业协会机动车综合商业保险示范条款》，修改了机动车保险的相关章节；第五，根据最新生命表，补充了保险数理基础章节的内容；第六，结合教学情况，进一步完善了相关章节的内容。

第六版与第五版教材均由高等教育出版社出版，过去的四版则由经济管理出版社出版。

本书融入了作者从事大学教学 35 年的成果，尤其是北京工商大学 1994 级以来历届保险专业、1998 级以来历届保险方向研究生相关保险专业课程群，以及之前非保险专业"保险学"课程教学研究的结晶。在本书的编写和修订过程中，得到了保险学界和业界的普遍帮助。在稿件写作和修订中：第一，感谢中央财经大学保险学院前院长、全国保险专业学位研究生教育指导委员会常务副主任郝演苏教授，在百忙中对本书提出修改建议并作序，感谢这位资深的保险专家对我的热情鼓励和支持。第二，感谢为本书过去四版奠基做出重要贡献的我系毕业的研究生：中国保监会办公厅综合处处长温燕博士、内布拉斯加林肯大学教授林一佳博士、中国人寿集团新渠道处处长卓宇博士、中国人寿资产管理公司肖志光博士。第三，感谢为本书第五版的校对做了大量工作的我系毕业的研究生席友、赵鹏、姜涛、徐雅琴、肖琼琪。第四，感谢新华人寿保险公司精算部上官飞总经理、中央财经大学许飞琼教授、湖南商学院保险学系主任王韧教授、中央电视大学朱志忠教授、中国保监会消费者权益保护局前局长李世玲女士、中国保监会广东监管局刘学生副局长、中国保监会财产保险监管部王思淼副主任、中国保监会财产保险监管部农险处邵绛霞副处长、中国保监会李巍副处长，对本书的写作提供的帮助和指导；中国人寿保险公司万里虹博士、华泰财产保险公司原车险部刘国浩总经理、美国国际集团朱燕旎经理(94 保险毕业生)、德国慕尼黑再保险公司中国分公司原董事长王真女士、劳合社股份有限公司(中国)董事长高璁先生、中国太平洋保险公司张海燕女士,他们给本书提出了不少宝贵意见,促成了本书的完善。第五,感谢参加承担中国保监会"十一五"规划重点课题"财产保险市场研究"的保险学系课题组成员,把关单位中国保监会财产保险监管部原副主任、现黑龙江监管局董波局长,合作单位中国保监会北京监管局前局长丁小燕女士和中国人保集团盛和泰副总裁及各位同仁;感谢参加中国保监会"十二五"规划课题"保险监管创新与监管体系建设"的课题组成员和把关单位中国保监会办公厅温燕处长、赵冰副处长;感谢参加中国保险业信息披露和综合经营下信息披露课题组的成员和把关单位中国保监会统计信息部,中国保险信息技术管理有限公司吴晓军董事长,中国保监会山西监管局朱金渭局长、中国保监会上海监管局裴光局长,感谢他们的指导,使我们的课题在圆满完成之后,又得以将部分研究成果转换为教材;还要感谢一起完成中国保监会课题"我国区域性保险法人机构发展与监管"的同仁,自保和相互保险课题的同仁。第六,感谢我们保险专业的同学,1994 级至 2015 级保险专业本科 32 个班 1 620 多位本科生和 1998 级以来的 19 届 290 多位保险专业研究生。在研究生课堂上逐章进行了认真讨论,这个教材蓝本既是他们的教材,也是讨论的书稿,这些研究生是:2010 级的研究生徐雅琴、齐晶、林亭亭、袁璟璟、陈建龙、何雪华、刘璐、李冠然、徐梦、孔海青;2009 级的研究生姜涛、龙云飞、刘艳芳、梅喻、耿蕴洁、李慧丽、王鹏程、王智慧;2008 级的研究生席友、赵鹏、袁磊、肖杰、骆俊峰、任卓昕、刘扬;2007 级的研究生杨雨亭、刘颖、沈桂林、刘思、罗超、马璇、李博婧、钟诚;2006 级的研究生唐守庆、陈鸿、韩秦、高婧,以及 2005 级以前的徐东炜、戴丽丽、赵妍慧、郑坚浩、肖潇、王红、苏永莉、韩秦、曹晓霞、茅丽敏、莫钧钰、孙家威、李娜等。以此上溯,1998 级我校保险专业的第一位研究生温燕博士、1999 级第二位研究生林一佳教授等,还有本科 1999 届毕业生孙珍珍博士(现纽约西也纳学院助理教授)等,至于 2011 级至今的研究生因人数太多,就不一一列举了。这些学生既是读者,也是对本书完善的推敲者和建议者,是他们的耐心和努力,给予我完成本书的信心和决心。第七,感谢我们风险管理与保险学系的同仁们,他们是系主任宁威教授、副主任徐徐教授、副主任宋占军博士,保险研究中心副主任栾红教授,还有刘育魁教授、兰新梅教授、吉彩红教授、许敏敏教授、乔杨博士、杨建海博士、王雯博士、董捷博士等,湖南理工学院蒯小明教授,他们结合教学对本书的修订提出了许多真知灼见。第八,在本次修订的过程中,中国保监会发展改革部席友先生,中国保险行业协会副秘书长、车险专业委员会郭红主任,中国人民财产保险股份有限公司精算部产品处王浩帆先生,中国太平保险(香港)有限公司北京分公司柳松副总经理、许珊女士、赵云珂女士,北京工商大学风险管理与保险学系研究生郭钟亮、易珊梅、陆彦婷、张芸同学提供了大量帮助,在此表示感谢。第九,感谢北京工商大学、教务处和经济学院,使本书成为 2005 年北京工商大学优秀教材、2006 年北京市高等教育精品教材、2013 年成为普通高等教育"十二五"国家级规划教材,为本书的完成进一步创造了条件。同时,特别感谢高等教育出版社编辑以及经济管理出版社的有关编辑,他们对本书的出版付出的巨大努力,使本书避免了许多可能出现的失误。感谢北京工商大学孙宗福教授对本书的出版给予了支持。第十,感谢我们家的"董事长"中国政法大学法律硕士学院院长、民商法博导费安玲教授,感谢她从本书的初稿到第六版对保险法律部分,尤其是保险合同部分所做的修正和提出的宝贵建议,从而,使我有信心追求教材的"十全十美"。同时,在本书写作中,我们还参阅了中外许多保险专家学者的著作,在此一并表示感谢。因此,本书从时间和范围上来看,仿若一条河流,经过无数的山川、汇集涓涓溪流,经过多年的沉淀,融入了无数人的智慧,汇成波涛、形成巨流。正因为如此,从某种意义上说,本书是集体劳动的结晶。因此,我代表全体作者向他们表示由衷的谢意,没有他们的帮助,本书的完成是难以想象的。

本书最初由王绪瑾构思并与其他作者一同讨论定稿。第一版的写作分工为:王绪瑾,第一、二、三、五、六、八、九、十二、十三章;汪福安和王绪瑾,第四章;李怡和王绪瑾,第七章;王绪瑾和汪福安,第十章;赵昕,第十一章。其后经过四次修订,李怡老师负责了第七、十一章的部分修订工作,汪福安老师负责了第四、十章的部分修订工作,其余由王绪瑾负责修订。此次由王绪瑾负责全书修订,宁威教授、徐徐教授、宋占军博士也在有关修改中做了大量工作。今年恰逢北京工商大学建校68周年,保险学专业创建24周年,在此,愿以本书与我们的同仁和在校的及已毕业的学生们共勉。

当然,本书中难免还会有不妥之处,若能得到同行专家和学者的批评指正,以不断修正完善,则不胜感激。

王绪瑾

2017年8月6日

目　录

第一章 风险与保险

第一节 风　险

一、风险的概念

(一) 什么是风险

风险(Risk)是损失的不确定性。它包括两层含义:一是可能存在损失;二是这种损失是不确定的。所谓不确定性是指:是否发生不确定;发生的时间不确定;发生的空间不确定,即在什么地点发生不确定;发生的过程和结果不确定,即损失程度不确定。风险的主要学说包括:

1. 损失可能说

该学说从企业经营角度讨论风险与损失之间的内在联系,强调损失发生的可能性。

2. 损失不确定说

该学说从风险管理与保险的关系角度,以概率的观点对风险进行定义。该学说认为:风险是损失的不确定性。不确定的程度可以用概率来描述,当概率在 0 到 0.5 时,随着概率的增加,不确定性也相应增加;当概率为 0.5 时,不确定性最大;当概率从 0.5 至 1 时,随着概率的增加,不确定性随之减少;当概率等于 0 或 1 时,不确定事件转化为确定事件。概率为 0,表示肯定不发生;概率为 1,表示肯定发生。

3. 风险因素结合说

该学说将风险与人们的利益联系起来,认为“风险是每个人和风险因素的结合体”。

4. 预期结果与实际结果变动说

该学说认为:风险是在一定条件下、一定时期内可能产生结果的变动。如果结果只有一种可能,不存在发生变动,则风险为 0;如果产生的结果有几种,则风险存在。可能产生的结果愈多,变动愈大,风险也就愈大。预期结果与实际结果的变动,意味着猜测的结果与实际结果的不一致或偏差。即:预期结果 - 实际结果 = 结果。若结果等于 0,则无风险;若结果不等于 0,则存在风险。

5. 风险主观说

该学说强调的是损失与不确定性之间的关系。认为风险是主观的、个人的和心理上的一种观念,是人们主观上的一种认识。该学说认为风险纯属个人对客观事物的主观估计,而不能以客观的尺度予以衡量。其代表人物主要有:麦尔、柯梅克、罗森布朗。麦尔和柯梅克将风险定义为“与损失相关的不确定性”;罗森布朗则定义为“损失的不确定性”。

6. 风险客观说

该学说以风险客观存在为前提、对风险事故观察为基础，以数学和统计观点加以定义，并认为风险可用客观尺度测度其大小。认为“风险是可测度的概率的大小”。即风险是客观的，可以通过概率进行测算。

（二）损失频率与损失程度

损失频率亦称损失机会，是在一定时间内一定数目的危险单位中可能受到损失的次数或程度，通常以分数或百分率来表示。即：损失频率 = 损失次数 / 危险单位数。

损失程度是标的物发生一次事故损失的额度与标的完好价值的比率。损失程度 = 实际损失额 / 发生事故标的完好价值。

二者关系为：一般成反比例关系，往往是损失频率很高，但损失程度不大；损失频率很低，但损失程度大。如家庭发生火灾这类事故很多，但极少有把房屋全部烧毁的。上述关系如图 1–1 所示。

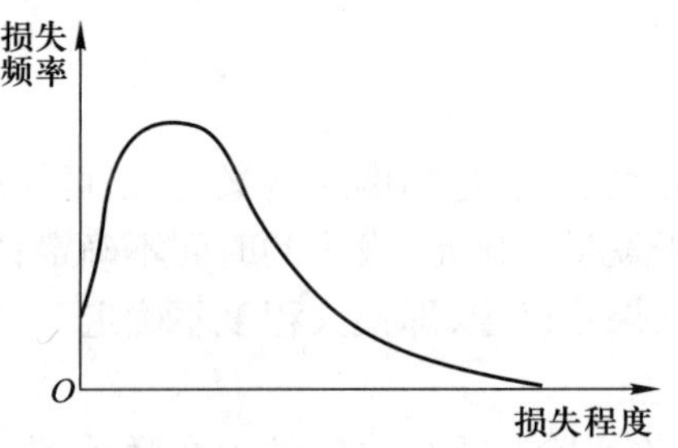

图 1–1 损失频率与损失程度关系图(1)

说明：事故发生的频率很高时损失程度不大，
事故发生频率很低时损失程度往往较大。

在研究损失频率与损失程度之间的关系时，常用工业意外事故的举例来说明。二者关系由一种人人皆知的图解来表示，称作“汉立区三角”（Heinrich Triangle）图，如图 1–2 所示。

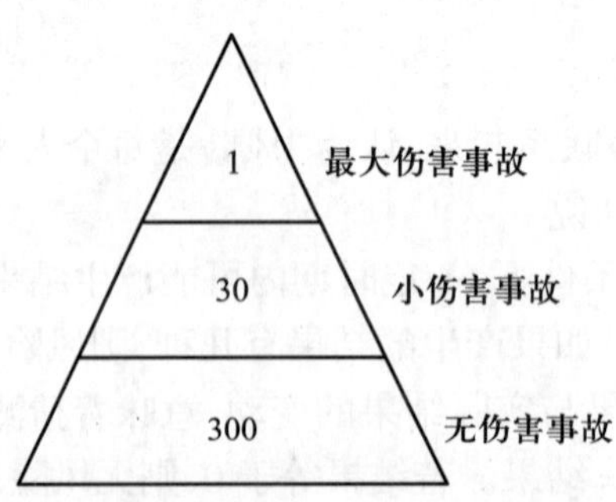

图 1–2 “汉立区三角”图

说明：在工业事故中，每发生一次大的伤害事故，就伴随有 30 次小的伤害事故和 300 次无伤害的事故。这个三角图解是对几千件小事故的研究得出的结论，它有利于我们理解频率与损失程度之间的关系。

但也有例外，在某些特殊情形下，事故发生的频率很高，而损失程度也很高，如有些地区特定时期的台风，事故频率高，损害程度也高。如图 1–3 所示。

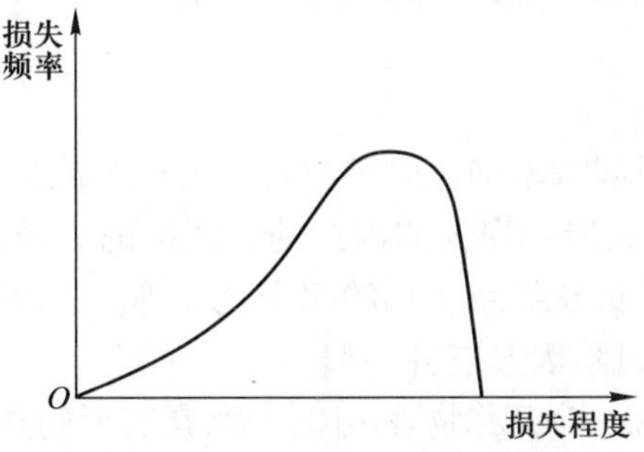

图 1–3 损失频率与损失程度关系图（2）

（三）风险与概率

1. 概率

概率（Probability）是不确定事件的确定性程度。即它是衡量随机事件出现可能性大小的尺度，是用来表示随机发生可能性大小的一个量。人们很自然地把必然发生的事件的概率定为 1；把不可能发生的事件的概率定为 0；而一般随机事件的概率是介于 0 与 1 之间。

用公式表示：

$$0 \leqslant P(A) \leqslant 1$$

式中：A 表示某种随机事件；

P 表示事件的概率逐渐趋于某个常数；

$P(A)$ 表示常数 P 为事件 A 的概率；

1 表示必然事件的概率；

0 表示不可能事件的概率。

在一般条件下，概率大，表示某种随机事件出现的可能性就大；反之，概率小，则表示某种随机事件出现的可能性就小。概率值永远是正数。如果将同类事件的所有不同结果的概率都相加，则概率之和必为 1。即：

$$\sum_{i=1}^{n} P_i = 1$$

以概率为尺度，从数量的角度来研究随机现象变动的关系和规律性的科学则称为概率论。

2. 大数法则

大数法则（Laws of Large Number）是在随机事件的大量出现中往往呈现几乎一致的规律。大数法则是概率论的法则之一，是保险的数理基础。

保险人对任何一个风险损失的概率作出比较精确的估算时，都需要根据大数法则的需要，通过大量的观察和统计，得出损失概率。根据大数法则，承保的风险单位越多，损失概率的偏差越小；反之则越大。而非寿险的保险费率的大小又是以损失率的大小为依据的。损失概率大的风险，费率就高；损失概率小的风险，费率就低。

二、风险的基本要素

风险的基本要素由风险因素、风险事故和损失构成。

(一) 风险因素

风险因素(Hazard)是指引起或增加风险事故发生的机会或扩大损失程度的原因和条件。它是风险事故发生的潜在原因,是造成损失的内在的或间接的原因。如抽烟是导致肺癌的重要因素;酒后开车、汽车刹车系统失灵是导致车祸的原因之一等。风险因素根据性质通常分为实质风险因素、道德风险因素和心理风险因素三种类型。

实质风险因素(Physical Hazard)又称物理风险因素,是有形的并能直接影响事物物理功能的因素。即某一标的本身所具有的足以引起损失的机会或增加损失程度的客观原因和条件,如汽车的刹车系统失灵是车祸发生的实质风险因素;建筑材料不善是引起建筑物火灾的实质风险因素;环境污染是影响人们健康的实质风险因素。

道德风险因素(Moral Hazard)是与人的品德修养有关的无形的因素,即是由于个人的不诚实、不正直或不轨企图促使风险事故发生,以致引起社会财富损毁或人身伤亡的原因和条件,如欺诈、纵火骗赔、盗窃、抢劫、贪污等。

心理风险因素(Morale Hazard)又称风纪风险因素,是与人的心理状态有关的无形因素。它是由于人们主观上的疏忽或过失,以致增加风险事故发生的机会或扩大损失程度的原因和条件。如由于投保人的疏忽,出门忘了锁门;仓库值班人员未尽职守,增加了偷窃风险的发生;锅炉工忽视了及时给锅炉加水,增加了发生爆炸的可能。

上述三种风险因素中,道德风险因素和心理风险因素均为与人的行为有关的风险因素,故二者合并可称为无形风险因素或人为风险因素。将二者合并的理论源于美国学者 Robert I. Mehr & Emerson Cammack 所著的《保险原理》,该书指出:在保险上,实质风险因素与道德风险因素是两类重要的风险因素。他们均站在核保技术上的论点上,将风险因素采用二分法分类,这种分类可解决核保上故意和非故意难以区分的课题。[①]

(二) 风险事故

风险事故(Peril)又称风险事件,是造成生命财产损失的偶发事件。也就是说,风险事故是损失的媒介,是造成损失的直接的或外在的原因,即风险只有通过风险事故的发生,才能导致损失。如刹车系统失灵酿成车祸而导致人员伤亡,其中,刹车系统失灵是风险因素;车祸是风险事故;人员伤亡是损失。如果仅有刹车系统失灵,而未导致车祸,则不会导致人员伤亡。但有时风险因素与风险事故很难区分,某一事件在一定条件下为风险因素,在另一条件下则为风险事故。如下冰雹,使得路滑而发生车祸,造成人员伤亡,这时下冰雹是风险因素,车祸是风险事故;若下冰雹直接击伤行人,则下冰雹为风险事故。故而,应以导致损失的原因来区分。导致损失的直接原因是风险事故;导致损失的间接原因则为风险因素。

---

① 宋明哲. 保险学:纯风险与保险. 台北:五南图书出版公司,1995:11。

（三）损失

在风险管理中，损失（Loss）是指非故意的、非预期的和非计划的经济价值的减少。显然，风险管理中的损失包括两方面的条件：一为非故意的、非预期的和非计划的观念；二为经济价值的观念，即损失必须能以货币来衡量。二者缺一不可。如折旧、馈赠，虽有经济价值的减少，但不符合第一个条件；又如某人因病使其智力下降，虽然符合第一个条件，但不符合第二个条件，也不能称智力下降为损失。

在保险实务中，损失分为直接损失和间接损失。前者是实质的、直接的损失；后者包括额外费用损失、收入损失和责任损失。每一种风险事故所造成的损失形态均不会脱离上述范畴。

风险因素、风险事故和损失三者的关系在于：风险是由风险因素、风险事故和损失三者构成的统一体。风险因素是指引起或增加风险事故发生的机会或扩大损失程度的条件，是风险事故发生的潜在原因；风险事故是造成生命财产损失的偶发事件，是造成损失的直接的或外在的原因，是损失的媒介；损失是指非故意的、非预期的和非计划的经济价值的减少。

上述三者关系为：风险是由风险因素、风险事故和损失三者构成的统一体，风险因素引起或增加风险事故，风险事故发生可能造成损失，如图 1–4 所示。

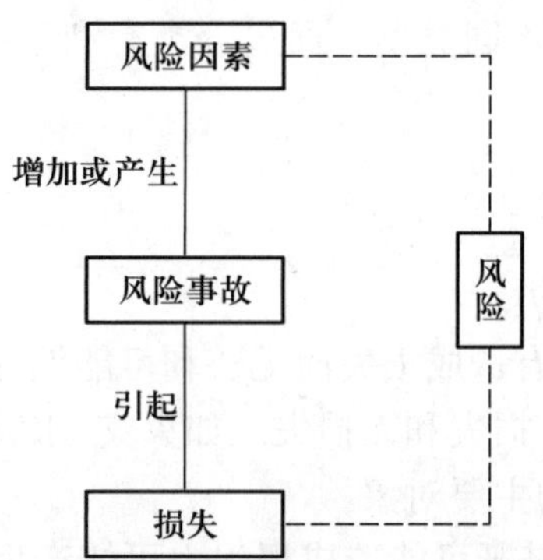

图 1–4 风险因素、风险事故与损失关系图

上述三者之间存在着一种因果关系：风险因素增加或产生风险事故；风险事故引起损失。对三者因果关系分析，有两种解释：一为亨利屈（H. W. Henrich）的骨牌理论（Domino Theory）；另一为哈顿（Willian Haddon Jr.）的能量释放论。这两种理论都认为风险因素可能引起风险事故，风险事故可能导致损失。但二者强调的重点不同，亨利屈强调风险因素、风险事故、损失三张牌之所以相互倾倒，主要是因人的错误行为所致，因而它强调人的因素；哈顿则强调三者之所以有这种因果关系，是因为事物所承受的能量超过了它所能容纳的能量，因而它强调的是物理因素。由于两种理论解释不同，从而导致对预防损失的具体策略不同。

三、风险偏好

风险偏好（Risk Preference）是风险管理决策人员对风险的反应。它会影响风险管理决策。同一资料、同一情况，不同决策者可能因主观而产生不同的决定。风险管理的决策虽以客观的科学计量为依据,但仍然不排除决策者的主观因素。一般而言,风险的偏好分为三个层次:低度冒险者,即远离风险者,对风险的偏好较低;中度冒险者,即对风险的偏好适中;高度冒险者,即对风险的偏好较高。影响风险偏好程度的重要因素主要有:年龄、性别、个性、学识及经验是否丰富、受教育程度、对风险的了解程度、损失金额的大小、拥有财富的多少八项因素。[①]

四、危险单位

危险单位(Risk Unit)是发生一次风险事故可能造成标的物损失的范围。它是保险人确定其能够承担的最高保险责任的计算基础。其分类常有:① 地段危险单位。即由于保险标的之间在地理位置上相毗连,具有不可分割性,故风险事故发生时,受损失的机会是相同的。② 一个投保单位为一个危险单位。该方法较为简单,对于一个危险单位,无须勘查、制图和分别险位,只要投保单位将其财产足额投保,则按投保单位作为危险单位,按其占用性质和建筑等级来确定费率。③ 一个标的为一个危险单位,与其他标的无毗连关系,风险集中于一体的保险标的即作为危险单位,如一颗卫星、一架飞机等。这种危险单位风险集中,一旦发生风险事故将造成巨大的经济损失。

五、风险的类别

按不同的方式可将风险分成不同类型。通过分类有利于我们认识、测定和管理风险不确定性。基本的分类法如下。

(一) 纯粹风险和投机风险

这是按风险的性质进行的分类。

纯粹风险(Pure Risk)是指只有造成损失而无获利可能性的风险。此为美国学者毛伯莱所创立。纯粹风险所致结果只有两种:损失和无损失。如火灾、水灾、车祸、坠机、死亡、疾病、战争等。纯粹风险能够预测,为风险管理的主要对象。

投机风险(Speculative Risk)是既可能造成损失也可能产生收益的风险。其所致结果有三种可能:损失、无损失和获利。如股市行情的变动、商品价格的涨落、赌博等。保险人对于投机风险一般不予承保。

二者的区别在于:前者总是不幸的,事故发生则可能带来损失,故为人们所畏惧和厌恶;后者由于有可能获利,具有诱惑力,故有些人为了获利,甘愿冒这种风险。在保险活动中,保险公司一般只承保纯粹风险,而不承保投机风险。

(二) 静态风险和动态风险

这是按产生风险的环境进行的分类。

静态风险(Static Risk)是由于自然力变动或人的行为失常所引起的风险。前者如地震、海难、雹灾等;后者如人的死亡、残疾、盗窃、欺诈等。此类风险大多在社会经济结构未发生变化的条件下发生,因此是静态风险。

① 参阅:Albert H. Mowbray, Ralph H. Blanchard, C. Arthur Williams Jr. Insurance. Huntington: R.E. Krieger Pub.Co., 1979: 39–41.

动态风险(Dynamic Risk)是由于人类社会活动而产生的各种风险。例如,政府经济政策的改变、新技术的运用、产业结构的调整、人们消费观念的改变、军事政变等所导致的风险,如战争、通货膨胀等。此类风险多与经济及社会变动密切相关。

上述两种风险都具有不确定性,但二者存在一定的区别:静态风险的变化比较规则,能较好地适用大数法则,因此能比较好地预测,而动态风险的运动极不规则,难以进行综合预测;静态风险所波及的面只涉及少数人,而动态风险所涉及的面较为广泛;静态风险总是纯粹风险,动态风险既可能是纯粹风险,也可能是投机风险。

(三) 基本风险和特定风险

这是按风险影响的范围对象进行的分类,由美国保险学者卡尔普(C. A. Kulp)提出。

基本风险(Fundamental Risk)是风险的起源与影响方面都不与特定的人有关,至少是个人所不能阻止的风险。即全社会普遍存在的风险。这些风险可能是与社会、政治有关的风险,如战争、罢工等;也可能是与自然灾害有关的风险,如地震。

特定风险(Particular Risk)是与某特定的人有因果关系的风险。即由特定的个人所引起且损失仅涉及个人的风险,如盗窃、火灾、爆炸导致财产损失的风险。

基本风险和特定风险的界定不是绝对的,它随着时代和观念的不同而不同。如失业、车祸和职业灾害过去均认为是特定风险,现在视为基本风险。一般情况而言,特定风险属于纯粹风险;基本风险则包括纯粹风险和投机风险。

(四) 财产风险、人身风险、责任风险和信用风险

这是按风险损失的对象进行的分类。

财产风险(Property Risk)是可能导致财产发生毁损、灭失和贬值的风险。例如,厂房、机器设备等因风险事故的发生,一方面直接导致厂房、机器设备的经济价值减少;另一方面使企业不能再凭借这些厂房、机器设备获取正常的经济利益的利润损失。

人身风险(Personal Risk)是指人们因生、老、病、死、伤残等原因而导致经济损失的风险。如因为疾病、伤残、死亡、失业等导致个人、家庭或企业经济收入减少。生、老、病、死虽然是人生的必然现象,但在何时发生并不确定,一旦发生,将给其本人和家属在精神和经济生活上造成困难。

责任风险(Liability Risk)是指因侵权或违约依法对他人遭受的人身伤亡或财产损失应负赔偿责任的风险。例如,汽车撞伤了行人,如果属于驾驶人的过失,那么按照法律责任规定,他就须对受害人或其家属给付赔偿金;又如,根据合同、法律规定,雇主对其雇员在从事工作范围内的活动中,造成身体伤害所承担的经济给付责任。

信用风险(Credit Risk)是指在经济交往中,权利人与义务人之间,由于一方违约或犯罪而给对方造成经济损失的风险。如银行贷款后的还款风险,出口企业的收汇风险等。

(五) 自然风险、社会风险、经济风险和政治风险

这是按损失发生的原因进行的分类。

自然风险(Natural Risk)是指由于自然现象或物理现象所导致的风险。如洪水、地震、风暴、

火灾、泥石流等所致的人身伤亡或财产损失的风险。

社会风险(Social Risk)是指由于个人行为的反常或不可预料的团体行为所致损失的风险。其产生有两种原因:一是由于个人行为失常,如盗窃、疏忽等而引起损失的风险;二是由于不可预料的团体行为,如罢工、动乱等引起损失的风险。

经济风险(Economic Risk)是指在产销过程中,由于各种因素的变动或估计的错误,导致产量减少或价格涨跌所致损失的风险。它是在生产经营过程中,由于经营管理不善、市场预测错误,或者其他相关因素的变化导致的企业收入损失甚至破产的风险。

政治风险(Political Risk)是由于种族或宗教的冲突、叛乱、战争所引起的风险。社会风险与政治风险很难严格区分,如一项社会问题本为社会风险,但很可能因累积过久而成为政治问题,从而引起政治风险。

(六) 可管理风险和不可管理风险

这是按风险能否处理进行的分类。

可管理风险(Manageable Risk)是可以预测及可以控制的风险;不可管理风险(Non-manageable Risk)则是不可以预测及不可以控制的风险。而能否管理则依收集的客观资料和管理技术能力的程度而定。如可保风险是能用保险方式加以管理的风险,是一种可管理风险;但不保风险仅指该风险在保险上无法处理,并不一定为不可管理风险。

(七) 客观风险和主观风险

这是按对风险是否可进行客观的计算进行的分类。

客观风险(Objective Risk)是不以人的意志为转移的实际存在的风险。如自然灾害和意外事故等。客观风险的概率可以通过大数法则进行分析和测算,这种测算的方法就是通过实际损失与预期损失之间的变动区间和预期损失的比例发现客观风险发生的概率。从风险分析的角度,实际损失与预期损失之间的变动区间越小,客观风险发生的概率越低;实际损失与预期损失之间的变动区间越大,客观风险发生的概率越高。

主观风险(Subjective Risk)是指当人们对于风险不能够在客观上进行较为准确的测算时,根据经验或想象对于风险因素作出的分析和判断。这种情况往往是由于缺乏系统的数据资料,很难对于风险作出科学的概率测算,只能根据经验和判断来处理现有的风险资料,估测风险因素向风险事故转化的趋势和过程,以求得主观上的概率数值。由于人们处理风险的态度和观念不同,这种概率数值可能会存在较大的差异。

此外,还可按造成损失的大小分为一级、二级、三级风险。

六、风险成本

风险成本是指由于风险的存在和风险事故发生后人们所必须支出费用的增加和预期经济利益的减少,又称风险的代价。

(一) 风险成本的类型

对风险成本有多种分类。有的按风险成本引起的原因顺序分为风险因素成本和风险事故成本；有的则分为风险的经济成本和风险的社会成本。但一般分为风险损失的实际成本、风险损失的无形成本和预防或控制风险损失的成本三类。

1. 风险损失的实际成本

风险损失的实际成本由风险造成的直接损失成本和间接损失成本共同构成：① 直接损失成本是指风险造成的财产及人体自己的实际损失成本，其损失成本的大小可采用不同方法进行评价；② 风险间接损失成本是指某一风险损失的发生而导致的该财产本身以外的损失成本以及与之相关的他物损害和责任等的损失成本。具体包括营运收入的损失、额外费用增加的成本和责任赔偿费用。

2. 风险损失的无形成本

风险损失的无形成本是指风险对社会经济福利、社会生产率、社会资源配置以及社会再生产等诸方面的破坏后果。

(1) 风险损失造成社会经济福利减少。由于风险主观不确定性的存在，会迫使人们或企业为应付未来损失的不确定性而提留或保持大量损失准备金，而大量损失准备金的提留将会增加其机会成本，减少社会财富增加的机会。由于存在损失的不确定性，这就会给个人或经济单位造成心理忧虑，其忧虑的结果会抵消因灾害增加而递增的边际效用，使社会经济福利减少。

(2) 风险阻碍生产率提高。风险的存在，会使资金大量用做损失准备金，而使准备金较难进入生产或流通领域，从而会阻碍生产和流通的扩大，也难以形成规模经济效益，最终会阻碍劳动生产率进一步提高；风险会阻碍新技术推广运用和更新，其后果会极大地阻碍生产率提高。

(3) 风险发生的不确定性导致资源配置不当。由于风险的存在，会出现社会投资的短期化行为，而且那些风险大的产业会出现无人问津的现象，生产资源会流向安全性较高的产业，其后果是破坏原有的资源配置，社会资源的使用效率下降，资源配置难以优化。

3. 预防或控制风险损失的成本

为预防和控制风险损失，必须采取各种措施，例如，购置用于预防和减震的设备及其维护费、咨询费等。具体包括资本支出和折旧费、安全人员费（含薪金、津贴、服装费等）、训练计划费用、施教费以及增加的机会成本。以上各项费用的支出构成了预防和控制风险损失的成本。这种成本既包含了预防和控制风险的直接成本，又包含了其间接成本；既包含了预防和控制风险损失的个体成本，又包含了其总体成本。在当今社会，风险损失的间接成本往往要大于其直接成本，总体风险成本要大于个体风险损失的成本。

（二）风险成本负担的对象

以上讨论了风险成本的类型，下面将简单讨论风险成本负担的对象。根据负担的对象可将风险成本分为私人负担成本和社会负担成本。前者是指个人或企业从事某一特定活动所产生的必要成本；后者则是指从该特定活动引出另一种由其他人或社会全体来负担的成本。如一个加工企业遭受火灾而被全毁，这一损失由该企业自己负担，为私人负担成本；而与之相关的厂商，如原材料供应商、为该厂职工服务的部门将为这次火灾付出必要的成本，这就是社会负担成本。可用图 1–5 表示它们的关系。

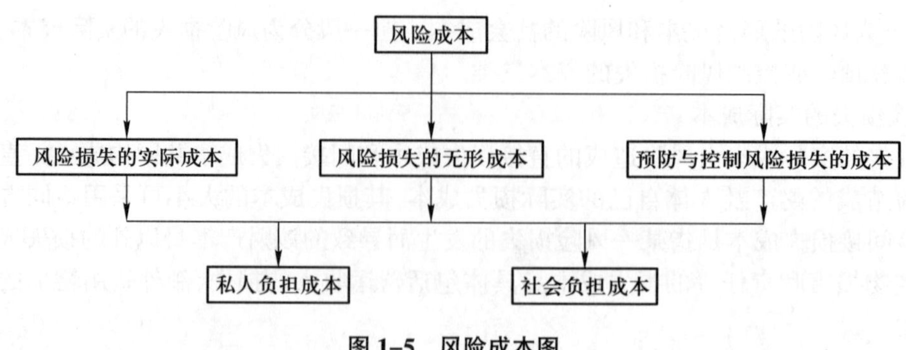

图 1–5 风险成本图

第二节 风 险 管 理

一、风险管理的概念与目标

风险管理(Risk Management)是经济单位通过对风险的认识、衡量和分析,以最小的成本取得最大安全保障的管理方法。风险管理是研究风险发生规律和风险控制技术的一门新兴管理学科,各经济单位通过风险识别、风险估测、风险评价,并在此基础上优化组合各种风险管理技术对风险实施有效的控制和妥善处理风险所致损失的后果,期望达到以最小的成本获得最大安全保障的目标。

风险管理目标由两部分组成:损失发生前的风险管理目标和损失发生后的风险管理目标。前者的目标是避免或减少风险事故形成的机会,包括节约经营成本、减少忧虑心理;后者的目标是努力使损失的标的恢复到损失前的状态,包括维持企业的继续生存、生产服务的持续、稳定的收入、生产的持续增长和社会责任。二者有效结合,构成完整而系统的风险管理目标。

(一) 损失发生前的风险管理目标

1. 降低损失成本

风险事故的形成势必增加企业的经营成本,影响企业利润计划的实现。因此,企业必须根据本身运作的特点,充分考虑到企业所面临的各项风险因素,并且将这些风险因素可能形成的风险事故进行分析,从经济和技术的角度进行抵御风险的处理,从而使风险事故可能对于企业造成的损失成本降为最小,达到最大安全保障的目的。

2. 减轻和消除精神压力

风险因素的存在,对于人们的正常生产和生活造成了各种心理的和精神的压力,通过制定切实可行的损失发生前的风险管理目标,便可减轻和消除这种压力,从而有利于社会和家庭的稳定。

(二) 损失发生后的风险管理目标

1. 维持企业的生存

这是损失发生后的企业风险管理工作的最低目标。在损失发生之后,企业至少要在一段合理的时间内才能部分恢复生产或经营。只有在损失发生后能够继续维持受灾企业的生存，才能使企业有机会减少损失造成的影响，尽早恢复损失发生之前的生产状态。

2. 生产能力的保持与利润计划的实现

这是损失发生后企业风险管理工作的最高目标。如何使风险事故对企业造成的损失降为最小，保证企业的生产能力与利润计划不因为损失的发生而受到严重的影响，是企业风险管理工作中必须制定的目标。为了保证这个目标的实现，企业在制定和设计损失发生后的风险管理目标的过程中，就必须根据企业的资本结构和资产分布状况确定消除风险事故影响的最佳经济和技术方案。

3. 保持企业的服务能力

这是损失发生后的企业风险管理工作的社会责任目标。企业的社会责任之一就是保证其对于社会和消费者所作出的服务承诺的正常履行，这种责任的履行不仅是为了维护企业的社会形象，而且是为了保证企业发挥作为整个社会正常运转的一个链条的作用。所以，对于企业来说，这个目的具有强制性和义务性的特点。如公用事业必须保证对于公共设施提供不间断的服务，生产民用产品的企业必须能够在损失发生后保证继续履行对于其客户承诺的售后服务，以防止消费者转向该企业的竞争对手。

4. 履行社会责任

这是损失发生后的企业风险管理工作的社会责任目标。之所以要尽可能减轻企业受损对其他人和整个社会的不利影响，是因为企业遭受一次严重的损失灾难会影响到雇员、顾客、供货人、债权人、税务部门以至于整个社会的利益。企业作为社会的一部分，其本身的损失可能还涉及企业员工的家属、企业的债权人和企业所在社区的直接利益，从而使企业面临严重的社会责任压力。因此，企业在制定自身的风险管理目标时，不仅要考虑到企业本身的需要，还要考虑到企业所担负的社会责任。

(三) 风险管理的沿革与作用

风险管理思想在 19 世纪开始萌芽，当时法国科学管理大师费尧(Henri Fayol)所著《一般与工业管理》一书中，首先将风险管理思想引入企业经营中，但未形成完整的体系。

风险管理自 20 世纪 30 年代产生，在 50 年代末得到推广，到 70 年代得到迅速发展。在西方发达国家中，风险管理已普及到各规模的企业。风险管理一词则是美国的格拉尔在 1952 年调查报告《费用控制的新时期——风险管理》中首先提出。到60年代，在美国保险管理学会的推动下，风险管理教育在美国风行起来，各大学的“保险学”专业改为“风险与保险学”专业，有关保险团体也纷纷改名，如 1932 年创立的“美国大学保险学教师学会”于 1961 年末改为“美国风险与保险学学会”。美国保险管理学会创立于 1950 年，原名“全国购买者协会”，于 1955 年改为“美国保险管理学会”，1975 年更名为“美国风险与保险学会”，该学会于 1983 年通过了“101 条风险管理准则”，使风险管理更趋向规范化。德国 1970 年引进了美国风险管理理论，进而形成了德国风险政策和美国风险管理的折中性学术观点。法国是世界上首先将风险管理引入企业经营体系的国家，但到目前仍未形成完整的风险管理理论体系。在现代社会，风险管理已在许多发达国家广泛运用。风险管理已成为企业中的一个重要职能部门，与企业的计划、财务、会计等部门一道，共同为实现企业的经营目标而努力。

目前风险管理具有两种形式:一种是保险型风险管理,其经营范围仅限于纯粹风险;另一种是经营管理型风险管理,其经营范围不仅包括静态风险,也包括动态风险。德国的风险管理一直属于经营管理型风险管理。美、英、法等国的风险管理亦由保险型风险管理逐渐发展到经营管理型风险管理。

风险管理之所以得到普遍应用,是因为它有着重要的作用。它对整个经济、社会的作用在于:实施风险管理有利于资源分配最佳组合的实现;实施风险管理有助于消除风险给整个经济社会带来的灾害损失及其他连锁反应,从而有利于经济的稳定发展;实施风险管理有助于提高和创造一个有利于经济发展和保障人民生活的良好的社会经济环境。

风险管理对单个企业的作用主要体现在力图以最小的耗费将风险损失减少到最低程度,保障企业经营目标的实现。其主要表现在:通过系统地处置与控制风险,保障企业经营目标顺利实现;风险管理有助于企业各项决策科学化和合理化,减少决策的风险;风险管理有助于提高企业经营效益;风险管理措施能够为企业提供一个安全、稳定的生产经营环境。

二、风险管理的基本程序

风险管理的基本程序是风险识别、风险估测、风险对策和风险管理效果评价等环节。

(一) 风险识别

风险识别(Risk Identification)是经济单位和个人对面临的以及潜在的风险加以判断、归类整理并对风险的性质进行鉴定的过程,它是风险管理的第一步。风险是多种多样、错综复杂的,因此必须采取有效的方法和途径识别潜在风险,并进行经验判断和归纳整理,对风险的性质予以鉴定。对风险的识别,一方面依靠感性认识,经验判断;另一方面,可利用财务报表分析法、生产流程图分析法、现场调查法等进行分析和归类整理,从而发现各种风险的损害情况以及具有规律性的损害风险。在此基础上,鉴定风险的性质,从而为风险衡量作准备。风险识别的具体方法主要有以下几类。

1. 现场调查法

现场调查法是风险管理部门通过现场考察企业的设备、财产以及生产流程,发现潜在风险并及时对风险进行处理的方法。

2. 风险列举法

风险列举法是风险管理部门根据本企业的生产流程按生产环节的先后顺序进行风险排列的方法。一般从列出企业购买过程可能遇到的风险开始,继而列出生产过程、销售过程可能面临的所有风险因素。

3. 生产流程图法

生产流程图法是在列举法的基础上发展起来的。它是风险管理部门根据生产流程图(Flow Chart)从企业原材料、电力等投入开始,经生产过程,到产品抵达消费者手中,将其间一切环节系统化、顺序化,制成流程图,以便发现企业面临的风险。该方法的优点是简明扼要,可以揭示生产流程中的薄弱环节。

4. 财务报表分析法

财务报表分析法是按照企业的资产负债表、财产目录、利润表等资料,对企业的固定资产和流动资产的分布进行风险分析,以便从财务的角度发现企业面临的潜在风险和财务损失。众所周知,对一个经济单位而言,财务报表是一个综合反映指标,经济实体存在的许多问题均可能从财务报表中反映出来。

风险管理部门在风险识别的过程中,可以选择上述一种方法,也可以选择几种方法的组合。

(二) 风险估测

风险估测(Risk Measurement or Risk Evaluation)是指在风险识别的基础上,通过对所收集的大量的详细损失资料加以分析,运用概率论和数理统计,估计和预测风险发生的概率和损失程度。风险估测的内容主要包括损失频率和损失程度两个方面。损失频率的高低取决于风险单位数目、损失形态和风险事故;损失程度是指某一特定风险发生的严重程度。

风险估测不仅使风险管理建立在科学的基础上,而且使风险分析定量化,损失分布的建立、损失概率和损失期望值的预测值则为风险管理者进行风险决策、选择最佳管理技术提供了可靠的科学依据。它要求从风险发生频率、发生后所致损失的程度和自身的经济情况入手,分析自己的风险承受力,为正确选择风险的处理方法提供根据。

(三) 风险对策

风险对策是在识别分析和估测风险的基础上,根据风险性质、损失频率、损失程度及自身的经济承受能力选择适当的风险处理方法的过程。它是根据风险评价结果,为实现风险管理目标,选择最佳风险管理方法并实施。

风险管理方法分为控制法和财务法两大类。前者的目的是降低损失频率和减少损失程度,重点在于改变引起风险事故和扩大损失的各种条件;后者是事先做好吸纳风险成本的财务安排。

1. 控制法

控制法是指避免、消除风险或减少风险发生频率及控制风险损失扩大的一种风险管理方法,主要包括以下几类:

(1) 避免(Avoidance)。避免是放弃某项活动以达到回避因从事该项活动可能导致风险损失的目的的行为。它是处理风险的一种消极方法。通常在两种情况下进行:某特定风险所致损失频率和损失程度相当高时;在处理风险的成本大于其产生的效益时。避免风险虽简单易行,有时能够彻底根除风险,但有时回避风险放弃了经济利益,增加了机会成本,且避免方法的采用通常会受到限制。如新技术的采用、新产品的开发都可能带有某种风险,而如果放弃这些计划,企业就无法从中获得高额利润;地震、生病、世界性经济危机等在现有的科技水平下,是任何经济单位或个人都无法回避的风险。再如,避免了某一风险有可能产生新的风险,如担心锅炉爆炸而改用电热炉烧水,却面临因电压过高致使电热炉被损坏的风险。

(2) 预防(Loss Prevention)。预防是指在风险发生前为了消除或减少可能引发损失的各种因素而采取的处理风险的具体措施。其目的在于通过消除或减少风险因素而达到降低损失频率的目的。具体方法有工程物理法和人类行为法。前者如精心选择建筑材料,以防止火灾风险,其重点是预防各种物质性风险因素;后者包括对设计、施工人员及住户进行教育等,其重点是预防人为风险因素。前者适用于哈顿的能量释放理论;后者适用于亨利屈的骨牌理论。

(3) 抑制(Control)。抑制是指风险事故发生时或之后采取的各种防止损失扩大的措施。

它是处理风险的有效技术。例如,在建筑物上安装火灾警报器和自动喷淋系统等,可减轻火灾损失的程度,防止损失扩大。损失抑制常在损失程度高且风险又无法避免和转嫁的情况下采用。

(4) 风险中和(Risk Neutralization)。风险中和是风险管理人采取措施将损失机会与获利机会进行平分。如企业为应付价格变动的风险,可以在签订买卖合同的同时进行现货和期货买卖。风险中和一般只限用于对投机风险的处理。

(5) 集合或分散(Combination or Pooling)。集合或分散是集合性质相同的多数单位来直接分担所遭受的损失,以提高每一单位承受风险的能力。就纯粹风险而言,可使实际损失局限于预期一定程度内,适用大数法则的要求;就投机风险而言,如通过购并、联营等手段,增加单位数目,提高风险的可测性,达到把握风险、分担风险、降低风险成本的目的。该方法适用于大数法则,但只适用于特殊的行业、地区或时期。

2. 财务法

由于人们对风险的认识受许多因素的制约,因而对风险的预测和估计不可能达到绝对精确的地步,而各种风险控制法都有一定的缺陷。为此,有必要采用财务法,以便在财务上预先提留各种风险准备金,消除风险事故发生所造成的经济困难和精神忧虑。财务法是通过提留风险准备金事先做好吸纳风险成本的财务安排来降低风险成本的一种风险管理方法。即对无法控制的风险事前所做的财务安排。它包括自留或承担和转移两种。

(1) 自留或承担(Retention or Assumption)。自留是经济单位或个人自己承担全部风险成本的一种风险管理方法,即对风险的自我承担。自留有主动自留和被动自留之分。采取自留方法,应考虑经济上的合算性和可行性。一般来说,在风险所致损失频率和程度低、损失短期内可预测以及最大损失不足以影响自己的财务稳定时,宜采用自留方法。但有时会因风险单位数量的限制而无法实现其处理风险的功效,一旦发生损失,可能导致财务调度上的困难而失去其作用。

(2) 转移(Transfer)。风险转移是一些单位或个人为避免承担风险损失而有意识地将风险损失或与风险损失有关的财务后果转嫁给另一单位或个人承担的一种风险管理方式。

风险转移分为直接转移和间接转移。直接转移是风险管理人将与风险有关的财产或业务直接转移给他人;间接转移是指风险管理人在不转移财产或业务本身的条件下将与财产或业务有关的风险转移给他人。前者主要包括转让、转包等;后者主要包括租赁、保证、保险等。其中,转让是将可能面临风险的标的通过买卖或赠予的方式将标的所有权让渡给他人;转包是将可能面临风险的标的通过承包的方式将标的经营权或管理权让渡给他人;租赁是通过出租财产或业务的方式将与该项财产或业务有关的风险转移给承租人;保证是保证人和债权人约定,当债务人不履行债务时,保证人按照约定履行债务或者承担责任的行为;保险则是通过支付保费购买保险将自身面临的风险转嫁给保险人的行为。例如,企业通过分包合同将土木建筑工程中的水下作业转移出去,将带有较大风险的建筑物出售等,这些都是直接转移;而将现有建筑物投保企业财产保险,则是间接转移的一种方式即保险。

上述财务法和控制法的各种形式各有利弊,适用于不同的风险损失类型。现将不同风险损失类型及适应的处理方法列表分析如表 1–1 所示。

表 1-1 不同风险损失类型及适应的处理方法分析表

类型	风险频率	损失程度	适宜的处理方法
1	低	低	自留
2	高	低	自留或避免
3	高	高	避免或预防
4	低	高	转移或中和

（四）风险管理效果评价

风险管理效果评价是分析、比较已实施的风险管理方法的结果与预期目标的契合程度，以此来评判管理方案的科学性、适应性和收益性。由于风险性质的可变性，人们对风险认识的阶段性以及风险管理技术处于不断完善之中，因此，需要对风险的识别、估测、评价及管理方法进行定期检查、修正，以保证风险管理方法适应变化了的新情况。所以，我们把风险管理视为一个周而复始的管理过程。风险管理效益的大小取决于是否能以最小风险成本取得最大安全保障，同时还要考虑与整体管理目标是否一致以及具体实施的可行性、可操作性和有效性。

三、可保风险的选择

可保风险（Insurable Risk）是保险人可接受承保的风险。即符合保险人承保条件的风险，是风险的一种形式。如前述，并不是所有风险都可以通过保险转移方式转移给保险公司承担。作为保险人乐于承保的风险具有哪些性质呢？或者说构成可保风险的条件有哪些呢？一般而言，可保风险必须具备下列条件：

第一，可保风险是纯粹风险，不是投机风险。之所以可保风险不能是投机风险在于：投机风险的运动不规则，难以适用大数法则准确计量；有些投机风险为国家法律所禁止，不为社会道德所公允；承保投机风险，有可能引起道德风险，使被保险人因投保而获得额外收益，违反保险的原则；承保投机风险将使整个社会失去发展的动力。

第二，风险的发生具有偶然性。风险发生的偶然性是指对每一个具体标的而言，若知其肯定不可能遭受某种风险损失，则保险就没有必要；反之，则保险人一般不予承保。如自然损耗、折旧等一般属于不保风险，而对于建筑物的火灾风险，在风险事故发生前，人们无法知道火灾是否发生、何时发生，以及发生是否有损失及损失大小，则属于可保风险。

第三，风险的发生是意外的。所谓意外，是非人们的故意行为所致。故意行为容易引起道德风险，为法律所禁止，与社会道德相矛盾；必然发生为人们准确预期。因此，故意行为引起风险及必然发生的风险，都不可能通过保险来转移。如赌博、自然损耗、折旧等为不可保风险，赌博为法律所禁止，自然损耗、折旧为必然，因此就不可能为保险人承保。非意外风险属于不保风险。

第四，风险是大量标的均有遭受损失的可能性。这是由于保险需要大数法则作为保险人建立稳固的保险基金的数理基础，只有一个标的或少量标的所具有的风险，是不具备这种基础的。要准确地认识风险，则必须通过大量的风险事故才可能对风险进行测定，认识风险的运动规律。

第五，风险的损失是可以用货币计量的。凡是不能用货币计量其损失的风险都是不可保风险。但对人的保险来说，很难计算一个人的伤残程度或死亡所蒙受损失的价值量，所以死亡给付的标准在出立保单时便确定了。

以上五个可保风险条件是相互联系、相互制约的，确认可保风险时，必须五个条件综合考虑，全面评估，以免发生承保失误。

应当指出，可保风险是个相对的概念。在保险的发展史上，可保风险的范围并不是一成不变的。随着保险市场需求的不断扩大以及保险技术的日益进步，尤其是大数据的运用，可保风险的范围也会随之改变，很多原来不可保的风险，在先进的保险技术条件下也可以成为可保风险。

四、风险与保险的关系

风险与保险存在着密切关系，二者的研究对象都是风险，相辅相成。主要表现为：

第一，风险是保险产生和存在的前提。无风险则无保险。风险是客观存在的，时时处处威胁着人的生命和物质财产的安全，是不以人的意志为转移的。风险的发生直接影响社会生产过程的继续进行和家庭正常的生活，因而产生了人们对损失进行补偿的需要。保险是一种被社会普遍接受的经济补偿方式，因此，风险是保险产生和存在的前提，风险的存在是保险关系确立的基础。

第二，风险的发展是保险发展的客观依据。社会进步、生产发展、现代科学技术的应用，在使人类社会克服原有风险的同时，也带来了新风险。新风险对保险提出了新的要求，促使保险业不断设计新险种、开发新业务。从保险的现状和发展趋势看，作为高风险系统的核电站、石油化学工业、航空航天事业的风险，都可以纳入保险的责任范围。

第三，保险是风险处理的传统有效的措施。人们面临的各种风险，一部分可以通过控制的方法消除或减少，但风险不可能全部消除。面对各种风险造成的损失，单靠自身力量解决，就需要提留与自身财产价值等量的后备基金，这样既造成资金浪费，又难以解决巨灾损失的补偿问题，从而转移就成为风险管理的重要手段。保险作为转移方法之一，长期以来被人们视为传统的处理风险手段。通过保险，把不能自行承担的集中风险转嫁给保险人，以小额的固定支出换取对巨额风险的经济保障，使保险成为处理风险的有效措施。

第四，保险经营效益要受风险管理技术的制约。保险经营效益的大小受多种因素的制约，风险管理技术作为非常重要的因素，对保险经营效益产生很大的影响。如对风险的识别是否全面，对风险损失的频率和造成损失的程度估测是否准确，哪些风险可以接受承保，哪些风险不可以承保，保险的范围应有多大，程度应如何，保险的成本与效益的比较等，都制约着保险的经营效益。

第三节 保险的定义与职能

一、保险的定义

对保险（Insurance）的定义有多种，这里采用通常的定义。保险是保险人通过收取保险费的形式建立保险基金用于补偿因自然灾害和意外事故所造成的经济损失或在人身保险事故（包括因死亡、疾病、伤残、年老、失业等）发生时给付保险金的一种经济补偿制度。任何一种保险形式都包括这几个要点:保险人、投保人、保险基金、保险事故。从性质上说,它是一种经济补偿制度。其中,保险事故(Insured Peril)是保险合同约定的保险责任范围内的事故,是风险事故的一部分。财产保险的保险事故是保险合同约定的自然灾害或意外事故所造成经济损失的风险事故;人身保险的保险事故是保险合同约定的人们遭受疾病、死亡、伤残、失业等风险事故。保险人对保险责任范围内的风险事故所致损失负赔付责任。这是一般意义的解释。从保险定义的外延上看,由于其形式上的差异,保险一般可分为相互保险、合作保险、社会保险、商业保险、行业自保等,因而其定义也有别。

《中华人民共和国保险法》(简称《保险法》)所称保险是指商业保险。该法第2条规定:"本法所称保险,是投保人根据合同约定,向保险人支付保险费,保险人对于合同约定的可能发生的事故因其发生所造成的财产损失承担赔偿保险金责任,或者当被保险人死亡、伤残、疾病或者达到合同约定的年龄、期限时承担给付保险金责任的商业保险行为。"这说明我国的保险包括这样几层含义:一是商业保险行为;二是合同行为,保险双方当事人建立保险关系是通过订立保险合同进行的,合同的当事人是投保人和保险人;三是权利义务行为,保险双方当事人分别承担相应的民事义务,投保人有向保险人缴纳保险费的义务,保险人则在保险事故发生时有向被保险人或受益人承担损失补偿或保险金给付的义务,一方的义务也就是另一方的权利,一方义务的不履行就意味着其相应权利的不能享有;四是经济补偿或保险金给付以合同约定的保险事故发生为条件。

二、保险的基本要素

保险作为一种经济损失补偿方式,其基本要素有:

(一) 特定风险事故的存在

保险之所以产生并不断发展和完善,就在于具有补偿风险事故所造成损失的功能。没有风险,保险也就失去了存在的意义。风险是保险存在的前提条件,但并非任何风险都可以承保,只有对特定的风险,保险人才承保。

(二) 多数经济单位的结合

保险是通过集合危险实现其补偿职能的,即由多数人参加保险,分担少数人的损失,故保险以多数经济单位的结合为必要条件。所谓"多数",一般没有具体规定,但必须以收支平衡为最低保险基金,应与支出的保险金总额保持平衡。参加保险的经济单位越多,保险基金越雄厚,赔偿损失的能力越强,每个单位的分摊金也相应越少。多数经济单位的结合,一般有两种方式:一是直接结合,即在一定范围内,处在同类风险中的多数经济单位,为一致的利益组成保险结合体;二是间接结合,即由第三者充当保险经营主体,使处在同类危险中的多数经济单位通过缴纳保险费的方式,由保险经营主体促成其结合。

(三) 费率的合理计算

保险不仅是一种经济保障活动,也是一种商品交换行为。保险的费率即保险的价格如何制定,是不以人们主观意志为转移的。如果费率制定得过高,就会增加被保险人的负担,从而失去保险的保障意义;如果费率制定得过低,又无法对被保险人的损失提供可靠的足额补偿,同样会失去保险保障的意义。因此,保险的费率必须进行合理计算。就一般商品而言,其价格制定要依据“成本+平均利润”的原则,保险价格同样要依据这一原则来制定,但由于保险具有自身的核算特点,所以保险的价格制定还要依据概率论、大数法则的原理进行科学计算。

(四) 保险基金的建立

保险基金是通过商业保险形式建立起来的后备基金,它是仅用于补偿或给付由于自然灾害、意外事故所致的财产损失和人生自然规律所致的经济损失以及人身损害损失的专项货币基金。保险基金主要来源于开业资金和保险费。就财产保险的保险准备金而言,它表现为未到期责任准备金、赔款准备金、总准备金和其他准备金几种形式;就人寿保险准备金而言,它主要以未到期责任准备金形式存在。保险基金具有其来源的分散性和广泛性,其基金具有退还性、专项性、增值性,赔付责任具有长期性等特点。可见,无保险基金的建立,也就无保险的补偿和给付,也就无保险可言。

三、西方国家的保险学说

国际上保险学术界对保险理论的研究结论,因各自的研究角度不同,形成了保险理论研究的多元化。目前纵观各家学说,一般可分为损失说、非损失说和二元说三大流派。

(一) 损失说

损失说是以处理损失作为保险核心内容的一种学说,可分为损失赔偿说、损失分担说、风险转嫁说和人格保险说四种分支学说。

1. 损失赔偿说

该学说的代表人物是英国学者马歇尔(Samuel Marshall)和德国学者马斯修(E. A. Masius)。该学说认为保险是一种损失赔偿合同。按此理论,当被保险人财产发生损失时,便可获得合同项下约定的赔偿金额。该学说排除了人身保险,是以海上保险为渊源的。

2. 损失分担说

该学说的代表人物是德国学者瓦格纳(A. Wagner)。该学说强调的是在损失赔偿中,多数人互相合作、共同分摊损失,并以此来解释各种保险现象。该学说着眼于事后损失处理。

3. 风险转嫁说

该学说的代表人物是美国学者魏莱特(A. H. Willett)和休伯纳(S. S. Huebner)。该学说是从风险处理的角度来阐述保险性质的,认为保险是一种风险转嫁机制,保险赔偿是通过众多的被保险人将风险转嫁给保险人来实现的。该学说的特点是把被保险人的风险转移视为保险的性质。

4. 人格保险说

该学说认为人的生命与财产价值一样可以用货币来衡量,认为人类体内所具经济性的各种精神与力量可以产生金钱价值,如健康、技能、经验、判断力、创造力等。因此,人寿保险既然以保障生命价值的丧失为目的,就可与财产保险理论相提并论。

(二) 非损失说

非损失说是不以处理损失作为保险核心内容的学说,可分为技术说、欲望满足说、共同准备财产说、相互金融说四种主要分支学说。

1. 技术说

该学说的代表人物为意大利学者韦宛特(C. Vivante)。该学说强调保险的计算基础,特别是保险在技术方面的特性。其理论依据是:保险基金的建立和保险费收取的标准,是通过计算损失的概率来确定的。认为保险是将处于同等可能发生机会的同类风险下的多数个人或单位集中起来,测出事故发生的概率,根据概率计算保险费率,当偶然事件发生时,支付一定的保险金额。

2. 欲望满足说

该学说又称需要说,其代表人物为意大利学者戈彼(Gobbi)、德国学者马纳斯(Manes)。该学说的核心是以保险能够满足经济需要和金钱欲望来解释保险的性质。认为投保人缴付少量保费,而在发生灾害事故后获得部分或全部的损失补偿,由于保费缴付与赔偿金额严重不等,由此可以满足人们的经济需要和金钱欲望。

3. 共同准备财产说

该学说认为:保险是为了保障社会经济生活的稳定,将多数经济单位集合起来根据大数法则所建立的共同准备财产的制度。

4. 相互金融说

其代表人物是日本的米谷隆三和酒井正三郎。该学说认为保险只不过是一种互助合作基础上的金融机构,与银行和信用社一样,都起着融通资金的职能。

(三) 二元说

二元说又称为择一说,是把寿险和非寿险区别开来分别规定各自含义的学说。该学说的代表人物是德国学者爱伦伯格(N. Ehrenberg)和英国学者巴倍基。该学说将财产保险(Insurance)与人身保险(Assurance)分别定义:财产保险合同是以损失赔偿作为目的的合同,人身保险合同是以给付一定金额为目的的合同。保险应当把 Insurance 和 Assurance 区分开来。Insurance 是指任何不确定事件可能发生和造成损失的合同,Assurance 则是指必然发生或产生损害的寿险合同,两者只能择其一。此种见解为许多国家的保险法所采用。但是,也有很多学者认为,财产保险和人身保险之间具有共性,应当给予其统一解释和定义。

综上所述,各种学说都是对某一个侧面定义。相对而言,损失说比较流行。英国的《不列颠百科全书》第 15 版修改后的保险定义为:“保险是处理风险的一种方法。一方面,保险人向被保险人收取保险费;另一方面,一旦被保险人在规定期限内发生某种意外事故而蒙受损失,保险人得按契约予以经济赔偿或提供劳务。”按此定义,保险应具有以下几个因素:保险的本质是一种经济制度;保险的目标是处理风险;保险的机能是赔偿损失;保险的计算基础是合理负担。

四、保险的特征

保险的特征可分为基本特征与比较特征。前者是一般特征,后者是与某特定行为比较来阐述其特征。保险的基本特征主要有经济性、互助性、契约性、科学性;比较特征是通过保险与赌博、储蓄、保证、慈善的对比来阐述保险的特征。

(一) 保险与赌博

保险与赌博二者同属于由偶然事件所引起的经济行为,并且给付与反给付的总量都是相等的。但两者存在着本质上的区别:① 目的不同。保险的目的是互助共济、求得经济生活的安定;赌博的目的是欺诈坑骗、图谋暴利。② 手段不同。保险的手段是利己利人,以分散风险为原则,以转移风险为动机,以大数法则为计算风险损失的科学依据;赌博是损人利己、冒险获利,完全以偶然性为前提。③ 结果不同。保险的结果变偶然事件为必然事件,变风险为安全,是风险的转移或减少;赌博的结果变确定为偶然,变安全为风险,是风险的创造与增加。④ 对标的的要求不同。投保人对保险标的必须具有保险利益;而赌博则不然。⑤ 风险性质不同。保险的风险一般为纯粹风险;赌博的风险是投机风险。

(二) 保险与储蓄

保险与储蓄都是为将来的经济需要进行的资金积累的一种形式,但二者存在区别:① 支付的条件不同。保险的赔付是不确定的,无论已经缴付了多少保费和交付时间长短,只有保险事故发生时,被保险人才能领取保险金;储蓄支付是确定的,存款人可获得本金,并且随着时间的推移领取利息。② 计算技术要求不同。保险是集合多数经济单位所交的保险费以备将来赔付用,其目的在于风险的共同分担,且以严格的数理计算为基础;储蓄则以自己积聚的金额及其利息,负担将来的所需,不需要特殊的计算技术。③ 财产准备的性质不同。保险是多数经济单位所形成的共同准备财产,由保险人统一运用,只能用于预定的损失补偿或保险金给付,不得任意使用,被保险人一般无权干涉;储蓄则是单独形成的准备财产,其所有权归存款人,存款人可以任意提取使用。④ 行为性质不同。保险为互助共济的行为,是自力与他力的结合;储蓄则是个人的行为,无求于他人。

(三) 保险与保证

保证种类甚多,最普通的保证是对买卖及债务的保证。它们与保险都是对将来偶然事件所致损失的补偿。但仍有下列区别:① 参与者的数量不同。保险是多数经济单位的集合组织;保证仅为个人间法律关系的约束。② 合同性质不同。保险以其行为本身的预想为目的,并不附属于他人的行为而生效;保证则附属于他人的行为而发生效力。因而,保险合同为独立合同,而保证合同为从属合同。③ 合同权利义务要求不同。保险合同成立后,投保人必须交付保险费,保险人于保险事故发生时赔付保险金。在特定风险事故发生时,就买卖保证而言,仅卖方负一定的义务,并无对价关系;就债务保证而言,仅保证人负责代偿债务的给付,债权人不作任何对等的给付。④ 对精算的要求不同。保险基于合理的计算,有共同准备财产的形成;保证并无任何精确的计算,仅出于当事人当时心理上或主观上的确信,或有特别的准备财产,但仅为当事人的个人行为。[①]

(四) 保险与慈善

保险与慈善均为对经济生活不安定的一种补救行为。其目标均为努力使社会生活正常和稳定。二者的区别在于:① 行为性质不同。保险实行的是有偿的经济保障;慈善实行的是无偿的经济帮助。前者有偿;后者无偿。② 权利义务要求不同。保险当事人地位的确定基于双方一定

---

① 如果就法律适用而言,保证适用于担保法,而保险适用于保险法。

的权利义务关系;慈善的授受双方无对等义务可言,并非一定的权利义务关系。③ 经办主体性质不同。保险机构是具有互助合作性质的经济实体;慈善机构则完全是依靠社会资助的事业机构。④ 行为依据不同。保险行为受保险合同的约束;慈善事业是根据社会救济政策履行职责。⑤ 对准备财产的要求不同。保险共同准备财产的形成基于数学计算;慈善则大都为无准备财产,即使有准备财产,也是出资人的自愿行为。

五、保险的基本职能与作用

(一) 保险的职能

职能是某种客观事物或现象的内在的固有的功能。它是由事物的本质和内容所决定的。保险的职能是保险的内在的固有的功能,它是由保险的本质和内容决定的。我国保险界对保险的职能持有不同的认识,有单一职能论、双重职能论、多重职能论。从多重职能论来看,保险的职能分为基本职能和派生职能。

1. 保险的基本职能

保险的基本职能是保险的原始与固有的职能。其基本职能有两个:经济补偿职能和保险金给付职能。前者是在发生保险事故造成损失根据保险合同按所保标的的实际损失数额在保险金额范围内给予赔偿。即发生保险事故时,保险人所赔偿的保险金正好填补被保险人因保险事故所造成的保险金额范围内的损失。这是财产保险的基本职能。后者是在保险事故发生时保险双方当事人根据保险合同约定的保险金额进行给付。这是人身保险的职能。

2. 保险的派生职能

保险的派生职能是在基本职能的基础上产生的职能,包括防灾防损职能、投融资职能。

(1) 保险的防灾防损职能。防灾防损是风险管理的重要内容,而保险经营的是风险,因此,保险本身也是风险管理的一项重要内容。保险进行风险管理,体现在防灾防损工作上。保险防灾防损工作的最大特点就在于积极主动地参与、配合其他防灾防损主管部门扩展防灾防损工作。保险防灾防损工作体现于:从承保到理赔履行社会责任;减少保险事故,增加保险经营的收益;促进投保人的风险管理意识,从而促使其加强防灾防损工作。

(2) 保险的投融资职能。保险的投融资职能是保险人参与社会资金融通的职能。其投融资职能体现在两方面:一方面通过收取保险费,具有筹资职能;另一方面通过买卖有价证券、不动产等,体现投资职能。[①]

(二) 保险的作用

保险的作用是保险职能在具体工作中的表现。主要表现在宏观经济和微观经济两方面。

1. 保险的宏观作用

保险的宏观作用是保险对全社会和整个国民经济总体所产生的经济效应。其作用为:

(1) 有利于国民经济持续稳定发展。由于保险具有经济补偿和给付保险金的职能,任何单位只要缴付了保险费,则一旦发生保险事故,便可立即得到保险的经济补

① 请扫描右侧二维码观看视频"股市半年报之保险篇"。

偿,消除因自然灾害和意外事故造成经济损失引起的企业生产经营中断的可能,从而保证国民经济向既定目标持续稳定发展。

(2) 有利于科学技术推广应用。任何一项科学技术的产生和应用,既可能带来巨大的物质财富,也可能遇到各种风险事故而造成经济损失。尤其是现代高科技的产生和应用,既克服了传统生产技术上的许多缺点和风险,也会产生一些新的危险。损失频率虽然可能大幅度下降,但损失一旦发生,其损失程度巨大,远非发明者所能承受。有了保险保障,则为科学技术推广应用在遭受风险事故时提供了经济保证,加快了新技术的开发利用。如现代卫星行业中,如果没有卫星保险,卫星制造商和发射商都将受到很大的限制。

(3) 有利于社会的安定。保险人是专业的风险管理部门,在被保险人由于风险事故遭受财产损失和人身伤亡时履行经济补偿或保险金给付职能。而就总体来说,灾害事故的发生是必然的,造成财产损失和人员伤亡也是一定的。只要在保险责任范围内,保险人通过履行经济补偿和保险金给付的职能使被保险人在最短的时间内恢复生产和经营,从而解除人们在经济上的各种后顾之忧,保障了人们正常的经济生活,稳定了社会。

(4) 有利于对外贸易和国际交往,促进国际收支平衡。保险是对外贸易和国际经济交往中不可缺少的环节。在当今国际贸易和经济交往中,有无保险直接影响到一个国家的形象和信誉。保险不仅可促进对外经济贸易、增加资本输出或引进外资,使国际经济交往得到保障,而且可带来巨额无形贸易净收入,成为国家积累外汇资金的重要来源。

2. 保险的微观作用

商业保险在微观经济中的作用是指保险作为经济单位或个人风险管理的财务处理手段所产生的经济效应。从一般意义上说表现在以下几方面:

(1) 保险有助于企业及时恢复经营和稳定收入。任何性质的企业,在经营中都可能遭受自然灾害和意外事故的损害,造成经济损失,重大的损失甚至会影响企业的正常生产和经营。保险作为分散风险的中介,每个经济单位可通过向保险人交付保险费的方式转嫁风险,一旦在其遭受保险责任范围内的损失时,便可及时得到保险人相应的经济补偿,从而及时购买受损的生产资料,保证企业经营连续不断地进行;同时也减少了利润损失等间接损失。

(2) 有利于企业加强经济核算。每家企业都面临风险事故造成损失的可能,一旦发生这些灾害事故,必然影响企业经济核算,甚至使经营活动中断。通过参加保险的方式,将企业难以预测的巨灾和巨额损失,化为固定的、少量的保险费支出,并列入营业费用,这样,便可平均分摊损失成本、保证经营稳定、加强经济核算,从而准确反映企业经营成果。

(3) 促进企业加强风险管理。保险公司作为经营风险的特殊企业,在其经营中积累了丰富的风险管理经验,为其提供风险管理的咨询和技术服务创造了有利条件。保险公司促进企业加强风险管理主要体现在保险经营活动中,包括:通过合同方式订明双方当事人对防灾防损负有的责任,促使被保险人加强风险管理;指导企业防灾防损;通过费率差异,促进企业减少风险事故;从保险费收入中提取一定的防灾基金,促进全社会风险管理工作的开展。

(4) 有利于安定人们的生活。通过保险安定人民生活主要体现在两方面:一方面,通过与人民生活密切相关的险种来稳定人们生活。通过家庭财产保险,保障人们家庭财产安全;通过人身保险保障,解决人们因生、老、病、死、伤、残等人身风险造成的经济困难;通过责任保险,保障因民事损害造成依法对受害者应负赔偿责任。另一方面,通过一般财产保险和信用保险,保障生产经营的正常进行。保险人通过各种保险对被保险人遭受财产风险或人身风险时提供赔偿或给付保险金,来稳定经营、安定人们生活。

(5) 提高企业和个人信用。在市场经济条件下,每个企业或个人均有遭受责任风险和信用风险的可能,被保险人通过购买责任保险便可为在保险责任范围内的损失取得经济保障;通过保证保险,则为义务人的信用风险提供了经济保障。因此,企业和个人的信用因购买保险提高了偿债能力,也就提高了自身的信用。

第四节　保险的形态

一、保险的理论分类

保险可根据不同的标准分为不同种类,国际上并无严格的分类规定。以下仅介绍几种主要分类方法。

(一) 自愿保险和法定保险

这是按保险实施的方式不同进行的分类。

自愿保险(Voluntary Insurance)是保险人和投保人在自愿原则基础上通过签订保险合同而建立保险关系的一种保险,如企业财产保险、车辆损失保险等。法定保险(Compulsory Insurance),又称强制保险,是以国家的有关法律为依据而建立保险关系的一种保险。它是通过法律规定强制实行的,如汽车第三者责任保险、社会保险等。

二者的区别主要有:

(1) 范围和约束力不同。法定保险具有强制性和全面性,凡在法令规定范围内的保险对象,不论被保险人是否愿意,都必须投保;自愿保险的投保人是否投保则完全由投保人自愿决定。

(2) 保险费和保险金额的规定标准不同。法定保险的保险费和保险金额一般由国家规定的统一标准确定;自愿保险的则由投保人自行选定。

(3) 责任产生的条件不同。法定保险的保险责任是自动产生的,凡属法令规定范围内的保险对象,不论其是否履行投保手续,其保险责任自动产生;自愿保险的保险责任则在保险合同成立时才产生。

(4) 在支付保险费和赔款的时间上,法定保险都有一定的限制;自愿保险仅仅在赔款方面有一定的限制。

对于自愿保险和强制保险的选择,从经济的层面而言,基于效率这一思路,凡是市场能解决的,政府就不要干预,因为市场配置资源比政府配置资源要有效得多,但是,当市场失灵时,政府就要干预,以矫正市场的偏差,这种干预的方式有国有化、政策扶持、强制保险。从法律的层面而言,基于公平这一思路,凡是不涉及第三方的,政府就不要干预;凡是涉及第三方的,当自愿保险无法解决时,从保护受害者利益的角度,政府有时就不得不进行干预,其中的一种方式,便是强制保险。因此,凡是自愿保险能解决的,便不宜采用强制保险;而当自愿保险无法解决时,强制保险是不得已的一种选择方式。

(二) 财产保险和人身保险

这是按保险标的不同进行的分类。

财产保险(Property Insurance)是以财产及其有关利益为保险标的的一种保险。当保险财产遭受保险责任范围内的损失时由保险人提供经济补偿。由于财产分为有形财产与无形财产,如厂房、机械设备、运输工具、产成品为有形财产,预期利益、权益、责任、信用为无形财产。而前者属于物质财产,后者属于有关利益、责任和信用,所以,其理论定义常为:财产保险是以物质财产及其有关利益、责任和信用为保险标的的保险。

人身保险(Personal Insurance)是以人的生命和身体为保险标的的保险。它是以人的生命和身体为保险标的并以其生存、年老、伤残、疾病、死亡等人身风险为保险事故的一种保险。当被保险人遭遇保险事故时由保险人依约给付一定的保险金,包括人寿保险(Life Insurance)、健康保险(Health Insurance)和意外伤害保险(Accident Insurance)。

(三) 财产损失保险、信用保证保险、责任保险

这是按保险保障的范围不同进行的分类。

财产损失保险(Property Loss Insurance)是以物质财产及有关利益为保险标的的保险。这是一种狭义的财产保险。可分为火灾保险(含企业财产保险、家庭财产保险、利润损失保险)、货物运输保险、运输工具保险、工程保险、农业保险。其中,运输工具保险可分为汽车保险、飞机保险、船舶保险;工程保险可分为建筑工程一切险、安装工程一切险、机器损坏险、船舶工程保险、科技工程保险等。

信用保证保险是以义务人(被保证人)履行合同为保险标的的一种保险[①],或者说,是以义务人信用为保险标的的保险。根据投保人的不同分为信用保险和保证保险。信用保险(Credit Insurance)是保险人根据权利人的要求担保义务人(被保证人)信用的保险。即权利人投保他人信用的保险,包括国内商业信用保险、出口信用保险、投资保险。保证保险(Guarantee Insurance)是义务人(被保证人)根据权利人的要求,要求保险人向权利人担保义务人自己信用的保险,包括诚实保证保险和确实保证保险。即义务人投保义务人自己信用的保险。

责任保险(Liability Insurance)是以被保险人对第三者依法应负的赔偿责任为保险标的的保险。它包括第三者责任险和单独承保的责任保险。后者可分为公众责任险、雇主责任险、产品责任险、职业责任险。凡法律规定的应对他人的损害负有民事责任者,均可投保责任保险。责任保险理赔的一般条件是:被保险人从法律的层面构成对受害人的侵权;这种侵权已给受害人造成损害;这种损害是可以用货币形式来估算的;受害人要求侵权人负赔偿责任。保险人对责任保险的被保险人给第三者造成的损害,可以依法律规定或合同约定,直接向该第三者承担赔偿责任。

(四) 营利性保险和非营利性保险

这是按经营目的不同进行的分类。

---

① 在信用保证保险中,其保障的标的是义务人的信用还是债务人的信用,一直是一个有争论的问题。笔者认为:义务人包括债务人,债务人是在债的法律关系中对债权人承担为一定行为或不为一定行为的义务的当事人。而在保证保险中,有些行为并无合同关系,因此,这里采用义务人的概念较为合适。与义务人相对称的概念是权利人。权利人包括债权人,债权人是在债的法律关系中享有请求对方为一定或不为一定行为的权利的当事人。因此,这里采用权利人的概念。

营利性保险(Proprietary Insurance)为商业保险，是以获取利润为目的的保险。非营利性保险(Non-Proprietary Insurance)是不以获取利润为目的的保险。按经营主体不同和是否带有强制性，分为社会保险、政策性保险、相互保险和合作保险。

1. 社会保险和政策性保险

社会保险(Social Insurance)是国家通过立法对社会劳动者暂时或永久丧失劳动能力，或失业时提供一定的物质帮助以保障其基本生活的一种社会保障制度；政策性保险(Policy Insurance)是政府为了实施某项政策(含经济政策和社会政策)而实施的一种非营利性的自愿保险。如出口信用保险就是为贯彻鼓励出口政策服务的，农业保险则是为了贯彻农业政策，等等。

社会保险和政策性保险经营主体是政府或政府委托的机构，都是为了实施国家的某项政策，都是非营利性保险。二者的区别在于：一是性质不同。社会保险是强制性的，政策性保险是非强制性的。二是保险标的不同。社会保险的保险标的是人身；政策性保险的保险标的一般是财产，如出口信用保险、投资保险、农业保险等。

2. 相互保险和合作保险

相互保险(Mutual Insurance)是参加保险的成员之间相互提供保险的制度。其组织形式有相互保险公司(Mutual Insurance Company)和相互保险社(Mutual Insurance Association)。合作保险(Cooperative Insurance)是指参加保险的人以资金入股的方式积聚保险基金，为入股成员提供经济保障的制度。其组织形式是保险合作社(Cooperative Insurance Association)。

相互保险和合作保险均为非营利性保险，法律性质相同，均为非营利性的法人；保险人相同，投保人即为社员；决策机关相同，均为社员大会或社员代表大会；事业责任损益的归属相同，均为社员。其存在的区别是：① 经营资金的来源不同。相互保险的经营资金为基金；合作保险的经营资金为基金和股金。② 合作保险主要适用保险法及保险合作社的各项规定；相互保险适用公司法及保险法的规定。③ 就社员与组织的关系而言，保险合作社的社员与保险合作社之间的关系是永久的；相互保险的公司与社员之间的关系则随保险关系的终止而解除。④ 在保险关系的取得上，相互保险的保险关系与社员关系基于保险合同而同时取得；合作保险则不一定。

(五) 社会保险和商业保险

这是按保险政策不同进行的分类。

社会保险(Social Insurance)是国家通过立法对社会劳动者暂时或永久丧失劳动能力或失业时提供一定的物质帮助以保障其基本生活的一种社会保障制度。它是国家通过立法对工资劳动者遭受生育、年老、疾病、死亡、伤残、失业等风险时提供基本的生活保障，是由法律规定的将某些社会风险转移于政府或某一社会组织的一种风险管理措施。

商业保险(Commercial Insurance)是投保人根据合同约定，向保险人支付保险费，保险人对于合同约定的可能发生的事故因其发生所造成的财产损失承担赔偿保险金责任，或者当被保险人死亡、伤残、疾病或者达到合同约定的年龄、期限时承担给付保险金责任的保险行为。它是一种合同关系，通过投保人与保险人签订保险合同而建立保险关系：一方面，投保人根据保险合同负有向保险人支付保险费的义务；另一方面，保险人在保险事故发生时负有赔偿或给付保险金责任的义务。

（六）原保险、再保险、重复保险、共同保险

这是按业务承保方式不同进行的分类。

1. 原保险

原保险（Original Insurance）又称直接保险（Direct Insurance），是保险人与投保人签订保险合同，构成投保人与保险人权利义务关系的保险。它是由投保人与保险人之间直接签订保险合同而形成的保险关系，即保险需求者将风险转嫁给保险人。这种风险转嫁方式是投保人对原始风险的纵向转嫁，即第一次风险转嫁。

2. 再保险

再保险（Reinsurance）又称分保，是一方保险人将原承保的部分或全部保险业务转让给另一方承担的保险，即对保险人的保险。分出再保险业务的人称为分出人；接受分保业务的人称为分入人。它是保险人将其承担的保险业务以承保形式，部分或全部转移给其他保险人的行为。这种风险转嫁方式是原保险人对原承保业务风险的横向转嫁，即第二次风险转嫁。

上述以风险分散的先后顺序为基础分为原保险和再保险。

3. 重复保险

重复保险（Double Insurance）是投保人对同一保险标的、同一保险利益、同一保险事故同时分别向两个以上保险人订立保险合同，其保险金额之和超过保险价值的保险。我国《保险法》规定：重复保险是指投保人对同一保险标的、同一保险利益、同一保险事故分别向两个以上保险人订立保险合同，其保险金额之和超过保险价值的保险。

重复保险的条件为：① 保险标的相同。若标的不同，则几个保险合同彼此之间便没有任何关系。② 保险利益相同。保险标的与保险利益间的关系存在着不同的情形：或是完全相同，或是同一保险标的有着数个不同的利益等。基于同一保险标的的不同保险利益订立不同的保险合同，不构成重复保险合同。③ 保险事故相同。若保险事故不同，则各自均为单保险合同。④ 与两个或两个以上的保险人签订保险合同。一是有两个以上的保险人，以区别于超额保险，因为在超额保险情况下，保险金额是超过保险价值的，但只有一个保险合同；二是有两个以上的保险合同，以区别于共同保险或联合保险。在有关的数个合同的主体上，投保人是同一个人，而保险人是两个以上的不同的人。⑤ 保险期间相同。即便有交叉，但重叠部分也属于重复保险。⑥ 保险金额之和超过保险价值。即便存在多个保险人，若保险金额之和不超过保险价值，也只是共同保险。

重复保险的情况比较复杂，多数情况是投保人以善良的内心状态进行重复保险，如海上货物运输保险合同常常既与发货方所在地的保险公司签订，又与收货方所在地的保险公司签订。但是也不排除有些投保人为获取两倍以上的赔偿而恶意地签订多份保险合同。正是鉴于此缘故，我国《保险法》明确规定各保险人的赔偿金额的总和不得超过保险价值，有些国家甚至不承认重复保险合同的法律效力。

4. 共同保险

共同保险（Coinsurance）简称共保，是由两个或两个以上的保险人同时联合直接承保同一保险标的、同一保险利益、同一保险事故而保险金额之和不超过保险价值的保险。在发生赔偿责任时其赔偿按照各保险人各自承保的保险金额比例分摊。这种风险转嫁方式是保险人对原始风险

的横向转嫁,仍属于风险的第一次转嫁。

重复保险与共同保险的相同点在于:二者均存在数个保险人。二者的区别在于:前者的保险金额之和超过保险价值,后者的保险金额之和不超过保险价值;前者存在数个保险合同,后者只有一个保险合同。

(七) 单一风险保险和综合风险保险

这是按所承保的风险不同进行的分类。

单一风险保险是在保险合同中只规定对某一种风险造成的损失承担保险责任的保险。如地震保险只对地震灾害负赔偿责任。综合风险保险是指保险合同中规定对数种风险造成的损失承担保险责任的保险。如我国企业财产险的保险责任就包括火灾、爆炸、冰雹、雷击、洪水等造成的损失。

(八) 团体保险和个人保险

这是按保障主体进行的分类。

团体保险(Group Insurance)是以集体名义使用一份总合同向其团体内成员所提供的保险,如机关、团体、企业等单位按集体投保方式,为其员工个人向保险人集体办理投保手续所建立的保险关系。个人保险(Individual Insurance)是以个人名义向保险人投保的家庭财产保险和人身保险。

此外,按经营的主体不同,分为国营保险、私营保险、合营保险,或民营保险和公营保险;按保险期限不同分为长期保险和短期保险;按投保主体不同分为企业保险和个人保险等。

二、保险的法律分类

由于各国理论分类、实用分类和法定分类差异较大,分类标准不统一,所以导致保险分类的不统一。如美国的法律将保险分为财产和意外保险、人寿和健康保险两大类;日本的法律将保险分为损害保险和生命保险两大类;而我国《保险法》将保险分为财产保险和人身保险两大类。

(1) 财产保险和人身保险。我国《保险法》将商业保险分为财产保险和人身保险两大类。《保险法》第 95 条规定:财产保险业务,包括财产损失保险、责任保险、信用保险、保证保险等保险业务;人身保险业务,包括人寿保险、健康保险、意外伤害保险等保险业务。

(2) 损害保险和生命保险。日本属于此种分类。损害保险是从法律角度对保险事故所造成的结果进行性质上的认定而言;生命保险则是从社会角度来认识保险事故所处的状态,如人的生存、伤残、死亡、健康状况。

(3) 损害保险、人寿保险和伤害保险。德国属于此种分类。德国《保险合同法》第二章将保险分为损害保险、人寿保险、伤害保险三类。其中,损害保险分为火灾保险、冰雹保险、动物保险、运输保险、责任保险、法律保护保险。

(4) 财产和意外保险、人寿和健康保险。美国各州均属此种分类法。在美国约 5 000 家保险公司中,财产和意外险保险公司约有 3 000 家,人寿和健康险保险公司约有 2 000 家。

(5) 寿险与非寿险。瑞士将保险业务分为寿险和非寿险。非寿险分为财产保险、意外伤害保险和健康保险。这也是国际习惯分类,依据的是经营技术不同。欧盟颁布关于保险法律方面的第一代指令，将保险分为寿险和非寿险。非寿险第一指令的全称为“欧盟理事会关于非寿险业设立与营业法令协调的指令”，该指令将欧盟成员国的非寿险业务分为伤害和疾病保险、汽车保险、海上运输保险、航空保险、火灾等财产损失保险、责任保险、信用及保证保险、一切险8类；寿险第一指令的全称为“欧盟理事会关于寿险业设立与营业法令协调的指令”，该指令关于寿险业的经营范围包括人寿保险、年金、附加险、终生健康保险等。其中，人寿保险包括生存保险、死亡保险、两全保险、还本保险、婚姻保险和生育保险。[①]

三、保险形变

保险形变是保险形态变化的简称，分为狭义和广义的保险形变两种。狭义的保险形变是对原有险种进行修改、增删等变化，以新的险种满足顾客需要，只是对原有险种的修改完善，变化较小；广义的保险形变是设计、构造出满足顾客需要的新险种，即更新换代，产生新险种。保险产品是以保险保障服务形式表现的一种产品，它随风险的变化、科学技术的发展以及保险需求的变化而逐步变化。保险形变的原因在于：适应保险市场营销、满足顾客的需要；风险变化、科技进步的需要；提高保险公司竞争力的需要。对于新险种而言，其产品的设计，在合法性条件下，一般应当同时达到无争议或争议少、销量大，并有一定盈利的目标。从人寿保险来看，先后经历了保障型、储蓄型，现在已逐步转换为投资型为主的寿险商品阶段。

第五节 保险发展史

一、古代保险思想

人类社会从一开始就遇到自然灾害和意外事故的侵扰，所以在古代社会里就萌生了抵御灾害事故的保险思想和原始形态的保险方法，这在中外历史上均有记载。回顾历史，有助于我们掌握保险产生和发展的规律，加深对现代保险制度的认识。

（一）外国古代保险思想和原始形态保险

根据史料记载，原始的保险思想和形式在西方出现较早，但不是在现代保险业发达的大国，而是处在东西方贸易要道上的文明古国，如古代的巴比伦、埃及、希腊和罗马。据古埃及的一项文件中记载：在从事金字塔修建的古埃及石匠中曾建立一种互助基金组织，用参加者平时缴付的互助会费支付会员死亡后的丧葬费用；在古罗马时代的士兵中曾出现丧葬互助会，该组织用收取的会费作为士兵战死后付给其家属的抚恤费用，在士兵调职或退役时则发给旅费。上述两种做法，可以说是人身保险的最古老形态。

在公元前18世纪的古巴比伦的《汉穆拉比法典》中有类似运输保险和火灾保险的规定。该法典有这样一条规定：商人可以雇用一个销货员去外国港口销售货物，当这个销货员航行归来，商人可收取一半的销货利润；如果销货员未归，或者回来时既无货也无利润，商人可以没收其财产，甚至可以把他的妻子和孩子作为债务奴隶；但如果货物是被强盗劫夺，可以免除销货员的债

① 宋明哲．保险学：纯粹风险与保险．台北：五南图书公司，1994：31。

务。据说这是类似海上保险的一种起源。该法典中还有类似火灾保险的规定,巴比伦国王命令僧侣、官员和村长向居民征税以筹集火灾救济基金。

以后,随着对外贸易的发展,约在公元前1792年巴比伦第六代国王汉穆拉比在位期间,在巴比伦人的对外贸易运输队中曾出现过马匹死亡的救济办法,即如运输队中某个人的马匹死亡,由运输队全体给予补偿;公元前1000年左右,以色列国王所罗门曾对从事海外贸易的本国商人征收税金,作为对在海难中受难人损失的补偿资金。这两种做法,可以说是运输保险的原始形式。[①]

(二) 我国古代保险思想和救济后备制度

在中国,保险思想和救济后备制度有较悠久的历史。在约2 500年前,中国古代的大思想家孔子(公元前551—前479年)在《札记·礼运》中有这样一段话:"大道之行也,天下为公;选贤与能,讲信修睦,故人不独亲其亲,不独子其子;使老有所终,壮有所用,幼有所长;鳏寡孤独废疾者皆有所养"[②]。这一记载足以证明中国古代早有谋求经济生活之安定的强烈愿望,实为最古老的社会保险思想。

中国古代的救济后备一般采取实物的形式,即后备仓储制度。根据《周礼·大司徒》记载,从公元前11世纪的周朝开始,就已建有后备仓储的制度,书中所称"……县都之委积,以待凶荒",即指集粮储谷,以备荒年救灾之用。又如西汉宣帝时创建的"常平仓",隋文帝五年(公元585年)所推行的"义仓"。此外,宋朝和明朝还出现了民间的"社仓"制度,它属于相互保险形式;在宋朝还有专门赡养老幼贫病不能自我生存的"广惠仓",这可以说是原始形态的人身救济后备制度。

尽管中国保险思想和救济后备制度产生很早,但因中央集权的封建制度和重农抑商的传统观念,商品经济发展缓慢,缺乏经常性的海上贸易。所以,在中国古代社会没有产生商业保险。

以上中外古代历史上所实行过的各种救济后备,无论是西方采取的资金后备形式,还是我国采取的物资后备形式,都体现了互助共济的原始保险思想,蕴含着各种保险的雏形。

保险是社会经济发展到一定阶段的产物,其产生需要有一定的条件:自然灾害和意外事故的客观存在是保险产生的自然基础;剩余产品是保险产生的物质基础;商品经济是保险产生的经济基础。

二、外国保险史

(一) 商业保险的产生与发展

1. 原保险的产生与发展

(1) 海上保险的起源和发展。海上保险是一种最古老的保险,近代保险也首先是从海上保险发展而来的。

---

① 本书译编委员会. 各国保险法律制度译编. 北京:中国金融出版社,2000:84–95。

② 礼记·礼运 // 陈绍闻. 中国古代经济文选. 上海:上海人民出版社,1980:56。

其一,共同海损(General Average)的分摊原则是海上保险的萌芽。公元前2000年,地中海一带就有了广泛的海上贸易活动。为使航海船舶免遭倾覆,最有效的解救办法就是抛弃船上货物,以减轻船舶的载重量。为了使被抛弃的货物能从其他受益方获得补偿,当时的航海商提出了一条共同遵循的原则:“一人为众,众为一人。”该原则后来为公元前916年的《罗地安海商法》所采用,并正式规定为:“凡因减轻船舶载重投弃大海的货物,如为全体利益而损失的,须由全体来分摊。”这就是著名的“共同海损分摊”原则。这一分摊原则至今仍为各国海商法所采用。由于该原则最早地体现了海上保险的分摊损失、互助共济的要求,因而被视为海上保险的萌芽。

其二,船舶抵押借款(Bottomry)是海上保险的初级形式。公元前800—前700年,船舶抵押借款已在地中海的一些城市特别是在希腊的雅典广泛流行。船舶抵押借款方式最初起源于船舶航行在外急需用款时,船长以船舶和船上的货物向当地商人抵押借款。借款的办法是:如果船舶安全到达目的地,本利均偿还;如果船舶在中途沉没,债权即告消灭。由于当时航海的风险很大,且债主承担了船舶航行安全的风险,借款的利息高于一般借款利息很多。可以看出:如果船舶中途沉没,债权即告消灭,意味着借款人所借的款项无须偿还,该借款实质上等于海上保险中预先支付的损失赔款;船舶抵押借款利息高于一般借款的利息,其高出的部分实际上等于海上保险的保险费;在此项借款中的借款人、贷款人以及用做抵押的船舶,实质上与海上保险中的被保险人、保险人以及保险标的物相同。可见,船舶抵押借款是海上保险的初级形式。①

其三,现代海上保险的发展:

① 意大利是现代海上保险的发源地。在14世纪中期经济繁荣的意大利北部出现了类似现代形式的海上保险。意大利的伦巴第商人早在公元1250年左右就开始经营海上保险。起初海上保险是由口头缔约,后来出现了书面合同。现在世界上发现的最古老的保险单是一个名叫乔治·勒克维伦的热那亚商人在1347年10月23日出立的一张承保从热那亚到马乔卡的船舶保险单,这张保险单现在仍保存在热那亚国立博物馆。当地人将该保险单称为Polizza,传入英国后称为Policy,一直沿用至今,传入我国后译为保险单。

② 英国海上保险的发展。在美洲新大陆发现之后,英国的对外贸易获得迅速发展,保险的中心逐渐转移到英国。1568年12月22日经伦敦市市长批准开设了第一家皇家交易所,为海上保险提供了交易场所。1554年英国商人从国王那里获得特许,组织贸易公司垄断经营海外业务,从此对外贸易及海上保险开始由英国商人自己经营,海上保险的一些法令和制度也相继制定与建立。

英国政府于1720年批准“皇家交易”及“伦敦”两家保险公司享有经营海上保险的独占权,其他公司或合伙组织均不得经营海上保险业务。

1871年在英国成立的劳合社(Lloyd's),是由1683年爱德华·劳埃德(Edward Lloyd)所开设的咖啡馆(Lloyd's Coffee House)演变发展而成的。1691年劳埃德咖啡馆从伦敦塔街迁至伦巴第街,不久成为船舶、货物和海上保险交易的中心。劳埃德咖啡馆在1696年出版了每周两次的《劳埃德新闻》(Lloyd's News)。劳合社不仅在英国保险业发展的历史上占有重要地位,也是目前世界上最大的保险垄断组织之一。劳合社本身不是保险公司,不直接承保业务,而是一个类似交易所的保险市场。20世纪初,劳合社仅有600多名成员,但到1988年底劳合社注册的成

① 船舶抵押借款先后经历了海上借贷、冒险借贷和无偿借贷三个阶段。

员已达 32 433 人，其中大部分是英国人；其后有逐步减少的趋势，到 2000 年年底劳合社成员为 4 171 人[①]，并组成了 200 多个承保组合。其承保的范围包括水险、非水险、航空保险、汽车保险等，其中最有影响的是海上保险业务。据统计，在全世界远洋船舶的保险业务中有 80% 直接或间接地同劳合社有关。另外，可在劳合社保险市场投保的非水险的范围也非常广泛，除了不包括水险、寿险等业务外，凡是被保险人享有保险利益的保险标的，几乎都可以在该市场获得承保。

1884 年英国伦敦经营海上保险业务的承保人成立了“伦敦保险人协会”的公会组织，这个组织在水险条款的标准化方面进行了大量的工作。它所制定的保险条款（简称“协会条款”）在国际保险市场获得广泛应用。1906 年英国制定了《海上保险法》，它是参照各国商业习惯和判例而制定的，对资本主义各国的保险立法有着深刻的影响，直到现在仍然是世界上最具权威的一部海上保险法典。

⑵ 火灾保险的产生与发展。火灾保险始于德国。1591 年德国汉堡市的造酒业者成立了火灾合作社；至 1676 年，由 46 个相互保险组织合并成立了汉堡火灾保险社；其后，合并为第一家公营保险公司——汉堡保险局。但这只是原始的火灾保险，现代的火灾保险制度则起源于英国。

1666 年 9 月 2 日英国伦敦大火的发生，促成了次年英国第一家火灾保险商行的设立。这场火灾持续了 5 天，使伦敦城约 80%的部分被毁，财产损失在 1 000 万英镑以上。次年，一位牙科医生尼古拉斯·巴蓬（Nicholas Barbon）独资开办了一家专门承保火险的营业所，开创了私营火灾保险的先例，并于 1680 年创立了拥有 4 万英镑的火灾保险公司。保险费是根据房屋的租金和结构计算，砖石建筑的费率定为 2.5%，木屋的费率为 5%。这种差别费率的方法被沿用至今，因而巴蓬有“现代火灾保险之父”之称号。

现代保险业比较发达的国家都是工业化国家。世界上最早的股份制保险公司是 1710 年由英国的查尔斯·波文创办的“太阳保险公司”，它将承保范围从不动产扩大到动产，是英国迄今仍存在的最古老保险公司之一。美国的第一家保险公司是 1752 年由本杰明·富兰克林在费城创办的火灾保险社。

⑶ 人身保险的产生与发展。人身保险起源于海上保险。15 世纪末奴隶贩子将奴隶作为货物投保海上保险。由于这是以人的生命和身体作为海上保险的保险标的，故而人身保险可以以此为起源。17 世纪中叶，意大利银行家洛伦佐·佟蒂（Lorenzo Tonti）设计了“联合养老保险法”（简称“佟蒂法”）。1689 年，法国的路易十四将“佟蒂法”用于筹集战争经费获得成功。“佟蒂法”是养老年金的一种起源，它以每人缴纳 300 法郎筹集到 140 万法郎资金，规定在一定时期以后开始每年支付利息，把认购人按年龄分为 14 个群，对年龄高的群多付利息，当认购人死亡，利息总额在该群生存者中间平均分配；该群认购人全部死亡，就停止付息。由于这种办法不偿还本金，并引起了相互残杀，后被禁止，但“佟蒂法”引起了人们对生命统计研究的重视。因而，人身保险的创始人应首推洛伦佐·佟蒂。

英国数学家、天文学家埃德蒙·哈雷（Edmund Halley）博士于 1693 年根据德国布雷斯劳市 1687—1691 年的市民按年龄分类的死亡统计资料，用数学方法编制了世界上第一张生命表，后人称之为哈雷生命表。该生命表为保险费的计算提供了数理依据，从而奠定了现代人寿保险的数理基础。1762 年由英国人辛浦逊和道森发起的人寿及遗属公平保险社，首次将生命表用于计

① LLOYD'S. Best's Rating of Lloyd's，2000：29.

算人寿保险的费率,则标志着现代人寿保险的开始。

(4) 信用保证保险的产生与发展。信用保险产生于19世纪中叶的欧美国家,当时称为商业信用保险,主要由一些私营保险公司承保,业务限于国内贸易。第一次世界大战后,信用保险业务得到了发展。1919年英国首先成立了出口信用担保局,创立了一套完整的信用保险制度,以后各国纷纷仿效,开始了政府介入出口信用保险的时代。1934年,英国、法国、意大利和西班牙的信用保险机构发起成立了"国际信用与投资保险人协会",简称"伯尔尼协会",加强了各保险机构之间的信息交流与合作,标志着出口信用保险业务发展进入了一个新阶段,出口信用保险为商品输出创造了一定的条件。之后,各国的信用保险业务又屡经动荡冲击,但都逐步稳定下来,并逐步趋于完善。

第二次世界大战后不久,美国于1948年4月根据"对外援助法"制订了"经济合作法案",开始实施马歇尔计划,并开始实行投资风险保险制度。进入20世纪60年代,许多亚、非、拉国家独立之后,为了维护民族主权,发展本国经济,纷纷颁布法令,采取对外资企业实行国有化、限制外国资本汇出境外等措施,给发达国家的投资者带来了损失。发达国家为了保障本国对外投资者的经济利益,鼓励对外投资,就创办了投资保险。因此,作为一项独立的新型保险业务,投资保险是于20世纪60年代在欧美国家形成的。此后,投资保险成了海外投资者进行投资活动的前提条件,投资保险为资本输出创造了一定条件。

保证保险是随着商业信用的发展而产生的由保险人承担各种信用风险的一项新兴保险业务。它产生于美国,随后西欧、日本等经济发达国家纷纷开办此项业务。最早产生的保证保险是忠诚保证保险,不过最初只是由一些个人、商行或银行办理的,大约在18世纪末或19世纪初就出现了。稍后出现的是合同担保(Contract Guarantee),是由个人、贸易商或银行提供的,主要担保从事建筑和公共事业的订约人履行规定的义务,并在订约人破产或无力履行合同时,代为偿还债务。1901年,美国马里兰州的诚实存款公司(the Fidelity and Deposit Company)在英国首次提供合同担保。

(5) 责任保险的产生与发展。1804年法国《拿破仑民法典》中开始出现民事损害赔偿责任的规定,从而奠定了责任保险产生的法律基础。责任保险是随着财产保险的发展而产生的一种新型业务。

伴随着工业革命、工业伤害的发生和民事法律制度的完善,责任保险也于19世纪中期在工业革命较早期的英国出现。1855年英国制定了世界上首部提单法——《1855年英国提单法》,承运人因此而面临着相关法律责任风险。同年,英国铁路乘客公司开办了铁路承运人责任保险;1870年英国工程保险商开始承保机器锅炉险,而且承保因爆炸造成的第三者财产保险;1875年,英国沃顿保险公司签发了第一张载有公众责任的保险单,同年还出现了马车第三者责任保险,专门承保因使用马车而引起的赔偿责任;1880年,英国颁布《雇主责任法》,当年即有专门的雇主责任保险公司成立,承保雇主在经营过程中因过错致使雇员受到人身伤害或财产损失时应负的法律赔偿责任,并承保了电梯责任保险,前者为雇主责任保险,后者为公众责任保险;1890年,海上事故保险公司就啤酒含砷引起的第三者中毒,对特许售酒商提供保险,因此,这是较早的产品责任保险;1895年英国保险公司推出了汽车第三者责任保险;1896年,英国北方意外保险公司对药剂师开错处方的过失提供职业损害补偿,开创了职业责任保险的先河;承包人责任保险始于1886年;升降梯责任保险始于1888年;制造业责任保险始于1892年;业主房东住户责任保险始于1894年；契约责任保险始于1900年；运动责任保险始于1915年；会计师责任保险始于1923年；个人责任保险始于1932年；农户及店主责任保险始于1948年；1965年，英国发布《核装置法》，其中规定，安装者必须投保最低限额为500万英镑的核责任保险；1970年英国开始承保因飞机声震等噪声污染而造成的损害赔偿责任，此后，环境责任保险在英国得到了普遍推行。

汽车责任保险始于19世纪末，几乎在汽车诞生的同时，1895年英国的保险公司推出汽车第三者责任保险；美国在1898年全面推广了这项业务，并且使汽车第三者责任保险业务成为责任保险市场的主要业务。直到现在，汽车责任保险仍是世界上业务最大、最流行的责任保险。

进入20世纪30年代后，一些国家将汽车第三者责任保险规定为强制保险，使责任保险在许多国家逐步普及；50年代，各种民事法律制度的进一步完善，使责任保险的内容日益丰富，尤其是70年以后，责任保险得到了高速、全面的发展，在美国则成为非寿险市场的主要业务。

法定保险的实施对责任保险的发展起着巨大的推动作用。19世纪末开始，绝大多数国家均采取强制手段并以法定方式推行汽车责任保险，这成为近代保险与现代保险分界的重要标志。1927年美国马萨诸塞州率先实施《强制汽车责任保险法》，标志着法定强制责任保险的开端；1928年新西兰实行机动车辆第三者责任强制保险；1930年英国颁布《道路交通法》，强制实施第三者责任强制保险；1955年日本政府颁布《自动车损害赔偿保障法》，作为实施强制保险的法律依据，形成了强制责任保险和自愿保险两大体系相结合的机动车辆保险制度。进入20世纪70年代后，环境保护浪潮席卷整个西方发达工业国家，一系列环境保护法案纷纷出台，企业主迫切需要将这种大的责任风险转嫁出去，环境责任保险产生并发展起来。1985年，丹麦把环境损害责任保险作为公众责任保险的一部分；1991年，德国将环境损害责任保险定为强制保险。

随着商品经济的发展，各种民事活动急剧增加，法律制度不断健全，人们的索赔意识不断增强，各种民事赔偿事故层出不穷。进入20世纪70年代以后，责任保险的发展在工业化国家进入了黄金时期。在这个时期，各种运输工具的第三者责任保险得到了迅速发展，雇主责任保险成了普及化的责任保险险种，职业责任保险、产品责任保险、公众责任保险进一步完善，逐步形成了自愿保险与强制保险相依存，雇主责任保险、职业责任保险、产品责任保险、公众责任保险与第三者责任保险相结合的责任保险体系，成为继财产损失保险、人身保险、信用保证保险之后保险市场体系的又一大新型业务支柱。这一时期，美国的各种责任保险业务保费收入就占整个非寿险业务收入的45%~50%左右，欧洲一些国家的责任保险业务收入占整个非寿险业务收入的30%以上，日本等国的责任保险业务收入也占其非寿险业务收入的25%~30%。进入20世纪90年代以后，许多发展中国家也日益重视发展责任保险业务。进入21世纪以来，这些国家的责任保险所占非寿险的比重大致维持这一状况，尤其在美国，2003年其业务占全球责任险业务的62.62%。一国的民事法律制度越健全，责任保险就越发达。

进入20世纪以后，现代保险的四大门类——财产保险、人身保险、责任保险和信用保证保险全部形成，保险业作为与金融业、贸易业并驾齐驱的现代市场经济发展的三大支柱，在商品经济的发展过程中发挥了精巧的社会稳定器的作用。

2. 再保险的产生与发展

现代保险制度从海上保险开始，随着海上保险的发展，产生了对再保险的需求，最早的海上再保险可追溯到1370年7月12日签发的一张保单。签发人是一家叫格斯特·克鲁丽杰（Gustav Cruciger）的保险人，承保自意大利热那亚到荷兰斯卢丝之间的航程，并将其中一段经凯的斯

(Cadiz)至斯卢丝(Sluis)的航程责任转让给其他保险人,这是再保险的开始。虽然严格说来这并不能算现代真正意义上的再保险,因为原保险人并非由于保额大才分保,而是把自己不愿承担的风险责任转移出去。

16世纪初,由于新航线的开辟使得世界贸易中从地中海一带转移到大西洋沿岸,保险也随之由意大利转移到西班牙、比利时和英国。17世纪初,英国皇家保险交易所和劳合社开始经营再保险业务。1681年,法国国王路易十六曾公布法令,规定"保险人可以将自己承保的保险业务向他人进行再保险"。这个法令不仅在法国有效,而且在德国的港口和西班牙的港口也允许再保险。到了18世纪,荷兰鹿特丹的保险公司(1720年)将承保到西印度的海上保险向伦敦市场进行再保险,丹麦的皇家特许海上保险公司1726年成立后从事再保险,德国1731年汉堡法令允许经营再保险业务,1737年西班牙贝尔堡法律和1750年瑞典的保险法律都有类似的规定。

随着再保险的发展,再保险合同方式也在发生变化。再保险合同早期形式是临时再保险合同,随着国际贸易的发展,保险金额增加,临时再保险逐渐有了固定的格式,而且由于临时再保险合同手续繁琐,费时费力,适应固定分保关系的合同再保险应运而生,此后更发展成为再保险当中的主要方式。但并不是说临时再保险就不再被应用,事实上随着标的物日益巨大,临时再保险仍有非常重要的作用。

再保险发展过程中另一个变化是承保方式的变化。再保险产生初期都是比例再保险,但随着巨灾风险的频繁出现,对再保险提出了新的需求,因而劳合社承保人卡博托·希思(Cuthbert Heath)第一次提出并设计了超额赔款分保,简称超赔分保。现在,这种方式正发挥着越来越重要的作用。

再保险业务开始只在经营直接业务的保险公司之间进行。随着保险形式的多样化和保险公司之间的竞争加剧,逐渐出现了专业再保险公司,即专门从事再保险业务的保险公司。专业再保险公司的产生极大地推动了再保险的顺利发展。

(二) 社会保险的产生与发展

社会保险作为社会保障的一种形式,是19世纪80年代在德国首先产生并形成的,它是一项社会政策,是强制性保险的一种形式。

德国是第一个推出社会保险制度的国家。从19世纪80年代起,德国陆续颁布了一系列社会保险法案,确定了社会保险的基本体系。究其原因有:为了调和劳资关系,加快工业发展和对外扩张;德国工人运动的发展以及德国历史学派的主张,为社会保险的出台奠定了理论基础。

1870年,德国在普法战争中打败了法国,实现了德国的统一,这大大推动了德国经济的发展,但也出现了一些矛盾。为了调和劳资矛盾、加快工业发展,德国从1883年到1889年陆续推出了一系列社会保险法案。1883年德国首相奥托·冯·俾斯麦(Otto von Bismark)① 颁布了《疾病保险法》,这部法案被称为世界上第一部社会保险法,常作为社会保险形成的标志;1884年颁布了《工伤保险法》;1889年颁布了《养老保险法》。这些立法推动了社会保险,使社会保险步入法制轨道,这是社会保险一个质的飞跃,标志着社会保险基本体系的形成,现代社会保险制度由此产生。

---

① 俾斯麦1815年出生于斯坦图(Stendal),1898年死于汉堡(Hamburg)。他于1871年至1890年成为德意志帝国的第一任首相。

由于德国的社会保险对安定劳动者的经济生活和稳定社会起了较大作用，所以从 1890 年至 1919 年各工业国纷纷仿效建立了社会保险制度。在此期间实行养老保险的国家有丹麦、奥地利、英国等 16 国；实行疾病、生育保险的国家有比利时、瑞士、英国等 9 国；实行失业保险的国家有英国、法国、西班牙等 9 国；实行工伤保险的国家有美国、波兰、南非等 37 国。1935 年后，社会保险得到了普遍的发展。在罗斯福总统的领导和主持下，1935 年美国颁布了第一部社会保障法典《社会保障法》，它包括养老保险、失业保险、盲人补助、老年补助、未成年人补助等。至第二次世界大战结束，有 50 多个国家先后建立了社会保险制度，几乎所有西方国家都完成了有关社会保险的立法，设立了社会保险的主要项目和管理机构。这标志着社会保险制度最终形成。

进入 20 世纪中叶，社会保险的涵盖面进一步扩展，有些国家将某些项目的保险对象扩展到全社会；有些国家则实施普遍福利政策，如英国、瑞典。1952 年国际劳工组织制定并通过的《社会保障最低标准公约》，为各国制定社会保障制度提供了依据，是解释社会保障的权威性文件，极大地推动了世界社会保障制度的发展和完善。

三、中国保险史

虽然保险思想发源于我国，并且早在公元前 3000 多年前就有“分舟运来”，在明朝有与货物运输保险极为相似的镖局业务，但由于我国长期商品经济不够发达，导致我国保险起步较晚。我国现代保险业的发展大致可以以 1949 年为界分为两个时期。

（一）1949 年以前的中国保险业

1. 外商保险公司垄断时期

我国保险业起步较晚，在 1840 年之前，我国对外贸易仅限广州一地。1805 年英国商人在我国广州开设第一家外商保险公司——谏当保安行（Canton Insurance Society），亦译为广州保险公司，也曾译为广州保险社，这是外商在中国开设最早的保险公司，主要经营海上保险业务，1841 年将其总公司迁往香港。1835 年，英商保险公司在香港设立了“保安保险公司”，并在广州设立了分支机构。其后，英国的“太阳保险公司”和“巴勒保险公司”均在上海设立了分公司。1877 年“怡和洋行”在上海设立保险部。继英国之后，美国、法国、德国、瑞士、日本等国的保险公司亦相继来华设立分公司或代理机构，经营保险业务，完全垄断了我国保险市场。

2. 民族保险业的产生与发展

1865 年 5 月 25 日，上海华商义和公司保险行成立，这是我国第一家民族保险企业，打破了外国保险公司对中国保险市场完全垄断的局面，标志着我国民族保险业的起步。1875 年 12 月，李鸿章授意轮船招商局集资 20 万两白银在上海创办我国第一家规模较大的船舶保险公司——保险招商局；1876 年，在保险招商局开办一年业务的基础上，又集股本 25 万两白银，开设了仁和保险公司，但仍属于轮船招商局。1885 年，保险招商局被改组为业务独立的仁和保险公司与济和保险公司两家保险公司，主要承办招商局所有的轮船以及货物运输保险业务；1887 年合并为仁济和保险公司，有股本规银 100 万两，其业务范围也开始从海上转向内地，承办各种水险及火灾保险业务。1905 年黎元洪等官僚资本自办的“华安合群人寿保险公司”是中国的第一家人寿保险公司。

其后，我国民族保险业得到了一定的发展。从 1865 年到 1912 年的 40 多年间成立的保险公司约有 35 家,其中寿险公司 8 家;1912 年至 1925 年成立的保险公司有 39 家,其中经营寿险的 19 家。在此时期,民族资本保险公司的数量有了很大增加,20 世纪 20 年代至 30 年代,有 30 多家民族保险公司宣告成立,至 1935 年则增至 48 家。

同时,1935 年 10 月至 1943 年,国民党政府相继成立了"中央信托局保险部""中国农业保险公司""太平洋保险公司""资源委员会保险事务所"。官僚资本的保险公司为了瓜分业务,调和利益冲突,由上述的前三家保险公司再加上"中国保险公司"四家联合组成"四联盐运保险管理委员会",办理盐运保险。

抗日战争胜利后,各官僚资本及民营保险公司将其总公司从重庆迁回上海,投资保险事业的趋势又发展起来,仅上海一地的保险公司就有 232 家,其中华资保险公司 168 家,恢复经营的外资公司 64 家。当时外商的承保能力和华商相比,火险方面外商为 10 倍,水险方面外商为 50 至 60 倍。据统计,到 1949 年 5 月,上海约有中外保险公司 400 家左右,其中华商保险公司只有 126 家。

在此同时,再保险业务得到了一定的发展。1933 年 6 月在上海成立了由华商组成的唯一经营再保险业务的"华联商合保险股份有限公司"。华商联合保险公司开始再保险业务。抗日战争期间,由于和外商的分保关系中断,又不愿与日本的保险公司合作,民族保险公司先后成立了久联、太平、大上海、中保、华商联合等分保集团。抗战胜利后,民族再保险业务主要由"中央信托局""中国再保险公司""华商联合保险公司"经营,但总的来说,再保险基本上由外商垄断,民族保险公司的再保险公司自留额很低,保费大量外流。

随着保险业务的发展,在保险法律方面,也得到了一定发展。1929 年 12 月 30 日国民党政府公布了《保险法》,由于多种原因,未能施行。1935 年 5 月 10 日国民党政府公布了《简易人寿保险法》;1937 年 1 月 11 日国民党政府公布了修订后的《保险法》《保险业法》《保险业法施行法》。除《简易人寿保险法》,其余法规均未得到实施。

1949 年 10 月 1 日前,中国保险业的基本特征是保险市场基本被外国保险公司垄断,保险业起伏较大,未形成完整的市场体系和保险监管体系。外国保险公司通过组织洋商保险同业公会,垄断了保险规章、条款以及费率等的制定,民族资本的保险公司虽也组织了华商同业公会,但由于力量弱小,只能处于被支配地位。

(二) 1949 年后的中国保险业

1949 年以来,中国保险业的发展若按细分,经过了"四起三落"的坎坷历程:从中国人民保险公司成立到 1952 年的大发展是"一起";1953 年停办农村保险、整顿城市业务,是"一落";1954 年恢复农村保险业务、重点发展分散业务是"二起";1958 年停办国内业务是"二落";1964 年保险机构升格、大力发展国外业务是"三起";1966 年"文化大革命"中几乎停办国外保险业务是"三落",涉外保险人员一度减少到 9 人,史称"九人治丧委员会";1980 年恢复国内财产保险业务,我国保险事业进入一个新时期,是"四起"。若从大的方面分,我国 1949 年以来的保险业发展大致经历了创立、萧条和发展三个阶段。

1949 年 10 月 1 日后,我国开始整顿和改造原有保险市场,接管了官僚资本的保险公司,并批准一部分私营保险公司复业,当时登记复业的有 104 家,其中华商保险公司 43 家,外商保险公司 41 家。1949 年 6 月 20 日,中国保险公司恢复营业,统一办理对外分保。1949 年 10 月 20 日,经中央人民政府批准成立了中国人民保险公司，这是中华人民共和国成立后设立的第一家全国性国有保险公司，经营财产保险、人身保险和再保险业务，至 1952 年年底已在全国设立了 1 300 多个分支机构。1952 年，中国人民保险公司从由中国人民银行领导改为由财政部领导。至此，我国由国营保险公司垄断的独立保险市场初步形成。

1958 年年底，全国设有保险机构 600 多个，保险职工近 5 万人。保险对国家的经济建设起了重大作用。1958 年针对两种不同的经济体制，采用了两种不同的风险管理方式。对国内业务，随着我国计划经济制度的建立，国有企业由财政统收统支，盈利上缴财政，亏损由财政补贴。既然财政已经为国有企业承担了风险，保险作为风险管理的一种方式也就没有必要了。1958 年 12 月，在武汉召开的全国财政会议正式做出"立即停办国内保险业务的决定"，从 1959 年 5 月起，除上海、哈尔滨等几个城市继续维持了一段时间外，其他城市全部停办了国内保险业务，其体制也相应转为专营涉外保险业务的保险公司。而保留涉外业务，主要是考虑到该业务面对的是大量的市场经济国家，其风险管理的方式仍然主要是商业保险。国内保险业务停办后，国家从精简机构方面考虑，同时出于外汇管理的需要，将中国人民保险公司改为中国人民银行总行国外局的一个处，编制只有 30 多人，负责处理进出口保险业务，领导国内外分支机构的业务和人事，集中统一办理国际分保业务和对外活动。具体经办进出口货物运输保险、远洋船舶保险、国际航线飞机保险、再保险和海外保险。此后保险业又经历磨难，1961 年精简机构，保险处被进一步压缩为 12 人。1969 年 1 月停办了交通部的远洋运输保险，接着停办了再保险业务，只象征性地保留了出口货运保险业务，编制一度减少到 9 人。直至 1979 年才开始恢复国内保险业务。

自从 1979 年国务院批准恢复国内业务以来，保险市场发生了重大变化①：保险公司格局日趋多元化；保费收入快速增长；险种不断增加、结构趋于合理；展业方式变化；开放程度提高；保险监管趋于完善。尤其是 2001 年入世以来，我国保险发展更快，我国保费收入在世界上从 2001 年的第 13 位上升到 2015、2016 年的第 3 位。这些变化主要体现在以下几方面。

1. 保险公司逐步多元化

1980 年我国开始恢复国内财产保险业务，1982 年恢复国内人身保险业务，至 1985 年全国仅一家保险公司——中国人民保险公司；1986 年成立了新疆生产建设兵团保险公司（2002 年改为中华联合保险公司）；1992 年平安保险公司由区域性保险公司改为中国平安保险公司；1991 年 4 月中国太平洋保险公司成立。此后，1996 年新华人寿保险公司、泰康人寿保险公司、华泰财产保险公司等保险公司相继成立；同年，随着《保险法》的颁布，保险公司分业经营，中保集团分为中保集团财产保险有限公司、人寿保险有限公司、再保险有限公司。1999 年 9 月中保集团解散，原中保集团财产保险有限公司、中保集团人寿保险有限公司、中保集团再保险有限公司，分别改为中国人民保险公司、中国人寿保险公司、中国再保险公司。2003 年中国人民保险公司、中国人寿保险公司、中国再保险公司分别进行了股份制改造。中国人民保险公司改为中国保险控股公司，其后又改为中国人民保险集团股份有限公司，控股设立中国人民财产保险股份有限公司、中国人民人寿保险股份有限公司、中国人民健康保险股份有限公司、中国人保资产管理公司等 10 家子公司；中国人寿保险公司改为中国人寿（集团）公司，控股设立中国人寿保险股份有限公司、中国人寿资产管理有限公司、中国人寿财产保险股份有限公司、中国人寿养老保险股份有限公司等多

① 王绪瑾. 中国保险市场的研究. 北京工商大学学报（社科版），2003（1）。

家公司和机构；中国再保险公司改为中国再保险（集团）股份有限公司，控股设立了财产再保险、人寿再保险等多家子公司。

至2001年年底，我国保险公司发展到52家，其中，中资保险公司20家，外资和中外合资保险公司32家[①]；至2016年年底，保险公司发展到214家，其中，中资保险公司150家、中外合资和外资保险公司分公司64家；财产保险公司81家，寿险公司83家，再保险公司12家，保险集团控股公司12家[②]，保险资产管理公司23家，其他机构4家（中石油专属财产保险公司，3家农村保险互助社）。

相应地，根据统计，市场占有率由1985年原中国人民保险公司独家垄断变为2016年的中国人寿保险公司和中国人民保险公司的保费收入市场占有率分别为16.45%、14.43%，其余中资保险公司的市场占有率分别为：中国平安保险公司15.41%、中国太平洋保险公司7.68%、新华人寿保险公司3.7%、泰康人寿保险公司3%。2016年，在寿险市场上，中国人寿保险股份有限公司、中国平安人寿保险股份有限公司、中国太平洋保险股份有限公司的份额分别为20.32%、12.69%、6.33%，而其余81家寿险公司的市场占有率为60.66%；在财产保险市场上，中国人民财产保险股份有限公司、中国平安财产保险股份有限公司、中国太平洋财产保险股份有限公司的市场占有率分别为33.50%、19.20%、10.37%，其余73家保险公司的市场占有率为36.93%。这说明多主体的市场格局虽然基本形成，已经开始从寡头垄断型保险市场向垄断竞争型市场过渡。

2. 保险收入快速增长，且潜力巨大

我国自1980年恢复国内保险业务到2016年，保费收入以年均约35%的速度递增，大大高于同期国内生产总值年平均增长9.7%的速度；保费收入从1980年的4.6亿元，增加到2016年的30 959.1亿元。尽管我国保险业发展迅猛，但与经济发展的规模还不相适应。我国的保险深度1980年为0.1%，2016年为4.16%；我国的保险密度1980年为0.48元，2016年为2 258元，这不仅说明我国的保险深度和保险密度增长速度快，也说明中国保险市场有巨大的发展潜力。

在财产保险方面，随着中国经济的持续高速增长，财产保险业务也会相应增长。在未来的中国财产保险市场上，至少存在四大潜力：机动车辆保险、企业财产保险、家庭财产保险和责任保险。

在机动车辆保险方面，一方面随着交通的逐步改善、人民收入水平的提高，个人购车将相应增加，机动车辆损失保险的业务量将会进一步增加；另一方面，随着《中华人民共和国道路交通安全法》《中华人民共和国侵权责任法》的进一步贯彻，机动车辆第三者责任保险的业务将会进一步增加。同时，中国目前机动车辆投保率仍然较低，也说明了机动车辆保险的市场潜力较大。

在企业财产保险方面，随着国有企业股份制改革的进一步发展和产权制度的明晰，一方面，企业将降低对财政的依赖度，将商业保险作为转移企业风险的一种主要方式；另一方面，企业效益的提高，也将增加企业财产保险的需求。

在家庭财产保险方面，由于个人购房的增加、家庭物质财产的累积，从而家庭财产保险业务将会增加。

随着民事法律制度的完善，责任保险尤其是公众责任保险、产品责任保险、雇主责任保险和

① 王绪瑾，李怡，卓宇．入世以来的中国保险业研究．亚太风险与保险学会第八届年会论文，2004。

② 在计算保险集团和再保险公司时，中再集团重复计算，故在总数中扣除一家。

医疗责任保险蕴藏着巨大的潜力。

同时，随着个人购房的增加、个人购车的增加，保证保险业务的规模也会增加。当然，这取决于经济发展状况。随着中国经济的发展，建筑工程保险和安装工程保险也将得到较快发展。

在寿险方面，目前占全世界人口 18.65% 的中国，2016 年寿险保费收入仅占全世界寿险保费收入的 10.03%，居全世界的第 3 位；寿险的保险密度仅仅为 189.9 美元，居全世界统计的 88 个国家和地区的第 43 位①，说明中国寿险市场潜力巨大。随着国民经济进一步快速增长、收入水平的提高、人口规模的增大、人口老龄化、社会保障制度的改革，以及投资环境的逐步改善和保险投资监管的进一步完善，中国寿险业将继续快速增长，尤其在经济发达地区，如上海、广东、北京、江苏、浙江，仍然将呈现较快增长。其中，随着投资环境的逐步改善和保险投资监管的进一步完善，投资型保险产品，如万能寿险、分红寿险、投资连结保险将更具市场潜力。

3. 保险商品多样化、商品结构趋于合理

基于社会经济发展和对外开放的需要，我国陆续开办了许多新的险种，如建筑工程险、安装工程险、海洋石油开发险、履约保险、政治风险保险、产品责任保险、卫星发射保险、核电站保险等。到 1996 年年底，我国开办的险种就已达 700 多个，比 1980 年增长了 60 多倍，比 1990 年增加了 500 多个险种；在人身险业务方面，自 1982 年恢复以来，其险种也不断增加，客户在保险市场上基本能买到所需要的保险商品，并逐步开始由保障性和储蓄型为主的险种向投资型为主的险种转变。

同时，从财产保险业务为主，转向人身保险业务为主。我国 1982 年恢复人身保险业务以来，人身保险保费收入占国内保费收入的比重明显上升，1982 年为 0.16%，1985 年为 13.32%，1990 年为 21.02%，1996 年为 41.73%，1997 年和 1998 年由于下半年利率下降的影响，人身险保费收入的比重急剧上升为 55.33%、59.05%，2016 年则为 71.82%；相应地，财险保费收入所占比重则从 1982 年的 99.84% 降为 1998 年的 40.5%、2001 年的 32.5%、2003 年的 22.4%、2016 年的 28.18%；而 2000 年和 2003 年、2016 年人身保险的保费收入所占比重分别为 62.5%、77.6% 和 71.82%。

预计今后 5 年仍将保持这一结构，但各自内部结构将有所变化。随着社会保险制度的改革，意外伤害保险、健康保险、养老保险所占比重将会上升；在财产保险方面，随着法律制度的完善，责任保险将有广阔的前景、保证保险所占比重将会上升，机动车辆保险所占比率则不会有大的变化，但其规模将会进一步扩大。

4. 保险展业方式多样化

中国自恢复国内保险业务以来，其展业渠道由最初的保险公司直接展业，转向保险代理人和保险经纪人展业。在恢复国内保险业务初期，最初展业渠道是保险公司的直接展业。这种方式展业成本高、信息渠道窄，导致保险业务量有限。尤其在自 1959 年国内保险业务全面停办了 21 年后的中国，人们缺乏保险常识，对保险既不知道也不信任，因而靠保险公司直接展业是非常有限的。② 最初，保险公司通过有关部门发展兼业代理人，其后自 1996 年开始实施专业代理人、兼业代理人和个人代理人相结合的保险代理制度；自 1995 年 12 月以来，先后由有关保险

① Swiss Re. Sigma, 2017 (3).

② 王绪瑾. 保险市场的现状与趋势. 经济日报，1998-10-5。

监督管理部门组织了数十次全国保险代理人资格考试,取得保险代理人资格的近 200 万人。自 1999 年以来,由保险监管部门组织了多次全国保险经纪人资格考试。至 2002 年年底,我国有保险经纪公司 17 家,保险专业代理公司 127 家,保险公估公司 26 家,保险兼业代理人约 8 万家;至 2004 年 3 月底,我国有保险中介公司 1 264 家,其中:保险代理公司 868 家,保险经纪公司 205 家,保险公估公司 191 家;至 2016 年年底,我国有保险中介公司 2 603 家,其中:保险代理公司 1 774 家,保险经纪公司 469 家,保险公估公司 360 家。

目前保险代理人所招揽的保费收入占保费总收入的 70% 多,其中,人身保险业务中通过保险代理人招揽的占 80% 多,并且呈逐步上升趋势。从长期来看,保险展业将从保险公司展业为主向保险代理人和保险经纪人展业为主转变。

5. 保险市场开放程度提高

自改革开放以来,我国一方面允许外国保险公司进入中国保险市场。1992 年批准美国友邦人寿保险公司在上海设立分公司。到 2000 年年底,已有中外合资和外资保险公司 17 家,并且已有 200 多家外资保险公司在中国设有代表处;到 2003 年年底,已有中外合资和外资保险公司 37 家,并且外资保险公司已在中国设立代表处的有 190 多家;到 2016 年年底,已有中外合资和外资保险公司 63 家。外资保费收入占全国全部保费收入的比重从 2001 年的 1.49% 提高到 2016 年的 6.53%,为履行"入世"承诺,我国保险市场正全面开放。[①] 另一方面,鼓励国内保险公司在国外经营保险业务。从长期来看,我国已经"入世",保险市场将进一步对外开放,不仅在我国的外国保险公司会进一步增加,而且在经营业务的区域和险种上会进一步扩大,我国保险市场将逐步与国际保险市场接轨。

6. 保险法律与监管制度趋于完善

在保险业迅速发展的同时,保险法律制度也逐步完善。1983 年国务院颁布了《中华人民共和国财产保险合同条例》;1985 年国务院颁布了《保险企业管理暂行条例》;1992 年中国人民银行公布了《保险代理机构管理暂行规定》,同年 9 月公布了《上海外资保险机构暂行管理办法》;1995 年 6 月全国人民代表大会颁布了《中华人民共和国保险法》;1996 年 2 月中国人民银行公布了《保险代理人管理暂行规定》,同年 7 月公布了《保险管理暂行规定》;1997 年 11 月中国人民银行修订并公布了《保险代理人管理规定(试行)》;1998 年 2 月中国人民银行公布了《保险经纪人管理规定(试行)》;1999 年中国保险监督管理委员会(简称中国保监会)公布了《保险机构高级管理人员任职资格暂行规定》和《保险公司管理规定》;2000 年中国保监会公布了《保险公估人管理规定(试行)》。其后,2009 年、2015 年分别修订并公布了保险专业代理机构、保险经纪机构、保险公估机构管理规定;同时与此相关的法律法规亦已颁布,2002 年颁布了《中华人民共和国外资保险公司管理条例》,2002 年、2009 年、2014 年、2015 年修改了《保险法》,2004 年 5 月中国保监会公布了《外资保险公司管理条例实施细则》。经过多年的不断完善,从而初步形成了以《保险法》为核心的保险法律法规体系。

---

① 根据我国的入世承诺,保险市场将在入世后三年全面开放。入世对保险市场开放的部分承诺为:入世时,外国保险公司能在上海、广州、大连、深圳和佛山开展业务;两年内扩展到北京、成都、重庆、福州、苏州、厦门、宁波、沈阳、武汉和天津;三年内取消地域限制。入世后允许成立外资占 51% 的非寿险公司分支机构或合资公司,两年内将允许建立独资子公司;入世后外资可以占寿险合资公司 50% 的股份;入世后,作为分支机构、合资公司或外国独资子公司的外资保险公司可为人寿保险和非人寿保险提供再保险服务,而不受地域或数量的限制;入世后四年内逐步取消中国保险公司再保险 20% 的要求。这些承诺已经兑现。

与之相适应，1998 年 11 月 18 日我国成立了专门的保险监督管理机关——中国保险监督管理委员会，取代中国人民银行专门监管中国的商业保险。2000 年 4 月以来先后在各省、直辖市、自治区、计划单列市设立了中国保监会的派出机构，从而为加强保险监管提供了组织保证。

四、世界保险业的发展现状与趋势

（一）世界保险业的发展现状

1. 保费收入（Premium Income）

据瑞士再保险公司的 Sigma 杂志 2017 年第 3 期的统计资料，2016 年全世界保费收入为 47 321.88亿美元[①]。其中，发达市场国家和地区占全世界市场份额的80.27%，其中美国占28.58%，日本占9.96%；新兴市场国家和地区占19.73%。中国[②]在88个国家和地区中，排列第3位，占9.85%。2016 年保费收入最多的是美国，为 13 523.85 亿美元；其次是日本，为 4 712.95 亿美元；第三位是中国，为 4 661.31 亿美元；其后依次是英国（3 042.08 亿美元）、法国（2 376.44 亿美元）、德国（2 150.21 亿美元）、韩国（1 708.62 亿美元）、意大利（1 623.83 亿美元）、加拿大（1 145.23 亿美元）、中国台湾（1 014.45 亿美元）、澳大利亚（821.59 亿美元）、荷兰（801.3 亿美元）。2016 年保费收入占全球保险市场份额前三位的依次为美国（28.58%）、日本（9.96%）、中国（9.85%）。

从 2016 年保费收入的增长速度看，全球保费收入增长 3.1%。根据地区比较，增长率第一是亚洲（7.9%），第二是北美洲（1.4%），第三是欧洲（1.3%），第四是非洲（0.8%），第五是拉丁美洲（0.2%），第六为大洋洲（-4.8%）。从国家和地区看，增长最快的是中国（25%），其次是土耳其（21%），第三为中国香港（20.6%），而厄瓜多尔、阿根廷、葡萄牙分别下降了 28.7%、16.8%、14.7%，是下降幅度最多的国家。

若根据险种比较，寿险和非寿险的增长分别为 2.5% 和 3.7%。在 2016 年全球保费收入 47 321.88 亿美元中，从险种结构上看，寿险保费收入为 26 170.16 亿美元，占全球保费收入的 55.30%；而非寿险保费收入为 21 151.72 亿美元，占全球保费收入的 44. 70%。

2. 保险深度（Insurance Density）

保险深度是保费收入占国内生产总值的比重。它反映了一个国家的保险业在整个国民经济中的地位。其计算公式为：

$$保险深度=\frac{保费收入}{国内生产总值}$$

以 2016 年保险深度比较，全球平均为 6.28%，居全球前 10 位的国家或地区依次为：开曼群岛（22.6%）、中国台湾（19.99%）、中国香港（17.6%）、南非（14.27%）、韩国（12.08%）、芬兰（11.75%）、荷兰（10.39%）、英国（10.16%）、丹麦（9.58%）、日本（9.51%）。中国则在 88 个国家和地区中位列第 39 位，保险深度为 4.15%。

保险深度按险种不同，分为寿险保险深度和非寿险保险深度，前者是寿险保费收入占国内

① 对 2016 年全球国家地区的保费收入进行分析，只有在 147 个国家或地区选择 88 个主要国家和地区才被统计列示。

② Sigma 杂志所统计的中国保费是指中国内地（未含香港、澳门和台湾地区）的保费。

生产总值的比重，后者是非寿险保费收入占国内生产总值的比重。2016 年全球寿险保险深度平均为 3.47%，最高为中国台湾（16.65%），最低的是安哥拉（0.01%），相差幅度非常大，在 88 个国家和地区中，寿险保险深度在 1% 至 4% 之间的国家和地区有 40 个。2016 年全球非寿险保险深度平均为 2.81%，各国或地区差异幅度更大，最高的是开曼群岛（21.49%），最低的是孟加拉国（0.18%）[①]，在 88 个国家和地区中，非寿险保险深度在 1% 至 4% 之间的国家和地区有 64 个。

3. 保险密度（Insurance Penetration）

保险密度是指按全国（地区）人口计算的平均保费额。它反映一国（地区）民众受到保险保障的平均程度。其计算公式为：

$$保险密度=\frac{保费收入}{人口总数}$$

据瑞士再保险公司的 Sigma 杂志 2017 年第 3 期的统计资料，2016 年全球保险密度为 638.3 美元。其中，发达市场为 3 505 美元，新兴市场为 149 美元。就国别或地区而言，开曼群岛以 12 160.3 美元的保险密度名列榜首，紧随其后的是中国香港，为 7 678.8 美元。中国保险密度增长较快，但水平仍然较低，位于第 47 位，为 337.1 美元。

保险密度按险种不同，分为寿险保险密度和非寿险保险密度，前者是按全国（地区）人口计算的平均寿险保费额，后者是按全国（地区）人口计算的平均非寿险保费额。2016 年全球寿险保险密度为 353 美元，其中发达市场为 1 954 美元，而新兴市场为 80 美元。2016 年全球寿险保险密度最高的是中国香港（7 065.6 美元），最低的是安哥拉（0.5 美元）。2016 年全球非寿险保险密度为 285.3 美元，其中发达市场为 1 550 美元，而新兴市场为 69 美元。2016 年全球非寿险保险密度最高的国家或地区是开曼群岛（11 564.6 美元），其次是荷兰（3 752.4 美元），最低的是孟加拉国（2.7 美元）。

（二）当今世界保险业发展的特点

第二次世界大战以后，世界保险业获得了飞速发展，主要表现在以下几个方面。

1. 保险业务范围日益扩大，新险种不断增加

由于技术发展，保险由传统的火灾保险、汽车保险扩展到卫星保险、核电站保险、航天飞机保险、互联网保险。保险业务范围日益扩大，新险种不断增加，随着科学技术的发展，尖端科学日新月异，各种新的风险不断产生。

2. 保险金额巨大，索赔增多

由于保险财产的价值越来越大，为获得足够的保险保障，保险金额日益提高。如一艘万吨油轮、一颗人造地球卫星，价值都在几千万乃至几亿美元以上，一旦保险标的损毁，索赔数额将非常巨大。保险金额巨大，索赔案件增多，为保险人提出了一个严峻的问题。

3. 保费收入增加，业务竞争激烈

一些发达国家对保险的依赖程度越来越高，保费收入迅速增长，单就 1950—1989 年间，保费收入增加了 58 倍；保险业务竞争加剧，为了招揽业务，各国保险人争相降低保险费率，而赔

① 在 2017 年第 3 期的 Sigma 杂志中，没有显示列支敦士登的保险深度和保险密度的资料，故实际可比的只有 87 个国家。

付率居高不下。为了弥补经营亏损,他们纷纷进行保险投资,以投资收入弥补承保亏损,综合盈利。

发展中国家在一定阶段为了开拓民族保险事业,建立民族保险市场,颁布了法令、条例、法规,规定某些项目和种类的保险必须在国内进行投保,限制外国保险公司进入本国市场,以促进民族保险事业的发展。但随着 20 世纪末 21 世纪初经济全球化的浪潮,许多国家的保险业逐步开放。

(三) 世界保险业发展的趋势

纵观现代保险事业的发展,大体上呈现以下趋势。

1. 保险市场自由化

保险市场自由化是适应市场经济发展,满足投保人、被保险人的客观要求而采取的必要政策。这体现在以下几个方面:

(1) 放松费率管制,使费率成为市场营销的一种策略。过高的保险费率必然损害被保险人的利益,使保险企业获得不合理的利润。适度地放宽费率管制,对于保险企业的竞争十分有利。除具有地域性的业务仍采用管制费率之外,凡是具有国际性的业务,其费率的厘定应尽可能自由化。

(2) 保险服务自由化。由于民众的保险意识提高,消费者对保险商品的需求在内容和形式上都有很大变化。保险企业为了满足消费者的保险需求,必须开发新险种,为被保险人服务。这就要求放宽对保险商品的管制,准许保险企业开辟新的保险服务领域。包括开发新险种、开辟新的保险领域;混业经营,即财产保险公司可以经营人身保险业务,寿险公司可以经营财产保险业务,这是为了适应投保人的需要,也是为了降低营业费用的需要;银行和保险业务相互融通。欧洲的 500 家银行中有 46% 拥有自己专门从事保险业务的附属机构,同时它们中大部分都比传统的保险公司在成本上占有优势。在欧洲,通过银行分销寿险保费收入占全部寿险收入的比重较高,其情况如表 1-2 所示。

表 1-2 银行分销寿险保费收入占全部寿险收入比重情况表 单位:%

国家	法国	荷兰	西班牙	比利时	英国	意大利	德国
1994 年	55	22	21	20	16	12	8
2000 年	60	35	40	40	28	30	14
2004 年	62.5	23.1	73.7	60	17.2	59.1	23.5
税优政策	有	无	有	有	无	有	有

随着金融全球化浪潮的到来,美国政府于 1999 年 11 月颁布了确立银行业、保险业、证券业之间参股和业务渗透的合法性的《金融服务现代化法》;日本也在 1999 年实施了旨在金融一体化的改革方案。

银行保险(Bancassurance)业务融通的出现有其深层的原因:金融市场上的竞争不断激化,银行和保险业出于各自利益的需要,都把业务纷纷扩展到对方的领域,以至于出现目前这种愈演愈烈的金融渗透和日益明显的相互融通的发展趋势;网络技术的发展,为银保业务的融通提供了技术基础；客户对金融消费需求的综合化[①]，以及市场竞争所产生的范围经济要求，使银保业务融通产生了必要。银保业务融通，可以优势互补、降低成本。银保融通的手段和常见的方式有：相互合作、购并、独资设立子公司。

(3) 放松保险公司设立的限制。为了增加市场主体，促进市场竞争的需要，也是为了适应经济全球化的要求。

2. 保险业务国际化

一方面，国际贸易的发展，为保险业务国际化创造了机会；另一方面，随着科学技术的发展，保险价值巨大，如核电站、卫星、航天飞机等，这些保险标的都是国内保险业务难以承保的，必然在国际市场上寻求保险保障，如中国太平洋保险公司曾经承保的澳星发射 16 亿美元，分保 97%。

3. 从业人员专业化

由于保险业是专业性和技术性较强的行业，为了赢得市场竞争，增加市场份额，除降低费率外，关键在于承保技术的创新和理赔技术的提高。因此，要求保险从业人员具有较高的专业水平，并经常进行专业培训。尤其是高级管理人员有学历和资历的要求；对于保险公司高级管理人员和核保、理赔和财务人员要经常进行专业训练；保险代理人和保险经纪人的从业人员要经过专业考试并取得资格证书和执业证书后才能开展业务。

4. 保险管理现代化

现代社会是信息社会，保险公司为了及时掌握市场信息，要求设备和管理人员现代化，设备电脑化、网络化。这既是提高承保水平的需要，也是防止保险欺诈的需要，还是保额巨型化的需要。其好处在于：节约了大量的人工，加强了业务竞争能力，提高了科学管理水平。

5. 展业领域广泛化

保险事业是伴随着人类科学技术水平的提高而发展起来的“朝阳产业”。其展业广泛化在于：陌生拜访固守传统，银行保险卷土重来，网络销售快速成长，电话销售逐步认可。其展业领域则涉及社会经济各领域。

6. 组织形式多样化

为了适应现代保险事业不断发展的需要，世界各国都根据本国的经济特点，分别采取了符合国情的保险组织形式。这些组织形式，既有国有独资保险公司、保险股份公司、相互保险公司，也有保险合作社和自保公司。

7. 保险业务规模化

由于保险业务的巨型化，同时为了竞争的需要，在国际上，保险业出现了一股购并浪潮。如 1996 年英国两家大型综合性保险公司太阳联合保险与皇家保险宣布合并，形成币值近 95 亿美元的皇家太阳联合保险公司，一跃成为英国最大的综合性保险公司；2001 年 4 月德国安联保险集团公司宣布收购德国的第三大银行——德累斯顿银行，合并后的公司将成为全球第四大金融集团。[②]专家预计，全球金融业将掀起新一轮兼并和联合浪潮。这种购并往往是强强联合，究其原因在于：优势互补，形成更大范围的规模经营；提高经营效率、降低经营成本，有效控制风险；提高

① 常形容该消费的综合需求为金融百货，亦称金融套餐或金融超市。

② 童第轶．保险收购银行：全球金融兼并潮再起．中国保险网，2001-04-06。

新公司的实力和声誉。同时,还可以扩大自己的市场职能,把自己变成一家打破行业界限,能够从事保险、银行以及证券、基金等各种投资活动的全能型金融企业,形成范围经济。

8. 营销渠道多元化

由于范围经济要求及保险服务自由化带来了银行保险的发展;互联网技术带来了网络保险的快速发展,至于传统销售[①] 和电话销售将依然发挥固有的优势,从而形成了传统销售、电话销售、银行保险、网络保险相结合的多元化营销渠道。

① 在此指柜台销售、陌生拜访。

第 二 章 保险合同

第一节 保险合同的意义与形式

一、保险合同的概念与特点

（一）保险合同的概念

合同（Contract）是平等主体的自然人、法人、其他组织之间设立、变更、终止民事权利义务关系的协议。[①] 保险合同（Insurance Contract）是合同双方当事人围绕着设立、变更与终止保险法律关系而达成的协议。它是合同的一种形式，适用于合同法的一般规定。我国《保险法》第 10 条中定义为："保险合同是投保人与保险人约定保险权利义务关系的协议。"由该定义可知，保险合同包括三层含义：一是合同性质属于协议；二是当事人包括投保人和保险人；三是合同内容为保险权利义务关系。

（二）保险合同的特点

保险合同是合同的一种形式，一方面它应遵循一般合同的平等、自愿、公平、诚实信用、公共利益、协商性，另一方面它又是一种特殊的民事合同。与一般的民商事合同相比，保险合同的法律特征主要表现在以下几方面。

1. 射倖性

一般的民商事合同所涉及的权益或者损失都具有相应的等价性，但在保险合同中，投保人支付保险费的行为是确定的，而保险人对某被保险人是否赔付保险金则依保险事故是否发生而定，是不确定的。由于投保人以少额保险费获取大额保险金带有机会性，所以保险合同便具有了射倖性。相对于射倖合同的是实定合同。实定合同是在成立时当事人的给付义务及给付的范围均已确定的合同；而射倖合同是指当事人一方或双方的给付义务取决于合同成立后约定的偶然事件发生与否的合同。

2. 附合与约定并存性

一般民商事合同完全或者主要是由各方进行协商以约定合同的内容。保险合同则不然，其内容的产生是以附合为主，以约定为辅。所谓附合是指合同的内容由一方详细提出，另一方或是

① 《中华人民共和国合同法》第 2 条。

选择之，或是拒绝之，一般不能改变。各国立法依然保护保险合同当事人的自愿协商权。我国《保险法》第 11 条规定："订立保险合同，应当协商一致，遵循公平原则确定各方的权利和义务。除法律、行政法规规定必须保险的外，保险合同自愿订立。"第 18 条规定，投保人和保险人在法律规定的保险合同的事项以外"投保人和保险人可以约定与保险有关的其他事项"。同时，对于那些可依据具体情况由当事人进行选择、商讨的条款，法律保护他们进行协商的权利。这种协商权在保险合同生效后依然可以行使，它可导致合同的变更。但是这种约定往往不过多涉及合同的主要条款，故而保险合同的约定性是辅助的。

3. 双务性

保险合同作为一种双方法律行为，一旦生效，便对双方当事人具有法律约束力。各方当事人均负有自己的义务，并且必须依协议履行自己的义务。与此同时，一方当事人的义务，对于相对方而言就是权利。例如，投保人有交付保险费的义务，与其相对应的是保险人有收取保险费的权利。

4. 要式性

要式是指合同的订立要依法律规定的特定形式进行。订立合同的方式多种多样，但是根据我国《保险法》的规定，保险合同要以书面形式订立，其书面形式主要表现为保险单、其他保险凭证及当事人协商同意的其他书面协议[①]。保险合同以书面形式订立为国际惯例，它可以使各方当事人明确了解自己的权利和义务，并作为解决纠纷的重要依据。

5. 有偿性

即被保险人的财产及有关利益或者人的寿命或身体要取得保险保障，必须支付相应的保险费。

6. 诚信性

即保险合同是以最大诚信为基础的，任何一方违反最大诚信原则，则合同无效。

7. 保障性

即保险合同是对被保险人在遭受保险事故时提供经济保障的合同。

二、保险合同的分类

保险合同依不同的标准可以划分出很多类型，但是通常有下列几种主要的分类。

（一）财产保险合同和人身保险合同

这是根据保险合同的标的进行的分类。它是最普遍的并且被法律明确肯定的保险合同的分类。

财产保险合同是以财产及其有关利益为保险标的的保险合同。财产保险合同所涉及的标的包括有形财产和无形财产。以有形的物质财产为合同标的的保险合同是有形财产保险合同，如企业财产保险合同等；以无形的财产为合同标的的保险合同是无形财产保险合同，如责任保险合

---

① 我国《合同法》第 11 条规定："书面形式是指合同书、信件和数据电文（包括电报、电传、传真、电子数据交换和电子邮件）等可以有形地表现所载内容的形式。"我国《保险法》规定的书面形式是《合同法》规定的书面形式的一部分。我国《保险法》第 13 条规定："投保人提出保险要求，经保险人同意承保，保险合同成立。保险人应当及时向投保人签发保险单或者其他保险凭证。保险单或者其他保险凭证应当载明当事人双方约定的合同内容。当事人也可以约定采用其他书面形式载明合同内容。"

同、信用保险合同等。

人身保险合同是以人的寿命和身体为保险标的的保险合同。由于人身保险合同所保障的危险不同,又可以具体分为人寿保险合同、意外伤害保险合同和健康保险合同。

(二) 定值保险合同和不定值保险合同

这一分类是根据保险合同订立时是否确定保险价值进行的分类。

定值保险合同是指保险合同当事人将保险标的的保险价值事先约定并在合同中给予载明作为保险金额的保险合同。其特点是:① 无论保险标的的实际价值在发生保险事故时是怎样的,仅以保险合同约定的保险价值作为计算赔偿金的依据;② 合同适用的对象通常为价值变化较大或不易确定价值的特定物,如字画、古玩或货物运输的标的物;③ 该合同突出的优点是减少理赔环节及减少纠纷的发生。

不定值保险合同是指只载明保险标的保险金额而未载明其保险价值,在发生保险事故时,根据保险价值与保险金额的关系进行赔偿的保险合同。在不定值保险合同中,仅载明保险金额,并依此作为赔偿的最高限额,至于保险标的的保险价值则处于不确定的状态。财产保险多采用不定值保险合同。一般而言,财产损失是以赔偿实际损失为原则,因此,不定值保险合同通常以保险标的的实际价值作为判定损失额的依据,其特点是:① 以保险事故发生时的当时、当地的市场价格为判断保险标的保险价值的根据。② 当保险价值与保险金额一致时,产生足额保险;当保险价值与保险金额不一致时,则产生超额保险或不足额保险。

(三) 补偿性保险合同和给付性保险合同

这是根据保险人支付保险金的行为性质不同进行的分类。

补偿性保险合同是指当保险事故发生时,保险人根据被保险人的要求并对保险标的的实际损失进行核定后支付保险金的合同。大多数财产保险合同都是补偿性保险合同,尤其是不定值保险合同。德国学者马休斯(E. A. Masius)于 1857 年提出他对保险性质的观点:“保险是约定当事人一方,根据等价支付或者商定,承保其保险标的发生的危险,当危险形成时,通过填补手段补偿对方损失的合同。”无疑,从合同的本质上分析,其观点是正确的。当保险合同缔结时,保险人是针对投保人所保险的标的因保险事故的发生可能遭受的损失同意承担承保义务,即对被保险人的损失进行补偿,显然,保险标的的损失是保险人开始履行支付保险金义务的前提条件。

给付性保险合同是指保险人与投保人协商一定的保险金额,待保险事故发生时,保险人负有支付全部保险金义务的合同。该类保险合同多为人身保险所采用。因为人身不可能以金钱进行计算,故而亦不可能发生对人身的直接补偿问题。因此,凡以自然人的生命或身体为保险标的的合同,合同双方当事人根据投保人或被保险人的具体需要及交付保险金的能力约定一个保险金额,当保险事故发生时,保险人承担给付事先约定的保险金的义务。为此,学说上又将其称为“定额保险合同”。

(四) 特定风险保险合同和综合风险保险合同

这是按保险责任范围进行的分类。

特定风险保险合同是指承保一种或某几种风险责任的保险合同，该合同通常是以列举的方式进行，如地震险或战争险；综合风险保险合同是指保险人对“责任免除”以外的任何风险造成的损害负承保责任的合同，该合同订立的特点是以列举“责任免除”的形式约定保险合同适用的险情。在现实生活中，总括险保险合同的使用越来越广泛。

（五）特定式保险合同、总括式保险合同、流动式保险合同和预约保险合同

这是根据保险合同保障标的进行的分类。

特定式保险合同是指保险人只对事先商定的具体保险标的进行承保的保险合同。该保险合同对保险人而言，承保时相对烦琐，但保险标的发生损失时则有利于保险人。

总括式保险合同是指只规定保险人可以承保某种类别的保险标的，而对该类别保险标的不再分类的保险合同。该合同承保时较方便，但保险标的发生损失时的工作较复杂。

流动式保险合同是指一种适合财产变化比较频繁的保险合同。该合同通常不规定保险金额，只规定保险人承担的最高责任限额，采用该合同的投保人通常是仓储性企业。

预约保险合同，又称开口合同（Open Policy），是保险人和投保人双方预先约定保险责任范围的长期性协议。在预约保单中，只事先载明最高保险金额、承保险别、保险标的、保险费率、保险责任和责任免除、保险费结算办法、每张保单或一个地点的最高保险金额，而不规定财产的具体保险金额，由被保险人按期将财产价值报告保险人，在最高保险金额范围内，所保财产由保险人自动承保。按预约保单的约定，在货物发运时，由投保人向保险人对所有的货运发出起运通知书，保险人据此分别签发保险单或保险凭证，在预约保险范围内由保险人自动承保。这种保单的作用主要是为了减少财产经常变动时须办理批改手续的麻烦。预约保险合同在货物运输保险中运用较广泛。

（六）原保险合同和再保险合同

这是根据订立合同的主体不同进行的分类。

原保险合同是指投保人与保险人之间就保险标的约定保险权利与义务的协议；再保险合同是指保险合同的分出人与分入人就保险责任的分担约定保险权利义务关系的协议。

三、保险合同的形式

保险合同一般采用书面形式，并载明当事人双方约定的合同内容。主要合同形式如下。

（一）投保单

投保单（Application Form）又称要保单，是投保人向保险人申请订立保险合同的书面文件。它是投保人进行保险要约的书面形式，由投保人如实地填写。在投保单中列明订立保险合同所必需的项目，供保险人据以考虑是否接受承保。投保单是保险人赖以承保的依据，若投保人填写不实，将影响保险合同的效力，当保险事故发生时，投保人或被保险人的要求有可能得不到保障。其内容一般包括投保人和被保险人的地址、保险标的、坐落地点、投保险别、保险金额、保险期间、保险费率等，但因险种不同而异。若保险人在投保单上直接签章承保，则投保单便是保险合同；若保险人根据投保单经核保，签发保险单或其他形式的保险合同，则投保单是保险合同的

一部分。

(二) 保险单

保险单(Insurance Policy)是保险人和投保人之间订立正式保险合同的一种书面文件,一般由保险人签发给投保人。保险单将保险合同的全部内容详尽列明,包括双方当事人的权利义务以及保险人应承担的风险责任。保险单的主要结构包括保险项目、保险责任、责任免除及附注条件等。保险单的正面采用表格方式,其填写内容包括:保险人、投保人和被保险人,保险标的的详细说明。保险单的背面是保险条款,具体包括:保险人和被保险人的权利和义务、保险责任、责任免除、保险期限、保费与退费、索赔与理赔、争议处理等。保险单是保险双方当事人确定权利义务和在保险事故发生遭受经济损失后被保险人索赔、保险人理赔的主要依据。

(三) 保险凭证

保险凭证(Insurance Certificate)亦称小保单,是保险人签发给投保人的证明保险合同已经订立的书面文件。其所列项目与保险单完全相同,并声明以某种保险单所载明的条款为准,但是不载明保险条款,实质上是一种简化的保险单,与保险单具有同等的法律效力。如果保险凭证尚未列明其内容,则应以同类保险单载明的详细内容为准;如果保险单与保险凭证的内容有抵触或保险凭证另有特约条款时,则应以保险凭证为准。保险凭证在一定的业务范围内使用,其使用的场合主要有:① 在团体保险中采用,以资证明其已投保。② 在汽车保险业务中,除签发保险单外,还必须出立保险凭证,以便于运输途中保险事故的处理和有关部门查询用。③ 在货物运输险预约保单下,每一笔货物需签发单独的保险凭证。该凭证是根据预约保单出立的,被保险人向保险人签发货物起运通知书,保险人据此签发保险凭证。

(四) 暂保单

暂保单(Binding Slip)是保险单或保险凭证未出立之前保险人或保险代理人向投保人签发的临时凭证,亦称临时保险单。其作用是证明保险人已同意投保。暂保单的内容比较简单,仅载明与保险人已商定的重要项目,如保险标的、保险责任范围、保险金额及保险费率、承保险种、被保险人姓名、缔约双方当事人的权利义务及保险单以外的特别保险条件等。暂保单具有证明保险人已同意投保的效力。出立暂保单一般有以下情况:① 保险代理人在争取到保险业务时但未向保险人办妥保险单手续前,可先出立暂保单,以作为保障的证明。② 保险公司的分支机构,在接受投保人的要约后但尚需获得上级保险公司或保险总公司批准前,可先出立暂保单,以作为保障的证明。③ 保险人和投保人在洽谈或续订保险合同时,订约双方当事人已就主要条款达成协议,但尚有一些条件需进一步商讨,在未完全谈妥前可先出立暂保单,以作为保障的证明。④ 保险单是出口贸易结汇的必备文件之一。在尚未出立保险单和保险凭证之前,可先出立暂保单,证明出口货物已经办理保险,作为出口结汇的凭证之一。

暂保单具有与保险单或保险凭证同等的法律效力,但通常其有效期限以30天为限,保险单一经出立,则暂保单自动失效。保险单出立前,保险人亦可终止暂保单,但须于几天前通知被保险人。

(五) 批单

批单(Endorsement)又称背书,是保险人应投保人或被保险人的要求出立的修订或更改保险单内容的证明文件。它是变更保险单内容的批改书。批单通常适用下列情况:一是对已印制好的标准保险单所作的部分修正,这种修正并不改变保险单的基本保险条件,或者缩小保险责任范围,或者扩大保险责任范围。二是在保险合同订立后的有效期对某些保险项目进行更改和调整。保险合同订立后在有效期内双方当事人都有权通过协议更改和修正保险合同的内容。若投保人需要更改保险合同的内容,需向保险人提出申请,经保险人同意后出立批单。批单可在原保险单或保险凭证上批注,也可另外出立一张变更合同内容的附贴便条。凡经批改过的内容,以批单为准;多次批改,应以最后批改为准。批单一经签发,就自动成为保险单的一个重要组成部分。

第二节 保险合同的要素

保险合同的要素由保险合同的主体、客体和内容三方面构成。

一、保险合同的主体

(一) 保险合同的当事人

1. 保险人

保险人(Insurer)亦称承保人,是与投保人订立保险合同,并根据保险合同收取保险费,在保险事故发生时承担赔偿或者给付保险金责任的人。保险人是保险合同的一方当事人,也是经营保险业务的人。大多数国家的法律规定只有法人才能成为保险人,自然人不得从事保险人的业务。我国《保险法》第 10 条定义为:“保险人是指与投保人订立保险合同,并按照合同约定承担赔偿或者给付保险金责任的保险公司。”对于保险公司,根据《中华人民共和国公司法》(简称《公司法》)的规定,公司的形式为有限责任公司、股份有限公司;对于其他保险组织,我国《保险法》第 94 条规定:“保险公司,除本法另有规定外,适用《中华人民共和国公司法》的规定。”第 6 条规定:“保险业务由依照本法设立的保险公司以及法律、行政法规规定的其他保险组织经营,其他单位和个人不得经营保险业务。”第 181 条规定:“保险公司以外的其他依法设立的保险组织经营的商业保险业务,适用本法。”这说明,根据《公司法》和《保险法》规定,我国保险人的组织形式为:有限责任公司、股份有限公司、其他组织形式。自然,并非所有的法人都可以从事保险业务。根据我国《保险法》的规定,凡从事保险业务的法人必须具备一定的条件,同时要经过国务院保险监督管理机构批准。我国目前保险监督管理机构是中国保险监督管理委员会。

2. 投保人

投保人(Applicant)亦称要保人,是与保险人订立保险合同并按照保险合同负有支付保险费义务的人,是保险合同的一方当事人。我国《保险法》对投保人作了明确的定义。自然人和法人都可以成为投保人,但无论何种主体作为投保人,都必须具备一定的条件:第一,投保人必须具有相应的权利能力和行为能力。订立合同的行为是一种法律行为,并非任何人均可为之。根据我国《民法通则》的规定,缔约的自然人应当是具有民事行为能力的人。投保人具有民事行为能力,订立的合同方为有效，限制民事行为能力人和无民事行为能力人缔结的保险合同无效。但不是绝对的，若该合同的缔结是经过监护人同意后所为，则该保险合同有效。世界上也有一些国家的法律含有类似的规定。法人的民事权利能力和民事行为能力以它的组织章程或者核准登记的范围为限。第二，投保人应当对保险标的具有保险利益①。保险利益是指投保人或被保险人对保险标的具有的法律上承认的利益。保险利益是保险合同的根本要素。对保险利益的要求是世界各国法律均明确规定的一个准则：投保人或被保险人对保险标的无保险利益的，保险合同无效。应该指出的是，海上货物运输保险比较特殊，投保人在投保时可以不具有保险利益，但要求在保险事故发生时必须具有保险利益。

（二）保险合同的关系人

1. 被保险人

被保险人（Insured）是其财产或者人身受保险合同保障，享有保险金请求权的人。被保险人可以是自然人，也可以是法人。当投保人为自己具有保险利益的保险标的而订立保险合同时，则投保人也就是被保险人，即订立合同时他是投保人，合同订立后他便是被保险人；当投保人为具有保险利益的他人的保险标的而订立保险合同时，则投保人与被保险人不是同一人。在财产保险合同中，被保险人必须是对被保险财产具有保险利益的人，即他们是被保险财产的所有人或者经营管理人，或者是使用权人，或者是抵押权人等。投保人也可以是被保险人，但是这种身份的变更以合同的生效为临界点：在合同订立但未成立生效时，投保人仅具有投保人的身份；在合同生效后，只要他们是为自己的利益订立合同，则投保人的身份转换为被保险人。在人身保险合同中，投保人既可以自己的身体为标的，也可经他人同意以他人身体为标的订立保险合同。当发生前者情形时，投保人与被保险人是同一人；当发生后者情形时，如父母给其未成年的子女投保人身保险，则被保险人是保险合同的关系人。

2. 受益人

受益人（Beneficiary）是由被保险人或投保人在保险合同中指定的享有保险金请求权的人。在我国《保险法》中，受益人仅仅存在于人身保险合同中。《保险法》规定："受益人是指人身保险合同中由被保险人或者投保人指定的享有保险金请求权的人。"受益人在资格上一般没有限制，自然人和法人均可以成为受益人。自然人包括有民事行为能力人、无民事行为能力人，甚至胎儿，但是已经死亡的自然人和因解散、破产等原因已不复存在的法人不得为受益人。

受益人一般由投保人或者被保险人在保险合同中加以指定，并且投保人指定受益人时必须经被保险人同意。如果被保险人是无民事行为能力或限制民事行为能力人，则受益人可以由被保险人的监护人指定。如果没有指定，则在被保险人死亡时，由其继承人领受保险金。受益人可以是一个人，也可以是多个人。当受益人为多个人时，投保人或者被保险人可以在保险合同中指定受益顺序和受益份额。如果没有确定受益份额的，则受益人按照相等份额享有受益权。被保险人或者投保人可以变更受益人，但是应当书面通知保险人。投保人不得单独变更受益人，必须

① 我国《保险法》对投保人的保险利益没有明确规定，只对被保险人有规定，在第12条第2款规定："财产保险的被保险人在保险事故发生时，对保险标的应当具有保险利益。"第48条规定："保险事故发生时，被保险人对保险标的不具有保险利益的，不得向保险人请求赔偿保险金。"

经被保险人同意方可[①]。上述投保人、被保险人、受益人的关系，如图 2-1 所示。

投保方式	投保人	被保险人	受益人
1	甲	甲	甲
2	甲	甲	乙
3	甲	乙	甲
4	甲	乙	乙
5	甲	乙	丙

（受益人栏中：1、3 → 为自己利益的保险合同；2、4、5 → 为他人利益的保险合同）

图 2-1　投保人、被保险人、受益人关系图[②]

上述中，第一种情况是投保人为自己投保，自己为受益人；第二种情况是投保人为自己投保，指定他人为受益人；第三种情况是为他人投保，他人指定投保人为受益人；第四种情况是为他人投保，他人指定自己为受益人；第五种情况是为他人投保，他人指定第三人为受益人。前五种情况分为两类：第一、三种情况是为自己利益的保险合同；第二、四、五种情况是为他人利益的保险合同。

（三）保险合同的辅助人

保险合同的辅助人是协助保险合同当事人办理保险合同有关事项的人，又称保险中介人(Insurance Producer)。由于保险业务具有较强的专业性和技术性，所以需要借助有关专门技术人员来协助办理有关业务。这样既可拓展业务，也可保障其合法权益。保险合同的辅助人一般包括：

1. 保险代理人[③]

保险代理人(Insurance Agent)是根据保险代理合同或授权书，向保险人收取保险代理佣金，并以保险人的名义代为办理保险业务的人。我国《保险法》第 117 条第 1 款规定："保险代理人是根据保险人的委托，向保险人收取佣金，并在保险人授权的范围内代为办理保险业务的机构或者个人。"保险代理人是保险人的代理人。根据我国《保险法》的定义，对保险代理人的含义可理解为：① 保险代理人既可以是法人，也可以是自然人。应当取得营业保险代理业务的许可证，并经过注册登记。② 要有保险人的委托授权，其授权形式一般采用书面授权即委托授权书的形式，有明示权利、默示权利、追认权利。代理权限范围因险种和代理人的性质而在代理合同中有不同的规定。③ 以保险人的名义办理保险业务，而不是以自己的名义。④ 向保险人收取代理佣金。代理佣金是保险代理人因代理保险业务而按保险业务量向保险人收取的酬金，代理佣金因代理

---

① 我国《保险法》只对人身保险作了受益人的规定。应该指出，从理论和实务的角度看，财产保险合同的关系人也应该包括受益人。在我国实务中，财产保险也有受益人的规定，除了被保险人或投保人外，也可以指定他人，如债权人、具有业务关系的人为受益人。我国作为贷款抵押物的房屋，其房屋火灾保险就有将贷款银行作为第一受益人的约定。由于被保险人有时与受益人并非同一人，因此，在财产保险中指定受益人非常必要，但同时也应防止被保险人借指定受益人逃避债务或非法转移财产。据此，应当在财产保险受益人中在保险合同规定债权人的债权优先原则。

② 参考：宋明哲．保险学——纯风险与保险．台北：五南图书出版公司，1994：124。

③ 参见：王绪瑾．论我国保险代理人的定位．法商研究，1998(4)。

业务的数量和质量而有所差异。⑤ 代理行为所产生的权利和义务的后果直接由保险人承担。我国《保险法》第127条规定:"保险代理人根据保险人的授权代为办理保险业务的行为,由保险人承担责任。保险代理人没有代理权、超越代理权或者代理权终止后以保险人名义订立合同,使投保人有理由相信其有代理权的,该代理行为有效。保险人可以依法追究越权的保险代理人的责任。"

保险代理属于委托代理的性质,除具备一般代理行为的普遍特征外,亦有其特点:① 在一般代理关系中,代理人超越代理权的行为,只有经过被代理人追认,被代理人才承担民事责任;而在保险代理中,为了保障善意投保人的利益,保险人对保险代理人越权代理行为也承担民事责任,除非为恶意串通。② 保险代理人在代理业务范围内所知道或应知道的事宜,均可推定为保险人所知,保险人不得以保险代理人未履行如实告知义务为由而拒绝承担民事责任。对此,我国《保险法》第127条作了同样的规定。③ 由于保险代理是一种重要的民事法律行为,故保险代理合同必须采用书面形式。

保险代理人分类方法较多,从理论上说主要有以下分类:按代理关系的属性分为专用代理人和独立代理人;按代理人的行业性质分为专业代理人和兼业代理人;按代理人的职业特点分为专职保险代理人和兼职保险代理人;按保险业务次序分为承保代理人、理赔代理人和追偿代理人;按所辖区范围分为总代理人和分代理人;按代理业务的范围分为全权保险代理人和非全权保险代理人;按代理业务的区域分为国内代理人和国际代理人;按代理人的性质分为单位代理人和个人代理人;按其代理保险保障的标的分为寿险代理人和非寿险代理人。由于寿险业务较复杂,技术要求较高,为了经营的稳健,我国《保险法》规定,经营人寿保险业务的个人保险代理人,不得同时接受两家或两家以上人寿保险公司的委托。

我国《保险法》对保险代理人采用复合分类法,先按保险代理主体的性质将保险代理人分为保险代理机构和个人保险代理人,然后将保险代理机构按行业性质分为保险专业代理机构和保险兼业代理机构,从而形成了保险专业代理机构、保险兼业代理机构和个人保险代理人。

保险专业代理机构是专门从事保险代理业务的保险代理公司。按照我国《保险专业代理机构监管规定》,其组织形式为有限责任公司或股份有限公司。由于对专业代理公司的资本金、持证人数、高级管理人员、章程和经营场地有严格的要求,因而,其优点在于:专业化程度高、技术力量强;代理范围广;人员素质高,且人员较稳定,使其业务量相对稳定。因此,其代理的业务范围规定为:代理销售保险产品;代理收取保险费;代理保险人进行损失的勘查和理赔;中国保监会批准的其他业务。

保险兼业代理机构是受保险人的委托,在从事自身业务的同时指定专人为保险人代办保险业务的机构。其优点是:展业方便,可以在办理本职业务的同时代理保险业务,对投保人来说比较方便;适应性强,建立机构方便,不需要增加投资,只要对保险代理人员进行必要的业务培训,便可展业;可以借助行业优势,解决保户遇到的困难。但人员和业务缺乏稳定性。因此,其代理的业务范围相对较窄,一般只适宜代理单一或少数险种业务,只代理与本行业直接相关、能为被保险人提供便利的保险业务,一般只宜涉及承保业务。

个人保险代理人是根据保险人的委托,向保险人收取代理佣金并在保险人授权的范围内代为办理保险业务的个人。其优点是:比较灵活、专业性较强。但综合经济技术力量较弱,因而代理业务较窄,不得同时为两家及两家以上保险公司代理保险业务,不得兼职从事保险代理业务,不得签发保险单。

2. 保险经纪人[①]

保险经纪人(Insurance Broker)是基于投保人的利益,为投保人与保险人订立保险合同提供中介服务,并依法收取佣金的人。保险经纪人是投保人的代理人。我国《保险法》第118条明确定义为:"保险经纪人是基于投保人的利益,为投保人与保险人订立保险合同提供中介服务,并依法收取佣金的机构。"这说明,在中国保险经纪人限于机构。按照《保险经纪机构监管规定》,其组织形式为有限责任公司或股份有限公司。

保险经纪人是投保人的代理人。他受投保人的委托代向保险人办理投保手续或代交保险费,或代被保险人或受益人提出索赔。保险经纪人有一定的资格和条件要求,并经过登记注册取得经营许可证,方可经营。在经营中,保险经纪人一般根据投保人的委托授权,并与投保人订立合同后开展业务。保险经纪人因其过失或疏忽造成投保人或被保险人损失的,要承担赔偿责任。我国《保险法》第128条规定:"保险经纪人因过错给投保人、被保险人造成损失的,依法承担赔偿责任。"

保险经纪人的佣金是保险经纪人从事经纪业务而取得的报酬。按照传统和惯例,当保险经纪人完成其居间性行为后,即为双方订立合同提供机会后,是向保险人而非投保人或被保险人收取佣金,因为经纪人的居间性行为给保险人招揽了保险业务,故而通常由保险人支付佣金;而当经纪人代为被保险人或受益人向保险人索赔时,其佣金由被保险人或受益人支付。

根据《保险经纪公司管理规定》关于保险经纪人业务范围的规定,保险经纪人具有居间、代理和咨询的性质。因而,保险经纪人与保险代理人虽然都是保险中介人,但二者存在较大差别。主要表现在:① 法律地位不同。保险经纪人是投保人的代理人,其行为代表着投保人的利益;保险代理人是保险人的代理人,其行为代表着保险人的利益。② 进行业务活动的名义有别。保险经纪人从事业务,当他实施居间行为时必须以自己名义进行,而当他进行代理行为时则以被保险人或者受益人的名义进行;保险代理人从事业务则必须以保险人的名义。③ 在授权范围内所完成的行为之效力对象不同。保险经纪人的居间行为效力作用于他自己,而代理行为的效力直接对委托人(投保人或者被保险人)产生效力;保险代理人的行为效力直接对保险人产生约束力。④ 行为后果承担者不同。因保险经纪人办理居间业务的结果对保险经纪人发生效力,如保险经纪人在办理居间业务中,因其过错给投保人、被保险人或受益人造成损失的,由保险经纪人承担赔偿损失责任;在办理代理业务时,凡是在委托人的授权范围内进行的活动,其后果则由委托人承担;保险代理人根据保险人的授权代为办理保险业务的行为,由保险人承担责任。

在西方保险市场发达的国家,保险经纪人对市场的影响非常大,如在英国,保险经纪人控制了大部分市场,其海上保险业务的80%以上是由经纪人招揽的。其主要表现在:对被保险人而言,由于保险经纪人有专门的保险知识和经验,同时熟知保险市场状况,因而有利于以最小的保险费取得最大的保险保障;对保险人而言,有利于保险人扩大保险业务、降低经营费用、稳定经营;对整个保险市场而言,有利于促进保险市场竞争、提高保险质量,从而提高保险保障程度、促进保险业的发展。

---

① 王绪瑾.论我国保险经纪人的合同行为.保险研究,1999(5)。

3. 保险公估人

保险公估人(Insurance Appraiser)又称保险公证人(Insurance Surveyor)[①]。保险公估人是站在第三者的立场依法为保险合同当事人办理保险标的的查勘、鉴定、估损及理赔款项清算业务,并给予证明的人。我国《保险公估机构监管规定》第2条定义为:"本规定所称保险公估机构是指接受委托,专门从事保险标的或者保险事故评估、勘验、鉴定、估损理算等业务,并按约定收取报酬的机构。"这说明我国保险公估人只能是机构,并且为合伙企业、有限责任公司或股份有限公司的形式[②]。

保险公估人的主要任务是:在保险合同订立时对投保风险进行查勘,在风险事故发生后判定损失的原因及程度,并出具公估报告。公估报告虽然不具备强制性,但是保险争议处理的权威性依据。被保险人、保险人都有权委托保险公估人办理公估事宜,保险公估人的酬金一般由委托人支付。但在一些国家,保险合同当事人双方为证明和估价所支出的费用,除合同另有约定外,无论哪方委托,均依法应由保险人承担。保险公估人由于工作中的过错给委托人造成损失的,由保险公估人承担赔偿责任。

保险公估人具有特定的资格要求,应向主管机关登记,缴存保证金,领取营业执照。保险公估人应由具备专业知识和技术的专家担当,且保持公平、独立的立场执行职务。因而,保险公估人的职业信誉较高,所作的决断和证明即公估报告,常为保险双方当事人所接受,成为建立保险关系、履行保险合同、解决保险纠纷的有力保障。

由于保险公估人的检验技术、审慎态度及公正立场对其公证结果有很大影响,因此,在海上保险中,保险人常在保险单条款中说明保留委托公估公司的选择权,即被保险人必须在保单指定的公估人或保险人同意的保险公估人那里办理公估。有鉴于此,许多国家的保险法都有类似规定:财产保险损失数额估计的职责,依法应由公估人担任,并建立了相应的保险公估机构。

二、保险合同的客体

保险合同的客体是保险合同的保险利益,即投保人对所保险标的所具有的保险利益。其中,保险标的是保险合同双方当事人的权利义务关系所指的对象,即作为保险对象的财产及其有关利益或者人的寿命和身体;保险利益是投保人或被保险人对保险标的具有的法律上承认的利益。投保人对保险标的应当具有保险利益,否则,所订立的保险合同无效。因为只有对保险标的具有保险利益的人才具有投保人的资格;若无保险利益,则投保人的资格不复存在,保险合同的当事人不存在,保险合同自然无效。这一规定是因为:保险不是赌博;有利于限制赔偿金额;有利于避免道德危险。保险利益因承保的标的而异,各类保险利益将于后文论述。

三、保险合同的内容

(一) 保险条款

保险条款(Insurance Clause)是保险单列明的反映保险合同内容的文件,是保险人履行保险责任的依据。保险条款主要包括以下几方面内容。

---

① 在保险监管规定中,我国大陆称为"保险公估人",我国台湾称为"保险公证人"。

② 《保险公估机构监管规定》第7条规定。

1. 基本条款

基本条款是标准保险单的背面印就的保险合同文本的基本内容,即保险合同的法定记载事项,也称保险合同的要素,主要明示保险人和被保险人的基本权利和义务,以及依据有关法规规定的保险行为成立所必需的各种事项和要求。

2. 附加条款

它是对基本条款的补充性条款,是对基本责任范围内不予承保而经过约定在承保基本责任范围的基础上予以扩展的条款。

3. 法定条款

它是法律规定合同必须列出的条款。如保险法规和有关合同法规定必须列明的内容,如我国《保险法》第 25 条规定:"保险人自收到赔偿或者给付保险金的请求和有关证明、资料之日起六十日内,对其赔偿或者给付保险金的数额不能确定的,应当根据已有证明和资料可以确定的数额先予支付;保险人最终确定赔偿或者给付保险金的数额后,应当支付相应的差额。"该条就属于保险人在设计保险条款时在保险单中必须注明的一项内容。

4. 保证条款

它是保险人要求被保险人必须履行某项规定所制定的内容,如我国《保险法》第 27 条规定被保险人或受益人不得谎称发生了保险事故,第 51 条规定被保险人应当依法维护保险标的安全,这些都属于保险人要求被保险人必须遵守的保证。

5. 协会条款

它是专指由伦敦保险人协会根据实际需要而拟定发布的有关船舶和货运保险条款的总称。该条款仅附于保险合同之上。由于协会条款是当今国际保险市场水险方面通用的特约条款,故而有些时候协会条款比保险单还重要。

保险合同的内容即为保险合同条款的内容,主要由法律进行规定,这就是保险合同的基本条款;同时,亦允许当事人对合同内容进行约定,这就是保险合同的特约条款。

(二) 基本条款的主要内容

根据《保险法》第 18 条的规定,保险合同的基本条款包括下列各项。

1. 当事人和关系人的名称和住所

当事人的名称是某一主体区别于其他主体的符号。住所,是法律确认的自然人的中心生活场所及法人的主要办事机构所在地。明确名称和住所对于合同的履行如保险费的催告、提出索赔、给付保险金均十分重要。因而,在保险合同中,要载明保险人、投保人、被保险人及受益人的名称和住所。

2. 保险标的

保险标的(Subject Matter of Insurance)是指保险合同双方当事人的权利与义务所共同指向的对象,即作为保险对象的财产及其有关利益或者人的寿命和身体。财产保险的保险标的是各种财产及其有关利益;人身保险的保险标的是人的寿命及身体。在保险合同中,应当明确载明保险标的以便于判断保险的类型。保险标的也是确定保险金额的重要依据。

3. 保险金额

保险金额(Insured Amount)简称"保额",是指保险人承担赔偿或者给付保险金责任的最高限额。保险金额是计算保险费的依据,是双方享有权利、承担义务的重要依据。财产保险根据保险价值确定;人身保险的保险金额则由投保人和保险人双方约定。

4. 保险费及其支付方式

保险费(Premium)简称保费,是保险金额与保险费率之乘积。保险费率是保险费与保险金额的比率,即被保险人取得保险保障而由投保人向保险人支付的价金。它是投保人向保险人支付的费用,作为保险人根据保险合同的内容承担给付责任的代价。保险费率通常用百分率或者千分率来表示。保险费及保险费率由保险人预先计算并载明于合同中。

5. 保险价值

保险价值(Insured Value)是投保人与保险人相互约定并记载于保险合同中的保险标的价值。它是投保人可以投保的最高限额,或保险人可以承保的最高限额,是保险标的的实际价值,即财产投保或者出险时的市场价值。保险价值是财产保险合同的重要内容,在人身保险合同中不存在保险价值,因为人身的价值是很难用货币衡量的。在不定值保险中,保险金额等于保险价值的保险,为足额保险;保险金额小于保险价值的保险,为不足额保险;保险金额大于保险价值的保险,为超额保险。保险价值是财产保险合同的基本条款之一,在不定值保险条件下,保险金额应当与保险价值相等。我国《保险法》第 55 条第 3 款规定:"保险金额不得超过保险价值。超过保险价值时,超过部分无效,保险人应当退还相应的保险费。"人身无法用金钱进行计算,故而,人身保险合同中不存在保险价值问题,也就不存在超额保险。

6. 保险责任和责任免除

保险责任(Coverage)是指保险人承担赔偿或给付保险金责任的风险项目。保险责任条款确定了保险人所承担的风险范围。保险责任依保险种类的不同而有所差异,通常由保险人确定保险责任的范围并作为合同的一部分内容载于合同中。如我国财产保险基本险主要包括:火灾、爆炸、雷电、空中运行物体的坠落。

责任免除(Exclusions)又称除外责任,是保险人不承担赔偿或给付保险金责任的风险项目。如:因被保险人的故意行为所致保险标的的损失,一般属于责任免除。作为责任免除的风险通常是:道德危险、损失巨大并且无法计算的风险项目。责任免除涉及被保险人或受益人的切身利益,所以在保险合同中应载明。在保险合同中列明保险责任和责任免除,在于明确保险人的赔付范围。

7. 保险期间和保险责任开始的时间

保险期间(Period of Insurance)是保险人和投保人约定的保险合同的有效时间界限,又称保险期限。即保险人承担保险责任的起讫时间。它既是计算保险费的依据,又是保险人和被保险人享有权利和承担义务的根据。保险人仅对保险期间内发生的保险事故承担赔偿或者给付保险金义务。由于保险事故的发生是非确定性的,故而明确保险期间是十分重要的。确定保险期间通常有两种方式:自然时间期间和行为时间期间。前者是根据保险标的保障的自然时间所确定的保险期间,常以年为计算单位,如企业财产保险等;后者是根据保险标的保障的运动时间所确定的保险期间,常以保险标的的运动过程为计算单位,如建筑工程保险、货物运输保险分别以工程时间和航程时间作为保险期间。保险期间必须在条款中予以明确。

8. 保险金赔偿或者给付方法

在保险合同中,还应载明保险金赔偿或者支付的方式,包括赔偿的标准和方式。原则上,保险人以现金方式进行支付,不负责以实物进行补偿或者负责恢复原状,但是合同当事人有约定的除外,如重置、修复等方式。有些保险合同规定免赔额(率),分为相对免赔和绝对免赔两种形式。前者为了减少小额赔付手续;后者为了控制保险人的责任。此规定旨在避免赔付的纠纷。

9. 违约责任和争议处理

违约责任是合同当事人未履行合同义务所应当承担的法律后果。有关违约责任的内容,当事人可以自行约定,也可以直接载明按照法律的有关规定处理。争议处理是发生保险合同争议时采用的处理方式。对于合同争议,当事人可以约定解决的方式,包括约定仲裁条款或诉讼。

10. 订立合同的年、月、日

合同中还要标明订立合同的年、月、日。在合同的基本条款之外,当事人可以另外约定具有某些特定内容的条款,以使基本条款中具有伸缩性的条款所涉及的权利与义务更为明确。

第三节 保险合同的基本原则

保险合同是合同的一种,因此,一方面应遵循合同的自愿、平等、公平、诚信等一般原则,投保人与保险人在此原则基础上一致达成合意,任何一方不得把自己的意志强加给对方,任何单位和个人都不得非法干预;另一方面,由于保险经营的特殊性,还应遵循一些特殊原则。这些原则主要有以下几个。

一、最大诚信原则

(一)最大诚信原则的含义

诚实信用原则(Principle of the Utmost Good Faith)是民事法律关系的基本原则之一。在保险法律关系中对当事人的诚信程度要求比一般民事活动更严格,必须遵循最大诚信原则。这是由保险经营的特点所决定的。

首先,信息不对称。一方面,由于保险业是风险管理行业,保险人对风险提供保险保障的承诺,对保险人而言,风险的性质及大小直接决定着保险人是否承保及保险费率的高低,而投保人对保险标的的风险最为了解,保险人只能依据投保人告知的风险状况来决定是否承保和确定保险费率,尤其是所保保险标的如船舶或货物,与保险合同订立地之间不一定一致,保险人无法对这些保险标的进行实地查勘,即使能实地查勘,也很难像投保人那样了解。因此,保险人只能根据投保人提供的资料判断风险的大小,从而决定是否承保并据以确定保险费率,这就要求投保人在投保时如实告知并信守承诺。另一方面,对投保人而言,保险经营的技术程度较高,而格式保险条款及其费率是由保险人单方拟定的,其技术性较高,复杂程度远非一般人所能了解,投保人是否投保以及投保的条件完全取决于保险人的告知,这就要求保险人如实向投保人说明主要条款和责任免除条款。

其次,保险的特殊性。保险一般具有射倖性,投保人在投保时只需支付少量的保费,而一旦保险标的发生保险事故就能获得数十倍甚至数百倍于保费支出的赔偿或给付。若投保人采取不诚实不守信用的手段来投保和骗取保险金,则保险人将无法经营。因此,遵循最大诚信原则有利于保证保险业稳健发展。

因此,保险当事人双方签订保险合同是建立在诚实信用基础上的,任何一方违反最大诚信原则均会伤害对方。据此,我国《保险法》第5条规定:"保险活动当事人行使权利、履行义务应当遵循诚实信用原则。"因而,最大诚信原则可表述为:保险合同当事人在订立合同时及合同有效期内应依法向对方提供影响对方是否缔约以及缔约条件的重要事实,同时绝对信守合同缔结的认定与承诺;否则,受害方可主张合同无效或解除,甚至要求对方赔偿因此而受到的损失。最大诚信原则是签订和履行保险合同必须遵守的一项基本原则。最大诚信原则的具体内容主要包括如实告知、保证、弃权与禁止反言。

(二) 告知

告知(Disclosure)是保险合同当事人一方在合同缔结前和缔结时以及合同有效期内就重要事实向对方所作的口头或书面的陈述。最大诚信原则要求的告知是如实告知,投保人或被保险人和保险人都有如实告知的义务。投保人或被保险人在保险合同缔结前或签订合同时以及在合同有效期内应尽量将已知和应知的与保险标的有关的重要事实如实告知保险人;保险人在保险合同缔结前或缔结时也应将对投保人有利害关系的重要事实如实向投保人陈述。我国《保险法》第16条、第17条对此做了明确规定。告知的内容主要有以下几方面。

1. 投保人或被保险人的告知

投保人或被保险人必须告知的事实是重要事实。投保人或被保险人必须告知的重要事实是足以影响谨慎的保险人决定是否承保以及保险费率的事实。其包括有关保险标的的实际状况、风险程度、投保人或被保险人具有何种保险利益、合同有效期内保险标的的用途及风险的增加、权属关系的转移等事实。属于重要的事实主要有:超出事物正常状态的事实;保险人所负责任较大的事实;有关投保人和被保险人的详细情况;保险合同有效期内危险增加的事实等。我国《保险法》第16条规定:"订立保险合同,保险人就保险标的或者被保险人的有关情况提出询问的,投保人应当如实告知。"

投保人或被保险人对某些事实在未经询问时可以保持沉默,无须告知,保险人不得以此为由使合同无效或拒绝承担赔付责任。无须告知的事实一般包括:① 减轻危险的任何情况;② 保险人业务范围内知道或推定应该知道的情况,如海洛因是禁止贩卖和服用的毒品,国际、国内重大事件,珠宝比木材对小偷更具有吸引力,艾滋病、癌症是当前致死率极高的疾病等;③ 保险人表示无须知道的情况;④ 根据明示和默示保证条款,无须再次申报的事实;⑤ 非保证范围内的、本质又非重要的事实;⑥ 与保险单的责任免除有关的事实。《中华人民共和国海商法》第222条规定:"保险人知道或者在通常业务中应当知道的情况,保险人没有询问的,被保险人无需告知。"在英国《海上保险法》也有类似的规定。

2. 保险人告知

保险人必须告知的重大事实是足以影响善意的投保人或被保险人是否投保以及投保条件的事实。保险人告知的事实包括:制定的条款、保险单的具体内容、保险费率及其他条件等。这些事实与投保人的利害相关,是足以影响投保人作出投保决定的事实。我国《保险法》第17条分别就保险人的告知行为作出了明确规定:"订立保险合同,采用保险人提供的格式条款的,保险人向投保人提供的投保单应当附格式条款,保险人应当向投保人说明合同的内容。对保险合同中免除保险人责任的条款,保险人在订立合同时应当在投保单、保险单或者其他保险凭证上作出足以引起投保人注意的提示，并对该条款的内容以书面或者口头形式向投保人作出明确说明；未作提示或者明确说明的，该条款不产生效力。”在此，保险人提供的“免除保险人责任的条款”包括责任免除条款、免赔额、免赔率、比例赔付或者给付等免除或者减轻保险人责任的条款①。

同时，由于保险销售存在多种方式，“通过网络、电话等方式订立的保险合同，保险人以网页、音频、视频等形式对免除保险人责任予以提示和明确说明的，人民法院可以认定其履行了提示和明确说明义务”②。

由于投保人或被保险人违反最大诚信原则的可能性往往大于保险人违反最大诚信原则的可能性，因此要求投保人或被保险人遵循最大诚信原则更严格。各国保险法律都规定，投保人或被保险人如果违反了最大诚信原则，则保险人可以主张合同无效或解除合同或不负赔偿责任。

（三）保证

保证（Warranty）是一项从属于主要合同的承诺，违反保证使受害方有权请求赔偿。

保险合同中的保证是投保人或被保险人就某一事项对保险人所作的担保。这是严格控制风险的一项原则。其内容是指担保对某事项的作为或不作为、存在或不存在。保证是保险人接受承保或承担保险责任所需投保人或被保险人履行的某种义务，是合同的重要条款之一。如被保险人保证在保险期间不载运危险货物，却载运了危险货物，这便违反了保证，增加了风险因素。因而，投保人违反保证条款便违反了保险合同，保险人有权解除合同，并在保险标的发生保险事故导致损失时拒赔。

保证通常按形式分为明示保证和默示保证。明示保证是以保证条款形式在保险合同中载明的保证，即以条款形式附加在保险单上的保证；默示保证是指虽然未载明于保险合同，但按照法律和惯例投保人应保证的事项。如海上保险的默示保证包括：船舶必须具备适航能力；不绕航；经营业务具有合法性。默示保证和明示保证具有同等的效力。

保证按性质分为确认保证和承诺保证。确认保证又称认定事项保证，是投保人在投保时对某事项的过去和现在正确所作的担保。承诺保证又称约定事项保证，是投保人在投保时对某事项的现在和将来合同有效期内正确所作的担保。保险人要求投保人保证的是承诺保证，即承诺保证具有效力，确认保证则不然。

（四）弃权与禁止反言

弃权（Waiver）是合同一方以明示或默示的形式表示放弃其在保险合同中可以主张的权利；禁止反言（Estoppel）是合同的一方既然已放弃在保险合同中可以主张的某种权利，尔后便不得再向他方主张该种权利。从理论上说，保险合同双方都存在弃权与禁止反言的问题，但在保险实践上，弃权与禁止反言主要是约束保险人的。

保险人或保险代理人出现弃权的现象主要基于两种原因：一是疏忽的原因；二是基于扩大业务或保险代理人取得更多的代理手续费。保险代理人弃权行为可视为保险人的弃权行为，保险

---

① 《最高人民法院关于适用〈中华人民共和国保险法〉若干问题的解释（二）》（法释［2013］14号）第9条，2013年5月6日最高人民法院审判委员会1 577次会议通过。

② 同上，第12条。

人不得解除保险代理人已承保的不符合保险条件的保单;日后发生损失,保险人则不得以被保险人破坏保险单的规定为由而拒绝赔偿。我国《保险法》第 16 条第 6 款规定:"保险人在合同订立时已经知道投保人未如实告知的情况的,保险人不得解除合同;发生保险事故的,保险人应当承担赔偿或者给付保险金的责任。"例如,某公司为职工投保团体人身保险,在提交的被保险人名单上,已注明某被保险人因肝癌已病休 2 个月,但因代理人未严格审查,办理了承保手续,签发了保单。日后该被保险人因肝癌死亡,保险人不得因该被保险人不符合投保条件而拒付保险金。

(五) 最大诚信原则的违反与后果

1. 违反告知的后果

告知的违反有两个条件:这种事实是重要事实;未告知、误告、隐瞒或欺诈的事实存在。投保人或被保险人违反告知义务将影响保险合同的效力,保险人可采取的措施有:解除保险合同;不负赔偿责任;若已受到损害,除解除合同和不承担保险责任外,还可要求投保人或被保险人赔偿;出于多种原因继续维持合同效力或协商变更保险合同。根据我国《保险法》第 16 条规定:投保人违反如实告知义务的后果主要有三种情况:① 投保人故意或者因重大过失不履行如实告知义务,足以影响保险人决定是否同意承保或者提高保险费率的,保险人有权解除合同。同时,对该合同解除权有一定的限制:自保险人知道有解除事由之日起,超过 30 日不行使而消灭。自合同成立之日起超过 2 年的,保险人不得解除合同;发生保险事故的,保险人应当承担赔偿或者给付保险金的责任。② 投保人故意不履行如实告知义务的,保险人对于合同解除前发生的保险事故,不承担赔偿或者给付保险金的责任,并不退还保险费。③ 投保人因重大过失未履行如实告知义务,对保险事故的发生有严重影响的,保险人对于合同解除前发生的保险事故,不承担赔偿或者给付保险金的责任,但应当退还保险费。

2. 保证的违反与后果

由于保证是保险合同的一部分,保险合同涉及的所有保证内容均为重要事实,无须另作判断,投保人必须严格遵守,因而,投保人或被保险人违反了保证,就意味其未履行义务而违约,合同即告失效,而且保险人一般不需退还保险费,除非该破坏发生在保险人承保风险之前。被保险人违反了保证条款,保险人有权解除合同,并在以后保险标的发生损失时拒赔。因为,保证的事项均假定为重要事项,保险人只要证明保证已被破坏即可;无论故意或无意违反保证义务,对保险合同的影响是同样的,无意的破坏,不构成投保人抗辩的理由;即使违反保证的事实更有利于保险人,保险人仍可以违反保证为由使合同无效或解除合同。故而,破坏确认保证,一般可退还保险费。而破坏承诺保证,若在合同生效前,必退还保险费;若在合同生效后,不退还保险费。

二、保险利益原则

(一) 保险利益原则的含义与条件

保险利益是投保人或被保险人对保险标的具有的法律上承认的利益。保险利益的英语表达 Insurable Interest,严格来说应译为可保利益,但在我国《保险法》中对保险利益有明确的定义和规定,故而沿用这一规定。保险利益产生于投保人或被保险人与保险标的物之间的经济联系,并为法律所承认的、可以投保的一种法定权利。它是投保人或被保险人可以向保险人投保的利益,是保险人可提供保险保障的最大额度。它体现了投保人或被保险人对保险标的所具有的法律上承认的利害关系：投保人或被保险人因保险标的未发生风险事故而受益；因保险标的遭受风险事故而受到损失。保险利益的必要条件为：

(1) 保险利益必须是合法的利益。合法的利益是指投保人或被保险人对保险标的所具有的利益，必须是法律上承认的利益。即投保人或被保险人对保险标的所具有的利益必须是合法的、可以主张的利益，而不是违反法律规定，通过不正当手段获得的利益。非法的利益，不受法律保护，当然不能作为保险利益。

(2) 保险利益必须是确定的利益。所谓确定的利益是已经确定或可以确定的利益，包括现有利益、预期利益、责任利益和合同利益。因而，保险利益必须是客观存在的、可实现的利益，而不是仅仅凭主观臆测、推断可能获得的利益。

(3) 保险利益必须是经济利益。所谓经济利益是指投保人或被保险人对保险标的的利益必须是可通过货币计量的利益。因为保险合同的目的是补偿损失，若其损失不能以货币计量，则无法计算损失的额度，也就无法理赔，保险补偿也就无从实现。

保险利益原则是指在订立和履行保险合同的过程中投保人或被保险人必须对保险标的具有保险利益；否则，该保险合同无效。我国《保险法》第 12 条规定："人身保险的投保人在保险合同订立时，对被保险人应当具有保险利益。财产保险的被保险人在保险事故发生时，对保险标的应当具有保险利益。"第 31 条规定，在人身保险合同中，"订立合同时，投保人对被保险人不具有保险利益的，合同无效"。第 48 条规定，在财产保险合同中，"保险事故发生时，被保险人对保险标的不具有保险利益的，不得向保险人请求赔偿保险金"。保险利益是保险人经营保险，特别是其承保与理赔环节中必须严格审查的关键问题，因此，投保人或被保险人必须对保险标的具有保险利益。这是判断保险合同是否有效的一项基本原则。遵循保险利益原则的主要目的在于：限制损害补偿的程度；避免将保险变为赌博行为；防止诱发道德风险。

（二）保险利益原则的运用

1. 保险利益的适用范围

(1) 财产保险的保险利益。由于财产保险标的是财产及有关利益，因此，财产保险的保险利益产生于财产的不同关系，根据民法债权物权基本理论，这些不同关系产生不同利益：现有利益、预期利益、责任利益和合同利益。

第一，现有利益。现有利益是投保人或被保险人对财产已享有且继续可享有的利益。如汽车、房屋、船舶、飞机、货物或其他财产的利益等。由于财产权分为物权、债权和知识产权中的财产权，所以投保人如现时对财产具有合法的所有权、抵押权、质权、留置权、典当权等关系且继续存在者，均具有保险利益。如被保险人对于自己拥有所有权的汽车、房屋，便是依据所有权而享有其所有的利益。但现有利益并非以所有利益为限，抵押人对于抵押物、质权人对于质押物、债务人对于留置物等，也具有现有利益，从而具有保险利益。现有利益随物权的存在而产生。

第二，预期利益。预期利益是因财产的现有利益而存在确实可得的依法律或合同产生的未来一定时期的利益。它包括利润利益、租金收入利益、运费收入利益等。如企业的预期利润、汽车的营运收入、货物预期利润等；又如，货物运输的承运人对于运费具有保险利益，若运输途中发生风险事故致使货物受损，则承运人的收入也会减少；同理，房屋的出租人对于出租房屋的预期租金具有保险利益等。但是预期利益必须是以现有利益为基础，是确定的在法律上认可的利益；反之，若仅仅为一种虚幻的期待，则不是保险利益。

第三，责任利益。责任利益是被保险人因其对第三者的民事损害行为依法应承担的赔偿责任，因而，因承担赔偿责任而支付赔偿金额和其他费用的人具有责任保险的保险利益。它是基于法律上的民事赔偿责任而产生的保险利益。如对第三者的责任、职业责任、产品责任、公众责任、雇主责任等。根据责任险种划分，下述人员有保险利益：各种固定场所的所有者、经营者或管理者；制造商、销售商、修理商；雇主；各类专业人员等。如汽车在行驶中因其过错撞伤他人，加害人依法对受害人应负的赔偿责任；医生行医因其过错对病人依法应负的赔偿责任；承运人对货主的货物在运输途中的安全所负有的责任；保险代理人、保险经纪人、保险公估人因其过失依法对当事人应负的赔偿责任，均为责任利益。

第四，合同利益。合同利益是基于有效合同而产生的保险利益。虽然有效合同并非以物权为对象，而是以财产为其履行对象。如在国际贸易中，卖方对已经售出的货物持有保险利益，当卖方将货物卖给买方并已发运，但由于某种原因造成买方拒收货物；雇员对雇主的不忠实，等等。这样，义务人因种种原因不履行应尽义务，使权利人遭受损失，权利人对义务人的信用存在着保险利益。①

(2) 人身保险的保险利益。人身保险中投保人对被保险人的寿命和身体具有保险利益。人身保险的保险利益虽然难以用货币估价，但同样要求投保人与保险标的(寿命或身体)之间具有经济利害关系，即投保人应具有保险利益。人身保险保险利益可分两种情况：① 为自己投保。投保人以自己的寿命或身体为保险标的投保，当然具有保险利益。② 为他人投保人身保险，保险利益有严格的限制规定。主要包括：A. 血缘、婚姻及抚养关系；B. 债权债务关系；C. 业务关系。各国法律规定不一，一种是利害关系论，即利益主义原则；一种是同意或承认论，即同意主义原则。一般英美法系国家采用利益主义原则，而大陆法系国家采用同意主义原则。我国采用利益主义与同意主义相结合的原则。②

我国《保险法》第 31 条规定，投保人对下列人员具有保险利益：本人；配偶、子女、父母；前项以外与投保人有抚养、赡养或者扶养关系的家庭其他成员、近亲属；与投保人有劳动关系的劳动者。除前款规定外，被保险人同意投保人为其订立合同的，视为投保人对被保险人具有保险利益。

2. 保险利益的适用时限

(1) 财产保险的保险利益的时间限制。财产保险要求在保险事故发生时具有保险利益，如果保险合同订立时具有保险利益，而当保险事故发生时不具有保险利益，则保险合同无效。这是为了防止道德风险。应该指出的是，《保险法》第 49 条规定："保险标的转让的，保险标的的受让人承继被保险人的权利和义务。保险标的转让的，被保险人或者受让人应当及时通知保险人，但货物运输保险合同和另有约定的合同除外。因保险标的的转让导致危险程度显著增加的，保险人自收到前款规定的通知之日起三十日内，可以按照合同约定增加保险费或者解除合同。保险人

---

① 《最高人民法院关于审理保险纠纷案件若干问题的解释》第 1 条第 2 款中规定："除保险法第五十三条规定外，投保人对因下列事由产生的经济利益具有保险利益：(一) 物权；(二) 合同；(三) 依法应当承担的民事赔偿责任。"而物权包括现有利益和预期利益，因此，本书所列财产保险的保险利益种类正好与保险法的解释吻合。

② 肖梅花．保险法新论．北京：中国金融出版社，2000：136–138。

解除合同的,应当将已收取的保险费,按照合同约定扣除自保险责任开始之日起至合同解除之日止应收的部分后,退还投保人。被保险人、受让人未履行本条第二款规定的通知义务的,因转让导致保险标的危险程度显著增加而发生的保险事故,保险人不承担赔偿保险金的责任。”

例如,某机动车辆的车主甲向某保险公司投保了一年的机动车辆保险第三者责任保险,在三个月后将该车辆出售给乙,如果没有到保险公司办理批单转让批改手续,则发生保险事故时,因车主甲对投保机动车辆已不存在保险利益,因此保险人无需向车主甲履行赔偿责任,如果保险人赔偿,则可能导致道德风险。但是对乙而言,其从车主甲处承继了机动车辆保险第三者责任保险的权利和义务,如果投保车辆的危险程度没有显著增加,保险公司应当向乙履行赔偿责任;反之,则保险公司不承担赔偿保险金的责任。

我国《保险法》明确规定:“财产保险的被保险人在保险事故发生时,对保险标的应当具有保险利益。”“保险事故发生时,被保险人对保险标的不具有保险利益的,不得向保险人请求赔偿保险金。”这对防止道德风险有一定的意义。

海上货物运输保险比较特殊,投保人在投保时可以不具有保险利益,但当保险事故发生时必须具有保险利益。这种规定是为了适应国际贸易的习惯做法。买方在投保时往往货物所有权尚未转移到自己手中,但因其货权的转移是必然的,可以投保海上货物运输保险。英国《1906 年海上保险法》规定:“尽管被保险人在保险单签发时可不具有可保利益,但当发生损失时他必须对保险标的物具有可保利益。”这一规定起源于海上贸易的习惯,即货物在运输途中,其所有权是可以转移的,而当所有权发生转移时,水险保单是重要的文件之一。因此,尽管签发保单时,货物的买方可能还不具有保险利益,但自货物转让时起,允许他对之具有合法的保险利益。

(2) 人身保险保险利益的时间限制。人身保险的保险利益存在于保险合同订立时。在保险合同订立时要求投保人必须具有投保利益,而发生保险事故时,或发生保险事故给付时,则不追究具有保险利益。如某投保人为其配偶投保人身险,即使在保险期限内该夫妻离婚,保险合同依然有效,保险公司按规定给付保险金。该规定原因在于人身保险的保险标的是人的寿命和身体,同时人寿保险具有储蓄性。因此,保险合同订立时必须具有保险利益,而当发生保险事故时不要求具有保险利益。

三、近因原则

(一) 近因原则的基本内容

近因是引起保险标的损失的直接、有效、起决定作用的因素。反之,引起保险标的损失的间接的、不起决定作用的因素,称为远因。在保险理赔中,近因原则的运用具有普遍的意义。

近因原则(Principle of Proximate Cause)就是:在处理赔案时,赔偿与给付保险金的条件是造成保险标的损失的近因必须属于保险责任,若造成保险标的损失的近因属于保险责任范围内的事故,则保险人承担赔付责任;反之,若造成保险标的损失的近因属于责任免除,则保险人不负赔付责任。只有当保险事故的发生与损失的形成有直接因果关系时,才构成保险人赔付的条件。近因原则几乎为世界各国保险人在分析损失的原因和处理保险赔付责任时所采用。

近因原则的基本含义包括下列各点:若造成保险标的受损的近因属于保险责任范围,则保险人应负赔付责任;若造成保险标的受损的近因属于责任免除,则保险人不负赔付责任;若造成保险标的受损的近因兼有保险责任和责任免除，则根据情况采取不同的处理方式。

（二）近因原则的确定

损失与近因存在直接的因果关系，因而，要确定近因，首先要确定损失的因果关系。确定因果关系的基本方法有从原因推断结果和从结果推断原因两种方法。从近因认定和保险责任认定看，可分为下述情况。

1. 损失由单一原因所致

若保险标的损失由单一原因所致，则该原因即为近因。若该原因属于保险责任事故，则保险人应负赔偿责任；反之，若该原因属于责任免除项目，则保险人不负赔偿责任。如某人因被盗导致家庭财产损失，若该被保险人只投保了家庭财产保险基本险，则保险人不负赔偿责任；若被保险人在家庭财产保险基本险基础上加保了附加偷窃险，则保险人负赔偿责任。

2. 损失由多种原因所致

如果保险标的遭受损失系两个或两个以上的原因，则应区别分析。

(1) 多种原因同时发生导致损失。多种原因同时发生而无先后之分，且均为保险标的损失的近因，则应区别对待。若同时发生导致损失的多种原因均属保险责任，则保险人应负责全部损失赔偿责任。若同时发生导致损失的多种原因均属于责任免除，则保险人不负任何损失赔偿责任。若同时发生导致损失的多种原因不全属保险责任，则应严格区分，对能区分保险责任和责任免除的，保险人只负保险责任范围所致损失的赔偿责任；对不能区分保险责任和责任免除的，则不予赔付。如船舶发生碰撞，海水涌入船舱，油罐破裂，装载货物既遭水渍又受油污，若被保险人只投保了水渍险，则保险人只负水渍损失的赔偿责任；若被保险人在水渍险基础上加保了混杂玷污险或投保了一切险，则保险人负赔偿责任。

(2) 多种原因连续发生导致损失。如果多种原因连续发生导致损失，前因与后因之间具有因果关系，且各原因之间的因果关系没有中断，则最先发生并造成一连串风险事故的原因就是近因。保险人的责任可根据下列情况来确定：

① 若连续发生导致损失的多种原因均属保险责任，则保险人应负全部损失的赔偿责任。如船舶在运输途中因遭雷击而引起火灾，火灾引起爆炸，由于三者均属于保险责任，则保险人对一切损失负全部赔偿责任。

② 若连续发生导致损失的多种原因均属于责任免除范围，则保险人不负赔偿责任。

③ 若连续发生导致损失的多种原因不全属于保险责任，最先发生的原因属于保险责任，而后因属于责任免除，则近因属保险责任，保险人负赔偿责任。例如，皮革和烟草两样货物被承运人合理地装载于船舶的同一货舱，由于船舶在航行途中遭遇恶劣气候，海水进入货舱，浸湿了置放在货舱一侧的皮革，湿损的皮革腐烂发出浓重气味将置放在货舱另一侧的烟草熏坏。烟草是被腐烂皮革散发出的气味熏坏的，而皮革发生腐烂是被进入货舱的海水浸湿所致，因此烟草损失的近因是海难，属于保险责任。虽然烟草货主投保的是水渍险，并未加保串味险，但保险人应负赔偿责任。

④ 最先发生的原因属于责任免除，其后发生的原因属于保险责任，则近因是责任免除项目，保险人不负赔偿责任。如船舶先遭敌炮火击坏，影响了航行能力，以致撞礁沉没。显然，船舶沉没的近因是战争，而若被保险人未加保战争险，则保险人不负赔偿责任。

(3) 多种原因间断发生导致损失。致损原因有多个,它们是间断发生的,在一连串连续发生的原因中,有一种新的独立的原因介入,使原有的因果关系链断裂,并导致损失,则新介入的独立原因是近因。若近因属于保险责任范围的事故,则保险人应负赔偿责任;反之,若近因不属于保险责任范围,则保险人不负赔偿责任。例如:某人投保了意外伤害保险,一天过马路被一辆汽车撞上,去医院检查,但未受伤,后因心脏病突发导致死亡。由于致死的近因是疾病,疾病属于意外伤害保险的除外责任,所以保险人对被保险人的死亡不承担给付保险金责任。

坚持近因原则的目的是分清与风险事故有关各方的责任,明确保险人承保的风险与保险标的损失结果之间存在的因果关系。虽然确定近因有其原则的规定,即以最具作用和最有效果的致损原因作为近因,但是在实践中,由于致损原因的发生与损失结果之间的因果关系错综复杂,判定近因和运用近因原则远不是轻而易举的事。除了掌握近因和近因原则的理论以外,根据实际案情,仔细观察,认真辨别,实事求是地分析,以及遵循国际惯例,尤其是援用重要的判例,这是正确推断近因与损失之间的因果关系和最终判定近因的基本要求。

四、损失补偿原则

(一) 损失补偿的一般原则

1. 损失补偿原则的含义与目的

损失补偿原则(Principle of Indemnity)是当保险事故发生时,被保险人从保险人所得到的赔偿应正好填补被保险人因保险事故所造成的保险金额范围内的损失。这是保险中理赔的基本原则。在保险事故发生后,被保险人有权利要求保险人按合同给予补偿,保险人则有义务向被保险人对其损失进行补偿。通过补偿,使被保险人的保险标的在经济上恢复到受损前的状态,不允许被保险人因损失而获得额外的利益。遵循补偿原则的目的在于:真正发挥保险的经济补偿职能;避免将保险演变成赌博行为;防止诱发道德风险的发生。补偿原则的实现方式通常有现金赔付、修理、更换和重置。

2. 损失补偿原则的限制

保险人在运用补偿原则时,在补偿金额上应掌握以下几个限度:

(1) 经济补偿以实际损失为限。在超额保险条件下,由于保险金额超过保险价值,因此当保险标的发生保险事故时,被保险人遭受的实际损失最大为保险价值,不可能等于或超过保险金额。因而,按照补偿原则,被保险人的保险标的在经济上恢复到损失前的状态,保险人只能以发生损失时的市场价格来确定赔偿金额,不得超过损失金额,以防被保险人获得额外利益。

(2) 经济补偿以保险金额为限。保险金额是保险人承担赔偿或给付保险金责任的最高限额,投保人因保险标的受损所获得的经济补偿,也就只能以保险金额为限。在保险标的发生全部损失时,若投保的是不定值保险且保险金额等于或小于保险价值,或投保定值保险时,则补偿金额应以保险金额为限,以便填补被保险人的损失。

(3) 经济补偿以保险利益为限。保险利益是投保人对保险标的所具有的法律上承认的利益。被保险人对所遭受损失的财产具有保险利益是被保险人索赔的基础,其所获得的赔款也不得超过其对被损财产所具有的保险利益。

此外,在重复保险的条件下,为了避免被保险人因保险事故而获得双份赔偿,因而采用分摊原则;在保险事故因第三者所致的情况下,为避免被保险人因保险事故而获得双份赔偿,因而采用代位求偿原则;在保险人按推定全损向被保险人赔偿全部损失后,为避免被保险人因保险事故获得补偿后又获得受损标的物的所有权,因而采用委付。这些都是补偿原则的派生原则,将于后文分别论述。

(二) 损失补偿的方式

1. 比例赔偿方式

(1) 在不定值保险条件下,若保险金额大于或等于保险价值,即足额或超额保险时,其赔偿金额等于损失金额;若保险金额小于保险价值,即不足额保险时,其赔偿金额为:

赔偿金额 = 损失金额×保险保障程度

保险保障程度 = 保险金额 ÷ 保险价值 ×100%

例如,某企业投保企业财产保险,保险金额为 3 600 万元,保险事故发生时,保险价值为 4 000 万元,若发生全部损失,则保险人赔偿 3 600 万元;若发生部分损失,损失金额为 2 000 万元,则按比例计算的赔偿金额为:2 000 × 3 600/4 000=1 800 万元。

(2) 在定值保险条件下,由于保险金额等于保险价值,因而,若发生全损时,损失金额等于保险价值,则赔偿金额等于保险金额;若发生部分损失时,损失金额小于保险价值,则赔偿金额采用比例赔偿方式:

赔偿金额 = 保险金额 × 损失程度

其中,损失程度 = 损失价值 ÷ 保险标的完好价值 ×100%

=1-(残值 ÷ 保险标的完好价值)×100%

例如:若对某货物投保了定值保险,其保险金额为 300 万元,保险价值为 300 万元。保险事故发生时,若发生全部损失,则保险人赔偿 300 万元;若发生部分损失,损失程度为 75%,则按比例计算的赔偿金额为:300×75%=225 万元。损失 225 万元,赔偿 225 万元,符合补偿原则。

2. 第一危险赔偿方式

第一危险是保险金额限度内的损失,超过保险金额的损失为第二危险。第一危险赔偿方式是指保险事故发生时保险人仅按保险金额限度内的实际损失金额予以赔偿,而对保险金额之外的损失不予赔偿的方式。该赔偿方式比较简便,但不够准确,主要适用于家庭财产保险。

3. 限额赔偿方式

(1) 固定责任赔偿方式。这是指保险人在订立保险合同时规定保险保障的标准限额,保险人只对实际价值低于标准保障限额之差予以赔偿的方式。这种方式适用于农作物保险。其计算公式为:

赔偿金额 = 限额责任 - 实际收获量

(2) 免赔限度赔偿方式。这是指保险人事先规定一个免赔限度,在损失超过该限度时才予以赔偿的方式。该方式可减少保险人因大量小额赔偿的工作量,同时可增强被保险人的责任感。按免赔方式分为:

① 相对免赔方式:是保险标的的损失程度超过达到规定的免赔限度时,保险人按全部损失予以赔偿的方式。即,赔偿金额 = 保险金额 × 损失率(损失率大于免赔率)。相对免赔可以减少因小额理赔而支出的费用。

② 绝对免赔方式：是保险标的的损失程度超过规定免赔限度时，保险人只对超过限度的那部分损失予以赔偿的方式。即，赔偿金额 = 保险金额 ×（损失率 − 免赔率）。其中，损失率大于免赔率。绝对免赔可在一定程度上减少保险事故。

（三）代位求偿与委付

1. 代位求偿

(1) 代位求偿（Subrogation）的含义。代位求偿是因第三者对保险标的的损害而造成保险事故的，保险人自向被保险人赔偿保险金之日起，在赔偿金额范围内取代被保险人的地位行使被保险人对第三者请求赔偿的权利。即保险人在代第三者向被保险人支付赔款后，取代被保险人向第三者索赔的权利。保险人取得该项权利后即可站在被保险人的地位向第三者进行追偿。代位求偿是损失补偿原则的派生原则。代位权起源于罗马法，虽然它适用于许多商业交易，但实际上人们一直认为对保险是最重要的。保险代位权产生的形式有：由侵权产生的权利、合同赋予的权利、政府法令赋予的权利、保险标的物产生的权利。

在保险实务中，代位求偿通常存在物上代位和权利代位两种形式。但从严格意义上说，物上代位不能称为真正意义上的代位。因为在保险代位法律关系中存在三方当事人：债权人、债务人、保险人。债权人是被保险人，即受害人，是有权要求加害人赔偿的人；债务人是造成责任事故的人，即加害人；保险人则一方面替代加害人向被保险人赔偿，另一方面在向被保险人赔偿后取得替代被保险人地位向加害人索赔的权利。代位求偿权的实质是保险人站在被保险人的地位上向造成保险事故的第三者索赔的权利。而物上代位是保险人对被保险人作出赔偿后，如果赔偿金额达到受损标的的金额，则标的残值的所有权即应归于保险人。在物上代位条件下，只有两方当事人，没有第三者，显然与代位权的构成要件大相径庭。故而，物上代位不宜作为代位求偿而应作为委付研究，只有权利代位才是真正意义的代位求偿。

由于保险标的保险事故是由第三者责任造成的，被保险人享有双倍索赔权：向第三者索赔，这是绝对的、无条件的；向保险人索赔，这是相对的、有条件的，其条件是不得免除第三者的赔偿义务并将该赔偿请求权转移给保险人。因而，坚持该原则的目的在于：维护补偿原则，既防止被保险人因保险事故得到双重赔偿（既从保险人得到赔偿，又从第三者得到赔偿），又有利于被保险人迅速得到保险赔偿；有利于维护保险人自身的合法利益；可使有关责任方承担事故赔偿责任。

(2) 代位求偿的条件。保险代位求偿权是各国保险法律共同承认的一种债权转移制度。保险人行使代位求偿权的条件为：

第一，保险标的所遭受的风险必须属于保险责任范围。若保险标的所发生的风险事故虽由第三者的责任所致，但不属于保险责任范围，保险人不负赔偿责任，也不存在代位求偿。

第二，保险事故的发生应由第三者承担责任。因为保险事故的发生由第三者承担责任，被保险人才有可能向保险人转移其赔偿请求权，保险人才有代位求偿的可能；反之，保险事故的发生虽然是由于第三者的行为造成的，但第三者的行为在法律上不需要承担民事赔偿责任，代位求偿则无法成立。

第三，被保险人要求第三者赔偿。这既是保险人赔偿的条件，也是代位的条件。如果因第三者责任造成保险事故被保险人不要求第三者赔偿，则保险人向被保险人赔偿会导致第三者的故意行为，出现道德危险；同时，被保险人不要求第三者赔偿，本身也无所谓代位，因为被保险人已放弃债权，第三者也因此而不存在债务。既然被保险人的债权不复存在，代位也就失去基础了。并且，在保险事故发生后，保险人未赔偿保险金之前，被保险人放弃对第三者的请求赔偿的权利的，保险人不承担赔偿保险金的责任。而保险人向被保险人赔偿保险金后，被保险人未经保险人同意放弃对第三者请求赔偿的权利的，则该行为无效。

第四，保险人必须事先向被保险人履行赔偿责任。即代位求偿权在保险人向被保险人赔偿保险金之后自动产生。这是保险人取得代位求偿权的时间条件。因为代位求偿是建立在履行赔偿义务的基础之上的，保险人必须依照保险合同和被保险人的请求，对保险损失作出保险赔偿，保险人尚未履行义务，则无权取得代位求偿权。同时，在保险人尚未赔偿之前，被保险人实际上拥有或保留向第三者求偿的权利。我国《保险法》对此有明确规定。

第五，保险人只能在赔偿金额限度内行使代位求偿权。若保险人向第三者实际取得的赔偿金额大于赔偿给被保险人的金额，则保险人必须将超过部分的金额退给被保险人。这是代位求偿的权限。

(3) 代位求偿的适用范围。代位求偿权只适用于财产保险，而不适用于人身保险。因为财产保险的保险价值是可以确定的，财产保险合同是补偿合同。按照损失补偿原则，财产保险的保险标的发生保险事故时，被保险人只能得到补偿，而不能获得双重赔偿。而人身保险的保险金额是保险当事人双方约定的，其保险价值无法衡量，只存在保险金的给付，而财产保险的保险价值是可以确定的。另外，我国《保险法》第 62 条规定："除被保险人的家庭成员或者其组成人员故意造成本法第六十条第一款规定的保险事故外，保险人不得对被保险人的家庭成员或者其组成人员行使代位请求赔偿的权利。"[①]

2. 委付

(1) 委付的概念与条件。委付是被保险人在发生保险事故造成保险标的推定全损时，将保险标的物的一切权利连同义务移转于保险人而请求保险人赔偿全部保险金额的法律行为。委付必须具备一定条件才能成立，其条件是：

第一，委付必须以保险标的推定全损为条件。因为委付包含着全额赔偿和转移保险标的的一切权利义务两重内容，所以要求必须是在保险标的推定全损时才能适用。

第二，委付必须就保险标的的全部提出要求。被保险人要求委付必须是针对推定全损的保险标的全部，如推定全损的一艘船舶、一批货物，而不得仅就保险标的的一部分申请委付，对另一部分不申请委付。但若同一保险单上载有若干种保险标的，则其中之一产生委付原因时，得就该种保险标的适用委付。

第三，委付必须经保险人承诺方为有效。即委付是否成立和履行，还取决于保险人的意志。保险人可以接受委付，也可以不接受委付。若保险人接受委付，则委付成立；反之，则委付不成立。委付一经保险人接受，不得撤回。

第四，被保险人必须在法定时间内向保险人提出书面的委付申请。这一条件要求被保险人为进行委付，必须提出申请，即向保险人发出委付书。按照国际海上保险的惯例，委付书可以是书面的或口头的，应向保险人或其授权的保险经纪人提出。而在我国海上保险实践中，则必须是

① 第 60 条第 1 款为："因第三者对保险标的的损害而造成保险事故的，保险人自向被保险人赔偿保险金之日起，在赔偿金额范围内代位行使被保险人对第三者请求赔偿的权利。"即保险人在代第三者向被保险人支付赔款后，取代被保险人向第三者索赔的权利。

用书面形式,直接向保险人提出,并且是在法定时间内。有的国家法律规定为3个月,如日本、英国。我国《保险法》和《海商法》均未作明确规定。如果被保险人不在法定时间内提出委付申请,则保险人对于推定全损的保险标的只能按部分损失赔偿。

第五,被保险人必须将保险标的的一切权利转移给保险人,并且不得附加条件。在保险标的推定全损的情况下,被保险人要获取全额赔偿的对价条件,就是将保险标的的一切权利归保险人,并且被保险人不得附加任何条件。如被保险人对船舶失踪申请委付,但要求船舶有着落时返归其所有,则为法律所禁止。

(2) 委付的效力。委付一经依法成立,便对保险人和被保险人产生法律约束力:一方面,被保险人在委付成立时,有权要求保险人按照保险合同约定的保险金额向其全额赔偿;另一方面,被保险人必须在委付产生之日将保险标的的一切权利和义务转移归保险人。我国《海商法》第250条规定:"保险人接受委付的,被保险人对委付财产的全部权利和义务转移给保险人。"英国《海上保险法》也有类似规定。

(3) 委付与代位求偿的区别。委付与代位求偿区别在于:① 代位求偿权只是一种纯粹的追偿权,取得这种权利的保险人无须承担其他义务;而保险人接受委付时,既取得了保险标的的所有权,也要承担该标的产生的义务。② 保险人得到的权利不同。在代位求偿中,保险人最多只能取得保险赔偿金额范围内的权利;而在委付中,保险人则可享有该项标的的一切权利,保险人可以接受大于其赔偿金额的利益。因为被保险人提出委付时,已放弃了对保险标的的所有权,保险人取得了对保险标的处分权,并可取得因处置而取得的额外利益。③ 代位求偿的保险事故由第三者引起;委付的保险事故则未必。

(四) 重复保险分摊原则

重复保险分摊原则(Principle of Contribution of Double Insurance)是指投保人向多个保险人重复保险时,投保人的索赔只能在保险人之间分摊,赔偿金额不得超过损失金额。对重复保险,在保险事故发生时采用分摊原则。它是补偿原则的派生原则。遵循分摊原则的目的在于:维护补偿原则,防止投保人利用重复保险获得超额赔款;维护社会公平原则。

分摊原则是在重复保险条件下适用的原则。重复保险是投保人对同一保险标的、同一保险利益、同一保险事故同时向两个或两个以上保险人订立保险合同,且其保险金额之和大于保险价值的保险。

重复保险分摊的方式一般有:比例责任制、限额责任制和顺序责任制。

1. 比例责任制

即各保险人按照其保险金额,依比例分担赔偿损失的责任。其公式为:

$$某保险人分摊的赔偿责任=\frac{某保险人承保的保险金额}{所有保险人承保的保险金额总额}\times 损失金额$$

例如,某货物保险价值为30万元,某投保人分别向甲、乙两家保险公司投保了货物运输保险,其保险金额分别为20万元、30万元,保险事故发生时,若发生全部损失,则甲、乙两保险公司的赔偿金额分别为:

$$甲保险公司的赔偿金额=30\times20\div(20+30)=12万元$$

乙保险公司的赔偿金额 =30×30÷(20+30)=18 万元

二者赔偿之和为 30 万元,正好等于损失金额 30 万元,符合补偿原则。

若发生部分损失,损失金额为 10 万元,则甲、乙两保险公司的赔偿金额分别为:

甲保险公司的赔偿金额 =10×20÷(20+30)=4 万元

乙保险公司的赔偿金额 =10×30÷(20+30)=6 万元

二者赔偿之和为 10 万元,正好等于损失金额 10 万元,符合补偿原则。

2. 独立责任制

独立责任制又称限额责任制,是按照各保险人在无他保情况下单独应付的赔偿金额作为基数加总得出各家应分摊的比例,然后据此比例计算赔款的方法,即按各保险人单独赔付时应承担的最高责任比例来分摊损失赔偿责任的方法。独立责任又称限额责任,是在无他保的情况下,保险人按其承保金额所负的损失赔偿责任。其公式为:

$$\text{某保险人分摊的赔偿责任} = \frac{\text{某保险人独立责任限额}}{\text{所有保险人独立责任总额}} \times \text{损失金额}$$

例如,某货物保险价值为 30 万元,投保人对某批货物分别向甲、乙两家保险公司投保了货物运输保险,其保险金额分别为 20 万元、30 万元,保险事故发生时,若发生全部损失,则甲、乙两保险公司的独立责任分别为 20 万元、30 万元。赔偿金额分别为:

甲保险公司的赔偿金额 =30×20÷(20+30)=12 万元

乙保险公司的赔偿金额 =30×30÷(20+30)=18 万元

二者赔偿之和为 30 万元,正好等于损失金额 30 万元,符合补偿原则。

若发生部分损失,损失金额为 10 万元,则乙保险公司的独立责任为 10 万元,甲保险公司的独立责任为 6.67 万元[①],赔偿金额分别为:

甲保险公司的赔偿金额 =10×6.67÷(10+6.67)=40 012 元

乙保险公司的赔偿金额 =10×10÷(10+6.67)=59 988 元

二者赔偿之和为 10 万元,正好等于损失金额 10 万元,符合补偿原则。

3. 顺序责任制

这是根据各保险人出立保单的顺序来确定赔偿责任,即先由第一个出立保单的保险人在其保险金额限度内赔偿,再由第二个保险人对超过第一个保险人保险金额的损失部分在其保险金额限度内赔偿,以此类推,直至将被保险人的损失全部赔偿的方法。

如上例中,若发生全损,则先由甲保险公司赔偿 20 万元,余下的 10(=30–20)万元再由乙保险公司赔偿;若发生部分损失,损失为 10 万元,则先由甲保险公司赔偿 6.67 万元,余下的 3.33(=10–6.67)万元由乙保险公司负赔偿责任。显然,这种方法对有的保险人显欠公平,因而许多国家的保险法不采用这一方法。

上述分摊方法中,由于保险金额是计算保险费的依据,而第一种方法是按各保险人的保险金额占保险金额总额的比率来分摊损失的,实际上是按每个保险公司收取保费的比率来承担相应的赔偿义务,因而,该方法能较好地体现权利与义务对等的原则,被许多国家保险理赔所采用。而第三种方法,由于出立保险单的顺序并不意味着保险公司享受权利大小的顺序,而承担赔偿按

① 10×(20÷30)=6.67

出立保险单的顺序,显然导致权利和义务不一致,从而显失公平。基于此,我国《保险法》第 56 条肯定了比例责任方式的法律效力:“重复保险的投保人应当将重复保险的有关情况通知各保险人。重复保险的各保险人赔偿保险金的总和不得超过保险价值。除合同另有约定外,各保险人按照其保险金额与保险金额总和的比例承担赔偿保险金的责任。重复保险的投保人可以就保险金额总和超过保险价值的部分,请求各保险人按比例返还保险费。”在保险实务中,保险人为避免分摊的麻烦,往往在保险单上附加条款声明:如果该保险单承保的保险标的在风险事故发生时有其他保险,则保险人的赔偿金额仅以其承保金额与总保险金额的比例为限。这样使被保险人分别要向数个保险人索赔。

第四节　保险合同的订立、变更、转让、无效和终止

一、保险合同的订立

保险合同的订立是通过投保人与保险人的双方法律行为而发生,双方当事人的意思表示一致是该合同得以产生的基础。我国《合同法》第 13 条规定:“当事人订立合同,采取要约、承诺方式。”保险合同与一般合同一样,双方当事人订立合同必须通过两个阶段:要约与承诺。

(一) 要约

要约是希望和他人订立合同的意思表示。该意思表示应当符合两项规定:内容具体规定;表明经受约人承诺,要约人即受该意思表示约束。在保险合同中,一般以投保人提交填写好的投保单为要约,即投保人向保险人提交要求订立保险合同的书面意思表示。对于投保单,应当注意两个问题:第一,投保单是由保险人拟定并事先印制好的格式化文书。在投保单中载明了订立保险合同所必备的条款,该投保单不仅是保险合同的组成部分,也是签发保险单的基础和前提。第二,保险人将空白的投保单发放给投保人的行为,其法律性质是要约邀请,即邀请投保人向保险人发出要约。当然,保险人也可以是要约人,如保险人接到投保人提交的已填好的投保单后,又向投保人提出某些附加条件,此时,保险人所作出的意思表示并非是完全接受投保人的订立合同的意思表示,而是向投保人发出了新的意思表示,这在法律上被视为新的要约。在该情形下,保险人是新的要约人,投保人则为受要约人。若投保人同意接受保险人提出的附加条件,则表明投保人接受保险人的新要约,至此,投保人便成为受要约人。

(二) 承诺

承诺是受要约人同意要约的意思表示。通常保险人在接到投保人的投保单后,经核对、查勘及信用调查,确认一切符合承保条件时,签章承保,即为承诺,保险合同即告成立。承诺的方式可以按法律规定向投保人签发保险单或保险凭证或暂保单,也可以是保险人直接在投保人递交的投保单上签章表示同意。但是,不应认为承诺人一定是保险人,因为如前所述,要约过程是一个反复的过程,投保人与保险人对标准合同条款以外的内容得进行协商,当保险人对于投保人提出的合同内容或者补充条款提出异议时,保险人的意思表示就不再是承诺,而是发出了新的要约,而投保人对保险人的意思表示存在异议并作出新的意思表示时,该意思表示则是再一次要约,直

至一方当事人不再表示异议时,该方当事人即是受要约人。当双方当事人就合同的条款达成协议后,保险合同成立。其后,保险人应当及时向投保人签发保险单或者其他保险单证,并在保险单或者其他凭证中载明当事人双方约定的合同内容。

(三) 合同成立

保险合同的双方当事人经过要约与承诺,意见达成一致,保险合同即成立。但是,保险合同成立并不意味着保险合同当然生效,保险责任通常在投保人履行了交付保险费的义务后才开始。除非法律另有规定或合同另有约定,保险合同的生效为保险权利义务的开始。当然,由于保险期间的不同,保险责任的开始时间也不同。我国《保险法》规定:投保人提出保险要求,经保险人同意承保,保险合同成立。保险人应当及时向投保人签发保险单或者其他保险凭证。保险单或者其他保险凭证应当载明当事人双方约定的合同内容。当事人也可以约定采用其他书面形式载明合同内容。依法成立的保险合同,自成立时生效。投保人和保险人可以对合同的效力约定附条件或者附期限。保险合同成立后,投保人按照约定交付保险费,保险人按照约定的时间开始承担保险责任。[①] 例如,我国对定期保险,除非合同另有约定,保险责任的开始时间一般在投保人履行了交付保险费的义务后的 0 时开始;对航程保险,保险责任的开始时间一般自起运港起运开始。

二、保险合同的变更

(一) 保险合同变更的定义

保险合同的变更是指在合同的有效期内,基于一定的法律事实而改变合同内容的法律行为。即订立的合同在履行过程中,由于某些情况的变化而对其内容进行的补充或修改。保险合同于订立后,如内容有变动,投保人通常可以向保险人申请批改。凡保险合同内容的变更或修改,均必须经保险人审批同意,并出立批单或进行批注。其特点是:① 必须由投保人与保险人协商而定;② 变更保险合同的内容表现为修改合同的条款;③ 变更保险合同的结果是产生新的权利和义务关系。

保险合同的变更通常包括合同主体的变更和合同内容的变更。但严格来讲,由于保险合同主体的变更大都是由保险标的的权利发生转移而引起的,因而,合同主体的变更实际是合同的转让。真正意义上的保险合同的变更应当是保险合同内容的变更。因而在此只介绍保险合同内容的变更。

(二) 保险合同内容变更

保险合同的内容变更表现为:财产保险在主体不变的情况下保险合同中保险标的种类的变化、数量的增减、存放地点、保险险别、风险程度、保险责任、保险期限、保险费、保险金额等内容的变更;人身保险合同中被保险人职业、保险金额发生变化等。保险合同内容的变更都与保险人承担的风险密切相联。合同任何一方都有变更合同内容的权利,同时也负有与对方共同协商的义务。因此,投保人只有提出变更申请,并经保险人审批同意、签发批单或对原保险单进行批注后

---

① 参见我国《保险法》第 13、14 条。

才产生法律效力。我国《保险法》第20条规定:“投保人和保险人可以协商变更合同内容。变更保险合同的,应当由保险人在保险单或者其他保险凭证上批注或者附贴批单,或者由投保人和保险人订立变更的书面协议。”

(三)变更程序

依照我国法律规定,保险合同的内容变更须经过下列主要程序:投保人向保险人及时告知保险合同内容变更的情况;保险人进行审核,若需增加保险费,则投保人应按规定补交,若需减少保险费,则投保人可向保险人提出要求,无论保险费的增减或不变,均要求当事人取得一致意见;保险人签发批单或附加条款。上述程序使保险合同内容的变更完成,变更后的保险合同是确立保险当事人双方权利义务关系的依据。

三、保险合同的转让

保险合同的转让是指投保人或被保险人将保险合同中的权利和义务转让给他人的法律行为。其实质是合同主体的变更。保险合同的转让通常是由保险标的所有权的转移或出售所引起。但是,应当注意的是,财产保险标的所有权的转移并不当然地导致合同的转让,因为标的所有权的转移与合同的转让是两种法律行为,在法律性质上,所有权的转移是物权行为,而合同的转让是债权债务关系的转让。保险标的所有权的转移仅取决于卖者和买者的意志,而财产保险合同的转让则要取决于投保人或被保险人与合同受让人及保险人的意志。因而财产保险合同不能随着保险标的所有权的转移而自然发生转让。若保险标的的所有权发生转移,而财产保险合同未作转让,则要区分情况:若风险未增加,则不影响其合同的效力;若风险增加,则影响合同的效力,发生保险事故时保险人不承担赔偿责任,因为事实上,被保险人单方面修改了合同。反之,若通过一定的转让手续,则产生转让的效力。根据我国《保险法》和《海商法》的规定,保险合同的转让需要考虑以下几个问题:

第一,转让与保险人的同意。保险合同的转让与保险人的同意密切相联,但是存在着两种状态:一是必须有保险人的同意;二是可以有保险人的同意。除海上货物运输保险合同以外,任何保险合同的转让均须经保险人的同意才能转让,因为海上货物运输保险合同以外的保险合同转让,由于保险标的在保险期间始终在被保险人的控制与管理之下,被保险人的变化会引起风险的变化,从而引起保险人责任的变化,因此,为了维护保险人的利益,规定一般保险合同的转让应当及时通知保险人。对一般财产保险合同的转让而言,若风险显著增加,则在发生保险事故时,保险人不承担赔偿保险金责任。我国《保险法》第49条规定:“保险标的转让的,保险标的的受让人承继被保险人的权利和义务。保险标的转让的,被保险人或者受让人应当及时通知保险人,但货物运输保险合同和另有约定的合同除外。因保险标的转让导致危险程度显著增加的,保险人自收到前款规定的通知之日起三十日内,可以按照合同约定增加保险费或者解除合同。保险人解除合同的,应当将已收取的保险费,按照合同约定扣除自保险责任开始之日起至合同解除之日止应收的部分后,退还投保人。被保险人、受让人未履行本条第二款规定的通知义务的,因转让导致保险标的的危险程度显著增加而发生的保险事故,保险人不承担赔偿保险金的责任。”因此,为了维护保险人的利益,规定一般保险合同的转让应当事先征得保险人的书面同意。

海上货物运输保险合同则不然,其保险合同的转让无须保险人的同意,只要求被保险人在保险合同上背书即可发生转让。我国及许多国家允许在有背书的前提下保险单随同货物所有权的转移而转让,而不需要征得保险方的同意。究其原因:一则海上货物保险中的货物在整个运输过程中始终在承运人的控制与保管之下,被保险人的变化并不会引起风险的变化,货物不会因自由转让而增加风险,从而不会引起保险人责任的变化。二则保险合同是与海上货物运输紧密相联的。在海上运输中出于贸易经营的需要,常需通过转让提单进行买卖,如果被保险人因货物的所有权发生转移而失去保险利益,使保险合同失去效力,新的提单持有人也因未经保险人同意办理保险合同变更手续而失去保险保障,则势必会妨碍货物的流转,不利于贸易往来,因而,根据国际贸易惯例,海上保险人允许海上货物运输保险合同采用空白背书的方式进行转让,而无须征得保险人的同意,这样便可与提单背书转让同步进行。即货物运输保险合同随着货物的转让而转让,只要被保险人背书后就可与货物所有权提单同时转让给受让人,而无须征得保险人的同意。

第二,转让的方式。保险合同的转让,可以采取由被保险人在保险合同上背书或其他方式进行。按习惯做法,采用空白背书方式转让的保险合同,可以自由转让;采用记名背书方式转让的保险合同,则只有被背书人才能成为保险合同权利的受让人。

第三,转让的后果。在保险合同转让时,无论损失是否已发生,只要被保险人对保险标的仍具有保险利益,则保险合同均可有效转让。保险合同的受让人只能享有与原被保险人在保险合同下所享有的权利和义务。因为保险合同的转让只涉及投保人或被保险人的变更,并未变更保险合同的内容,没有变更原有的保险权利义务关系。

四、保险合同的无效

(一) 无效的含义与原因

保险合同的无效是指当事人所缔结的保险合同因不符合法律规定的生效条件而不产生法律约束力。即指合同因不符合法律规定的生效条件而产生的无法律约束力的后果。

无效保险合同的特点是:① 违法性。即违反法律和公序良俗。② 自始无效性。即因其违法而自行为开始起便没有任何法律效力。③ 当然无效性。即无须考虑当事人是否主张合同无效,法院或仲裁机构可主动审查、确认合同无效。

无效的原因主要包括:合同主体不合格、当事人意思表示真实性有瑕疵、客体不合法、内容不合法、形式不合法等。具体分析如下:

1. 合同主体不合格

主体不合格是指保险人、投保人、被保险人、受益人或保险代理人等资格不符合法律的规定。例如,投保人是无民事行为能力的或依法不能独立实施缔约行为的限制民事行为能力的自然人;保险人不具备法定条件,不是依法设立的;保险代理人没有保险代理资格或没有保险代理权。如果保险合同是由上述主体缔结,则合同无效。

2. 当事人意思表示真实性有瑕疵

缔约过程中,如果当事人中的任何一方以欺诈、胁迫或乘人之危的方式致使相对方作出违背自己意愿的意思表示,均构成缔约中的意思表示不真实。在这里,欺诈是指行为人不履行如实告知的义务，故意隐瞒真实情况或者故意告知虚假情况，诱使对方作出错误意思表示的行为。以欺诈行为订立保险合同的行为形形色色，如投保人在订立保险合同时，明知存在风险却谎称没有风险、明知风险已经发生而谎称没有发生等。胁迫是指一方当事人以给对方或与对方有关的人的人身、财产、名誉、荣誉造成损害为要挟，迫使对方同自己订立保险合同的行为。要挟行为是确实可能实现的行为，而且足以使对方违背自己的意志与其订立保险合同。

3. 客体不合法

如果投保人或被保险人对保险标的没有保险利益，则其订立的保险合同无效。如某人盗来一辆机动车并投保，则保险人会拒保；若在不知情的情况下承保，则该投保人因对该车无保险利益而导致保险合同无效。

4. 内容不合法

如果投保人投保的风险是非法的，如违反国家利益和社会公共利益、直接违反法律规定的缔约行为等均导致合同无效。如走私、贩毒保险，则该合同无效。

5. 形式不合法

任何保险合同的订立形式应当符合法律规定，即应当以书面形式订立而非口头形式，否则，导致合同无效。①

（二）无效保险合同的法律后果

保险合同的无效由人民法院或仲裁机构根据法律进行确认。保险合同无效的法律后果是导致合同根本不存在法律的约束力。但是应当注意的是，保险合同的无效有两种情形：一是全部无效；二是部分无效。合同被确认全部无效的，其约定的全部权利义务自行为开始起均无约束力；合同被确认部分无效的，根据我国有关法律规定，不影响其他部分效力的，其他部分依然有效。但是，如果保险合同被确认部分无效，如果无效部分与有效部分相牵连，也就是说无效部分对有效部分的效力有影响，或者根据公平原则和诚实信用原则以及保险规则或惯例，如果继续保持有效部分的效力有失公平或者无实际意义，则应当认定合同全部无效。对无效保险合同，采取的措施有：返还财产；赔偿损失；收归国库。

五、保险合同的终止

保险合同的终止是保险合同成立后因法定的或约定的事由发生，法律效力完全消灭的法律事实。其效果是保险合同的法律效力不复存在。导致保险合同终止的原因多种多样，但是主要有以下几个原因：

（一）自然终止

自然终止是指已生效的保险合同因发生法定或约定事由导致合同的法律效力当然地发生不复存在的情况。这些情况通常包括：① 保险合同期限届满。根据法律的规定，合同的当事人可以就合同的有效期进行约定，在合同有效期内，即使约定的保险事故未发生，但由于合同有效期限届满，合同当事人的权利义务关系随之不复存在。如定期保险的时间届满、航程保险的航程届

① 当然法律没有要求以书面形式订立的，则不影响其效力。

满等均属于这种情况。② 合同生效后承保的风险消失。③ 保险标的因非保险事故的发生而完全灭失等。

（二）因履约导致终止

因保险合同得到履行而终止是指在保险合同的有效期内，约定的保险事故已发生，保险人按照保险合同承担了给付全部保险金的责任，保险合同即告结束。但是船舶保险有特别规定，若在保险合同有效期内船舶发生全部损失，一次保险事故的损失达到保险金额，则保险人按保险金额赔偿后，保险合同即告终止；若在保险合同有效期内发生数次部分损失，由于每次损失的赔偿款均未超过保险金额，即使保险赔款累计总额已达到或超过保险金额，保险人仍需负责到保险合同期限届满合同才告终止。这是因为，为了保持继续航行的能力，船舶在发生事故后必须进行修理，所以在修理费用少于保险金额的情况下，保险人赔付后，保险合同中原保险金额继续有效，直至保险合同期限届满。

（三）因解除导致终止

1. 解除的含义与条件

保险合同的解除是在保险合同期限尚未届满前，合同一方当事人依照法律或约定行使解除权，提前终止合同效力的法律行为。解除保险合同的法律后果集中表现在，它使保险合同的法律效力消失，回复到未订立合同以前的原有状态。因此，保险合同的解除具有溯及既往的效力，保险人一般要退还全部或部分保险费，并不承担相应的保险责任。在该种合同终止的情形中，解除权是基础。解除权是法律赋予保险合同的当事人在合同成立之后，基于法定或约定事由解除合同的权利。解除权可以由保险人行使，也可由投保人行使（又称退保）。解除权仅依合同一方当事人的意思表示即可行使。但是，当事人行使解除权，应当符合法律规定的条件。这些条件是：必须在可以解除的范围内行使解除权；必须存在解除的事由；必须以法律规定的方式解除；必须在时效期间内行使解除权。

2. 解除的形式

保险合同的解除，一般分为法定解除和意定解除两种形式。

(1) 法定解除。这是指当法律规定的事项出现时，保险合同当事人一方可依法对保险合同行使解除权。法定解除的事项通常在法律中被直接规定出来。但是，不同的主体有不尽相同的法定解除事项：

对投保人而言：① 在保险责任开始前，可以对保险合同行使解除权。② 在保险责任开始后，法律对投保人的解除权作出了两种不同的规定：一是在合同约定可以于保险责任开始后解除合同的，投保人可要求解除合同，同时对自保险责任开始之日起至合同解除之日止的保险费不得要求返还，只能对剩余部分要求予以退还；二是在合同没有约定的情况下，投保人不得要求解除合同。③ 保险合同订立后，因保险人破产且无偿付能力，投保人可以解除合同。

对保险人而言，法律的要求则相对严格，即保险人必须在发生法律规定的解除事项时方有权解除合同。在我国，这些法定解除事项主要有：

① 投保人、被保险人或者受益人违背诚实信用原则。A. 投保人有故意隐瞒事实，不履行如实告知义务，或者存在因过失未履行如实告知义务而足以影响保险人决定是否同意承保或

者提高保险费率的行为，保险人有权解除合同；B. 被保险人或者受益人在未发生保险事故的情况下，谎称发生了保险事故并向保险人提出赔偿或者给付保险金请求的权解除合同；C. 投保人、被保险人或者受益人有故意制造保险事故的行为，保险人可解除保险合同；D. 在人身保险合同中，投保人有未如实申报被保险人的真实年龄的行为，并且被保险人的真实年龄不符合合同约定的年龄限制，保险人有合同解除权。应当注意的是，该解除权应当在合同成立后的两年内行使。

② 投保人、被保险人未履行合同义务。在财产保险合同中，投保人、被保险人未按照约定履行其对保险标的的安全应尽的责任，保险人有权解除合同。

③ 在保险合同有效期内，保险标的的危险增加。在保险合同有效期内，投保人或被保险人有义务将保险标的的危险程度增加的情况通知保险人，保险人可根据具体情况要求增加保险费，或者在考虑其承保能力的情况下解除合同。

④ 在分期支付保险费的人身保险合同中，当未有另外约定时，投保人超过规定的期限 60 日未支付当期保险费的，导致保险合同中止。保险合同被中止后的两年内，双方当事人未就合同达成协议，保险人有权解除合同。应当注意的是，当可行使解除权的原因发生后，并不自然发生解除的效力，而是必须由解除权人行使后，合同的效力方消灭。

(2) 意定解除。意定解除又称协议注销终止，是指保险合同双方当事人依合同约定，在合同有效期内发生约定情况时可随时解除保险合同。意定解除要求保险合同双方当事人应当在合同中约定解除的条件，一旦约定的条件成就，一方或双方当事人有权行使解除权，使合同的效力归于消灭。

第五节　保险合同的解释原则与争议处理

一、保险合同的解释原则

合同解释是指当对合同条款的意思发生歧义时，法院或者仲裁机构按照一定的方法和规则对其做出的确定性判断。对合同的解释，其首要的任务是寻找法律依据，通常会有三种结果：有明确而又直接的法律依据；没有直接的法律依据；法律有规定但其内涵与外延相当模糊。我国《合同法》第 125 条规定：“当事人对合同条款的理解有争议的，应当按照合同所使用的词句、合同的有关条款、合同的目的、交易习惯以及诚实信用原则，确定该条款的真实意思。合同文本采用两种以上文字订立并约定具有同等效力的，对各文本使用的词句推定具有相同含义。各文本使用的词句不一致的，应当根据合同的目的予以解释。”保险合同应遵循合同解释的一般原则，同时有其特性，具体来讲，保险合同解释的原则有：

（一）文义解释原则

文义解释原则是按保险条款文字的通常含义解释。即保险合同中用词应按通用文字含义并结合上下文来解释。保险合同中的专业术语应按该行业通用的文字含义解释，同一合同出现的同一词其含义应该一致。当合同的某些内容产生争议而条款文字表达又很明确时，首先应按照条款文义进行解释，切不能主观臆断、牵强附会。如中国人民保险公司(家庭财产保险条款)中承保危险之一"火灾",是指在时间或空间上失去控制的燃烧所造成的灾害。构成火灾责任必须同时具备以下三个条件:有燃烧现象,即有热有光有火焰;偶然、意外发生的燃烧;燃烧失去控制并有蔓延扩大的趋势。而有的被保险人把平时用熨斗熨衣所造成焦煳变质损失,也列为"火灾"责任要求赔偿。显然,按文义解释原则不应赔偿。

(二) 意图解释

即以当时订立保险合同的真实意图来解释合同。意图解释只适用于文义不清、用词混乱和含糊的情况。如果文字准确、意义毫不含糊,就应照字面意义解释。在实际工作中,应尽量避免使用意图解释,以防止意图解释过程中可能发生的主观性和片面性。

(三) 解释应有利于非起草人

由于多数保险合同的条款是由保险人事先拟定的,保险人在拟定保险条款时,对其自身利益应当是进行了充分的考虑,而投保人只能同意或不同意接受保险条款,而不能对条款进行修改。所以,对保险人提供的格式条款订立的保险合同,在保险合同发生争议时,人民法院或者仲裁机关应当做出有利于非起草人(投保人、被保险人和受益人)的解释,以示公平。只有当保险合同条款由保险人起草且模棱两可、语义含混不清或一词多义,而当事人的意图又无法判明时,才能采用该解释原则。所以,我国《保险法》第30条规定:"采用保险人提供的格式条款订立的保险合同,保险人与投保人、被保险人或者受益人对合同条款有争议的,应当按照通常理解予以解释。对合同条款有两种以上解释的,人民法院或者仲裁机构应当作出有利于被保险人和受益人的解释。"这说明该解释原则的两个基本条件为:保险条款为保险人提供的格式条款;合同条款有两种以上解释。

(四) 尊重保险惯例的原则

保险业务有其特殊性,是一种专业性极强的业务。在长期的业务经营活动中,保险业产生了许多专业用语和行业习惯用语,这些用语的含义常常有别于一般的生活用语,并为世界各国保险经营者所接受和承认,成为国际保险市场上的通行用语。为此,在解释保险合同时,对某些条款所用词句,不仅要考虑该词句的一般含义,而且要考虑其在保险合同中的特殊含义。例如,在保险合同中,"暴雨"一词不是泛指"下得很大的雨",而是指达到一定量标准的雨,即雨量每小时在16毫米以上,或24小时降水量大于50毫米的,方可构成保险法上的"暴雨"。

二、保险合同争议处理的方式

保险合同订立以后,双方当事人在履行合同过程中,围绕理赔、追偿、缴费以及责任归属等问题容易产生争议。因此,采用适当方式,公平合理地处理,直接影响到双方的权益。我国《合同法》第128条规定:"当事人可以通过和解或者调解解决合同争议。当事人不愿和解、调解或者和解、调解不成的,可以根据仲裁协议向仲裁机构申请仲裁。涉外合同的当事人可以根据仲裁协议向中国仲裁机构或者其他仲裁机构申请仲裁。当事人没有订立仲裁协议或者仲裁协议无效的,可以向人民法院起诉。当事人应当履行发生法律效力的判决、仲裁裁决、调解书;拒不履行的,对方可以请求人民法院执行。"据此,对保险业务中发生的争议,可采取和解、调解、仲裁和司法诉讼四种方式来处理。

（一）和解

和解（Compromise）是在争议发生后由当事人双方在平等、互相谅解基础上通过对争议事项的协商，互相作出一定的让步，取得共识，形成双方都可以接受的协议，以消除纠纷，保证合同履行的方法。这种方法是解决争议最可行、最基本的一种方法。其好处是：可以省去仲裁和诉讼的费用和麻烦，而且气氛一般比较友好，灵活性也较大，有利于合同继续履行。

（二）调解

调解（Mediation）是在第三人主持下根据自愿、合法原则，在双方当事人明辨是非、分清责任的基础上，促使双方互谅互让，达成和解协议，以便合同得到履行的方法。

根据调解时第三人的身份不同，保险合同的调解可分为行政调解、仲裁调解和法院调解。行政调解是由各级保险管理机关主持的调解，从法律效果来看，行政调解不具有法律强制执行的效力；仲裁调解和法院调解一经形成调解协议，即具有法律强制执行的效力，当事人不得再就同一事件提交仲裁或提起诉讼。任何一方当事人不履行仲裁调解协议或法院调解协议，对方当事人都可申请法院强制其执行。我国在处理合同纠纷时，坚持先行调解原则，在调解不成时，仲裁机关可作出裁决或人民法院作出判决。

（三）仲裁

仲裁（Arbitration）是争议双方在争议发生之前或在争议发生后达成协议，自愿将争议交给第三者作出裁决，双方有义务执行的一种解决争议的方法。仲裁的特点是：① 断案程序的独立性。仲裁机构是指当事人自主选择用来解决他们之间可能发生或业已发生的纠纷的民间性团体。该仲裁机构依《中华人民共和国仲裁法》设定，且在省、自治区、直辖市司法行政部门进行了登记。② 断案质量的保障性。仲裁员是以裁判的身份对双方争议的事项作出裁决的。仲裁员多为有丰富经验的专家，能保证决断的质量。③ 断案时间的效率性。仲裁必须以当事人事先约定或事后达成的仲裁协议或仲裁条款为前提，并且仲裁裁决一裁终局。在有仲裁协议或者仲裁条款的情况下，法院将拒绝受理当事人的诉讼请求。④ 断案执行的效力性。仲裁裁决与法院判决具有同等效力。当事人不得向法院再行起诉，除非裁决违反法定程序或者在合法性上有瑕疵。

（四）诉讼

诉讼（Litigation）是合同当事人的任何一方按照民事法律诉讼程序向法院对一定人提出权益主张，并要求法院予以解决和保护的请求。诉讼有民事诉讼、行政诉讼和刑事诉讼之分，保险合同争议的诉讼属于民事诉讼。保险合同的诉讼是保险合同当事人的任何一方按照民事法律诉讼程序向法院对另一方提出权益主张，并要求法院予以解决和保护的请求。

我国现行诉讼制度实行二审终审制度。民事诉讼一般分为起诉、审判和执行三个阶段。一经终审判决，立即发生法律效力，当事人必须执行，否则，法院有权强制执行。合同当事人一方如果提起诉讼，应当向保险合同的履行地或被告住所地人民法院送交起诉书，并应提供有关凭证;当法院受理后,应诉一方在规定期限内提出答辩,提交法院。在公开审理中,法院可先进行调解,调解不成时再进行判决,制订判决书。根据《中华人民共和国民事诉讼法》的规定,当事人一方在收到判决书15日内可向上一级人民法院提出上诉,由上一级人民法院作出二审审理,二审人民法院所作判决为终审判决。对法院的终审判决当事人必须执行。一方当事人不履行的,对方当事人可申请人民法院予以强制执行。若当事人一方对二审判决不服,则可以申诉。

第三章 保险的数理基础

第一节 保险费率的构成与厘定原则

一、保险费率的构成

（一）保险费的含义与构成

保险费(Premium)是保险金额与保险费率的乘积。保险人承保一笔保险业务，用保险金额乘以保险费率就得出该笔业务应收取的保险费，即：保险费 = 保险金额 × 保险费率。保险费由纯保费和附加保费构成。纯保费是保险人用于赔付给被保险人或受益人的保险金，它是保险费的最低界限；附加保费是由保险人所支配的费用，由营业费用、营业税和营业利润构成。

（二）影响保险费的因素

1. 保险金额

保险金额与保险费成正比，在保险费率和保险期限一定的条件下，保险金额愈大，则保险费愈大；反之，则愈小。

2. 保险费率

保险费率(Premium Rate)与保险费成正比，在保险金额和保险期限一定的条件下，保险费率愈高，则保险费愈大；反之，则愈小。

3. 保险期限

保险期限与保险费成正比，在保险费率和保险金额一定的条件下，保险期限愈长，则保险费愈大；反之，则愈小。

（三）保险费率的含义与构成

保险费率是保险费与保险金额的比率。保险费率又称保险价格，是被保险人为取得保险保障而由投保人向保险人所支付的价金。通常以每百元或每千元的保险金额的保险费来表示。保险费率是计算保险费的标准。

保险费率一般由纯费率和附加费率两部分组成。习惯上，将纯费率和附加费率相加所得到的保险费率称为毛费率。

纯费率也称净费率，是纯保费与保险金额的比率。纯费率用于保险事故发生后进行赔偿和给付保险金。其计算的依据因险种不同而有别:财产保险纯费率的计算依据是损失概率,即根据保额损失率或保险财产的平均损失率计算出来的,保额损失率是一定时期内赔偿金额与保险金额的比率;人寿保险纯费率的计算依据是生命表和利息。

附加费率是附加保费与保险金额的比率。它是以保险人的营业费用为基础计算的,用于保险人的业务费用支出、手续费支出以及提供部分保险利润等,通常以占纯费率的一定比例表示。附加费率由费用率、营业税率和利润率构成。

二、厘定保险费率的基本原则

保险人在厘定费率时要贯彻权利与义务相等的原则。具体而言,厘定保险费率的基本原则为充分、公平、合理、稳定灵活以及促进防损原则。

保险人在厘定财产保险费率时要贯彻权利与义务相等的原则。具体而言,其基本原则为:

第一,充分性原则。指所收取的保险费足以支付保险金的赔付及合理的营业费用、税收和公司的预期利润。充分性原则的核心是保证保险人有足够的偿付能力。

第二,公平性原则。指一方面保费收入必须与预期的支付相对称;另一方面被保险人所负担的保费应与其所获得的保险权利相一致,保费的多寡应与保险的种类、保险期限、保险金额等相对称,风险性质相同的保险标的应承担相同的保险费率,风险性质不同的保险标的则应承担有差别的保险费率。

第三,合理性原则。指保险费率应尽可能合理,不可因保险费率过高而使保险人获得超额利润。

第四,稳定灵活原则。指保险费率应当在一定时期内保持稳定,以保证保险公司的信誉;同时,也要随着风险的变化、保险责任的变化和市场需求等因素的变化而调整,具有一定的灵活性。

第五,促进防损原则。指保险费率的制定有利于促进被保险人加强防灾防损。对防灾工作做得好的被保险人,降低其费率;对无损或损失少的被保险人,实行优惠费率;而对防灾防损工作不达标的被保险人,实行高费率或续保加费。

三、保险费率厘定的一般方法

保险费率的计算方法大致有三类:分类法、个别法和增减法。

(一) 分类法

分类法(Class Rating)是在按风险的性质分类基础上分别计算费率的方法。依据该方法确定的保险费率,常常被载于保险手册中,因此又称该方法为手册法。该方法假设风险损失是一系列相同的风险因素作用的结果。因此,通常按一定的标准对风险进行分类,将不同的保险标的,根据风险性质分别归入风险性质一致的相应群体计算基本费率。对于同一类别的保险标的的投保人,适用相同费率。该方法广泛用于财产保险、人寿保险和大部分意外伤害保险。如我国的企业财产保险,按标的的使用性质分为若干类别,每一类又分为若干等级,不同等级费率水平各异,但是,在使用分类费率时,可以根据所采取的防灾防损措施而加费或者减费。对如人身保险,基本的分类依据是年龄、性别和健康状况,相同年龄和健康状况被归为一类。分类法的优点在于便于运用,适用费率能够迅速查到。

（二）个别法

个别法又称观察法或判断法（Judgement Rating），是按具体的每一标的分别单独计算确定费率的方法。该方法确定的费率依据核保人员的经验判断，提出一个费率供双方协商。由于某些险种没有以往可信的损失统计资料而不能使用分类法时，就只能根据个人的主观判断确定费率。如卫星保险，在首次发射人造卫星时，因无相应的统计资料，就只能使用观察法来确定费率。观察法多用于海上保险和一些内陆运输保险，因为各种船舶、港口和危险水域的情况错综复杂，情况各异。

（三）增减法

增减法（Merit Rating）又称修正法（Modification Rating），是在分类法的基础上，结合个别标的的风险状况予以计算确定费率的方法。增减法确定费率时，一方面凭借分类法确定基本费率，另一方面依据实际经验再予以细分，并结合不同的情况提高或者降低费率，对分类费率予以补充和修正。增减法因其使用结合了风险程度的差异，因此具有促进防灾防损的作用，费率更能够反映个别标的的风险情况，从而坚持了公平负担保险费的原则。增减法的依据在于个别标的的风险损失数据与其他标的的风险损失数据明显不同。以增减法计算确定保险费的方法有三种。

1. 表定法

该方法以每一风险单位为计算依据，在对每一风险单位确定一个基本费率的基础上，根据个别标的的风险状况增减修正。由于具体的经营和操作将影响到标的的风险状况，所以该方法通常用于承保厂房、商业办公大楼和公寓等财产保险。在确定费率时通常要考虑建筑物的结构、占用性质、消防设施、周围环境状况、保养情况等。表定法的优点在于能够切实反映标的的风险状况，促进防灾防损，但因管理费用较高且易因同业竞争而失效。

2. 经验法

该方法是根据被保险人以往的损失经验，对分类法所确定的保险费率予以修正的方法。该方法的显著特点是：被保险人以往的损失经验被用来确定下一保险期间的保险费率，一般用过去 3 年的平均损失经验数据来确定下一保险期的保险费率，因此，该方法又称为预期经验法。若以 A 代表平均损失；E 代表适用的预期损失；C 代表依据经验确定的可靠系数；M 代表修正系数（Credibility Factor），则：

$$M=(A-E)\times C/E$$

【例 1】 某企业意外伤害险，在过去 3 年的预期损失为 100 万元，实际损失为 80 万元，可靠系数（凭借经验判断的可信程度）为 60%，则其修正系数为：

$$M=(800\ 000-1\ 000\ 000)\times 60\% \div 1\ 000\ 000=-12\%$$

如果依据分类法该企业应交保险费为 7 万元，则调整后的应交保险费为：

$$\text{应交保险费}=(100\%-12\%)\times 70\ 000=61\ 600\text{（元）}$$

经验法的优点在于：确定保险费率时已考虑了影响风险的各个因素，而不像表定法只局限于有形因素，因此相对合理和科学。该方法通常适用于大企业采用和普通责任保险、意外伤害保险等。

3. 追溯法

该方法是依据保险期间的损失经验数据来确定当期保险费的方法。即保险费率在当期终了时依据实际经验再加以调整修正。一般规定保险期间的最高和最低保险费，如果损失小，则取最低保险费；如果损失大，则取最高保险费。实际保险费一般都在最低、最高之间。追溯法的运用较经验法复杂，仅适用于少数大企业，具有促进防损的作用。

第二节 财产保险费率的厘定

财产保险费率的厘定是以损失概率为依据的，通过计算保额损失率加均方差计算纯费率；纯费率与附加保费率之和即为毛费率。其厘定的基本步骤如下。

一、确定纯费率

纯费率是纯保费占保险金额的比率。它是用于补偿被保险人因保险事故造成保险标的损失的金额。其计算公式为：

$$纯费率=保额损失率\pm均方差$$

1. 计算保额损失率

保额损失率是赔偿金额占保险金额的比率。其计算公式为：

$$保额损失率=赔偿金额/保险金额\times1\,000‰$$

但在许多情况下，若知各年的保额损失率，则可计算平均保额损失率。

例如：假设某保险公司过去10年保额损失率统计资料如表3–1所示。

表3–1 某保险公司10年保额损失率统计表 单位：‰

年度	2001	2002	2003	2004	2005	2006	2007	2008	2009	2010
保额损失率（x_i）	6.1	5.7	5.4	6.4	5.8	6.3	6.0	6.2	5.9	6.2

若以$\overline{x}$表示平均保额损失率，x_i（$i=1,2,\cdots,n$）表示不同时期的保额损失率，n表示期限，则以下公式x用平均数表示为：

$$\overline{x}=\frac{\sum_{i=1}^{n}x_i}{n}$$

$$=\frac{6.1‰+5.7‰+5.4‰+6.4‰+5.8‰+6.3‰+6.0‰+6.2‰+5.9‰+6.2‰}{10}$$

$$=6.0‰$$

2. 计算均方差

均方差是各保额损失率与平均损失率离差平方和平均数的平方根。它反映了各保额损失率与平均保额损失率相差的程度，说明平均保额损失率的代表性。均方差愈小，则其代表性愈强；反之，则代表性愈弱。若以σ表示均方差，则其计算公式为：

$$\sigma=\sqrt{\frac{\sum_{i=1}^{n}(x_i-\overline{x})^2}{n}}$$ ①

① 严格来说，对于总体均方差计算的分母为总体单位数（N）；而对样本均方差计算的分母为样本单位数减1，即$n-1$。但是，一则多数情况下样本单位数均在30个以上；二则为了简便，故在计算样本均方差时其分母直接采用样本单位数（n），并以样本均方差替代总体均方差。

平均保额损失率附加均方差的多少，取决于损失率的稳定程度。对于损失率较稳定的，则其概率 $P(A)$ 不要求太高，相应的概率度（t）为 1 即可；反之，则要求概率较高，以便对高风险的险种有较大的把握，从而稳定经营，相应的概率度为 2 或 3。兹列举如下：

若 t=1，$P(A)$=68.27%，附加 1 个均方差，一般适用于损失率比较稳定的险种，如火灾保险；若 t=2，$P(A)$=95.45%，附加 2 个均方差，一般适用于损失率不够稳定的，如机动车辆保险、飞机保险等；若 t=3，$P(A)$=99.73%，附加 3 个均方差，一般适用于损失率很不稳定的高风险险种，如卫星发射。

根据上述资料计算的均方差如表 3–2 所示。

表 3–2　均方差计算表　　单位：‰

年度	保额损失率 x_i	离差 $(x_i-\bar{x})$	离差的平方 $(x_i-\bar{x})^2$
2000	6.1	+0.1	0.01
2001	5.7	–0.3	0.09
2002	5.4	–0.6	0.36
2003	6.4	+0.4	0.16
2004	5.8	–0.2	0.04
2005	6.3	+0.3	0.09
2006	6.0	0	0
2007	6.2	+0.2	0.04
2008	5.9	–0.1	0.01
2009	6.2	+0.2	0.04
Σ	6.0	—	0.84

则：

$$\sigma=\sqrt{\frac{0.84}{10}}\,(‰)=0.29‰$$

3. 计算稳定系数

$$V_\sigma=\frac{\sigma}{\bar{x}}$$

稳定系数是均方差与平均保额损失率之比，它衡量期望值与实际结果的密切程度，即平均保额损失率对各实际保额损失率（随机变量各观察值）的代表程度。稳定系数愈低，则保险经营稳定性愈高；反之，则保险经营稳定性愈低。一般以 10%~20% 较为合适。

根据上述资料计算，计算结果为：

$$V_\sigma=0.29‰\div 6‰=4.833\%$$

该结果为 4.833%，远小于 10%，说明保险经营稳定性很高。

4. 确定纯费率

财产保险的纯费率是财产保险的纯保费占保险金额的比率，是作为保险金用于补偿被保险人因保险事故造成保险标的的损失金额。其计算公式为：

纯费率 = 保额损失率 ± 均方差

= 保额损失率 ×［1± 稳定系数］

若以 68.27% 的概率估计，$t=1$，则纯费率为：$(\bar{x}-\sigma;\bar{x}+\sigma)$

若以 95.45% 的概率估计，$t=2$，则纯费率为：$(\bar{x}-2\sigma;\bar{x}+2\sigma)$

若以 99.73% 的概率估计，$t=3$，则纯费率为：$(\bar{x}-3\sigma;\bar{x}+3\sigma)$

对稳定系数低的险种，则稳定性高，附加的均方差就可小些；反之，对高风险的险种，其保额损失率所附加的均方差就应该大一些。在一般情况下，保险公司为了经营稳定性，对附加的均方差一般采用加而不采用减的形式。故上例中，稳定系数小于 10%，说明稳定性很高，是低风险的险种。所以：

$$纯费率 =6‰ +0.29‰ = 6.29‰$$

二、确定附加费率

附加费率是附加保费与保险金额的比率。附加费率由营业费用率、营业税率和营业利润率构成。其计算公式为：

$$附加费率 = 附加保费 / 保险金额 \times 1\,000‰$$

附加费率由营业费用率、营业税率、营业利润率构成。其中：

$$营业费用率 = 营业费用 / 保费收入$$

$$营业税率 = 营业税 / 保费收入$$

$$营业利润率 = 营业利润 / 保费收入$$

通常，附加费率可根据附加保费与纯保费的比例来确定，即：

$$附加费率 = 纯费率 \times 附加保费与纯保费的比例$$

其中，附加保费与纯保费的比例 = 附加保费 / 纯保费 ×100%。

三、确定毛费率

由于财产保险的毛费率由纯费率和附加费率构成，所以毛费率的计算公式为：

$$\begin{aligned} 毛费率 &= 纯费率 + 附加费率 \\ &=(保额损失率 + 均方差)+ 附加费率 \\ &= 保额损失率 \times (1+ 稳定系数)+ 附加费率 \end{aligned}$$

若根据上例，附加保费与纯保费的比例为 20%，则：

$$附加费率 =6.29‰ \times 20\%=1.258‰$$

$$毛费率 =6.29‰ +1.258‰ =7.548‰$$

第三节 人寿保险费率的厘定

一、人寿保险费的构成及性质

人寿保险是以人的生命作为保险标的的保险，它的保险事故是死亡和生存。人寿保险费要厘定得公平合理，必须观察人的死亡率，即如何选择生命表；寿险的长期性决定了在厘定费率时必须考虑利息因素；保险公司所办的保险，必然要有一定的业务费用。由于保险公司在制定费率时，上述因素都是预估的，因此，预定死亡率、预定利率、预定费用率是计算各种年龄、各种保单的保险费的数理基础。

人寿保险费由两部分构成:纯保险费(Net Premium)和附加保费(Loading)。前者用于保险金的给付,后者用于保险公司业务经营费用的开支,二者的总和就是营业保险费(Office Premium),亦称营业保费(Gross Premium)。其计算公式为:

营业保费 = 纯保费 + 附加保费

纯保费以预定死亡率和预定利率为计算的依据,是保险金给付的来源。纯保费总额与保险金给付总额达到平衡;附加保费用于保险经营过程中的一切费用开支。由于寿险期限较长,则它的费用比较复杂,有些费用只在保单第一年存在,有些费用则分摊于保险的整个期间;有些费用可表示为固定常数,而有些费用表示为保费或保额的一定比例。由纯保费和附加保费构成的保险费称为营业保费。营业保费是保险经营过程中实际收取的保险费。

由于人寿保险大都采用均衡保险费的方法,所以,投保人所交纳的保费中的纯保费部分,又可以分解为危险保费和储蓄保费。其中:危险保费是用来支付当年保险金的给付;储蓄保费则是纯保费中扣除危险保费后的剩余部分,这部分保费逐年以复利累积,用来弥补未来年份保费收不抵支的不足部分。营业保费可用图 3–1 表示。

确定人身保险费的基本原则,就是保险双方当事人权利与义务对等的原则,即保险人在保险有效期内承担的各项给付义务与保险人在保险有效期内收取保险费的权利相对等。

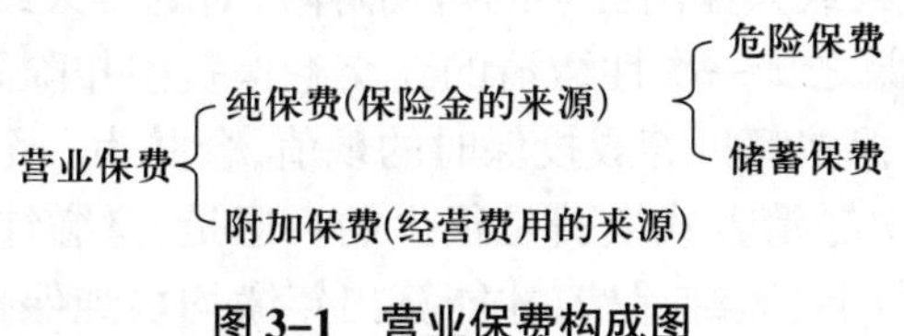

图 3–1 营业保费构成图

二、保险费计算的基本原则

确定保险费的过程实质是,在不同缴费方式下的保险费匹配不同保险事故对应的保险面值和各项经营费用。寿险保费计算的基本原则是:收支平衡原则。

收支平衡原则作为寿险保险费计算的基本原则,其内涵是:

第一,寿险保费收支平衡原则中,从保险人角度看,“收”指保险人收取的保费总额,“支”指保险人的保险金给付和支出的各项经营费用。此项收与支应当平衡。从投保人角度看,其支出保费总额应当与收到的保额或安全保障或获得的服务平衡。

第二,收支平衡关系建立的时点通常在投保生效之日,而保险金给付与保费缴纳总是分离的。收支平衡绝不是收的总额简单等于支付总额,或者使保费总额等于保险面值。要使收支平衡建立,必须将分离的货币额折现到一个可比点或可比日,方能判断它们的大小;又由于寿险不仅要涉及利率,而且离不开生死概率,所以货币的折现非简单的折现,而是精算意义上的折现。一句话,收支平衡是精算意义上的平衡。

第三,通过上述分析,收支平衡原则可由以下具体文字方式描述:

保险费的精算现值 = 保险金额的精算现值 + 各项业务费用的精算现值

进一步,保险费精算现值为纯保费精算现值与附加保费精算现值之和,从而可得:

纯保费精算现值 + 附加保费精算现值 = 保险金的精算现值 + 各项业务费用精算现值

据此情形，可分别计算纯保费和附加保费。即：

纯保费精算现值 = 保险金精算现值

附加保费精算现值 = 各项业务费用精算现值

三、寿险保费的分类

（一）自然纯保费、趸缴纯保费与均衡纯保费

这是按缴费方法进行的分类。

(1) 自然纯保费是分别以各年岁的死亡率为缴付标准计算的保险费。它是以每年更新续保为条件，签订一年定期保险合同时各年度的纯保费。因为各年岁的死亡率不同，保费必须跟着变动。根据中国人寿生命表，初生婴儿的死亡率较高，然后逐渐降低，11 岁至 15 岁的死亡率最低，每年只在 0.6‰以下，以后慢慢回升，到 50 岁时，男性死亡率为 5.26‰，女性为 3.28‰，以后加快上升，到 85 岁，男性为 130.4‰，女性为 104.3‰，自然费率必须跟着提高，男性要从 50 岁时的每千元 5.26 元增到 80 岁时的 130.4 元，女性要从 56 岁时的每千元 3.28 元增到 80 岁时的 104.3 元。按照这样的增费速度，许多人到了晚年就都不想续保。所以这种按自然费率法计算保费的寿险只能适用于青壮年的被保险人或只保两三年的短期寿险，对老年人或长期寿险是不适用的。

(2) 趸缴纯保费是在投保之日一次性缴清的趸交毛保费中扣除附加保费后的剩余部分。如果把各个年岁应缴的自然纯保费都折算成投保时的现值，合并为一个总数，就是趸缴纯保费。除年金保险外，被保险人按一次缴清方式缴费是很少的。但是，趸缴纯保费的计算方法很有用处，因为只有首先算出在投保时的趸缴纯保费，才能算出年缴均衡纯保费的数目。在年金保险业务中，保险公司要求年金投保人在年金给付开始前付清全部年金现价。这一年金现价也就是年金保险的趸缴纯保费。①

(3) 均衡纯保费是在约定缴费期限内，每次缴费金额始终不变的均衡毛保费中扣除均衡附加保费的剩余部分。

无论何种缴费方式的纯保费，其实质均为毛保费的重要组成部分，用于保险人未来债务的支出。从上述三种纯保费来看，自然纯费率的优点是计算简便，生命表中的死亡率就是死亡保险的年缴纯费率表；自然纯保费以续保为条件，依 1 年定期寿险合同而确定，从根本上讲，它属于分期缴费形式，避免了一次性缴费带来的经济压力，而且它以续保为条件，使投保人具有投保主动性和灵活性，视自身需要决定是否续保。但是，正因自然纯保费以 1 年期保险为基础，所以在预定利率确定下，自然纯保费与年龄别死亡率成正比。即死亡率增加或降低，决定自然纯保费的升与降。根据人的生命规律，随年龄增加，死亡率一般随之增加，自然纯保费便随年龄增加而提高。与此同时，年龄增加的人，经济支出增加，经济收入相对减少，而用于支付保险的自然纯保费的提高，使投保成为经济负担。这是采用自然纯保费的一大不足。

与自然纯保费相比较，趸缴纯保费依不同险种、保额及保险期限等大小有所差异，不以中途续保为条件，而且对经济支付能力强者，一次性缴纯保费，可减少续缴保费的繁琐，甚至避免出现

① 费致通．人身保险．北京：中国金融出版社，1984：198–199。

交费带来的保险合同效力的影响。但是,趸缴纯保费对一般收入者而言还是一笔较大开支,使投保人难于承担。更何况,基于寿险合同的长期性考虑和人们普遍的对未来预期的不确定性,一次性缴清较大金额保费,可能制约保险业务的开展。

均衡纯保费的出现,一方面克服了上述保费缴付形式的不足,使得投保人乐意接受,并能承担;另一方面使得保险人的保险业务易于开展。可以说,均衡纯保费是现代保险的一大飞跃,促进了寿险业务的发展。①

(二) 纯保费和附加保费

这是按保险费所含成分进行的分类。

纯保费包含保险责任事故的危险性,同时要估计到保险基金的利息收入;附加保费是保险公司在业务管理上可能用到的费用,如工资、租金等各种业务开支,合理地分摊到每笔业务上去的数目。

四、人寿保险费的计算依据

人寿保险的保险标的是人的生命,保险人积聚众多投保人所缴纳的保险费,一旦被保险人在保险期间死亡,或满期生存时便给付保险金,故保险费的计算必须考虑死亡率、生存率等因素。又由于寿险多为长期合同,而且收取保费在先,支付保险金在后,所以必须考虑利息的因素。另外,经营寿险业务的保险公司所必需的各项费用开支,亦必须由被保险人负担,所以在计算保险费时还必须考虑费用的因素。

因此,人寿保险费的计算依据应该是:预定死亡率(Assumed Mortality Rate)、预定利息率(Assumed Interest Rate)、预定费用率(Assumed Expense Rate)。此三项就是寿险保费计算的三要素,亦称寿险保费计算的三个基础率。

一般说来,在人身意外伤害保险中,被保险人面临的危险程度,并不因被保险人的年龄性别而有所差异。比如旅客乘坐长途汽车途中发生车祸,井下工人不幸遭遇塌方等,在同一危险环境中,所有的被保险人面临的危险程度基本相同。

由于人身意外伤害保险的危险性质与人寿保险的危险性质不同,因此计算保费所考虑的因素也不相同。意外伤害保险费率的制定一般不考虑被保险人的年龄(除了高龄外,年龄并不影响费率),不以生命表为制定费率的依据;同时由于意外伤害保险大都为短期契约,制定费率时也不考虑利率因素。制定意外伤害保险的费率时,考虑的主要因素是被保险人的职业以及所从事活动的性质。

与意外伤害保险一样,健康保险在制定费率时,除高龄外,被保险人的年龄不是影响费率的主要因素,不以生命表为制定费率的依据。制定健康保险费率时,所考虑的主要因素为职业、性别和保险金额等。

因此,意外伤害保险与健康保险的保险费率厘定方法与财产保险的计算方法类似。

(一) 生命表

1. 生命表的概念和种类

(1) 生命表的概念。生命表(Life Table)又称死亡表(Mortality Table)或寿命表,是根据一定

---

① 韦生琼,等.人身保险.成都:西南财经大学出版社,1996:251-252。

时期的特定国家(或地区)或特定人口群体(如寿险公司的全体被保险人)的有关生命统计资料,经整理、计算编制而成的统计表。生命表中最重要的就是设计产生每个年龄的死亡率。影响死亡率的因素很多,主要有年龄、性别、职业、习性、以往病史、种族等。

一般情况下,在设计生命表时,只注重考虑年龄和性别。生命表在有关人口的理论研究、社会经济政策的制定、寿险公司的保险费及责任准备金的计算等各个方面都有着极为重要的作用。

(2) 生命表的分类。生命表一般分为国民生命表和经验生命表。国民生命表又可分为完全生命表和简易生命表;经验生命表又可分为综合表、选择表和终极表。另外,还有寿险生命表和年金生命表。

① 国民生命表和经验生命表。生命表的种类繁多,按死亡统计的对象分为国民生命表(National Life Table)和经验生命表(Experience Life Table)。前者是以全体国民或特定地区的人口统计资料编制的统计表,是根据政府机关的户口普查及死亡统计资料综合而成的生命表,又称普通生命表;后者是以人寿保险公司承保的被保险人实际经验的死亡统计资料编制的统计表,是根据人寿保险业务经营中被保险人的死亡统计资料编制而成的生命表。二者比较,经验生命表更能反映各种被保险人的死亡率特征,在人寿保险费率计算中,一般采用经验生命表。两表比较而言,由于国民生命表的资料来源于人口普查或抽样调查,其对象男女老幼、体质强弱均有;而人寿保险公司的被保险人,则一般要经体检合格后才予承保。因此,在同一时期内,国民生命表的死亡率一般高于经验表的死亡率。经验生命表是寿险精算的科学基础,是寿险费率和责任准备金计算的依据,也是寿险成本核算的依据。

② 完全生命表和简易生命表。这是按反映程度是否详细进行的分类。完全生命表是能够反映每一年龄生死概率的生命表,它根据准确的人口普查资料,依年龄别计算死亡率、生存率、平均寿命等生命函数编制而成;简易生命表是只反映年龄组别生死概率的生命表,如按 5 岁或 10 岁年龄组编制的生命表,它采取每年的人口动态统计资料和人口抽样调查的统计资料,按年龄段(如 5 岁或 10 岁为一段)计算死亡率、生存率、平均寿命等生命函数编制而成。

③ 选择表、终极表和综合表。经验生命表又可根据死亡统计调查期间不同分为选择表(Select Table)、终极表(Ultimate Table)和综合表(Aggregate Table)。

选择表是依据选择效果仍存在的资料编制而成的生命表。该表的死亡率同时考虑年龄及投保经过年数两项因素,故而最具准确性。由于不分红保费的制定必须准确,故常用该表。其中,选择表中对应的经过的年数称为选择期间。选择表都有一个特定的选择期间(一般为 3 年),经过年数超过选择期间,则选择效果消失。

终极表是根据选择效果消失的资料编制而成的生命表。普通寿险的保费通常是根据该表计算的。此表的死亡率略高于选择表,故此表计算的保费较高,因而也会导致较大的安全幅度,对寿险公司较为有利。其中,终极死亡率是选择效果消失后的死亡率,根据终极死亡率编制的生命表则为终极生命表。

综合表是以所有被保险人的经验而不考虑投保经过的年数而制定的生命表,即综合被保险人在保险合同订立后最初数年及以后数年间的死亡统计而编制的生命表。其死亡率刚好介于选择表与终极表之间。此表常用来制定简易人身保险的保费。因简易人身保险较特殊,其被保险人的选择效果要比普通寿险少得多。它是不考虑保险合同投保后经过的年数而以全期间为对象并按年龄计算死亡率的生命表。

④ 寿险生命表与年金生命表。寿险生命表是以保险人对被保险人死亡率统计资料的经验而编制的一种生命表；年金生命表是根据购买年金者的死亡统计编制的生命表。因为购买年金保险者，其经济情况和体格标准通常均比死亡保险的一般被保险人要好，故其死亡率较普通保险的死亡率低。

2. 生命表的选用

经营人寿保险业务应该使用经验生命表，而不能使用国民生命表，这是因为经验生命表死亡率具有代表性。

在人寿保险业务中，也要根据不同业务的性质，使用不同的生命表。一般说来，年金保险使用的生命表和死亡保险使用的生命表不同，这是因为根据业务统计资料可以发现：① 年金领受人的死亡率比寿险被保险人的死亡率低，尤其在高龄阶段；② 女性年金领受人的死亡率比同年龄的男性领受人的死亡率低。由于年金保险和死亡保险的死差损益（即表定死亡率和实际死亡率的差异所产生的损益）正好相反，年金业务若用死亡保险的生命表计算其费率，将对保险人的财务稳定性产生不利的结果。所以，保险人经营年金保险业务，在计算保费时，要用年金生命表（Annuity Mortality Table）。

3. 生命表的结构

兹将 2016 年 12 月发布的中国人寿保险业经验生命表摘其部分列举如表 3–3 所示。

表 3–3 中国人寿保险业经验生命表（非养老金男表）

年龄（x）	年初生存人数（l_x）	年内死亡人数（d_x）	生存率（p_x）	死亡率（q_x）
25	989 716	609	0.999 385	0.000 615
26	989 107	637	0.999 356	0.000 644
27	988 470	667	0.999 325	0.000 675
28	987 803	702	0.999 289	0.000 711
29	987 101	741	0.999 249	0.000 751
30	986 359	786	0.999 203	0.000 797
31	985 573	835	0.999 153	0.000 847
32	984 738	889	0.999 097	0.000 903
33	983 849	950	0.999 034	0.000 966
34	982 899	1 017	0.998 965	0.001 035
35	981 881	1 091	0.998 889	0.001 111
36	980 791	1 173	0.998 804	0.001 196
37	979 618	1 264	0.998 710	0.001 290
38	978 354	1 365	0.998 605	0.001 395
39	976 989	1 480	0.998 485	0.001 515
40	975 509	1 611	0.998 349	0.001 651
41	973 898	1 757	0.998 196	0.001 804
42	972 141	1 923	0.998 022	0.001 978
43	970 219	2 108	0.997 827	0.002 173
44	968 110	2 317	0.997 607	0.002 393
45	965 794	2 549	0.997 361	0.002 639

根据表 3-3 可知，生命表一般包括以下几项：

(1) x：年龄。生命表的年龄自 0 岁起每岁为一组。自出生时算起，一直到最高龄，即极限年龄，极限年龄一般用 w 表示。

(2) l_x：x 岁的人在年初的生存人数。在生命表中，在 0 岁年初的人数(即刚出生的人数)一般假定为 1 000 000 人，即 l_0=1 000 000 人。

(3) d_x：x 岁的人在年内死亡的人数，即 x 岁至 x+1 岁的年龄间死亡人数。如 d_{25} 表示 25 岁至 26 岁的年龄间死亡人数。

(4) p_x：x 岁的人在一年间的生存率，即 x 岁的人生存至 x+1 岁的概率。

(5) q_x：x 岁的人在一年间的死亡率，即 x 岁的人在一年内死亡(即死于 x+1 岁前)的概率。

(6) $\mathring{e}_x$：平均余命。即 x 岁的全体人口平均计算可期望生存的"余年"，即仍可继续生存的岁数。对于年龄 0 岁的平均余命为平均寿命。对于在 x 岁仍生存的 l_x，未来共生存 T_x，则每个人还可以活 T_x/l_x 年，其计算公式：$e_x=T_x/l_x$。

其中：$T_x=l_x+l_{x+1}+l_{x+2}+\cdots+l_{w-1}$。

对于平均余命项，为了简化，此表不予列示。

为了保证费率计算的合理性和准确性，保险公司在选择生命表时应该注意公平性、寿险经营的安全性、使用上的效用性和操作上的简便性。

4. 生命表中各项生命函数的关系

(1) x 岁的人年初生存人数(l_x)与年内的死亡人数(d_x)的差额为次年初(x+1 岁的生存人数，即 l_{x+1})，用计算公式表示如下：

$$l_x-d_x=l_{x+1} \tag{3.1}$$

上式可以变换为：

$$d_x=l_x-l_{x+1} \tag{3.2}$$

即 x 岁的人年内死亡人数等于 x 岁的人年初生存人数与次年初尚存活的人数的差额。

(2) 连续数年死亡人数之和等于第一年初生存人数和最后一年初生存人数的差额。计算公式如下：

$$d_x+d_{x+1}+d_{x+2}+\cdots+d_{x+n-1}=l_x-l_{x+n} \tag{3.3}$$

(3) 生存率是指次年初生存人数(l_{x+1})与年初生存人数(l_x)之比。计算公式如下：

$$p_x=\frac{l_{x+1}}{l_x} \tag{3.4}$$

这是 x 岁的人存活到 x+1 岁的生存率，如果计算 x 岁的人存活到 $x+n$ 岁的生存率，则计算公式如下：

$${}_np_x=\frac{l_{x+n}}{l_x} \tag{3.5}$$

(4) 死亡率是指年内死亡的人数(d_x)与年初生存人数(l_x)之比。计算公式如下：

$$q_x=\frac{d_x}{l_x}=\frac{l_x-l_{x+1}}{l_x} \tag{3.6}$$

这是 x 岁的人一年间的死亡率，如果计算 x 岁的人在 n 年间的死亡率，则计算公式如下：

$$_{n}q_{x}=\frac{l_{x}-l_{x+n}}{l_{x}} \tag{3.7}$$

(二) 利息

利息是货币的时间价值,即一定量的本金通过投资行为产生的收益。它是借款人借入资金,运用一定时间后,支付给放款人的报酬。即一定资金在一定时间期内的收益。计算利息有三个基本要素:本金、利率和期间。所借入的资金称为本金;运用本金的一定时间称为期间;利率是在一定时期内(月或年)利息额占本金的比率,是在单位时期(如年、季、月等)内单位本金(如每千元或每百元)所赚的利息,常以百分比(%)表示。因单位时期不同,有年利率、季利率、月利率之分。利息的数额取决于本金的数量、利率的高低、存放期间的长短。本金数量越大,利率越高,存放期间越长,则利息越多;反之利息就越少。

由于人寿保险一般是长期性质的,所以人寿保险费的计算必须考虑利息因素。投保人交纳的保险费,留存保险公司内部作为未来给付保险金的准备金,这部分资金存在银行的利息或得到其他投资的收益应归被保险人,因此,保险人在计算保险费率时,就按照一定的利息率算给被保险人。利息率的计算方法有单利(Simple Interest)和复利(Compound Interest)两种计息方法。

1. 单利

单利就是仅用本金计算利息的方法。在单利计算方法下利息额等于本金乘以计息期数乘以利率。若以 P 表示本金,i 表示利率,n 表示计算期数,I 表示利息额,S 表示本利和(即本金和利息之和),则它们之间有如下关系:

$$I=P\times i\times n \tag{3.8}$$

$$S=P+I=P+P\times n\times i=P(1+i\times n) \tag{3.9}$$

【例 2】 本金 1 000 元,年利率 5%,时期 3 年,求利息。

代入公式(3.8):$I=1\,000\times5\%\times3=150$(元)

【例 3】 本金 100 元,年利率 6%,时期 5 年,求本利和。

代入公式(3.9):$S=100(1+6\%\times5)=130$(元)

2. 复利

本金存放一定时期,按照一定的利率,每期都有利息。复利的计算是对本金及其所生利息一并计息,也就是利上有利。即上期所得利息,在本期也生息。复利计息的特点是,把上一期末的本利和作为下一期的本金,在计算时每一期本金的数额是不同的。若以 P 表示本金,i 表示利率,n 表示计算期数,I 表示利息额,S 表示本金与利息之和,则以复利计算的本利和及利息为:

$$S=P(1+i)^{n} \tag{3.10}$$

$$I=P(1+i)^{n}-P=P\times[(1+i)^{n}-1] \tag{3.11}$$

例如,年初将本金 1 000 元存入银行,年利率 5%,存期 3 年,则用复利计算本利和为:

$$S=1\,000\times(1+5\%)^{3}=1\,157.63\text{(元)}$$

若 $P=1$,则得一般公式:

$$S=(1+i)^{n} \tag{3.12}$$

根据公式(3.11)可以求出复利的利息额:

$$I=(1+i)^{n}-1$$

根据公式(3.10)可以求出本金：

$$P=S/(1+i)^n \tag{3.13}$$

若 S=1,则得一般公式：

$$P=1/(1+i)^n \tag{3.14}$$

3. 终值和现值

在人寿保险费的计算中,使用的终值和现值都是按复利法计算的,而且编制成终值表和现值表,作为计算工具。

(1) 终值。终值是一定的本金在一定的利率条件下经过一定时间生息后的本金加利息之和,它是本利和的另一种表述。终值即本利和。复利终值用公式(3.10)计算,复利终值表如表 3–4 所示。

表 3–4 复利终值表

$(1+i)^n$

年利率(i) 年数(n)	5%	6%	7%	8%
1	1.050 000	1.060 000	1.070 000	1.080 000
2	1.102 500	1.123 600	1.449 000	1.166 400
3	1.157 625	1.191 016	1.225 043	1.259 712
4	1.215 506	1.262 477	1.310 796	1.360 489
5	1.276 282	1.338 226	1.402 552	1.469 328
6	1.340 096	1.418 519	1.500 730	1.586 874
7	1.407 100	1.503 630	1.605 781	1.713 824
8	1.477 455	1.593 848	1.718 186	1.850 930
9	1.551 328	1.689 479	1.838 459	1.999 005
10	1.628 895	1.790 848	1.967 151	2.158 925
11	1.710 339	1.898 299	2.104 852	2.331 639
12	1.795 856	2.012 196	2.252 192	2.518 170
13	1.885 649	2.132 928	2.409 845	2.719 624
14	1.979 932	2.260 904	2.578 534	2.937 194
15	2.078 928	2.396 558	2.759 032	3.172 169
16	2.182 875	2.540 352	2.952 164	3.425 943
17	2.292 018	2.692 773	3.158 815	3.700 018
18	2.406 619	2.854 339	3.379 932	3.996 019
19	2.526 950	3.025 600	3.616 528	4.315 701
20	2.653 298	3.207 135	3.869 684	4.660 957

(2) 现值。现值就是按某种利率及生息时间计算的,在未来某一时刻要积累终值一元而现在所需要的货币量。即现在需要多少本金,将来加上利息才能积累一元的终值。所以现值即本金。

从公式(3.14)我们知道:$P=1/(1+i)^n$,如果我们用 v 代表现值 $1/(1+i)$,则得公式:

$$v^n=\frac{1}{(1+i)^n} \tag{3.15}$$

复利现值用公式(3.15)计算,复利现值表如表 3-5 所示。

表 3-5 复利现值表

$1/(1+i)^n$

年利率(i) 年数(n)	5%	6%	7%	8%
1	0.952 381	0.943 396	0.934 579	0.925 926
2	0.907 029	0.889 996	0.873 439	0.857 339
3	0.863 838	0.839 619	0.816 298	0.793 832
4	0.822 702	0.792 094	0.762 895	0.735 030
5	0.783 526	0.747 258	0.712 986	0.680 583
6	0.746 215	0.704 961	0.666 342	0.630 170
7	0.710 681	0.665 057	0.622 750	0.583 490
8	0.676 839	0.627 412	0.582 009	0.540 269
9	0.644 609	0.591 898	0.543 934	0.500 249
10	0.613 913	0.558 395	0.508 349	0.463 193
11	0.584 679	0.526 788	0.475 093	0.428 883
12	0.556 837	0.496 969	0.444 012	0.397 114
13	0.530 321	0.468 839	0.414 964	0.367 698
14	0.505 068	0.442 301	0.387 817	0.340 461
15	0.481 017	0.417 265	0.362 446	0.315 242
16	0.458 112	0.393 646	0.338 735	0.291 890
17	0.436 297	0.371 364	0.316 574	0.270 269
18	0.415 521	0.350 344	0.295 864	0.250 249
19	0.395 734	0.350 513	0.276 508	0.231 712
20	0.376 889	0.311 805	0.258 419	0.215 548

4. 确定年金

年金是在一定时间内按照一定的时间间隔有规则地收或付的款项。年金按支付条件分为确定年金和生命年金。确定年金是支付有确定起讫时期的年金,又称生存年金;生命年金是年金的支付依死亡或生存事件是否发生的年金,即与收款人生命有关的年金。

年金还可按下列不同的标准分类:按每期年金支付的时间划分,可分为期首付年金和期末付年金;按年金的期数划分,可分为定期年金和终身年金;按每期年金支付额有无变化划分,可分为定额年金和变额年金;按支付开始的时期可分为即期年金和延期年金;按年金领受人的人数不同可分为单人年金和联合年金;按年金支付者的责任不同分为纯粹年金和退款年金;按缴费方式不同可分为趸缴年金和分期缴年金。其中,期首付年金是指年金支付发生在每一期的期初;期末付年金是指年金支付发生在每一期的期末。期末付年金的现值等于每一期年金支付在初始时刻(0时刻)的现值之和。即期年金是只要年金领受人达到一定条件就即刻开始支付的年金;延期年金是延长一定时期后才开始支付的年金,即年金的开始日比订约日要晚若干时期。延期年金也可分为期首付延期年金和期末付延期年金。

五、纯保费的计算

人寿保险费的缴费方式有趸缴和分期缴付两种。趸缴是投保人将保费一次缴清,分期缴付则是投保人按年、半年、季或月缴付。因此,趸缴纯保费(Net Single Premium)是投保人在投保时向保险人一次缴纳的纯保费的总额;年缴纯保费则是将趸缴纯保费改为按年均衡地缴费。同时由于人寿保险的险种不同,其计算也不同。这里仅介绍生存保险、定期死亡保险及两全保险的纯保费计算方法。纯保费的计算同样适用收支平衡的原则,保险人收取的纯保费现值应等于给付的保险金现值。

(一) 趸缴纯保费的计算

趸缴纯保费是在长期寿险合同签订时投保人将保险期间应缴付保险人的纯保险费一次全部缴清。趸缴纯保费应与保险合同所规定的保险人在整个保险期内的给付义务相等价。根据险种不同,趸缴纯保费的计算,分为定期生存保险、定期死亡保险和两全保险趸缴纯保费分别计算。

1. 定期生存保险趸缴纯保费计算

定期生存保险,又称纯生存保险,是以被保险人在某一期间内生存为保险事故,给付约定保险金的保险形式。即被保险人生存至保险合同规定的期限届满时按保险合同约定给付保险金于受益人的保险。具体地,保险人对纯生存保险承担责任,是被保险人在保险期限届满时仍生存才给付约定的保险金,在保险期限内死亡,不给付任何保险金,也不退还保险费。根据纯生存保险含义,活到 $x+n$ 岁的人,方可获得 1 元的给付,而依生命表,活到 $x+n$ 岁的人有 l_{x+n},故保险人对活到 $x+n$ 岁的 l_{x+n} 人给付的保险金总额为 l_{x+n} 元,此额在 x 岁的现值为 $v^n \cdot l_{x+n}$ 元。

另一方面,对每个投保人,凡参加定期生存保险的被保险人,每人在 x 岁应缴纳趸缴纯保费为 $A_{x:\overset{\ 1}{\overline{n|}}}$ 元,即 x 岁的人口生存到 n 年时取得 1 元的保险金一次应缴的纯保费,而在 x 岁的总人数为 l_x 人,所以保险人收取趸交纯保费总额为:$l_x \cdot A_{x:\overset{\ 1}{\overline{n|}}}$ 元。

根据收支平衡原则,便得到:

$$l_x \cdot A_{x:\overset{\ 1}{\overline{n|}}} = v^n \cdot l_{x+n} \tag{3.16}$$

从而得定期生存保险趸缴纯保险费的计算公式:

$$A_{x:\overset{\ 1}{\overline{n|}}} = v^n \cdot \frac{l_{x+n}}{l_x} \tag{3.17}$$

例如,35 岁的男性 981 881 人,投保 5 年期生存保险,保险金额 100 000 元。求投保人每人应趸缴纯保险费。

(1) 查表 3–3 所示的生命表,40 岁人口(l_{40})领取保险金的人数为 975 509 人。

(2) 按年利率 i=5%,查现值表 v^5 为 0.783 526,代入公式(3.17):

$$100\,000\,A_{35:\overset{\ \ 1}{\overline{5|}}}=100\,000\times(975\,509\times0.783\,526)/981\,881=77\,844.12(\text{元})$$

77 844.12 元即为 35 岁的人投保该种保险应该一次缴纳的纯保险费。

2. 定期死亡保险趸缴纯保费计算

定期死亡保险是被保险人在保险期间内以死亡作为保险事故而由保险人给付保险金的保险。该保险对于保险期限届满时仍然生存的被保险人则不给付保险金。

根据定期死亡保险的性质，设 l_x 个年龄为 x 的人投保 n 年期的死亡保险，在 n 年内每年死亡的人$(d_x,d_{x+1},\cdots,d_{x+n-1})$在年末由受益人或被保险人领取保险金 1 元，年利率为 i。每年因被保险人死亡，受益人领取 1 元保险金现值之和为：

$$d_x\cdot v+d_{x+1}\cdot v^2+\cdots+d_{x+n-1}\cdot v^n$$

这也就是保险人支付的保险金现值。

$A^1_{x:\overline{n|}}$表示定期死亡保险趸缴纯保费，即 x 岁的人口在 n 年内死亡取得一元的保险金一次应缴的纯保费，而 x 岁的人口为 l_x，那么保险人对 l_x 收取的定期死亡保险趸缴纯保费为$l_x\cdot A^1_{x:\overline{n|}}$元。

根据收支平衡的原则：

$$l_x\cdot A^1_{x:\overline{n|}}=d_x\cdot v+d_{x+1}\cdot v^2+\cdots+d_{x+n-1}\cdot v^n$$

则得定期死亡保险趸缴纯保费计算公式：

$$A^1_{x:\overline{n|}}=(d_x\cdot v+d_{x+1}\cdot v^2+\cdots+d_{x+n-1}\cdot v^n)/l_x \tag{3.18}$$

例如，35 岁的男性 981 881 人，投保 5 年期死亡保险，保险金额 100 000 元，预定利率为 5%。求投保人每人应趸缴纯保险费。

代入公式(3.18)，列表计算如表 3–6 所示。

表 3–6 趸缴纯保费计算表

i=5%

(1)	(2)	(3)	(4)	(5)
x	d_x	v^{x-35+1}	(2)×(3)/l_{35}	(4)×100 000
35	1 091	0.952 381	0.001 058	105.81
36	1 173	0.907 029	0.001 084	108.36
37	1 264	0.863 838	0.001 112	111.18
38	1 365	0.822 702	0.001 144	114.35
39	1 480	0.783 526	0.001 181	118.11
合计	—	—	0.005 578	557.20

557.20 元就是 35 岁的人投保该保险应该一次缴清的纯保险费。

3. 两全保险的趸缴纯保费计算

两全保险是被保险人至保险合同规定的期限届满时，无论生存或死亡均可按保险合同约定领取保险金的保险。既然被保险人在保险期限届满时无论生存或死亡均享有保险金请求的权利，因而，也应承担缴付生存和死亡两份保险费的义务，即为生存保险与死亡保险趸缴纯保费之和。其计算公式为：

$$A_{x:\overline{n|}}=A_{x:\overset{\ \ 1}{\overline{n|}}}+A^1_{x:\overline{n|}}=\frac{l_{x+n}\cdot v^n}{l_x}+\frac{d_x\cdot v+d_{x+1}\cdot v^2+\cdots+d_{x+n-1}\cdot v^n}{l_x}$$

$$=\frac{l_{x+n}\cdot v^n+d_x\cdot v+d_{x+1}\cdot v^2+\cdots+d_{x+n-1}\cdot v}{l_x} \tag{3.19}$$

例如,35 岁的男性 981 881 人,投保 5 年期两全保险,保险金额 100 000 元。求投保人每人应趸缴纯保险费。

$$100\,000\,A_{x:\overline{n|}}=100\,000\times(0.778\,441+0.005\,592)=78\,403.3(\text{元})$$

即为 35 岁的人投保两全保险应该一次缴纳的纯保险费为 78 400.12 元。

(二) 年缴纯保费的计算

年缴纯保费的计算就是将趸缴纯保费改为按年均衡地缴费的计算。由于趸缴保费的方式,要求投保人一次缴纳数目很大的保费,实为一般收入的投保人所难以负担,因此,在实际业务中绝大多数的寿险业务采用分期缴费的方式,可以按年,也可按半年、按季或按月的方式缴纳保费。年缴纯保费是指年缴均衡纯保费,即每年缴纳的纯保费数量都相等。这里只讨论每年缴纳保费一次的年缴纯保费。采用按年平均缴付保费的方式,投保人所缴付的年缴纯保费现值的总和的积存值,应当同趸缴纯保费的积存值相等,同时根据收支平衡的原则,也应等于保险金给付现值总和的积存值,只有在这种条件下,才符合保险合同双方当事人权利和义务均等的原则。依照收支相等的原则,年缴纯保费的计算原理为:

年缴纯保费的现值 = 支出保险金现值 = 趸缴纯保费现值

因此

$$\text{年缴纯保费}=\frac{\text{趸缴纯保费}}{\text{保费缴付 1 元期首付年金的现值}} \tag{3.20}$$

具体计算因险种不同而不同,现仅就定期生存保险、定期死亡保险、两全保险的年缴纯保费介绍如下。

1. 定期生存保险

$P_{x:\overline{n|}}^{\ \ 1}$表示 x 岁投保,保额 1 元 n 年纯生存保险的年缴纯保费。根据收支平衡原理:

保险人收取 x 岁人的保险费现值为:

$$P_{x:\overline{n|}}^{\ \ 1}(l_x+v\cdot l_{x+1}+v^2\cdot l_{x+2}+\cdots+v^{n-1}\cdot l_{x+n-1})$$

保险人支出保额在 x 岁人生存到 $x+n$ 岁的保额现值为:$v^n\cdot l_{x+n}$。

根据收支相等的原则:

$$P_{x:\overline{n|}}^{\ \ 1}(l_x+v\cdot l_{x+1}+v^2\cdot l_{x+2}+\cdots+v^{n-1}\cdot l_{x+n-1})=v^n\cdot l_{x+n}$$

于是

$$P_{x:\overline{n|}}^{\ \ 1}=v^n\cdot l_{x+n}/(l_x+v\cdot l_{x+1}+v^2\cdot l_{x+2}+\cdots+v^{n-1}\cdot l_{x+n-1})=A_{x:\overline{n|}}^{\ \ 1}/\ddot{a}_{x:\overline{n|}} \tag{3.21}$$

2. 定期死亡保险

$P_{x:\overline{n|}}^{1}$表示 x 岁投保,保额 1 元 n 年死亡保险的年缴纯保费。根据收支平衡原理:

保险人收取 x 岁人的保险费现值为:

$$P_{x:\overline{n|}}^{1}(l_x+v\cdot l_{x+1}+v^2\cdot l_{x+2}+\cdots+v^{n-1}\cdot l_{x+n-1})$$

保险人支出保额在 x 岁的人 $x+n$ 岁内死亡的保额现值为:

$$v\cdot d_x+v^2\cdot d_{x+1}+\cdots+v^n\cdot d_{x+n-1}$$

根据收支相等的原则：

$$P^{1}_{x:\overline{n|}}(l_x+v\cdot l_{x+1}+v^2\cdot l_{x+2}+\cdots+v^{n-1}\cdot l_{x+n-1})=v\cdot d_x+v^2\cdot d_{x+1}+\cdots+v^n\cdot d_{x+n-1}$$

于是

$$P^{1}_{x:\overline{n|}}=(v\cdot d_x+v^2\cdot d_{x+1}+\cdots+v^n\cdot d_{x+n-1})/(l_x+v\cdot l_{x+1}+v^2\cdot l_{x+2}+\cdots+v^{n-1}\cdot l_{x+n-1})=A^{1}_{x:\overline{n|}}/\ddot{a}_{x:\overline{n|}} \tag{3.22}$$

3. 两全保险

如同两全保险的趸缴净保费为定期寿险与定期生存保险二者的趸缴净保费之和，两全保险的年缴净保费也为二者的年缴净保费之和。若以 $P_{x:\overline{n|}}$ 表示两全保险的年缴纯保费，即 x 岁的人在 n 年内无论生存或死亡取得 1 元的保险金每年应缴的纯保费。则两全保险的年缴纯保费为：

$$P_{x:\overline{n|}}=P_{x:\overline{n|}}^{\ \ 1}+P^{1}_{x:\overline{n|}}=A_{x:\overline{n|}}/\ddot{a}_{x:\overline{n|}} \tag{3.23}$$

4. 计算举例

仍然以上例：若 35 岁的男性 981 881 人，投保 5 年期的生存保险、定期死亡保险、两全保险，保险金额 100 000 元，年利率为 5%。试分别求投保人每人年缴纯保费。

(1) 生存保险的年缴纯保费。根据上述资料编制年缴纯保费现值计算表(见表 3–7)。

表 3–7　年缴纯保险费 1 元现值计算表 i=5%

(1)	(2)	(3)	(4)	(5)	(6)
n	x	l_x	v^{x-35}	(3)×(4)	$\ddot{a}_{x:\overline{n|}}$
1	35	981 881	1.000 000	981 881.00	1
2	36	980 791	0.952 381	934 086.29	0.951 322 9
3	37	979 618	0.907 029	888 542.03	0.904 938 2
4	38	978 354	0.863 838	845 138.86	0.860 734 1
5	39	976 989	0.822 702	803 771.33	0.818 603 2
合计	—	—	—	4 453 420	4.535 598 3

$$100\,000P_{35:\overline{5|}}^{\ \ 1}=100\,000\frac{A_{35:\overline{5|}}^{\ \ 1}}{\ddot{a}_{35:\overline{5|}}}=100\,000\times 0.778\,441/4.535\,598\,3=17\,162.92\text{(元)}$$

(2) 死亡保险的年缴纯保费。

$$100\,000\ P^{1}_{35:\overline{5|}}=100\,000\ \frac{A^{1}_{35:\overline{5|}}}{\ddot{a}_{35:\overline{5|}}}=100\,000\times 0.005\,592/4.535\,598\,3=123.29\text{(元)}$$

(3) 两全保险的年缴纯保费。

$$100\,000\ P_{35:\overline{5|}}=100\,000P_{35:\overline{5|}}^{\ \ 1}+100\,000\ P^{1}_{35:\overline{5|}}=17\,162.92+123.29=17\,286.21\text{(元)}$$

六、营业保费的计算

以上应用收支平衡原则通过采用纯保费与保额对等关系的建立讨论了趸缴保费和均衡纯保费的计算。下面应用收支平衡原则研究营业保费计算。

营业保费的计算，一方面依据纯保费计算基础的选择，即保险公司采取谨慎保守的方式和采取粗略宽松的方式决定影响纯保费的死亡率、利息率，其计算的要求有所差异，前者计算精度比后者计算精度的要求高。另一方面，费用预估和分摊，以及分摊年度的选择等，都影响附加保费的计算。严格完整地讨论,属于寿险精算的内容,此处仅提出计算营业保费的一些简要研究方法。

保险公司经营寿险业务还需要一些必要的营业费用,如业务人员招揽新合同、签发保单、合同成立后的维持与保全及催收保费等项工作,均需要支出相当的费用。这部分于纯保费之外而为经营寿险业务所必需的费用,就是所谓附加保费,这部分保费也要由每一个投保人负担。纯保费与附加保费的总和,就是营业保费,营业保费才是每位投保人实际要缴纳的保费。以下先分析附加费用的构成,再讨论计算营业保费的三种常见的方法。

(一) 附加费用的构成

保险公司经营寿险业务,所必需的营业费用一般包括以下三项。

1. 新合同费(Initial Expenses)

新合同费也称原始费用,是保险公司为招揽新合同,于第一年度必须支出的一切费用,如宣传广告费、外勤人员招揽费(薪金、佣金)、体检费、各种单证印刷及成本费等费用。

2. 维持费(Maintaining Expenses)

与新合同费不同,维持费是契约自一开始至终了为止,整个保险期间为使合同维持保全所必需的一切费用,如寄送催缴保费通知单、合同内容的变更、保单质押贷款、固定资产折旧等为维持保单保全工作的各项费用。

3. 收费费用(Expenses of Collection)

收费费用即保费收缴费用,包括收费员的薪金、支付给与公司订有合同代收保费的团体的手续费,以及其他与收费事务有关的费用。

(二) 营业保费的计算

由于预定附加费用率的形式不同,通常计算营业保费的方法有三种:

1. 比例法

比例法就是按照营业保费的一定比例作为附加费用的计算方法。这一比例一般根据以往的业务经营的经验确定。若以 P' 表示营业保费,k 表示附加费占营业保费的比例,P 表示纯保费,则有:

$$P'=P+kP'$$

$$P'=P/(1-k) \tag{3.24}$$

若以 L 表示附加保费,则:

$$L=kP'=k\cdot P/(1-k) \tag{3.25}$$

我国目前计算营业保费时采用的是比例法。该方法的特点是附加费用的计算简便,并且与营业保费成正比;但确定附加费用不够合理,因为对于保费高的保单,所收取的附加费可能多于实际经营费用的支出,而对于保费低的保单,所收取的附加费可能不足以支付实际经营的费用。

例如:已知某 20 岁的人投保 5 年的定期死亡保险,每年年缴纯保费为 390 元,附加保费比例为 15%,则用比例法计算营业保费和附加保费为:

$$P'=P/(1-k)=390\div(1-15\%)=458.82(\text{元})$$

$$L=kP'=458.82\times15\%=68.82（元）$$

2. 比例常数法

该方法是首先根据以往的业务资料确定每单位保险金额必须支出的费用，作为一个固定费用（用常数 α 表示），然后确定一定比例的营业保费作为其余部分的附加费。即：

$$P'=P+\alpha+kP'$$

所以

$$P'=(P+\alpha)/(1-k) \tag{3.26}$$

例如：已知某 30 岁的人投保 10 年的两全保险，每年年缴纯保费为 400 元，每份保单需支出固定费用 15 元，附加保费比例为 8%，则用比例常数法计算营业保费和附加保费为：

$$P'=(P+\alpha)/(1-k)=(400+15)\div(1-8\%)=451.09（元）$$

$$L=\alpha+kP'=15+451.09\times8\%=15+36.09=51.09（元）$$

3. 三元素法

所谓三元素法，就是将附加费用分解成新合同费、维持费、收费费用三个部分，并且假设：① 新合同费用是一次性费用，单位保额的费用为α；② 维持费单位保额每年的费用为β；③ 收费费用每年占营业费用的比例为γ。然后根据“毛保费现值＝净保费现值＋附加费现值”的原理，来计算营业保费。

上述三种方法中，三元素法虽然准确，但计算过程复杂，不如比例法和比例常数法简便。

第四节　保险责任准备金的提存

一、责任准备金的含义与类型

责任准备金（Reserves）是保险公司按法律规定为在保险合同有效期内履行赔偿或给付保险金义务而将保险费予以提存的各种金额。保险公司所收取的纯保费，并不是保险公司的利润，其中绝大部分都会因保险事故的发生而赔偿或者给付被保险人或受益人。因此，为兑现保险合同约定的承诺，保险公司必须提存各种责任准备金，以保证在合同约定的保险事件发生后，向被保险人或受益人支付保险金。由于保险公司所提存的准备金与保险责任相关，所以称为责任准备金。我国《保险法》第 98 条规定：“保险公司应当根据保障被保险人利益、保证偿付能力的原则，提取各项责任准备金。保险公司提取和结转责任准备金的具体办法，由国务院保险监督管理机构制定。”我国《保险法》第 100 条则对保险保障基金的提取和使用作了规定。责任准备金通常分为未到期责任准备金、未决赔款准备金和总准备金。但我国常将其分为：未到期责任准备金、未决赔款准备金和保险保障基金。[①]

我国保险责任准备金因险种的性质不同而不同，通常分为寿险责任准备金和非寿险责任准备金两类。如图 3-2 所示。

① 我国保险会计制度有总准备金的规定，但它从利润中提取，因此，在资产负债表中，总准备金属于净值的一部分；而保险保障基金属于负债的一部分。

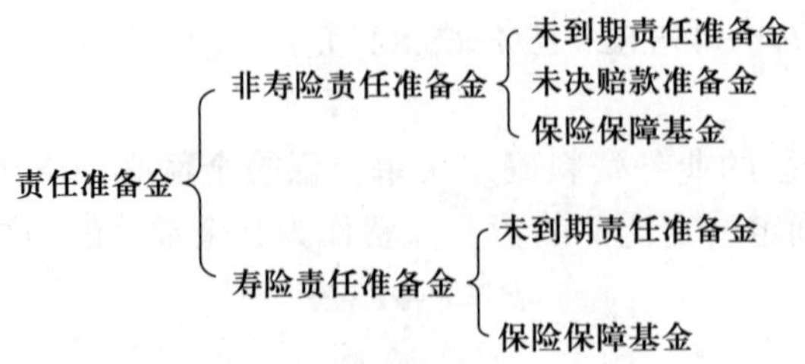

图 3-2 保险责任准备金分类图

二、非寿险责任准备金

非寿险责任准备金包括未到期责任准备金、未决赔款准备金和保险保障基金。

(一) 未到期责任准备金

1. 未到期责任准备金的概念

未到期责任准备金(The Unearned Premium Reserve)是会计年度决算时对未满期保单的保险费所提存的准备金。由于会计年度与保险年度的不一致性,按照权责发生制的原则,对于未到期的保单,必须提存未到期责任准备金,以作为保险公司履行保险责任的准备。由于非寿险一般一年一保,因此,非寿险的未到期责任准备金,是当年承保业务的保险单中在下一年度有效保单的保险费。

2. 未到期责任准备金的确定方法

未到期责任准备金在会计年度决算时一次计算提存,其提取方法从理论上说有年平均估算法、季平均估算法、月平均估算法和日平均估算法。

(1) 年平均估算法,又称 50% 估算法、1/2 法。假定每年中的所有保单是在 365 天中逐日均匀开立的,即每天开立的保单数量及保险金额大体相等,每天收取的保险费数额也差不多,这样一年的保单在当年还有 50% 的有效部分未到期,则应提存有效保单保费的 50% 作为准备金。其计算公式为:

$$\text{未到期责任准备金} = \text{当年自留保险费总额} \times 50\%$$

上式中,自留保险费 = 全年保费收入 + 分入保费 - 分出保费。

若以 A 表示某年度的自留保险费,P 表示某年度的未到期责任准备金,则:

$$P=A\times 50\%$$

该方法计算简便,但不很准确,尤其在自留保险费在全年分布很不均匀的条件下,则失去其使用的价值。若自留保险费主要在上半年,则提存的未到期责任准备金偏高;反之,则偏低。

(2) 季平均估算法,又称 8 分法。该方法假定每一季度中承保的所有保单是逐日开出的,且每天开出的保单数量、每份保单的保额及保险费大体均匀。因此,每一季度末已到期责任为 1/8,未到期责任为 7/8,然后每过一季,已到期责任加上 2/8,未到期责任减去 2/8。

若以 A_n 表示某季度的自留保险费;P_n 表示某季度的未到期责任准备金;n 表示某季度,n=1,2,3,4;$(2n-1)/8$ 表示未到期责任准备金时间系数;P 表示全年未到期责任准备金,则:

$$P_n=A_n\times (2n-1)/8$$

$$P=P_1+P_2+P_3+P_4$$

即

未到期责任准备金 = 第一季度自留保险费 ×1/8+ 第二季度自留保险费 ×3/8+
第三季度自留保险费 ×5/8+ 第四季度自留保险费 ×7/8

(3) 月平均估算法，又称 24 分法。假定一个月内所有承保的保险单是 30 天内逐日开出的，且保单数量、保额、保费大体均匀，则对一年期保单来说，出立保单的当月已到期责任为 1/24，23/24 的保费则是未到期责任，以后每过一个月已到期责任增加 2/24，未到期责任准备金减少 2/24。所以，到年末，1 月份开出的保单其未到期责任准备金为保费的 1/24，2 月份的是 3/24，以此类推，到 12 月份的保单则提取到 23/24。

若以 A_n 表示某月的自留保险费；P_n 表示某月度的未到期责任准备金；n 表示某月度，$n=1,2,3,4,\cdots 12$；$(2n-1)/24$ 表示未到期责任准备金时间系数；P 表示全年未到期责任准备金，则：

$$P_n=A_n\times(2n-1)/24$$

$$P=P_1+P_2+P_3+\cdots+P_{12}$$

即，

未到期责任准备金 = 第 1 月自留保险费 ×1/24+ 第 2 月自留保险费 ×3/24 +…+
第 12 月自留保险费 ×23/24

这种方法比年平均估算法和季平均估算法都精确，适用于每月内开出保单份数与保额大致相同而各月之间差异较大的业务。

(4) 日平均估算法。它是根据有效保险单的天数和未到期天数来计算提存未到期责任准备金的方法。

若以 A_n 表示某日的自留保险费；P_n 表示某日的未到期责任准备金；n 表示某日，$n=1,2,3,4,\cdots,365$；$(2n-1)/730$ 表示未到期责任准备金时间系数；P 表示全年未到期责任准备金，则其计算公式为：

$$P_n=A_n\times(2n-1)/365\times 2$$

则，

$$P=P_1+P_2+P_3+\cdots+P_{365}$$

显然，该方法较月平均估算法更精确，但计算工作量非常大。故常采用简化的近似计算公式：

未到期责任准备金 = 有效保单保费 × 未到期天数 / 保险期天数[①]

我国 1995 年《保险法》规定采用的是年平均法，但 2009 年修订的《保险法》第 98 条规定，保险公司应当根据保障被保险人利益、保证偿付能力的原则，提取各项责任准备金。保险公司提取和结转准备金的具体办法，由保险监督管理机构制定。

(二) 未决赔款准备金

1. 未决赔款准备金的概念

未决赔款准备金（The Outstanding Loss Reserves）也称赔款准备金，是在会计年度决算以前发生保险事故但尚未决定赔付或应付而未付赔款，而从当年的保险费收入中提存的准备金。它是保险人在会计年度决算时，为该会计年度已发生保险事故应付而未付赔款所提存的一种资金准

① 郝演苏．财产保险．成都：西南财经大学出版社，1996：25。

备。根据《保险公司非寿险业务准备金管理办法(试行)》规定:未决赔款准备金是指保险公司为尚未结案的赔案而提取的准备金,包括已发生已报案未决赔款准备金、已发生未报案未决赔款准备金和理赔费用准备金。其中,已发生已报案未决赔款准备金是指为保险事故已经发生并已向保险公司提出索赔,保险公司尚未结案的赔案而提取的准备金。已发生未报案未决赔款准备金是指为保险事故已经发生,但尚未向保险公司提出索赔的赔案而提取的准备金。理赔费用准备金是指为尚未结案的赔案可能发生的费用而提取的准备金。其中为直接发生于具体赔案的专家费、律师费、损失检验费等而提取的为直接理赔费用准备金;为非直接发生于具体赔案的费用而提取的为间接理赔费用准备金。提存未决赔款准备金是为了支付已发生保险事故但尚未理赔所作的资金准备。

2. 对于未决赔案应提存的未决赔款准备金

未决赔案是指被保险人已提出索赔,但保险人与索赔人就索赔案件是否属于保险责任范围、保险赔款应为多少等事项尚未达成协议的案件。未决赔款准备金的估计方法有:

(1) 逐案估计法(Individual Estimate Method)。即由理赔人员逐一估计每起索赔案件的赔款额,然后记入理赔档案,到一定时间把这些估计的数字汇总,并进行修正,据此提存准备金。这种方法比较简单但工作量大,适用于索赔金额确定,或索赔数额大小相差悬殊而难以估算平均赔付额的财产保险业务,如火灾保险、信用保险之类。

(2) 平均值估计法(Average Value Method)。先根据保险公司的以往损失数据计算出平均值,然后再根据对将来赔付金额变动趋势的预测加以修正,把这一平均值乘以已报告赔案数目就得出未决赔款额。这一方法适用于索赔案多而索赔金额并不大的业务,如汽车保险。

(3) 赔付率法(Loss Ratio Method)。选择一定时期的赔付率来估计某类业务的最终赔付数额,从估计的最终赔付额中扣除已支付的赔款和理赔费用,即为未决赔款额。这种方法简便易行,但若假定的赔付率与实际赔付率有较大出入时,则计算的结果不很准确。

(4) 表式估值法(Tabular Value Method)。该方法只适用于赔付额取决于寿命、受益人再婚和其他一些偶然因素的索赔,如劳工保险中的全部丧失工作能力和遗属金给付。由于估计保险金给付期需要使用死亡率、发病率和再婚率表,故又称为表式准备金。

3. 已经发生保险事故但尚未提出保险赔偿或者给付金额的未决赔款准备金

此类赔款的估计比较复杂。一般以过去的经验数据为基础,然后根据各种因素的变化进行修正,如出险单位索赔次数、金额、理赔费用的增减、索赔程序的变更等。这种索赔估计需要非常熟悉和精通业务的管理人员准确判断。

由于赔款准备金包括赔款额和理赔费用两部分,因此应把两部分分别提留。在美国,理赔费用准备金约占全部准备金的5%~20%。我国保险监管机构则允许非寿险公司选择未决赔款准备金的提取方法。①

(三) 保险保障基金

保险保障基金是保险人为应对保险公司因保险事故发生保险金赔付危机而从保费收入中提

① 我国《保险公司非寿险业务准备金管理办法(试行)》第13条规定:“对已发生已报案未决赔款准备金,应当采用逐案估计法、案均赔款法以及中国保监会认可的其他方法谨慎提取。”

存的准备金。主要在保险公司发生赔付保险金危机时运用。我国《保险法》第 100 条规定:保险公司应当缴纳保险保障基金。保险保障基金应当集中管理,并在下列情形下统筹使用:在保险公司被撤销或者被宣告破产时,向投保人、被保险人或者受益人提供救济;在保险公司被撤销或者被宣告破产时,向依法接受其人寿保险合同的保险公司提供救济;国务院规定的其他情形。保险保障基金筹集、管理和使用的具体办法,由国务院制定。这说明保险保障基金应当集中管理,统筹使用。

建立保险保障基金的目的在于:规范保险保障基金的筹集、管理和使用,保障保单持有人合法权益,促进保险业健康发展,维护金融稳定。据此,我国根据《保险法》等有关法律、行政法规,制定了《保险保障基金管理办法》。

中国保监会于 2003 年公布了《保险公司非寿险业务准备金管理办法(试行)》,并且自 2005 年 1 月 15 日起施行。该规定对保险公司的各种非寿险准备金的提取作了具体规定。

三、寿险责任准备金

人身保险分为人寿保险、健康保险和意外伤害保险,由于人身意外伤害保险、健康保险大多属一年以内的短期险,与财产保险在费率计算方面具有类似性质,所以其责任准备金的计算原理与财产保险类似。人寿保险则属于长期险,与财产保险在费率计算方面有显著不同,需要计算寿险责任准备金。

(一) 寿险责任准备金的概念

由于人寿保险采取均衡保费的缴费方式,因而在投保后的一定时期内,投保人缴付的均衡纯保费大于自然保费(或支出),此后所缴付的均衡纯保费又小于自然保费(或支出)。对于投保人早期缴付的均衡纯保费中多于自然保费的部分,不能作为公司的业务盈余来处理,只能视为保险人对被保险人的负债,须逐年提存并妥善运用,以保证履行将来的保险金给付义务。这种逐年提存的负债就是寿险责任准备金。《保险法》规定:其具体提取办法由保险监督管理机构制定。一般情况下寿险责任准备金既可视为保险人为平衡将来要发生的债务而提存的资金,也可以看作保险人还未履行保险责任的已收保费的积累金额。

保险公司将其每年收取的均衡纯保费中的负债部分提取出来,并累积生息,其终值就是应提取的寿险责任准备金。根据我国保险法的规定,寿险责任准备金分为未到期责任准备金和保险保障基金,寿险公司保险保障基金的提取与非寿险的相同,故以下只讨论寿险未到期责任准备金的计算。

(二) 提存责任准备金的方式

提存责任准备金有两种方式:一种是理论责任准备金提取法,另一种是实际责任准备金提取法(也称修正责任准备金提取法)。两者的区别在于计算的依据不同,理论责任准备金是以均衡纯保费为依据计算的,修正责任准备金则是根据修正后的非均衡纯保费计算的。

我们知道,均衡保费由均衡纯保费和均衡附加保费构成。均衡纯保费用于保险金给付,均衡附加保费用于营业费用支出。理论责任准备金的提存前提是假定每年的营业费用相同(即营业费用也是均衡的),从而每年的均衡附加保费正好满足营业费用支出的需要。这样,在提存责任准备金时,只需将每年收取的均衡纯保费在用于自然保费(或支出)后的剩余部分作为责任准备金提存,这样提存的责任准备金称为理论责任准备金。但是,在实际业务中,营业费用并不是均衡的,表现为前期营业费用(特别是首年营业费用)远高于后期营业费用。原因在于,保险公司在保单签订的前期(特别是首年)需要支出大量费用(如宣传广告费、代理人佣金、体检费等),这些前期费用(特别是首年费用)通常远大于均衡附加保费。因此,若按理论责任准备金提取法提存责任准备金,则前期(特别是首年)所收取的附加保费将不足以满足前期(特别是首年)营业费用支出的需要,势必要动用保险人的资本盈余。为解决这一问题,可以对均衡保费的构成比例加以修正,使得修正后的前期纯保费小于均衡纯保费,前期附加保费大于均衡附加保费,后期纯保费大于均衡纯保费,后期附加保费小于均衡附加保费。然后根据修正后的各年纯保费与自然保费(或支出)的差额提存责任准备金,即实际责任准备金。

可以证明,在整个保险期间内,各年的实际责任准备金总不会超过理论责任准备金,但两者的差额随着时间延长逐步缩小,直至为零。实际责任准备金和理论责任准备金在保险期间的什么时间达到一致,随缴费方式(如限期缴费年限的长短)和修正方法不同而有所不同,但到保单满期时,二者的差额必然定为零。其关系如图 3–3 所示。

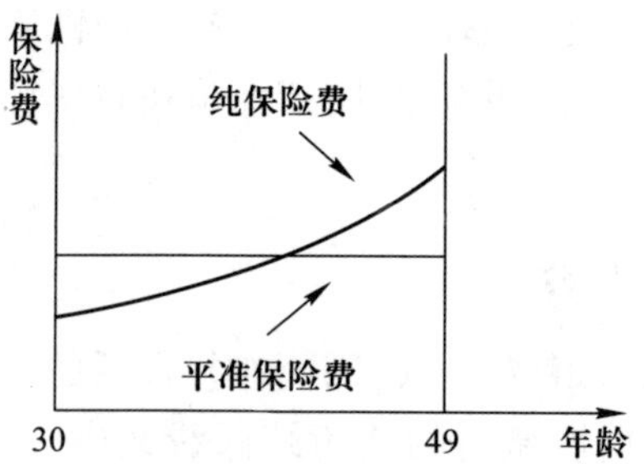

图 3–3　均衡保费制(30 岁投保,期限为 20 年的死亡保险与保险费的关系)[①]

(三) 寿险责任准备金的计算

责任准备金的计算包括理论责任准备金的计算和实际责任准备金的计算。

1. 理论责任准备金的计算

由于寿险均衡纯保费的计算基于收支平衡原则,即在任何时点上保险人已收和未来应收的均衡纯保费应等价于保险人已付和应付的保险金额。因此,在保单签订日,收支平衡关系如下:

未来应收均衡纯保费的精算现值 = 未来应付保险金额的精算现值

移项得:

未来应付保险金的精算现值 – 未来应收均衡纯保费的精算现值 =0

在保单签订日后的某一时点,收支平衡关系如下:

已收均衡纯保费的精算积存值 + 未来应收均衡纯保费的精算现值 = 已付保险金的精算积存值 + 未来应付保险金的精算现值

① 张念 . 保险学原理 . 成都:西南财经大学出版社,1997:148。

移项得：

未来应付保险金的精算现值 - 未来应收均衡纯保费的精算现值 = 已收均衡纯保费精算积存值 - 已付保险金的精算积存值

除非在保单签订日，否则一般情况下上述关系式中的左端差额不为零，这个不为零的差额就是责任准备金。由于左右两端差额相等，我们既可以通过计算左端差额也可以通过计算右端差额计算责任准备金，从而得到计算责任准备金的两种等价方法，即预期法和追溯法。

(1) 追溯法（Retrospective Method），也称过去法或已缴保费推算法，是用过去已收纯保费的精算积存值与过去已付保险金的精算积存值差额来计算责任准备金的一种方法。其计算公式为：

责任准备金 = 过去已收纯保费的精算积存值 - 过去已付保险金的精算积存值

(2) 预期法（Prospective Method），也称未来法或未缴保费推算法，是用未来应付保险金的精算现值与未来应收纯保费的精算现值差额来计算责任准备金的一种方法。其计算公式为：

责任准备金 = 未来应付保险金的精算现值 - 未来应收纯保费的精算现值

过去法和未来法是计算责任准备金的两种方法，前者以已缴纯保费推算责任准备金；后者以未缴纯保费推算责任准备金。如果所使用的生命表和预定利率相同，则二者计算的结果是一致的。

2. 实际责任准备金的计算

实际责任准备金的计算方法有多种，下面介绍两种基本的方法。

(1) Zillmer 修正法，又称一般修正方法。该方法 1863 年由德国的精算师 Zillmer 提出，并由此而命名。Zillmer 修正法系将第一年保险公司要支付大量的初始费用的因素加以考虑，使第一年收入的保费中可用于保险公司使用的附加保费高于均衡附加保费，而使第二年开始以后各年的附加保费减少。因此，第一年的纯保费要少于均衡纯保费，而减少的这部分纯保费再由以后各年"摊还"，这样第二年开始以后各年的纯保费就必须高于均衡纯保费。若用 P 表示均衡纯保费，α 为修正后的第一年纯保费，β 为修正后的续年度纯保费，则：

$$\beta=P+\left[(\beta-\alpha)/\ddot{a}_{x:\overline{n}|}\right]$$

在 Zillmer 修正法中，为使修正准备金不为负值，要求第一年的纯保费不得小于当年的自然保费。

(2) FPT 法，即一年定期修正法。一年定期修正法是令修正后第一年的纯保费等于自然保费，即：

$$\alpha=A_{x:\overline{1}|}^{1}$$

在此前提下，以后续年的纯保费为从 x+1 岁开始的同一类保险的均衡纯保费。

由于 FPT 法计算的修正准备金存在一个缺陷：对于高额保费的保单，第一年提取的附加保费往往超过实际费用很多。为此，实践中产生了多种修正法，如保险监督官修正法、加拿大修正法等。

本章的重点是说明一般的原理和方法，至于保险费率的厘定和寿险责任准备金的提取的具体计算非常复杂，是寿险精算的内容。在具体的保险业务中，这就是精算师的工作。

第四章 保险经营

第一节 保险经营的特征与原则

一、保险经营的特征

虽然保险企业正在由单纯的保险产品提供者向综合性的金融产品服务提供商转变,但经营风险管理业务,为企业、家庭与个人提供经济保障,仍是保险企业的核心业务。在核心业务方面,保险经营(Insurance Operation)的特征有:

第一,保险经营活动实质上是一种提供经济保障的服务活动。不断创新服务,改进服务过程质量,通过服务创造客户价值,是保险企业保持竞争优势的源泉。在经营含有保障型成分的产品方面,保险企业不能离开客户购买保险产品的根本目标:在发生保险事故时,迅速获得理赔服务。

第二,保险经营资产具有负债性。保险经营的资产中,自有资本所占比重很小,绝大部分来自于投保人按照保险合同向保险企业缴纳的保险费、保险储金,及保险企业从保险费中所提取的各项准备金。保险企业经营资产的很大一部分是其对被保险人未来赔偿或给付的负债,尤其在寿险企业,更为明显。

第三,保险经营成本具有不确定性。首先,保险费率是根据过去的统计资料计算出来的,与未来的情况有偏差;其次,保险事故的发生具有偶然性;最后,就每一保单而言,在保险期限内,保险事故发生的越多,成本就越大,如果保险事故在保险期限内未发生,就基本上不存在保险成本。

第四,保险企业的利润计算具有特殊性。保险企业的利润在以当年收入减去当年支出的基础上,还要调整年度的责任准备金,寿险企业的责任准备金包括未到期责任准备金和保险保障基金,非寿险企业的责任准备金则包括未到期责任准备金、未决赔款准备金和保险保障基金,调整数额的大小直接影响企业的利润。从直观的角度看,寿险企业的利润基本上来自于利差益、死差益与费差益,也有一部分来自退保手续费。

第五,保险投资是现代保险企业稳健经营的基石。由于保险经营中的保险费的收缴与赔偿或给付存在时间与数量上的不对称,从而形成一笔闲置资金,构成投资的资金来源。现代保险业由于承保利润很低,甚至发生连续的承保亏损,为了保证赔偿或给付,并形成与增加经营利润,必须运用好闲置资金,并要追求比较好的投资业绩。而优秀的投资业绩有利于降低保险费率,改善保险服务,扩大承保业务,增强企业的竞争能力,使保险经营呈现良性发展态势。

第六,保险经营具有分散性和广泛性。保险企业承保的风险范围广,经营险种多,囊括社会生产和生活的各个领域,影响面广泛。

二、保险经营的原则

保险经营活动既有商品经营的一般共性,也有别于其他行业的经营特性。因此,保险经营除贯彻一般商品经营原则,如经济核算原则、随行就市原则、薄利多销原则等,还应遵循一些特殊的经营原则,包括风险大量原则、风险选择原则和风险分散原则。

(一) 风险大量原则

风险大量原则是在可保风险的范围内,保险人根据自己的承保能力,努力承保大量的具有同类性质与同类价值的风险与标的。这是保险经营的基本原则。

遵循这一原则的原因如下:第一,大数法则的要求,稳定经营的需要。保险经营是以大数法则为基础的,需要有一个最低保险标的数量,这样才能使实际保险责任事故的发生频率更接近于损失期望值,从而保证保险经营的稳定。第二,降低保险成本、增强保险人承保能力的需要。承保的保险标的越多,保险人经营收入越多,经营费用相对较为节约,从而能降低保险成本,增强承保能力。

(二) 风险选择原则

风险选择原则是指保险人对投保人所投保的风险种类、风险程度和保险金额等应有充分和准确的认识与评估,并根据判断作出选择。这是因为:为了保险经营的稳定性,不仅必须有大量的保险标的,而且应尽量使保险标的的风险性质相同,或在风险程度有差异的情况下体现费率公平,这样才能充分发挥大数法则的作用,使风险平均分散。风险选择分为两种形式。

1. 事先选择

事先选择是在承保前考虑决定是否承保,包括对人和物的选择。对人的选择是对投保人或被保险人的评价和选择;对物的选择是对保险标的物的评价和选择。事先选择考察被保险人或保险标的是否符合可保风险的条件与范围,从而决定是承保、有条件的承保还是拒保,以保证对承保风险的有效控制。有条件的承保,是针对那些存在明显较大风险的保险标的,保险人可以承保,但必须与投保人协商,调整保险条件,附加限制性条款,如提高保险费率、提高免赔额、附加特殊的风险责任、有条件的赔偿等。

2. 事后选择

事后选择是在承保后若发现保险标的存在较大的风险,而对合同作出淘汰性选择。保险合同的淘汰通常有两种方式:一种是等待保险合同期满后不再续保;另一种是保险人若发现投保人或被保险人有明显误告或欺诈行为,可中途终止承保。需要注意的是:保险人在风险选择时应防范逆选择。所谓逆选择,是指保险合同当事人一方选择对自己有利而对对方不利的选择。投保人和保险人都存在逆选择的可能。在此,投保人的逆选择是指投保人选择对自己有利而对保险人不利的保险险种,如在人身保险方面,体弱或年老的人投保死亡保险,体格强壮的人选择生存保险。

(三) 风险分散原则

风险分散原则是保险人为了保证经营稳定性,应使风险分散的范围尽可能扩大。如果保险人承保的风险过于集中，一旦发生保险事故，就可能产生责任累积，使保险人无力承担保险责任。

风险分散分为宏观与微观两个层面。宏观层面的风险分散包括三方面内容：① 风险按地理范围分散，最理想的是在全球范围内分散。② 多险种分散风险。保险公司不能只经营一种保险业务，而要经营多样化的业务，从而可以利用不同险种的风险组合来达到部分抵消。③ 跨时间的风险分散，即通过时间来减少公司利润的波动。微观层面的风险分散包括承保前分散和承保后分散两种方式。承保前实行风险分散，主要体现在承保时要合理划分危险单位，并使每个危险单位尽可能独立；承保后风险分散，主要采取共同保险和再保险的方法。共同保险特别适用于保障大工业风险，对于中小型风险不合适，因为营业费用太高。再保险无疑是在时间、空间和通过保险金额的同类性获得风险补偿的理想办法，保险人将超过其财务力量和影响其业务量平衡的任何风险的一部分分散出去，可以使其灵活经营，同时又能向客户提供优质服务。

第二节 保险展业与承保

一、保险展业

保险展业，即争取保户，又称推销保险单，不少国家又称为“保险招揽”。传统的保险展业方式分为保险企业直接展业、保险代理人展业与保险经纪人展业三种。展业是保险经营活动的起点，是保险市场营销的一部分。从某种意义上讲，保险展业过程就是保险市场营销过程。现代保险业的经营有两个最重要的环节：营销与投资。只有在营销过程中大量销售保险产品并提供高水平的服务，保险企业的经营与发展才有可靠的基础。

(一) 保险市场营销的概念与重要性

保险市场营销是保险企业同其他个人或组织通过交换产品、提供服务而满足保险消费需求的过程。它包括市场营销计划的制定、市场调查分析、市场定位、保险商品的开发、费率厘定、销售渠道的确定、促销及售后服务的提供等环节。保险市场营销不同于保险推销，保险推销只是保险市场营销过程的一个阶段。在保险市场营销定义中包含以下要点：① 保险市场营销是一个动态的管理过程；② 需求是保险市场营销的基础与前提；③ 保险商品实用性与服务的时效性是交换的必要条件；④ 研究消费者的心理与行为非常重要，只有如此，才能正确地发现消费者需求并采用适当的方法去满足他们。

保险市场营销的重要性主要表现为：

(1) 大数法则的必然要求。保险经营以大数法则为技术基础，因而必须大量销售保单，也只有通过展业承保大量风险，才能接近风险同质与风险分散。

(2) 保险商品的特殊性导致保险市场营销是保险经营不可缺少的环节。保险商品属于无形商品且是一种承诺，其效用也很难立即感受到，因此必须通过大量的说服工作才能促使投保人投保。保险不是由投保人来购买的，而是推销出去的。

(3) 保险企业大量招揽业务，可使保费收入大量增加，积累雄厚的保险基金，降低经营费用，增强其竞争能力。

（二）保险市场营销制度与保险分销体系

1. 保险市场营销制度

在不同的国家，保险企业的营销制度有区别。例如，美国的保险营销制度基本上分为独立代理人制度、专用代理人制度与直接推销制度三种：① 独立代理人制度是指代理人可以为多家保险公司服务，同时对保单持有续保权的营销制度。这种营销制度比较适合财产保险的业务性质，因而财产保险公司多采用它。② 专用代理人制度是指代理人只能为一家保险公司服务，同时对保单没有续保权的营销制度。③ 直接推销制度是指保险公司不通过代理人而由公司自己的雇员直接招揽业务的营销制度。后两种营销制度比较适合寿险的业务性质，因而为大多数人寿保险公司所采用。

2. 保险分销体系

在不同的国家，寿险和非寿险业务的分销体系有差别。例如，美国的人寿保险企业分销体系分为分公司、总代理人与直销三种：① 分公司分销体系是指保险企业任命领固定薪水的分公司负责人代表企业在一定地区，与其他员工一起为企业执行业务，主要为推销与售后服务。业务员推销系统就属于分公司分销体系。② 总代理人分销体系是指总代理人接受保险企业的委托，按照合同的规定在指定区域内推销保单，指定分代理人，并取得佣金收入。总代理人不是保险企业的雇员，其法律地位相当于一个独立签约者。在美国，总代理人属于代理人体系下的代理机构系统，经纪人属于代理人体系下的非代理机构系统。③ 直销是指保险企业不需要中间人，而是直接通过邮寄、传媒广告、电话、互联网或其他通信工具与顾客取得联系。它是对代理人分销体系的有效补充，在某些细分的市场很有效。

在欧洲，20 世纪 90 年代以来的保险分销体系发生了巨大的变化。银行保险[①]改变了传统的寿险分销格局，并取得了巨大的成功；保险直销在非寿险个人保险方面也业绩显著。

（三）保险市场细分

保险市场营销的核心是如何制定经营策略。经营策略由两个方面构成：一方面是进行市场分析，选择目标市场；另一方面是根据目标市场保险服务的需要，确定能满足这种需求的经营组合，即险种、费率、渠道与促销策略。在制定营销策略过程中，正确地进行市场分析并准确地选择目标市场是基础，只有对保险市场进行细分，对每一种保险需求进行分析、比较，从中选出最合适的市场机会加以利用，保险企业才能取得竞争优势。

市场细分是根据购买者的需求、财力、分布状况、购买态度与习惯的差异，将市场分割成一个独立的可确认的群体。保险市场细分就是分析具有不同的财力、保险心理和动机的消费群并归类，形成不同的子市场。在不同的细分市场之间，保险需求存在明显的差异，而在每个细分的市场内部，需求的差别比较小，每个细分市场基本成为同质市场。

保险市场细分对保险企业的作用主要体现在以下四方面：① 有利于保险企业发现最佳的市场机会。一个未被竞争者注意的较小的细分市场可能比大家激烈争夺的大市场带来更多的效益。

---

① 目前，银行保险主要停留在银行作为代理人的地位，通过银行这个分销渠道销售保险产品。由于银行拥有无与伦比的销售网络与客户优势，银行保险成为渠道变革的主要力量，在一些国家银行保险改变了寿险市场的格局。

② 有利于新成立的企业去开发市场。通过市场细分找到营销机会,在老企业与大企业的空隙间求发展。③ 有利于保险企业及时调整本企业的险种结构。通过市场细分,保险企业根据自己选定的目标市场上的保险需求,及时改造老险种,开发新险种。④ 有利于制定适当的经营策略,将有限的力量集中到目标市场上。

保险市场细分的主要标准有:地理因素,即将保险市场分为不同的地理区域;经济因素,即按需求者经济收入划分保险市场,这是划分保险市场的一个基本方法;人口因素,即按年龄、性别、职业、家庭状况与文化程度来进行市场细分;消费者心理与行为因素,即按消费者的心理(如社会阶层、生活方式等)与消费行为来进行市场细分。

(四) 保险市场营销策略

1. 目标市场覆盖战略

一般说来,可供保险企业运用的战略有三种:

(1) 无差异性营销。它以整个市场为营销对象,不强调细分市场的差异性,企业所设计的险种与营销方案,都是针对大多数顾客的。保险公司的许多险种都适用无差异性营销,因为保险客户对保险需求的共性一般大于其差异性。例如,家庭财产长效还本保险迎合了大多数保户怕麻烦、省却每年续保手续的共同需要。

(2) 差异性营销。它是针对不同的细分市场及该市场的需求来设计产品及营销策略,有的放矢,提高市场占有率,但营销成本较高。差异性营销适用于小型公司或新进入市场的企业。

(3) 集中营销。即选择一个或几个目标市场,制定一整套营销方案,集中力量争取在这些市场上占有大量份额,而不是在整个市场上占有小量份额。集中营销能充分满足细分市场的需要,实行专业化经营,适用于资源有限、实力不强的中小型保险企业。但目标过分集中,经营风险大。

保险企业在选择市场覆盖战略时需要综合考虑下列因素:① 企业的资源。如果保险企业资源有限,实力不强,最好采用集中营销。② 险种的情况。在险种方面着重考虑两方面:一方面是险种的差异性,对于差异性小的险种采用无差异性营销,而差异性大的险种则采用差异性营销;另一方面是险种的生命周期,对新险种可实行无差异性营销,或针对某一特定市场实行集中营销,当险种进入成熟期,则可实行差异性营销。③ 市场的情况。市场是否同质,若市场为同质市场,采用无差异性营销;反之则采用差异性营销。④ 竞争者的战略。一般说来,应该同竞争者的战略有区别。保险企业在对这些因素综合考虑后,选择适当的目标市场覆盖战略。

2. 保险市场定位

保险企业在市场细分的基础上,确定了市场覆盖战略,接下来是选择最有吸引力的细分市场作为自己的目标市场,最后必须进行市场定位。

市场定位就是在目标顾客的心中为企业与产品创造一定的特色,赋予一定的形象,适应顾客一定的需要与偏好,其实质是建立竞争优势,以便在目标市场吸引更多的顾客。保险企业的市场定位工作一般应包括以下步骤:

(1) 确认潜在的竞争优势。保险企业的竞争优势有两种类型:一种是费率优势,即在同样条件下提供比竞争者更低费率的保单;另一种是产品与服务优势(包括附加价值服务),即提供更多的特色产品及更优秀的服务,从而抵消高费率的负面影响。保险企业通过低费率取得竞争优势受制于三方面因素:一是费率的计算基础与监管机构对费率的监管表明费率的降低是有限度的;

二是低费率需要更优秀的投资收益来补充；三是过多地采用低费率会影响企业的偿付能力，破坏财务的稳定性。因此，保险企业通过费率手段建立竞争优势并非长久之计。实践表明，保险产品创新与高水平的服务是保险企业建立长期竞争优势的源泉。

⑵ 正确地选择竞争优势。保险企业在多种竞争优势并存的情况下，要运用一定的方法进行评估选择，正确地选择对企业最合适的竞争优势加以开发。一般来说，新成立的保险公司为了迅速形成保费规模，可适度采用费率手段，但延续时间需要限制；能合理避税的保险企业或投资业绩优良的保险企业也可以充分利用费率手段进行竞争。

⑶ 有效地、准确地向市场传播保险企业的定位观念。在这一步中，保险企业的对外宣传必须切合实际。

在确立了企业的市场定位的基础上，市场营销的下一步就是制定具体的营销组合策略。总之，保险企业经营成败的关键在于营销策略的有效性与竞争力，而营销策略的有效性在于保险企业是否认清及满足目标市场的欲望与需求。

二、保险承保

（一）保险承保的定义与基本要求

保险承保是保险合同的签订过程，即保险企业对投保人所提交的投保单进行审核并同意接受的行为。广义上，保险承保工作包括保险业务的要约、承诺、核查、定费等签订保险合同的全过程。

保险承保是展业的继续，也是展业的目的。其基本要求：一是既要扩大承保的业务面，保证业务质量，又要根据保险企业本身的承保能力承保保险业务，采取有效的方法分散风险；二是既要合理收费，又要保证保险合同中所规定的义务切实执行。

（二）保险业务的核保

1. 核保的重要性与主要内容

在保险承保过程中应加强保险业务的核保。核保又称为风险选择，它是对投保的保险标的或被保险人的风险程度进行评估与分类，并作出是否承保、适用何种费率或采取什么限制措施的决定。也就是说，保险业务的核保包括保险业务的选择与承保的控制。在保险实务中，承保只不过是签单、出单、通知、登记存档等工作，而承保前大量实质的、关键的和技术性的工作是核保。从这个意义上讲，核保是承保的前提。

核保工作的目的，在于辨别投保风险的优劣，并使可接受承保的风险品质趋于一致，从而保证业务质量，保证保险企业的稳健经营。核保的重要性具体体现在以下方面：① 通过核保，淘汰不宜承保的投保申请；② 通过核保对承保的保险标的或被保险人分别确定采取何种费率，是否要限制保额或责任免除事项，从而维持差别费率的公平原则，并防止逆选择；③ 加强核保，有利于防范保险欺诈。

核保工作包括以下主要内容：① 投保人的资格审查，即审核投保人是否具有保险利益；② 保险标的的审核；③ 保险金额的审核；④ 保险费率的审核与确定；⑤ 投保人或被保险人的信誉审核。

2. 核保过程中应考虑的因素

不同的险种，在核保过程中所考虑的主要核保因素不同。例如，在火灾保险中，主要的核保要素有投保人的管理能力、对保险财产管理的态度、保险标的的构造、周围环境、用途及防护状况等。在汽车保险与汽车第三者责任险中，主要的核保要素有驾驶员的驾驶技术、道德素质、是否酗酒、有无肇事车祸记录、汽车车辆的性能、是否适宜驾驶等。普通个人寿险的核保要素分为医学因素与非医学因素，或分为影响死亡率的相关因素与非死亡率因素。医学因素又称为健康因素；非医学因素是指那些本身与医学无关但却会影响被保险人将来安全与健康的因素。影响死亡率的相关因素包括医学因素与部分非医学因素，具体有：被保险人年龄、性别、体格、健康状况、病历、家族病史、职业、航空危险、嗜好、习惯、居住地与环境等；非死亡率因素包括保险金额的大小、保险合同的种类、保费缴纳的方法，投保人、被保险人、受益人的财务状况以及受益人等，它们都属于非医学因素。另外在核保过程中，还要考虑公司的经营政策因素。团体保险与健康保险在核保中所考虑的因素与普通个人寿险不同。

3. 承保控制

承保控制是指在保险承保时，依据保险人的条件、能力，控制保险人自己的责任，并避免道德风险、心理风险等。承保控制的常用方法有：

(1) 控制逆选择。为避免逆选择，保险人对不符合承保条件的不予承保，或采取级差费率、附加条款等方式有条件地承保。

(2) 控制保险责任。保险人对于常规风险，一般按照基本条款予以承保；对于一些具有特殊风险的保险标的，进行有条件的承保，如采用附加条款与特约条款，或以加收保险费为条件适当扩展责任，或是加批限制性条款控制保险金额等。

(3) 控制保险金额。为避免和防范道德风险，保险人原则上应避免投保人超额承保。对于人身保险的高额投保，保险人应严格控制，在核保过程中必须注意保险金额的大小与投保人的财务状况是否一致。

(4) 规定一定的免赔额，以促使投保人加强风险管理，避免心理风险。

(5) 采用共保，提高投保人的自保额度，以提高被保险人的责任。

(6) 对无赔款发生和防灾防损工作做得好的保户，采取费率优惠或在费率上采取无赔款优待等，以提高被保险人防灾防损的积极性。

(7) 采用分保，控制责任与风险。

第三节　保险防灾防损与理赔

一、保险防灾防损

保险防灾防损是保险双方共同努力，采取措施，以减少或消除风险发生的因素，从而降低保险经营成本，提高经济效益的经营活动。保险防灾防损是保险公司一项不可忽视的重要工作，需要遵循积极主动、经常、及时、有效和与社会有关防灾部门密切配合的原则。

保险防灾防损的方法主要有：① 加强保险防灾宣传、咨询工作；② 积极配合社会上专门的防灾组织，开展各项防灾工作；③ 对重点保户进行安全检查；④ 条款制约与费率优惠。如在投保、续保中规定无赔款或防护好的优待、有赔款加费；规定免赔率或免赔额；对经常发生保险赔款的保户，在投保时拒保。

二、保险理赔

（一）保险理赔的概念与原则

保险理赔是保险人或委托的理赔代理人在承保的保险标的发生保险事故、被保险人提出索赔要求后，根据保险合同的有关条款的规定，对遭受物质上的损失或人身伤害所进行的一系列调查核实并予以赔付的行为。保险理赔是保险经营的一个关键环节，理赔功能的切实发挥是保险保障功能的体现，是保险制度存在价值的体现。保户购买保险的主要目的之一正是保险事故发生时能够迅速得到理赔，使其获得实际的保险保障；而保险公司认真审核认定保险责任，提供周到的保险理赔服务，是履行契约义务的具体体现。因此，在保险市场激烈竞争的时代，理赔运作直接关系到保险公司的形象和信誉。

保险理赔分为保险人直接理赔与代理人理赔两种。理赔工作由理赔员来处理。在财产与责任保险中，理赔员主要有理赔代理人、公司理赔员、独立理赔员和公众理赔员等。理赔代理人具有保险公司所赋予的理赔权利，主要适用于海上保险。公司理赔员是公司专门处理理赔事务的雇员。独立理赔员不属于公司的雇员，他们按照合同的要求同时为几家公司工作。公众理赔员代表被保险人处理理赔事务。

保险理赔必须遵循下列原则：

(1) 主动、迅速、准确、合理。“主动、迅速”，是指理赔的时效性，保险企业在处理赔案时积极主动、不拖延，在规定的承诺期内及时深入现场查勘，及时审查损失金额，对属于保险责任范围的损失，要迅速估算损失金额、及时赔付；“准确、合理”是在理赔过程中准确核定损失标的的范围和程度，合理估算应赔偿的金额。

(2) 重合同、守信用。即保险人在处理赔案时，要严格遵守保险合同的条款，尊重被保险人的合法权益。

(3) 实事求是。这是保险理赔工作应当遵循的基本原则与要求。这一原则要求理赔人员在分析案情、处理赔偿或给付案件时，一切从事实和证据出发，判断保险事故的原因和性质，不得主观臆断。经调查与审核，一旦确认发生了保险责任范围内的事故，就应依照合同及时理赔。

（二）保险理赔的基本程序

第一步，出险通知。保险标的发生保险事故后，被保险人要立即通过口头或函电方式通知保险公司，理赔人员在接到出险通知后，应及时填写“出险登记簿”，对通知事项予以登记。在人身保险中，保险关系人提出给付申请的，除进行上述登记外，还要求填写保险金给付申请书。按照理赔程序规则应当通报的案件，应及时向上级理赔部门通报。

第二步，损失检验。保险公司接到损失通知后，应立即派员勘查现场，对受损标的进行检验，以便准确取得损失的原因、受损情况和受损程度等材料，从而判断是否属于保险责任。

第三步，审核各项单证。包括：① 审查保险单的有效性。损失是否发生在保险单有效期间内，这是受理赔案的基本前提。② 除保险单的有关单证需首先审查以外，对其他有关单证也必须予以审核,如勘查报告、损失证明、所有权证明、账册、商业单据、运输单证,以查核被保险人是否有索赔权以及根据损失原因来确定损失是否属于保险范围。

第四步,核实损失原因。在损失检验和审核各项单证的基础上,对审核中发现的问题,根据案情可考虑进一步核实原因,包括赴现场实地调查和函电了解,或向专家、检验部门复证。

第五步,核定损失程度和数额,赔付结案。当保险标的损失的原因属于保险责任范围时,则要进一步核定损失程度,具体计算应赔数额,予以赔偿或给付。

第四节 保险投资[①]

保险投资是保险公司为了取得预期的收益而垫付资金以形成资产的经济活动。保险投资又称保险资金的运用。在现代保险经营中,保险承保和理赔主要通过保险代理人办理,保险公司业务人员则主要从事保险投资,因而,保险投资是保险经营的重要环节,是现代保险公司生存与发展的重要支柱。在现代保险经营中,保险投资不仅必要,而且可能。从必要性看:是为了实现保险的基本职能的需要;是使保险公司正常运营和保险资金保值增值的需要;是适应保险市场竞争的需要。从保险投资的可能性看,保费收支存在时间滞差和数量滞差。时间滞差是保险人收取保险费与赔偿或给付保险金之间所间隔的时间;数量滞差是保险人有时收取保险费与赔偿或给付保险金之间存在数量上的差额,即保费收入大于保费支出之差的存在。由于时间差和数量差的存在,决定了保险人有一部分沉淀的保险资金,可用于投资。

一、保险投资的资金来源

保险资金的来源可从不同角度分析,其基本来源有以下几方面。

(一)资本金

资本金是保险公司在开业时必须具备的注册资本。各类保险公司的注册资本由管理机构根据本国经济情况和保险业务情况进行制定和调整。我国设立保险公司的注册资本的最低限额为 2 亿元人民币,每增设一家分公司需要增加 2 000 万元人民币资本金,保险公司注册资本达到 5 亿元人民币,在偿付能力充足的情况下,设立分公司不需要增加资本。[②] 保险公司注册资本必须为实缴货币资本。保险公司的资本金除按法律规定缴存保证金(我国目前为实缴货币资本的 20%)外,均可用于投资,以获得较高的收益率。

(二)责任准备金

责任准备金是保险公司按法律规定为在保险合同有效期内履行赔偿或给付保险金义务而将保险费予以提存的各种金额。保险公司可用于投资的责任准备金一般包括未到期责任准备金、未决赔款准备金和总准备金。

---

① 王绪瑾.保险投资比较研究.保险研究.1998(5);Wang Xujin, Lin Yijia. A Comparative Study on the Insurance Investment. The Fifth Annual Conference of Asia-Pacific Risk and Insurance Association, in India, July 15–18, 2001.

② 《保险公司管理规定》(2015 年修订)第 16 条。

（三）其他投资资金

在保险经营过程中，还存在着其他可用于投资的资金来源，主要包括：结算中形成的短期负债、应付税款、未分配利润、公益金、企业债券等。这些资金可根据其期限的不同作相应的投资。

二、保险投资的基本原则

保险投资状况直接影响着公司经营的稳健程度，影响着保险公司的偿付能力，不仅关系到广大保户的利益，亦对保险公司的存亡影响很大。因而，保险资金运用是保险公司经营上的重要课题，而各国政府都把它列为保险业管理的重要部分。许多国家的保险法都对保险公司资金运用的原则、范围、方向与比例等作了明文的限制性规定。目前，国内外学者对保险投资原则的阐释虽不完全相同①，但在安全性、收益性、流动性三条原则认识上比较一致。

（一）安全性

安全性是保险投资的第一原则，保险人的总资产可实现价值必须不少于其总负债的价值，以确保偿付能力。安全性的具体含义包括两个基本方面：一是尽可能避免风险大的投资项目，避免投资失误以保证资金安全；二是进行组合投资："不要把鸡蛋放在同一个篮子里。"

（二）收益性

收益性又称盈利性，是指保险资金运用的使用效果。获得最大的投资收益，是保险公司投资的最主要动机。保险公司的收益主要来自于承保收益与投资收益。在发达国家，由于保险业内部及保险业与其他行业的激烈竞争，保险人采用低费率进行竞争，使得赔付率偏高，严重时甚至超过 100%，因此，保险业务经营不但不能赢利，而且可能亏损，保险公司的收益在某种意义上讲就取决于投资收益。需要注意的是，就寿险业而言，传统的寿险产品所筹集的资金的运用的安全性优于收益性，而 20 世纪 70—80 年代以来创新寿险产品直接与投资收益挂钩，因存放于分离账户上，投资风险转移给了保户，所以分离账户投资的收益性有时优于安全性。

（三）流动性

流动性是指资产的变现能力。保险公司在投资时要考虑到有一部分资产能够随时变现，保证支付保险赔款和给付保险金的需要，关键点在于资产业务与负债业务的期限匹配。寿险与非寿险的业务性质的不同决定了投资的资产流动性要求方面的差别。寿险一般以长期业务为主，非寿险多属于短期业务，因此，寿险投资的流动性要求不如非寿险高。20 世纪 70—80 年代以来，大量的利率敏感性寿险产品的出现，导致了发达国家的寿险负债期限的改变，寿险投资趋于流动性。由于资产的变现能力与资产的性质、投资渠道及金融工具的状况、金融市场（尤其是资本市场）的效率等因素密切相关，而这些因素与各国或地区的经济发展水平、经济政策紧密相连，

---

① 通常有安全性、收益性和流动性三原则说，也有安全性、流动性、收益性、多样性和社会性原则。作者认为多样性是实现安全性的措施之一，即从属于安全性；而从公司经营的角度看，公司经营的目标首先是盈利，在国家法律允许的范围内达到利润最大化，同时，离开社会性的公司利润最大化，也是不可能实现的。因此，从长期来看，盈利性与社会性基本一致。所以，从公司经营的角度，三原则就基本包括了五原则的内容。

因此,各国或地区的保险业在进行保险资金运用的流动性设计中必须考虑本国或本地区的实际情况。

上述保险投资的安全性、流动性、收益性三者之间存在一致性,但也存在一定的矛盾。从总体上看,安全性与流动性成正比,变现能力强的资产,其风险就小,安全返还保障度就高;而安全性、流动性与收益性成反比,由于某项投资报酬是某项投资所具风险的函数,因而,通常安全性高、流动性强的资产,其盈利就较低,反之盈利就较高。如银行存款的安全性强,但盈利低;而股票投资的安全性弱,但盈利较高。因而,保险投资的原则是从总体而论的,不同性质的保险公司,应有所侧重,保险投资就是要在安全性和流动性的前提下最大限度地盈利。

三、可供选择的保险投资方式

一般说来,可供选择的保险投资方式主要有存款、证券投资、贷款和不动产投资。

(一) 存款

存款分为银行存款和信托存款。保险公司将资金存入银行,可取得一笔较稳定的利息收入。银行存款的安全性最高,但收益性最低。因此,国外保险公司一般根据现金流量估算日常支出,不保留太多的银行存款数量。信托存款的收益率视存款资金运用的收益而定,但一般高于银行存款利率,风险相对也大一些。

(二) 证券投资

证券投资是为取得预期收入而买卖有价证券的活动。按流动性不同可分为债券投资和股票投资。由于有价证券可用于贴现、抵押、在二级市场上流通,收益较高,具有集流动性、安全性和盈利性为一体的特点,因而是较为理想的投资方式。但不同形式的证券以及不同保险公司对投资的方式要求不同。

债券投资具有安全性,到期还本付息,即使公司破产,债务清偿也优先;具有较好的收益性,有固定的利息;具有流动性,可在二级市场上交易。债券投资分为政府债券投资、公司债券投资、金融债券投资。政府债券的利率比银行存款的利率高且可享受免税待遇,信用度比其余二者高,但其利率也比二者低;公司债券的信用度是有价证券中最低的,但其收益率是最高的;金融债券其信用度和收益率均居中。

股票是股份公司发给股东的所有权凭证。股票投资通常比债券投资的收益率高,同时风险也大;其不具有返还性,具有极强的投机性和高风险性,风险高于债券。因而,各国对股票投资均有严格的比例限制。股票通常分为优先股和普通股。从风险性和收益性来看,优先股的利率固定,在公司破产清算时,优先股优先于普通股,因而,优先股风险小,收益率也相对小。普通股的收益率是随公司的经营状况变化的,在公司破产清算时,在优先股之后,因而,普通股风险最大,收益率一般也相对大。

(三) 贷款

贷款是保险人将保险资金贷放给单位或个人,并按期收回本金、获取利息的投资活动。贷款比存款的收益率高,但风险相对较高,流动性也相对低。按贷款条件分为信用贷款、质押贷款和抵押贷款，风险一般前者大于后者，信用贷款的风险最大。对流动性较强的保险投资，不宜采用贷款形式。

（四）不动产投资

不动产投资是将保险资金用于购买土地、房产或其他建筑物的投资。它具有流动性较差、投机性强、风险大的特点，因而一般除寿险公司的少部分资产用于该部分投资外，一般不宜作为保险投资的主要对象。如日本保险业法规定，保险人投资于不动产投资不得超过总资产的20%。

有价证券、贷款、不动产和存款构成了现代发达国家保险投资的四种基本形式。一般来说，在投资结构上，保险投资以有价证券投资为主。西方发达国家保险投资的显著特点是投资证券化程度很高，如英国保险公司 2008 年为 88.06%①，美国保险公司 2008 年为 88.56%②。

四、部分国家或地区有关保险投资的规定

政府对保险投资的管理分为投资方式管理和投资比例控制两方面。

（一）美国的保险投资规定

美国属于对保险投资严格型监管的国家，美国的保险投资方式大致分为：债券、股票、抵押贷款、不动产。但美国没有联邦保险法，而是由各州进行保险立法。有些州只规定可以投资的方式；有些州则同时列举禁止投资的方式。纽约州的保险立法就属于第二类，保险投资不仅严格限制在政府公债、抵押债券、抵押贷款和保单抵押贷款，同时，严格限制人寿保险公司对普通股票和不动产的投资，而对权益资产的投资则未加限制。纽约州保险法中有关各类投资比例的规定为：① 人寿保险公司对每一公司债券的投资不得超过其认定资产的 5%；对每一抵押贷款公司债券的投资不得超过其认定资产的 0.1%；总投资额不得超过其认定资产的 5%。③ ② 人寿保险公司投资于普通股票的总额不得超过其认定资产的 10%，1983 年改为 20%；人寿保险公司投资于每一企业优先股的投资不得超过其认定资产的 2%。④ ③ 一项工程投资不得超过保险公司资产的 10%。⑤ ④ 不动产抵押贷款不得超过不动产价值的 1/3。除上述限制外，美国纽约保险法还有一种称为自由投资条款的特殊条款，规定各寿险公司在总资产的 2% 以内自由办理投资业务。

美国政府对保险投资的严格管理，确保了保险公司的偿付能力，保险公司抵抗经济危机的能力因此很强。

（二）日本的保险投资规定

日本政府对保险投资的监管仅次于美国。自 1996 年 4 月 1 日起实施的日本新保险业法所

---

① 含股票和金融衍生品以外的证券投资、股票和其他股权投资、其他未分类的金融资产投资。

② 内容同①。

③ 得克萨斯州规定：人寿保险投资公用事业债券总额不得超过其认定资产的 1%；总投资额不得超过其认定资产的 5%；路易斯安那州规定：投资于公用事业债券对每一公司的投资不得超过其认定资产的 2%；对公用事业债券投资总额不得超过认定资产的 1/3。

④ 路易斯安那州规定：人寿保险公司投资于每一企业股票的投资不得超过其认定资产的 5%。

⑤ 美国其他各州也有类似规定。

规定的保险投资方式有:有价证券、不动产、银行存款、短期资金交易及各种形式的抵押贷款,并规定各类投资比例为:股票投资不得超过总资产的30%;不动产投资不得超过总资产的20%;保险公司购买同一公司的债券和股票以及为抵押的放款不得超过总资产的10%;对同一人的贷款不得超过总资产的10%,对同一物件为抵押的贷款不得超过总资产的5%。日本为配合1998年12月1日施行的日本金融大改革法案,于1998年4月1日修订的保险业法,对保险投资的监管仍有强化的趋势。

(三) 韩国的保险投资规定

韩国保险法所规定的保险投资方式有:有价证券、不动产、贷款或汇票贴现、对金融机构的存款、对信托公司的金钱或有价证券的信托、财政经济部令制定的类似前述第1~5项的方法,并规定各类投资比例为:对股票的投资不得超过总资产的40%;不动产投资不得超过总资产的15%;购买同一公司的公司债权及股票或以此为担保的贷款不得超过总资产的5%;对同一人的贷款不得超过总资产的3%,对同一物件为担保的贷款不得超过总资产的5%,对同一企业集团的贷款不得超过总资产的5%;对同一企业集团发行的证券及股票持有量不得超过总资产的5%,外汇、国外不动产及外汇证券的持有量不得超过总资产的10%,中小企业(风险企业除外)发行的股票持有量不得超过总资产的1%;持有或作为贷款担保的同一公司的股票不得超过该公司总发行股票的10%,但持有国外法人的股票时,可以例外。对增强保险财产运用的健全性和效率性有必要时,金融监督委员会可按保险业务的种类和保险公司的财产规模,在第一款规定的各种财产利用比例的1/2范围内下调其比例。

(四) 新加坡的保险投资规定

根据新加坡保险法,保险公司的许可资产为:土地或建筑物、政府或公共机构发行的有价证券、上市及非上市的权益股份、上市及非上市的公司证券、汇票、担保贷款、现金和存款、可转让定期存单,及投资联系产品。其中,业主权益股份、优先股、认股权及由股票担保的投资许可价值不得超过该保险公司保险基金的45%;可在新加坡股票交易所和自动报价系统交易的股票和未上市股票不得超过保险基金的5%;对任何单一信托公司的投资不得超过保险基金的10%;直接财产投资和财产份额的办公大楼以外的其他投资不得超过其保险基金的25%;外汇和海外投资不得超过保险基金的30%;无担保贷款不得超过其保险基金的10%;对任何一家公司或公司集团的贷款和投资不得超过其保险基金的5%;对任何一家公司或公司集团的无担保贷款不得超过其保险基金的5%;对任一金融机构或金融集团的对方风险不得超过资金的5%;对在股票交易所上市公司的对方风险不得超过其资金的10%;对任何未认可公司商业银行或金融公司的对方风险不得超过其资金的5%。①

(五) 加拿大的保险投资规定

加拿大政府对保险投资的管理较美国政府宽松,联邦保险公司法规定的保险投资对象为:有价证券、抵押贷款、保单贷款、不动产,其中对公债、公司债券均无限制,对股票的投资不得超过寿

---

① 新加坡保险法.(中国台湾)财团法人保险事业发展中心编印。

险公司总资产的15%；抵押贷款不得超过抵押不动产价格的60%；保险贷款以寿险保单的解约退还金为限；不动产投资不得超过总资产的3%。

（六）我国台湾地区的保险投资规定

台湾地区保险法对投资方式和比例均加以限制。根据台湾地区2007年修订的有关规定，其投资方式除存款和法律另有规定外，保险投资的方式有：有价证券，不动产，贷款，办理经主管机关核准的专案投资、公共及社会福利事业投资，投资保险相关事业，国外投资，从事衍生性商品投资，其他经主管机关核准的资金运用。其中，存款于同一金融机构的金额不得超过该保险公司投资的10%；购买每一公司的股票及公司债券不得超过保险投资的5%，二者投资总额不得超过保险投资的35%；不动产投资，除自有不动产外，不得超过其资金的30%；贷款总额不得超过资金的35%，对每一单位贷款不得超过其资金的5%。[①]

（七）我国香港特区的保险投资规定

香港特区的保险投资形式有：购买政府债券；信托基金；购买香港股市的上市股票；购买外国的债券和股票；购买黄金；与西方企业合资，建立联合保险公司，共同经营保险业；房地产投资，保险公司购买地产、兴建房产后出租或出售给他人；购买工厂或兴建工厂，直接经营工业，或以贷款形式或以合股形式参与各类产业的直接经营活动；开办金融业，如出资办银行；兴办旅游业；办旅馆；各种形式的抵押贷款（证券和不动产抵押贷款）；购买不动产。但购买同一公司的股票或债券不得超过该公司股票或债券总额的5%。

比较可知，上述国家或地区存在以下几点带有共性的经验值得借鉴：保险投资方式比较灵活，为保险业发展提供了广阔的空间；在规定投资方式的同时，规定投资比例。

五、我国保险投资的选择[②]

我国《保险法》规定，保险公司的资金运用必须稳健，遵循安全性原则。保险公司的资金运用限于下列形式：银行存款；买卖债券、股票、证券投资基金份额等有价证券；投资不动产；国务院规定的其他资金运用形式。保险公司资金运用的具体管理办法，由国务院保险监督管理机构依照前两款的规定制定。中国保监会2012年以来对保险资金运用监管进行了一系列的完善，修订了2010年8月31日施行的《保险资金运用管理暂行办法》，公布了《保险资金参与股指期货交易规定》《保险资金参与金融衍生产品交易暂行办法》，以及投资不动产、投资债券、境外投资等保险资金运用的规章，从而形成了保险资金运用的法律法规和规章体系。我国2014年5月1日施行的《保险资金运用管理暂行办法》对保险资金运用做了具体规定。不仅规定了保险资金运用方式[③]，而且规定了资金运用模式、决策运行机制、风险管控、监督管理，以利于提高保险公司盈利能力，从而提高其偿付能力。《中国保监会关于加强和改进保险资金运用比例监管的通知》，则

① 林群弼．保险法论．台北：三民书局，2010：671-679。

② 王绪瑾．保险投资比较研究．金融研究，1998（5）。

③ 该暂行办法第6条规定，保险资金运用限于下列方式：银行存款；买卖债券、股票、证券投资基金份额等有价证券；投资不动产；国务院规定的其他资金运用方式。保险资金从事境外投资的，应当符合中国保监会有关监管规定。

为控制投资比例,从而控制投资风险创造了条件。[①] 我国目前经济发展仍处于起飞阶段,同时处于经济体制转轨过程中,资本市场不完善,投资方式有限,规范交易的制度及组织有待完善,对投资市场的监控和引导乏力。因而,一方面基于我国实际,另一方面借鉴海外保险投资监管的经验,制定保险投资方案。具体说来应做到以下几点:

(1) 保险公司的投资应在遵循安全性原则的前提下达到尽可能多的盈利。因为保险公司也是企业,在确保其资金运用安全的条件下,要以盈利为目标,从而保证资产的保值增值。这样不仅有利于保险公司扩大经营规模,而且有利于其增强赔偿能力。

(2) 完善投资环境,达到投资的多样化、交易规则的规范化、交易方式的灵活化、投资监管的有效化。

(3) 在保险投资方式选择方面,我国经济发展仍处于起飞阶段,金融市场尤其是资本市场发育不全,基础产业和基础设施的建设资金缺乏,而这些产业投资回报率较高。因此,政府应在放松投资方式的同时,控制投资的比例。[②]前者是为了提高保险投资的盈利能力,多种投资方式为保险公司提供了可供选择的灵活的投资工具,从而为保险公司提高投资回报率创造条件,当然也为理智的保险公司投资者通过投资组合来控制风险提供选择机会;后者则为控制投资风险提供条件。这一比例分为方式比例和主体比例。方式比例规定了风险比较大的投资方式所占总投资的比例,这就有效控制了有关高风险的投资方式所带来的投资风险;主体比例有效控制了有关筹资主体所带来的投资风险,从而为控制投资风险提供了条件。主体比例也应按投资方式的风险情况分别对待:对于高风险的筹资主体、高风险的投资方式,其比例应低一些;对于低风险的筹资主体、低风险的投资方式,其比例可适当高一些。我国已有一定的比例规定,并将随着投资的完善和资本市场的完善,其比例亦将进一步提高。

(4) 寿险和非寿险的保险投资应有所区别。寿险是长期保险,许多寿险带有储蓄性,更强调安全性,因而,一般可用于安全性和盈利性高但流动性较低的投资方式,如不动产、贷款;非寿险

---

① 根据2014年1月28日《中国保监会关于加强和改进保险资金运用比例监管的通知》,保险公司投资资产(不含独立账户资产)划分为流动性资产、固定收益类资产、权益类资产、不动产类资产和其他金融资产五大类资产。为防范系统性风险,针对保险公司配置大类资产制定保险资金运用上限比例。第一,投资权益类资产的账面余额,合计不高于本公司上季末总资产的30%,且重大股权投资的账面余额,不高于本公司上季末净资产。账面余额不包括保险公司以自有资金投资的保险类企业股权。第二,投资不动产类资产的账面余额,合计不高于本公司上季末总资产的30%。账面余额不包括保险公司购置的自用性不动产。第三,保险公司购置自用性不动产的账面余额,不高于本公司上季末净资产的50%。第四,投资其他金融资产的账面余额,合计不高于本公司上季末总资产的25%。第五,境外投资余额,合计不高于本公司上季末总资产的15%。

为防范集中度风险,针对保险公司投资单一资产和单一交易对手制定保险资金运用集中度上限比例:投资单一固定收益类资产、权益类资产、不动产类资产、其他金融资产的账面余额,均不高于本公司上季末总资产的5%;投资单一法人主体的余额,合计不高于本公司上季末总资产的20%。投资境内的中央政府债券、准政府债券和以自有资金投资保险类企业股权等除外。

为防范资产的流动性、高波动性等风险,针对流动性状况、融资规模和类别资产等制定监测比例,主要用于风险预警。保险公司存在以下情形的,应当向中国保监会报告,并列入重点监测:在流动性监测方面,投资流动性资产与剩余期限在1年以上的政府债券、准政府债券的账面余额合计占本公司上季末总资产的比例低于5%,财产保险公司投资上述资产的账面余额合计占本公司上季末总资产的比例低于7%,未开展保险经营业务的保险集团(控股)公司除外。其他流动性风险指标,执行中国保监会相关规定。集团内购买的单一保险资产管理产品,账面余额占本公司上季末总资产的比例高于5%。中国保监会将根据情况,制定资产负债匹配风险、市场风险、信用风险等风险监测比例。

② Wang Xujin. A Study on Insurance Supervision and Regulation in China. The Second Annual Conference of Asia-Pacific Risk and Insurance Association, in Singapore, 19–22 July 1998.

是短期保险，要求流动性强，不宜过多投资于不动产投资，而应投资于股票、存款。[①] 同时，从风险控制看，寿险公司投资的比例在主体比例方面应严于非寿险，因为寿险期限长、带有储蓄性，控制主体比例，便于保证保险公司的偿付能力，从而保护被保险人的合法权益。[②]

(5) 加强对保险公司偿付能力的监管。保险公司的偿付能力愈高，表明保险公司可自由运用的资金愈多，则保险投资方式上可选择盈利性大、风险高的方式。通常衡量偿付能力的指标有：净保费与净资产之比；未决赔款准备金与净资产之比。美国国民保险协会认为，前者为 3∶1 是满意的最大安全比例，这一比例愈大，保险公司的保险资金投资规模相对可大些；后者高于 1∶5，保险公司有可能破产，这一比例愈大，保险公司的保险资金投资规模相对小些。中国可根据实际情况制定标准。由于保险监管的核心在于确保保险公司的偿付能力，所以，对保险投资监管的核心在于提高其偿付能力。

(6) 完善投资环境与放松投资限制应同步进行。[③] 在完善投资环境的同时，适当放松投资管制。而在投资管制方面，实行严松合一，即在充分放松投资方式的同时，严格控制投资比例。而在比例控制方面，基于中国目前经济体制尚处转轨时期，工商企业面临的偿付能力风险，控制主体比例应比方式比例更严，以确保保险投资的安全。

(7) 在继续完善《保险法》的同时，应当进一步善保险投资方面的具体规定，以保证保险投资规定的有效实施。在保险投资方式方面，应允许保险公司贷款，同时根据资本市场的完善进程，逐步提高投资于股票、不动产的比例以及同一方式的主体比。由于经济发展具有阶段性，保险投资也必然具有阶段性，根据某阶段国民经济发展的需要，才能取得较好的投资效益。海外的经验均说明了这一点。因此，我国应及时把握时机，完善保险投资的监管，以提高保险公司的偿付能力，促进我国保险业的发展，乃至推动整个国民经济的持续发展。[④]

---

① 这与一国或地区的银行存款最初所占比例高低有关。从寿险业投资而言，如果银行存款已占有一定比例，如 20%，则在一定时期保持稳定；如果低于 10%，从长期来看，则会上升，但会低于 20%。这是因为寿险业务主要属于长期业务，但寿险业务发展到一定时期后，为了及时给付到期保险金，则要求保持一定的银行存款比例。从产险业投资而言，则由于银行存款已占较大比例，则有下降趋势。但是，当经济发展到一定阶段，均有证券化趋势。

② 王绪瑾．寿险投资比较研究．上海保险，1999（2）：47。

③ 王绪瑾．关于我国保险投资的再思考．经济学动态，1999（7）。

④ 请扫描右侧二维码观看视频“保险投资的创新与发展”和“2012 年险资收益低于去年”。

第五章 火灾保险

第一节 火灾保险导论

一、火灾保险的定义

火灾保险(Fire Insurance)是保险人与投保人经合同约定,投保人向保险人交付保险费,保险人对于所承保的房屋建筑物及其他装修设备,或屋内存放的财物等标的,在保险期间因火灾、雷击或所承保的其他风险事故发生所致的财产损毁或灭失,在保险金额限度内予以补偿或予以恢复原状的一种财产保险。[①]火灾保险又称普通财产保险,如我国目前的企业财产保险、家庭财产保险和房屋保险等。

二、火灾保险的责任范围

火灾保险的保险责任因国度不同而有区别。火灾保险的保险责任应该为火灾,其后进一步扩展。我国火灾保险沿用了我国20世纪50年代的做法,采用综合保单的形式,包括16种风险,但自1996年将地震风险除外。故而,在此介绍基本原理,在后面几节介绍我国企业财产保险和家庭财产保险以及营业中断保险。

(一)火灾的定义与条件

火灾是在时间上或空间上失去控制的燃烧所造成的灾害。火灾的条件因不同国度而不同。

在我国,构成火灾的条件为:① 有燃烧现象,即有光、有热、有火焰;② 由于偶然和意外事件发生的燃烧;③ 燃烧失去控制并有蔓延扩大趋势。

在英国,构成火灾的条件为:① 点燃并有燃烧现象;② 属于意外事故;③ 烧了不应烧的东西。英国属于判例法的国家,第三个条件起因于英国的1941年贵重物品被烧案的判例。在1941年的一个诉讼案中,被保险人在火炉里故意藏了一堆贵重物品,后来在生火炉时忘记了这件事,所藏物品被烧毁,被保险人提出索赔,保险人以该物品被烧毁属故意点燃之火所致而拒赔,被保险人不服,诉之于法院。最后经法院判决认为,贵重物品与火接触是属意外事故,而保险承保的是意外损失,保险人应予赔偿。从此以后,凡意外的火焚就属火灾范围。

在美国,构成火灾的条件为:① 有热有光发出火焰;② 须为恶意之火(Hostile Fire)造成的;

---

① 参考:陈振金.火灾保险学.台中:自出版,2002:1。

③ 须不属于保单除外责任的范围。美国在普通法中把火分为善意(友善)之火(Friendly Fire)和恶意(敌意)之火,前者是为了一定目的在一定范围内故意点燃的有用之火;后者是越出一定范围在不该燃烧的地方燃烧,火灾保险所保的是恶意之火。如财物意外地落入火炉烧毁时,为善意之火所致,不属承保的火灾范围;而烟头落入地毯将地毯烧了一个洞时,燃点香烟的善意之火即转为恶意之火,应属火灾范围。

(二) 火灾保险的责任范围

我国火灾保险的保险责任包括:① 火灾、爆炸、雷电。② 其他灾害事故。分为列明承保的各种自然灾害和列明承保的各种意外事故,这依不同险种而定。基本险的保险责任为火灾、爆炸、雷电和空中运行物坠落;综合险则另加 12 种风险。③ 合理的、必要的措施而造成保险财产的损失和施救、保护、整理措施而支付的合理费用。

火灾保险的保险责任范围一般分为基本责任、特约责任和责任免除。但不同国家划分不同。我国火灾保险分为火灾保险基本险和火灾保险综合险,将于企业财产保险中介绍。一般标准火灾保险单的保险责任分为:① 标准火灾保险单项下直接承保的责任:火灾、爆炸、雷击;② 标准火灾保险单项下扩展承保的责任:飓风、台风、龙卷风、风暴、暴雨、洪水、冰雹、地崩、山崩、雪崩、火山爆发、地面下陷下沉、水箱或水管爆裂、盗窃。责任免除分为基本免除和特定免除。前者是根据保险市场的承保技术状况,保险人在开办任何险种的保险业务中都不予承保的风险责任;后者是保险人根据企业财产保险业务的特点,为了避免承保动态危险和企业财产保险业务管理的需要而特别申明不予负责的风险责任。如我国财产保险基本险条款和财产保险综合险条款对于下列基本的责任免除原因所导致的保险标的损失不予赔偿:战争、敌对行为、军事行动、武装冲突、罢工、暴动;被保险人及其代表的故意或纵容行为;核反应、核子辐射和放射性污染。

三、火灾保险的费率与保险期间

火灾保险费率由以下因素决定:① 用途(Occupancy):建筑物的使用目的,又称占用性质;② 构造(Construction):房屋的建筑结构,主要指建筑物的材料及建筑物大小和形式;③ 防护(Protection):包括消防设备和人员的培训;④ 位置(Location):建筑物的地点和周围环境,建筑物因四周环境有被燃烧的可能性越大,则引起火灾的可能性就越大。另外,时间也是影响火灾费率的因素,如我国北方的冬季就比夏季遭受火灾的可能性大。

我国火灾保险的保险期间均为保险合同生效之日的 0 时起至保险期满日的 24 时止。

第二节 企业财产保险

一、企业财产保险的承保范围

(一) 可保财产

可保财产是投保人可以直接向保险人投保的财产。可保财产一般有三种分类:

(1) 按所有权的关系分类。它以被保险人对于保险标的应具备的保险利益为条件分为三种：属于被保险人所有或与其他人共有而由被保险人负责的财产；由被保险人经营管理或替他人保管的财产；具有其他法律上承认的与被保险人有经济利害关系的财产。这是我国目前企业财产保险条款的分类。

(2) 用会计科目反映，分为固定资产、流动资产、专项资产、投资资产、账外资产五大类。

(3) 按企业财产项目类别反映，分为：房屋、建筑物及附属装修设备；机器及附属设备；作为商品或资产存放在固定地点的交通运输工具；工具、仪器及其他生产工具；通信设备和器材；管理用具及低值易耗品；原材料、半成品、在产品、产成品或库存商品、特种储备商品；建造中的房屋、建筑物和建筑材料；账外或已摊销的财产。

（二）特保财产

特保财产是保险双方当事人必须特别约定后才能在保险单中载明承保的财产，主要分为两类：

一类是不增加费率也不需加贴保险特约条款的特保财产，包括：① 金银、珠宝、钻石、玉器、首饰、古币、古玩、古书、古画、邮票、艺术品、稀有金属和其他珍贵财物，该类财产的价值不易确定，或市场价格变化较大；② 堤堰、水闸、铁路、涵洞、桥梁、码头等，该类财产发生保险事故的可能性较小。

另一类是需增加费率或需加贴保险特约条款的特保财产。该类财产的风险比一般财产的风险大，如矿井、矿坑内的设备和物资。将这些特约保险财产予以承保主要是为了满足部分行业的特殊需要。

（三）不保财产

1. 不保财产的内容

凡是下列特别列明的财产，无论是否可以成为可保标的，都不能在企业财产保险业务项下予以承保：① 土地、矿藏、矿井、矿坑、森林、水产资源以及未经收割或收割后尚未入库的农作物；② 货币、票证、有价证券、文件、账册、图表、技术资料、电脑资料、枪支弹药以及无法鉴定价值的财产；③ 违章建筑、危险建筑、非法占用的财产；④ 在运输过程中的物资；⑤ 领取执照并正常运行的机动车；⑥ 牲畜、禽类和其他饲养动物；⑦ 保险人根据保险业务风险管理的需要声明不予承保的财产。

2. 不保的原因

保险人对此类财产不予承保的原因主要有：该类财产不易遭受损失；或风险较大以致难以估计；或由其他财产保险已经承保。具体为：① 有些财产不属于普通的生产资料和商品，如土地、矿藏、矿井、矿坑、森林、水产资源、枪支弹药，此类财产即便遭受损失也不是企业的损失，企业对该类财产不存在保险利益；② 缺乏价值依据，无法确定价值，如文件、账册、图表、电脑资料、技术资料以及无法鉴定价值的财产；③ 不是实际的物资，并且无法确定价值，如货币、票证、有价证券；④ 不符合政府有关法律或规定要求的财产，如违章建筑、非法占用的财产、政府限制使用或拥有的财产、政府命令拆除或焚毁、破坏的财产等，它们中有些财产承保后产生副作用，有些与政府的有关法律法令相抵触；⑤ 必然会发生危险的财产，如危险建筑、汛期处于警戒水位线以下的河堤附近的建筑物或财产等；⑥ 由其他险种承保的财产，如未经收割或收割后尚未入库的农作物应该投保生长期农作物保险或者收获期农作物保险，处于运输过程中的物资应该投保货物运输保险，领取执照并正常运行的机动车应该投保机动车辆保险，牲畜、禽类和其他饲养动物应该投保农业保险中的养殖业保险等；⑦ 由于种种原因，暂时不能承保的财产。

二、企业财产保险的责任范围

（一）保险责任

1. 列明的保险责任项目

我国企业财产保险分为两类：一类是适用于外资企业的，一类是适用于内资企业的。

适用于外资企业的财产保险又分为财产保险和财产保险一切险。

财产保险的保险责任为保险单明细表中列明的保险财产因以下列明的风险造成的直接物质损坏或灭失（以下简称“损失”），保险人同意按照保险单的规定负责赔偿：火灾；爆炸但不包括锅炉爆炸；雷电；飓风、台风、龙卷风；风暴、暴雨、洪水，但不包括正常水位变化、海水倒灌及水库、运河、堤坝在正常水位线以下的排水和渗漏，亦不包括由于风暴、暴雨或洪水造成存放在露天或使用芦席、篷布、茅草、油毛毡、塑料膜或尼龙等做罩棚或覆盖的保险财产的损失；冰雹；地崩、山崩、雪崩；火山爆发；地面下陷下沉但不包括由于打桩、地下作业及挖掘作业引起的地面下陷下沉；飞机坠毁、飞机部件或飞机物体坠落；水箱、水管爆裂，但不包括由于锈蚀引起水箱、水管爆裂。

财产保险一切险的保险责任包括：在保险期限内，保险单明细表中列明的被保险财产因自然灾害或意外事故造成的直接物质损坏或灭失，保险人按照保险单的规定负责赔偿。其中，自然灾害是指雷电、飓风、台风、龙卷风、风暴、暴雨、洪水、水灾、冻灾、冰雹、地崩、山崩、雪崩、火山爆发、地面下陷下沉及其他人力不可抗拒的破坏力强大的自然现象；意外事故是指不可预料的以及被保险人无法控制并造成物质损失的突发性事件，包括火灾和爆炸。

适用于内资企业的财产保险分别采用财产保险基本险和财产保险综合险。我国2001年已经“入世”，目前条款基本通用，有些公司采用财产保险基本险、财产保险综合险、财产保险一切险条款，有些保险公司则四种条款均采用。以下主要介绍财产保险基本险条款和财产保险综合险条款。

财产保险基本险条款承保的基本责任有四项：火灾、雷击、爆炸、飞行物体及其他空中运行物体坠落。

（1）火灾责任是在时间和空间上失去控制的燃烧对保险标的所造成的损失。火灾的条件因不同国度而不同，在我国构成火灾的条件为：① 有燃烧现象，即有光、有热、有火焰；② 由于偶然和意外事件发生的燃烧；③ 燃烧失去控制并有蔓延扩大趋势。

（2）爆炸责任是由于物质在物理原因和化学原因的作用下，物质结构的温度和压力急剧升高所形成的能量释放现象对于保险标的所造成的破坏。爆炸是物质在瞬间分解或燃烧时放出大量的热和气体，并以强大的压力向四周扩散，以致发生破坏的现象。分为物理性爆炸和化学性爆炸：① 物理性爆炸，是由于液体变为气体或气体膨胀所形成的压力急剧增加并超出容器的压力极限而产生的爆炸现象，如锅炉、空气压缩机、压缩气体钢瓶、液化气罐的爆炸等；② 化学性爆炸，是由于物体在瞬间分解或燃烧时所释放的压力很大的热和气体的高速释放而产生的爆炸现象,如火药、粉尘、可燃气体、各种化学物品的爆炸等。

(3) 雷击责任是由于雷电现象对于保险标的所造成的破坏。雷电为积雨层所产生的放电现象。雷击的破坏分为两种情况:① 直接雷击,是由于雷电在放电过程中直接击中财产所造成的破坏,属于直接雷击责任;② 感应雷击,是由于雷电在放电过程中所形成的静电感应或电磁感应使地面导体产生高电位电弧引起的火灾损失或对于使用过程中的电器设备造成的破坏,属于感应雷击责任。由于雷电是自然界产生的破坏现象,它所引起的危险基本属于纯粹危险的范畴,所以保险人通常承保雷电责任对于财产所造成的损失。

(4) 空中运行物体坠落,在我国企业财险条款中称为“飞行物体及其他空中运行物体坠落”,是指凡在空中飞行或运行过程中的飞机、飞机部件或飞行物体突然发生的坠落现象对于陆地上的保险标的造成的损失,如飞机坠毁于保险标的所造成的损失。

财产保险综合险条款采取一揽子保险责任的承保方式,通过在保险单中予以列明的方式承保 16 项意外危险和自然危险。它除了承保财产保险基本险条款的四项基本责任,还包括 12 项风险:暴雨、洪水、台风、暴风、龙卷风、雪灾、雹灾、冰凌、泥石流、崖崩、突发性滑坡、地面突然塌陷。

(1) 暴雨责任是每小时降雨量超过 16 毫米,或者连续 12 小时总降雨量超过 30 毫米,或者连续 24 小时总降雨量超过 50 毫米的雨水对保险标的所造成的损失。

(2) 洪水责任是由于江河泛滥、山洪暴发、潮水上岸及横泄对于保险标的造成的泡损、淹没、冲散、冲毁的损失。对于规律性的涨潮、自动喷淋设施漏水、常年平均地下水位线下的渗水、水管漏水所造成的保险标的的损失不属于洪水责任。同样,对于堆放在露天、简易篷布下的保险标的所遭受的洪水损失,除非保险合同双方当事人另有约定,否则不属于洪水责任的范围。

(3) 台风责任是夏秋之际由于热带气旋的作用发生在北太平洋西部地区直径约 200~1 000 千米的空气旋涡所形成的风力等级超过 8 级的风暴对于保险标的所造成的损失。

(4) 暴风责任是风速在 28.3 米 / 秒以上,风力等级为 11 级的大风。正常的情况下,一般地区很难遇到11级的大风。所以,我国企业财产保险业务中,保险人承担的暴风责任扩大至8级风,即风速达到 17.2 米 / 秒时,对于保险标的所造成的破坏就属于暴风责任的范围。

(5) 龙卷风责任是平均最大风速为 79~103 米 / 秒,极端最大风速超过 100 米 / 秒以上的范围小、时间短的对于保险标的造成损失的猛烈旋风。

(6) 雪灾责任是由于每平方米的积雪超过建筑结构荷载规范规定的标准所出现的压塌建筑物及其建筑物内财产造成的保险标的的损失。

(7) 雹灾责任是由于冰雹降落对于保险标的所造成的损失。

(8) 冰凌责任是由于春季江河解冻过程中冰块飘浮遇阻、堆积堵塞河道,造成水位上升,致使冰凌、河水外溢造成保险标的的损失。冰凌责任还可以扩展到由于严寒致使雨雪在物体上冷冻悬垂,形成垂挂的冰凌,在下垂的拉力下造成的保险标的的损失。需要注意的是,各种物资或管道由于严寒结冰所出现的冻裂均不属于冰凌责任。

(9) 泥石流责任是山地的泥沙、石块随着暴雨或冰雪融化所形成的洪流对于保险标的的冲击造成的损失。

(10) 崖崩责任是石崖、土崖受到自然风化、雨蚀、崩裂下塌,或者山上岩石滚落,或者大雨使山上砂土透湿而崩塌所造成的保险标的的损失。

(11) 突发性滑坡责任是由于山体存在自然斜度致使处于不稳定状态的岩石或土层在重力作用下突然出现的整体向下滑落所造成的损失。

(12) 地面突然塌陷责任是指地壳由于自然变异或者地层收缩而形成的突然塌陷现象对于保险标的所造成的损失。这项责任还扩展到由于海潮、河流、大雨侵蚀或因地下孔穴、矿穴所出现的地面突然塌陷对于保险标的所造成的损失。但是,对于地基基础不牢固或未按照建筑施工要求所导致的建筑物地基下沉、裂缝、倒塌等损失和由于打桩、地下作业及挖掘作业引起的地面下陷下沉对于保险标的造成的破坏均不属于该项责任。

2. 保险人对于被保险人的特别损失承担的责任

在我国的财产保险基本险条款和财产保险综合险条款中,保险人对于被保险人的因为上述16种风险导致的下列特别损失也承担赔偿责任:① 被保险人拥有财产所有权的自有的供电、供水、供气设备因保险事故遭受损坏,引起停电、停水、停气以致造成保险标的的直接损失;② 在发生保险事故时,为抢救保险标的,或防止灾害蔓延,采取合理的、必要的措施而造成保险标的的损失;③ 保险事故发生后,被保险人为防止或减少保险标的的损失所支付的必要的合理的费用。

(二) 责任免除

1. 基本的责任免除项目

基本的责任免除项目就是根据保险市场的承保技术状况,保险人在开办任何险种的保险业务中都不予承保的风险责任。我国财产保险基本险条款和财产保险综合险条款对于下列基本的责任免除原因所导致的保险标的损失不予赔偿。包括:① 战争、敌对行为、军事行动、武装冲突、罢工、暴动;② 被保险人及其代表的故意或纵容行为所致;③ 核反应、核子辐射和放射性污染。

2. 特定的责任免除项目

特定的责任免除项目是保险人根据企业财产保险业务的特点,根据企业财产保险业务管理的需要而特别申明不予负责的风险责任。我国财产保险基本险和综合险条款特定的责任免除项目包括如下内容:① 保险标的遭受保险事故引起的各种间接损失;② 保险标的本身缺陷、保管不善导致的损毁,保险标的的变质、霉烂、受潮、虫咬、自然磨损、自然损耗、自燃、烘烤所造成的损失;③ 堆放在露天或罩棚下的保险标的以及罩棚由于暴风、暴雨造成的损失;④ 由于行政行为或执法行为所致的损失;⑤ 地震造成的一切损失;⑥ 其他不属于保险责任范围内的损失和费用。

我国财产保险基本险条款的特定责任免除项目还包括:洪水、暴雨、台风、暴风、龙卷风、雪灾、雹灾、冰凌、泥石流、崖崩、滑坡、水暖管爆裂、抢劫、盗窃。

(三) 附加责任

在我国保险市场上,对于财产保险基本险条款的投保人,可以通过单独加费的方式投保附加险以扩展保险责任。目前,我国财产保险基本险条款和财产保险综合险条款共同受理的附加险有:

1. 盗窃

这项责任是由于外来、有明显盗窃痕迹的偷窃行为对于存放于保险单列明处所范围内的保险标的造成的损失或破坏。由于盗窃行为是由人为的故意因素所致,风险因素较复杂,除了特别约定并且在保险单或批单上载明的财产外，通常不包括财产保险单项下特约承保的保险财产。

2. 露堆财产损失

这项责任承保被保险人按照仓储及有关部门的规定存放于露天，并采取了相应的防护安全措施的保险标的因遭受暴风、暴雨所致的损失。

3. 锅炉压力容器损失

这项责任承保符合锅炉、压力容器安全监察暂行条例规定，并经劳动部门检验合格发给证明的锅炉或压力容器由于物理性和化学性爆炸、本岗位工人或技术人员疏忽行为、锅炉及压力容器配套设备的机件或部件发生故障所导致的锅炉及压力容器的损失。

4. 管道破裂损失

这项责任承保由于上下水管道、暖气管道发生意外破裂，致使保险单列明的保险标的遭受水淹、浸湿所引起的损失。

另外，对地震损失，可以附加或特约地震保险。

三、企业财产保险的保险费率

（一）基本责任保险费率

基本责任保险费率目前为行业费率，财产保险基本险和综合险把年保险费率分为三大类13个号次。

1. 工业类

工业险费率分为6级，号次1~6。主要根据工业企业使用的原材料、主要产品（占用性质）把工业险费率划分为6个级别，1级工业危险程度最小，费率最低，如钢铁、机器制造、耐火材料等工业企业。6级工业危险程度最大，费率最高，如以特别危险品及其他爆炸品为主要原材料进行生产的企业、染料工业企业。由于工业险费率的厘定还兼顾到企业工艺流程和设备现代化程度，故在实际订定费率时也应予以区别对待。

2. 仓储类

仓储险费率分为4级，号次7~10。主要根据仓储商品和物资的性质及危险程度把仓储险费率划分为4个级别：一般物资、危险品、特别危险品、金属材料和粮食专储。

3. 普通类

普通险费率分为3级，号次11~13。主要适用于工业险费率和仓储险费率中不包括的各类企事业单位，这3个号次分别为：社会团体、机关、事业单位；综合商业、饮食服务业、商贸、写字楼展览馆、体育场所、交通运输业、牧场农场、林场、科研院所、住宅、邮政、电信、供电高压线路、输电设备；石油化工商店、石油液化气供应站、日用杂品商店、废旧物资收购站、修理行、文化娱乐场所、加油站。其中，社会团体、机关、事业单位费率最低，石油化工商店、文化娱乐场所、加油站等单位费率最高。

财产保险年费率表分为基本险和综合险两种。综合险的年费率高于基本险，费率按保险金额每千元计算。此外，综合险年费率又分为两种：一种适用于华东、中南、西南地区；另一种适用于东北、华北、西北地区。另有财产保险短期基本险、综合险费率表，对保险期限不足一年的分别按年费率的一定百分比计收保险费，如保险期为半年，按年费率的60%计收保险费。

(二) 附加保险费率

附加保险费率包括:① 附加露堆、罩棚暴风、暴雨责任。仓储险费率加收20%。② 附加城乡商业、供销系统盗窃责任。按全部流动资产投保该附加责任,应加收0.2‰~0.5‰;按科目投保的应加收0.5‰~1‰。③ 附加工业企业全部流动资产盗窃责任,应根据被保险人的防盗安全条件在工业险费率基础上分别加收:1~3级加收0.2‰~0.5‰;4~6级加收0.1‰~0.3‰。[①]

(三) 短期费率

企业财产保险的保险期间通常为一年,其费率是年费率。若保险期间不足一年,则应在年费率基础上按短期费率计算应交的保费。短期费率有两种计算方法:一是按月计收,投保期第1—8月,其每月月费率均为年费率的10%,第9—12月,每月月费率均为年费率的5%,不足一个月的按一个月计算;二是按日计收,即按实际投保天数计算保费,它以应交保费乘以退保天数占全年的比例计算退保保费,然后以实交年保费扣除退保保费,即得应交保费。

四、企业财产保险的保险金额与赔款计算

(一) 固定资产的保险金额与赔款计算

1. 保险金额的确定

我国保险公司在承保国内企业财产中的固定资产时,通常采用三种方式确定固定资产的保险金额。

(1) 按照固定资产的账面原值确定保险金额。这是将企业会计账目中登记的建造或购置固定资产原始价值或更新重置的完全价值,即将账面原值作为保险金额的一种方式。账面原值是在会计账簿上记载的建造或购置固定资产原始价值或更新重置的完全价值。在固定资产登记入账时间较短,固定资产的市场价值变化不大的情况下,该方式基本上可以比较准确地反映固定资产的实际价值。但在固定资产登记入账时间较长,或固定资产的财务摊销已经接近规定的折旧年限,或者固定资产的市场价值变化较大的情况下,这种方式则很难真实地反映固定资产的实际价值。

(2) 按照固定资产的账面原值加成确定保险金额。这是将企业会计账目中登记的固定资产账面原值作为确定保险金额的基础,在此基础上增加一定百分比使之基本接近固定资产的重置或重建价值,并据此作为保险人承保的保险金额的一种方式。采取这种方式必须由投保人和保险人事先协商,主要用于固定资产的市场价值变化较大的企业财产保险业务,以此抵御通货膨胀可能对于固定资产的实际价值造成的贬值影响。当账面原值与实际价值差额过大时采用此种方法。分为统一加成和分类加成。一般公式为:

$$保险金额=账面原值\times(1+加成比例)$$

(3) 按照固定资产重置重建价值确定保险金额。这是将需要承保的固定资产在重新购置或重建情况下所需支付的全部费用,即重置重建价值作为保险金额的一种方式。由于该方式回避

① 郝演苏.财产保险.成都:西南财经大学出版社,1996:113。

了固定资产目前的实际价值,使得保险金额往往大于保险财产的实际价值。此种方法保障程度高,但费用也增加。

2. 赔款计算

(1) 固定资产发生全部损失情况下的赔款计算。无论采用何种方式确定保险金额,必须通过比较保险金额和保险价值确定赔偿的实际金额。

当保险金额大于或等于重建重置价值时,其赔偿金额以不超过重建重置价值为限。其计算公式为:

赔额 = 重建重置价值 - 应扣残值

当保险金额小于重建重置价值时,其赔偿金额以不超过保险金额为限。其计算公式为:

赔额 = 保险金额 - 应扣残值

(2) 固定资产发生部分损失情况下的赔款计算。

① 按照固定资产的账面原值确定保险金额的承保方式下的赔款计算。按照账面原值投保的财产发生保险责任范围内的损失后,必须将保险单列明的保险金额与受损财产损失当时的保险价值进行比较。

如果受损财产的保险金额低于重置重建价值,则应根据保险金额与损失程度或修复费用与重置重建价值的比例计算赔偿金额,其计算公式为:

赔款 = 保险金额 × 受损财产损失程度

如果按账面原值确定的保险金额等于或大于重置重建价值,则按实际损失计算赔款金额,即:

赔款 = 损失金额 - 应扣残值

② 按照固定资产原值加成或按照重置重建价值确定保险金额的承保方式下的计算。按固定资产原值加成或按照重置重建价值的承保方式下,其赔偿金额以不超过重置价值为限。

(二) 流动资产的保险金额与赔款计算

1. 保险金额的确定

我国保险公司在承保国内企业财产中的流动资产时,主要采取两种方式确定保险金额。[①]

(1) 按照流动资产最近 12 个月的平均余额确定保险金额。所谓最近 12 个月的账面平均余额是从承保当月向前倒推 12 个月的企业每个月流动资产会计账目登记的余额按照加权平均计算的方法得出的月平均余额,并且以此作为企业流动资产投保时计算保险费的依据,即:

流动资产保险费 = 规定的保险费率 × 流动资产最近 12 个月的平均余额

而流动资产的实际保险金额则是流动资产发生损失当时的账面余额。所以,在这种承保方式下,平均余额为计算保险费的依据,保险金额为计算赔款的依据,流动资产损失当时的账面余额恒等于保险金额。该方式一般适用于流动资产变化较大且资产拥有量大的企业单位。

(2) 按照流动资产最近账目余额确定保险金额。最近账面余额是指承保当月上一个月的企业流动资产会计账面登记的余额,并且以此作为承保企业流动资产的保险金额。

---

① 目前各公司并不完全一致,如中国人民财产保险股份有限公司的该条款对流动资产保险金额的确定方法有:按照流动资产最近 12 个月的任意月份的账面余额确定,或由被保险人自行确定。

2. 赔款的计算

(1) 按照流动资产最近12个月的平均余额承保方式下的赔款计算。在流动资产发生全部损失时,由于保险金额就是流动资产发生损失当时的账面余额,这样就可以按照流动资产出险当时的账面余额(即实际损失)确定保险人的赔偿金额;流动资产发生部分损失时,在保险金额限度内,按照实际损失计算赔偿金额。

(2) 按照流动资产最近账面余额确定保险金额方式下的赔款计算。在流动资产发生全部损失时,按实际损失计算赔偿金额;在流动资产发生部分损失时,如果保险金额大于或等于流动资产损失当时的账面余额,则按实际损失给予赔偿;如果保险金额小于流动资产损失当时的账面余额,则应根据保险金额与流动资产出险当时的账面余额(实际损失)的比例计算赔偿金额。

(三) 账外财产和代保管财产的保险金额与赔款计算

1. 保险金额的确定

账外财产是拥有但没有在企业财务账上(通常为资产负债账户)反映的资产,又称账外资产(Off-book Assets)。账外财产和代保管财产的保险金额可以由被保险人自行估价或按重置价值确定。账外财产和代保管财产的保险价值是出险时重置价值或账面余额。

2. 赔款计算

保险标的发生保险责任范围内的损失,保险人按照保险金额与保险价值的比例承担赔偿责任,按以下方式计算赔偿金额:

(1) 全部损失情况下的赔款计算。当保险金额等于或高于保险价值时,其赔偿金额以不超过保险价值为限;当保险金额低于保险价值时,则按保险金额赔偿。

(2) 部分损失情况下的赔款计算。当保险金额等于或高于保险价值时,其赔偿金额按实际损失计算;当保险金额低于保险价值时,其赔偿金额按保险金额与保险价值比例计算。

(3) 若保险单所载财产不止一项时,则应分项按照条款约定处理。

(四) 保险财产损失发生后的施救、保护、整理费用支出的计算

保险财产发生保险责任范围内的损失时,保险人可以承担被保险人为了减少保险财产的损失而支付的施救、保护、整理费用。该费用的赔付必须与保险财产的损失赔偿金额分别计算,即施救、保护、整理费用不应该包括在保险财产的损失赔偿金额之内而应单独计算。其赔付的最高限额为保险单列明的保险财产的有效保险金额。

由于财产保险的承保方式不同,保险人在计算应该承担的被保险人支付的施救、保护、整理费用的方法也有所区别。

(1) 在足额保险或超额保险情况下,固定资产按账面原值加成或按重置重建价值的承保方式时,流动资产按最近12个月账面平均余额的承保方式、已经摊销或不列入账面的财产经投保人与保险人协商按实际价值的承保方式中的财产在发生保险责任范围内的损失后,保险人在保险财产的保险金额限度内根据被保险人实际支付的施救、保护、整理费用计算应该承担的赔偿金额。即:

$$赔款=实际支付的合理施救、保护、整理费用$$

(2) 在不足额保险情况下,固定资产按账面原值的承保方式和流动资产按最近账面余额的

承保方式中的财产在发生保险责任范围内的损失后，保险人根据保险金额与重置重建价值或出险当时的账面余额的比例计算应该承担的被保险人支付的施救、保护、整理费用。即：

赔款 = 实际支付的合理施救、保护、整理费用 × 保险金额 / 财产实际价值

(五) 保险财产损失发生后的残值的处理

保险财产遭受损失以后的残余部分，应当充分利用，协议作价给被保险人，并且在保险人计算赔款时予以扣除，必要时也可由保险人处理。如果残值归被保险人，则保险人必须在计算赔款时予以扣除；如果由保险人回收处理，则保险人就不应该在计算赔款时扣减残值。

第三节 营业中断保险

一、营业中断保险的含义

营业中断保险又称利润损失保险，或间接损失保险，是对物质财产遭受火灾责任范围内的损毁后被保险人在一段时间内因停产、停业或经营受影响而损失的预期利润及必要的费用支出提供补偿的保险。该险种在不同国家其名称不同。在英国，最初称为时间损失保险（Time Loss Insurance），后来称为利润损失险（Loss of Profit Insurance）或间接损失险，20 世纪 70 年代后称为营业中断保险（Business Interruption Insurance）；而在美国则称为营业中断保险（Business Interruption Insurance）或毛收入保险（Gross Earning Insurance）。我国称为利润损失保险或营业中断保险。它是企业财产保险或机器损坏保险的附加险，被保险人是否有足额有效的财产险或机器损坏险保单是营业中断保险的必要条件。

二、营业中断保险的赔偿期

赔偿期（Indemnity Period）是企业在保险有效期内遭受保险责任范围内的损失后从企业利润损失开始形成到企业恢复正常的生产经营所需要的具体时间，即企业财产受损后为恢复生产或营业达到原有水平所需的一段时期，通常按照一个固定的时间长度来确定，或者以月为单位，或者以年为单位。保险人只赔偿赔偿期内遭受的损失。

营业中断的赔偿期与直接损失的保险期限是两个不同的概念。由于营业中断保险属于财产保险的附加险，所以间接损失的赔偿期的起点必须在标准火灾保险单或企业财产保险单列明的保险期限之内，终点可以超出标准火灾保险单或企业财产保险单列明的保险期限之外。因此，在承保营业中断保险时，必须根据标准火灾保险单或企业财产保险单列明的保险标的发生最大程度的损失时，所需要的恢复或重置到损失发生前的状态的最长时间内，由保险人和投保人确定合理的赔偿期限。

三、营业中断保险的保险金额

与基础保单不同，营业中断保险的保险金额通常由毛利润、工人工资、审计师费用和利息损失构成。

由于生产费用在直接损失发生后将暂时不再支出，在营业中断保险中没有保险利益，因此在

计算营业中断保险的保险金额时必须扣除该部分；而固定费用则是在直接损失发生后为了企业的存续必须支出的维持费用，在营业中断保险中具有保险利益，因此在计算营业中断保险的保险金额时必须考虑该部分。

为准确计算赔偿期的营业中断保险的保险金额，还必须先计算企业上一个会计年度的毛利润，用上年度的毛利润作为计算赔偿期可能形成的预期年毛利润。毛利润是净利润与固定费用（维持费用）之和，或营业额减生产费用之差。如果预计企业的经营状况将在上一年度的基础上进一步提高，同时考虑到通货膨胀的因素，企业的毛利润水平所体现的实际货币量将比上一年度增加，所以，按照上一个会计年度的利润表计算出来的预期年毛利润就可以作为保险公司承保营业中断保险时确定保险金额的依据。当然，预期年毛利润只是营业中断保险的保险标的的最高可能实现的保险价值，投保人可以在预期年毛利润内确定营业中断保险的保险金额。如果间接损失的保险金额超过预期毛利润，超过的部分为超额保险，保险公司不承担这部分超出预期毛利润的保险金额的损失。

在实际工作中，营业中断保险的保险金额与赔偿期存在着密切联系。一般来说，赔偿期在 12 个月或 12 个月以内时，保险金额可以根据按照上一个会计年度的利润表计算出来的预期年毛利润直接进行计算。如果赔偿期超过 12 个月时，保险金额就必须在按照上一个会计年度的利润表计算出来的预期年毛利润的基础上增加一定的保险金额。

在确定营业中断保险的保险金额时，还可以将工资部分从固定费用中扣除，单独承保，单独计算保险金额。

四、营业中断保险的保险费与保险费率

由于营业中断保险是附属于财产保险单的附加或特约责任，所以营业中断保险的保险费率通常以承保的基础保单的基本费率为基础，再根据赔偿期的长短乘以规定的百分比。而且财产保险单附加或特约的保险责任越多，针对财产的直接损失所确定的总保险费率也就越高，同样也造成利润损失的保险费率水平也就越高。因此，在确定营业中断保险的保险金额后，根据赔偿期的不同，将保险金额乘以财产保险单的总保险费率，便可得营业中断保险的保险费。

五、营业中断保险的赔偿处理

（一）赔偿金额的计算

由于营业中断保险的保险标的实际上是企业毛利润的损失，因此，其理赔计算主要是围绕着毛利润损失的计算，即因营业额或销售额减少而减少的毛利润、因营业费用增加而减少的毛利润、因压缩固定开支而减少的毛利润损失。

1. 营业额或销售额减少所形成的毛利润损失

企业发生财产的直接损失后，营业额或销售额会出现下降的局面，其最坏的结果是营业额或销售额为零。如果企业在损失发生后，还能够有一定的营业额或销售额，则这种在赔偿期实现的营业额或销售额与按照上一个会计年度的营业额或销售额计算出来的预期营业额或销售额之间的差额所形成的毛利润损失则是需要保险人根据保险合同予以赔偿的。其计算公式如下：

营业额减少所形成的毛利润损失 =（预期营业额 - 赔偿期实现的营业额）×（预期毛利润 / 上年度营业额）×100%

上列公式中，预期营业额为赔偿期应该实现的标准营业额加上生产发展或通货膨胀因素后所形成的，即：

预期营业额 = 赔偿期应该实现的标准营业额 ×（1+X%）

这里的 X% 就是由于生产发展或通货膨胀因素所增加的营业额比率，而公式中的（预期毛利润 / 上年度营业额）×100% 则为预期毛利润率。需要注意的是，这个毛利润率并非反映上一个会计年度的毛利润水平，而是根据预期毛利润确定的预测赔偿期毛利润水平的一个指标。

2. 营业费用增加所形成的毛利润损失

企业发生财产的直接损失后，被保险人为了恢复生产或解决临时性营业或销售的需要，可能需要发生因临时租用营业用房或其他与减少企业间接损失有关的费用开支，由于这部分费用是企业为了减少营业中断所造成的损失而形成的支出，保险人可以将其视为被保险人毛利润的损失，承担损失赔偿的责任。但这项费用以不超过因花费额外费用而避免在赔偿期挽回的营业额所形成的利润为限。这是利润损失保险中的经济限度。其公式为：

经济限度≤因增加营业费用开支而产生的营业额 × 反映上年度毛利润水平的毛利润率

3. 压缩固定费用开支所形成的毛利润损失减少

在实际工作中，企业发生损失后，作为固定费用的水电费的支出由于生产的暂时中断往往出现减少的情况。因此，在计算营业中断保险的赔款时，可以扣减由于生产的中断实际减少的水电费用的支出部分。例如，按照利润表中所列明的水电费支出在发生损失后实际开支 50% 计算，则企业的实际毛利润损失将减少 10 000×50%=5 000 元。

4. 营业中断保险的赔款计算公式

根据上述分析，在实际处理营业中断保险的赔款计算过程中，必须考虑三个最基本的因素，即营业额减少所造成的毛利润损失、营业费用增加所造成的毛利润损失和固定费用实际开支少于确定保险金额时的数额而出现的毛利润实际损失减少的情况。同时，与企业财产保险的理赔处理方式相同，如果营业中断保险的保险金额大于或等于预计的赔偿期毛利润时，保险公司可按实际损失的毛利润计算；如果营业中断保险的保险金额小于预计的赔偿期毛利润时，则可采取比例赔偿方式。因此，其计算公式如下：

营业中断保险赔款 =（营业额减少所造成的毛利润损失 + 营业费用增加所造成的毛利润损失 - 压缩固定费用支出所减少的毛利润损失）× 保险金额 / 预计的赔偿期毛利润[①]

（二）营业中断保险的免赔额

营业中断保险的免赔额计算方式有：按货币量计算和按时间计算。前者是保险业务中最普遍采用的规定损失金额的方式；后者是规定间接损失形成后的一定天数为免赔时间。在营业中断险中，无论采用何种免赔额的计算方式，均可选择绝对免赔额和相对免赔额的处理方式。

① 郝演苏．财产保险学．北京：中国财政经济出版社，1998：110。

六、营业中断保险的特别附加条款

营业中断保险还可根据被保险人要求在增加支付保险费的基础上扩展以下责任范围：

(1) 通道堵塞条款。本条款主要承保被保险财产的进口通道因附近其他建筑物受毁而堵塞，使原料或顾客无法正常进入而造成被保险人停产所形成的利润损失。

(2) 谋杀条款。本条款主要承保餐饮业或宾馆的营业场所因发生谋杀、自杀、猝死等事故后，使顾客因恐惧心理而不愿光顾或住宿造成被保险人停业所形成的利润损失。

(3) 遗失债权证明文件条款。又称遗失欠款账册损失条款。本条款主要承保被保险人因营业中断保险单承保责任范围内的风险造成债权证明文件(如账册、资料)的灭失而无法正常从债务人追回欠债所形成的损失。

(4) 公共事业扩展条款。本条款主要承保水、电、气供应单位因被保险人财产遭受保险责任范围内的损失后为了安全而暂时中止水、电、气供应，使被保险人停产而造成的利润损失。

(5) 恢复保险金额条款。本条款是指在保险期间间接损失发生后造成部分损失，被保险人在获得保险公司赔偿后，保险金额因赔款而被冲减时，保险人再支付适当的保险费以补足保险金额。

(6) 调整保险费条款。本条款是在保险合同有效期内，由于企业生产经营或市场变化等原因，导致毛利润少于保险金额，被保险人根据审计师的证明，要求保险公司按比例退还保险费的差额，并冲减营业中断保险的保险金额。

(7) 包括全部营业额条款。即在赔偿期限以内如果为获得营业收入，被保险人或其代表在营业处所之外的地点销售货物或提供服务所得到的或所应得到的收入金额，在计算赔偿期限的营业额时应当包括在内。

(8) 未保险的维持费用条款。即如果被保险人未投保维持费用或仅投保几项维持费用，则在损失赔偿中增加的营业费用中可赔付的金额应按毛利润与毛利润加上未保险的维持费用的比例计算。

第四节　家庭财产保险

家庭财产保险一般分为基本险和附加险。基本险承保家庭财产火灾保险责任范围，附加险一般为附加盗窃险。按支付保费方式不同，将支付保费的家庭财产保险一般称为普通家庭财产保险，而将以保险储金方式支付保费的家庭财产保险称为家庭财产两全保险或定期还本家庭财产保险或家庭财产长效还本保险。另外，将以团体名义投保的家庭财产保险称为团体家庭财产保险。

一、普通家庭财产保险

(一) 家庭财产保险的承保范围

1. 可保财产

这是投保人可以直接向保险人投保的财产。凡是属于城乡居民拥有并存放于固定地点的下列家庭财产均可以向保险公司投保:① 衣着用品、床上用品;② 家具、用具、室内装修物;③ 家用电器、文化、娱乐用品;④ 农村家庭的农具、工具、已收获入库的农产品、副业产品;⑤ 由投保人代管或者与他人共有而由投保人负责的上述财产。这里强调了投保人对于投保标的应具有的保险利益,原则上规定了保险人可以承保的财产范围,不符合上述原则的财产,保险人不应予以承保。

2. 特保财产

特保财产是投保人必须向保险人特约才能投保的财产。有如下特征:① 财产的实际价值很难确定,必须由专业鉴定人员或公估部门才能确定价值,如金银、珠宝、玉器、首饰、古玩、古书、字画等;② 不属于普通的家庭财产,为专业人员在家庭从事业余研究和发明创造所使用的专业仪器和设备,如无线电测试仪器、专业光学设备等。因不同的保险人对于保险财产的界定有不同规定,上述必须特别约定才能投保的财产也可列入保险人不予承保的财产范围。

3. 不保财产

家庭财产保险中的保险人不予承保的财产有如下特征:① 损失发生后无法确定具体价值的财产,如货币、票证、有价证券、邮票、文件、账册、图表、技术资料等;② 日常生活所必需的日用消费品,如食品、粮食、烟酒、药品、化妆品等;③ 法律规定不容许个人收藏、保管或拥有的财产,如枪支、弹药、爆炸物品、毒品等;④ 处于危险状态下的财产;⑤ 保险人从风险管理的需要出发,声明不予承保的财产。

(二) 家庭财产保险的责任范围

1. 基本责任

这是保险人直接承保的保险责任。我国家庭财产保险直接承保的基本保险责任:① 火灾;② 爆炸;③ 雷击;④ 空中运行物体的坠落;⑤ 在发生上述灾害事故时,因防止灾害蔓延或施救所采取的必要措施造成保险财产的损失和所支付的合理费用。

2. 保险人扩展承保的保险责任

保险人扩展承保的保险责任包括:雪灾、暴风、龙卷风、暴雨、洪水、地面突然塌陷、崖崩、雹灾、冰凌、泥石流。

3. 附加责任:附加盗窃险

即有明显橇窃痕迹的盗窃行为对于存放在保险单列明地点的除了特约承保的财产之外的保险财产造成的破坏和损失。这是由于盗窃危险的特殊性,故保险人根据业务管理的需要,将其作为特约承保的危险。

4. 责任免除

保险人对于家庭财产保险单项下所承保的财产由于下列原因造成的损失不承担赔偿责任:① 战争、军事行动或暴力行为;② 核辐射和污染;③ 电机、电器、电器设备因使用过度、超电压、碰线、弧花、漏电、自身发热等原因造成的本身损毁;④ 被保险人及其家庭成员、服务人员、寄居人员的故意行为,或勾结纵容他人盗窃或被外来人员顺手偷摸,或窗外钩物所致的损失;⑤ 地震所造成的一切损失;⑥ 其他不属于家庭财产保险单列明的保险责任范围内的损失和费用。

（三）保险费率、保险金额与赔款计算

1. 家庭财产保险的保险费率

家庭财产保险的保险费率应该按投保财产坐落地点的实际危险程度制定，可以分为城市、乡镇和农村三类危险等级，每个等级又可以根据财产的实际坐落地点的位置和周围环境划分若干档次，以体现制定保险费率所应遵循的合理负担的原则。我国目前开办的家庭财产保险业务实行的是区域范围内的统一费率，在具体的保险人业务区域内，实行无差别费率，费率的标准在2‰~5‰之间。

2. 家庭财产保险的保险金额与赔款计算

家庭财产保险的保险金额由投保人根据家庭财产保险标的的实际价值自行确定。我国家庭财产保险的最低保险金额为人民币 1 000 元，保险金额的计算标准为千元单位。家庭财产保险业务的保险金额的确定有下列两种方式：

(1) 单一总保险金额制。保险单只列明保险财产的总保险金额。采取单一总保险金额制时，保险人只要求投保人根据投保财产的实际价值确定投保的保险金额，不确定不同类别的财产的保险金额。

(2) 分项总保险金额制。保险单列明的总保险金额为各项保险金额之和。家庭财产保险业务采取分项总保险金额制时，有两种操作方法：一种是投保人按照保险人提供的投保单所列明的投保财产的类别分项列明保险金额或者列明投保财产的名称及其保险金额，然后将各个类别的保险金额之和作为总保险金额；另一种是根据家庭财产的不同种类标明各种类别的家庭财产所适用的保险费率，然后按照这个保险费率分别计算不同类别的家庭财产的保险金额，最后计算保险单的总保额。

我国保险公司对于家庭财产保险业务一般采取第一危险赔偿方式，凡是属于保险责任范围内的损失可以在保险金额限度内获得赔偿。实际业务的处理过程是：保险人确定保险财产的损失属于保险责任范围后，根据保险财产的实际损失和保险财产损失当时的市场价值（地方物价部门认可的牌价），并且按照其使用年限折旧计算赔款，最高赔偿金额以保险单规定的保险金额为限。保险财产损失后的残余部分折价后从赔款中扣除，归被保险人所有。

由于确定保险金额的方式不同，保险人在处理其赔款时采取的方式也不同：在单一总保险金额制方式下，其赔款计算主要是使实际赔款控制在保险金额限度内；在分项总保险金额制方式下，其赔款计算应该使实际赔款控制在分项保险金额和总保险金额限度内。

但由于家庭财产的不断增加，现在居民家庭财产包括房屋等，故有些保险公司对家庭财产保险也采用比例赔偿方式。

二、家庭财产保险的其他形式

为了使家庭财产保险业务更加广泛地开展，我国保险公司还推出了家庭财产两全保险、定期还本家庭财产保险、家庭财产长效还本保险和团体家庭财产保险。这些险种中前三种除在支付保费方面以支付保险储金所产生的利息作为保险费，并且按约定返回储金或本息而与普通家庭财产保险不同外，其余事项均相同；团体家庭财产保险则是团体投保开展的业务。

（一）家庭财产两全保险

该保险业务结合储蓄的部分功能，将每千元单位保险金额的保险费设计为储金的方式，在规定的保险期限内，无论是否发生保险事故，保险期限结束时，投保人都可以领取以保险费形式交付给保险人的储金。即使在保险期限内发生了保险事故，保险人已经支付了相当于保险金额的赔款，投保人仍然可得到所交付的保险费形式的储金。但领取这笔储金的时间必须在已经生效的保险单规定的保险期限结束的时间，因为保险人经营该种保险业务所获得的实际保费是储金运用所产生的利息收入。

（二）家庭财产长效还本保险

家庭财产长效还本保险是在家庭财产两全保险基础上的改进。其具体做法是：投保时收取储金，合同终止或退保时退还，以 1 年（或 3 年）为一期，到期被保险人不申请退保，保险单自动续转。该保险业务形式将家庭财产两全保险单所规定的保险期限进行了调整，只列明保险责任的开始时间，不规定保险责任的结束时间，其保险期限的结束只有一个条件：保险单生效满一年。投保人只要在保险单生效一年后的任何时间宣布终止保险合同，保险人即退还其以保险费形式交付的储金。如果投保人不要求保险人退还这笔储金，则保险合同长期有效。即使发生了保险事故，保险人向被保险人支付了全部保险金额的赔款，只要投保人不要求保险人退还储金，这笔储金将自动为投保人开立一份新的保险单。这种长效保险的形式降低了保险业务成本，为保险人提供了一种可以进行长期投资的资金来源，也避免了投保人每年续保的麻烦。但是，由于我国开办这种业务采取的是一揽子保险责任的承保方式，保险责任过宽，随着一揽子责任向单一责任的过渡，这种业务的储金所派生的保险费可能低于正常的家庭财产保险业务的毛费率标准，如果保险人运用资金的效益不佳，则可能造成这项业务亏损。

家庭财产长效还本保险还有以下几个优点：第一，简化了手续。保险单采用到期自动续转，减少了被保险人每年续保和保险人收取保险费的工作量。第二，名称通俗易懂，展业宣传效果较好。第三，保险公司内部减少了手续费支出，同时因每年不再续保出单，也节省了单证及人力费用。第四，积累较大量的储金可资运用。第五，易于巩固业务。

另外，为了扩展业务，还可开展还本付息保险，分为定期还本付息保险和长效还本付息保险。它是上述业务的进一步扩展，区别点在于：除了返还储金外，还返还部分利息。

三、家庭财产保险的附加险

为满足投保人的各种需要，家庭财产保险开办了多种附加险，最普通的是附加盗窃保险。其保险责任是：凡存放于保单所载明的保险地址室内的保险财产，因遭受外来的、有明显痕迹的盗窃行为所致损失；对存放于保险地址室内、院内、楼道内的自行车遭到全车失窃或部分被盗损失，保险人均负赔偿责任。责任免除为：被保险人及其家庭成员、服务人员、寄居人员盗窃或纵容他人盗窃或被外来人员顺手偷摸，或窗外钩物所致的损失，保险人均不负赔偿责任。对附加险的保险费率另外附加。

另外，在我国，还特约承保过附加自行车盗窃险、附加信鸽盗窃险、自行车及第三者责任保险、附加船民水上责任特约保险、家用电器专项保险。

第六章 运输保险

运输保险是以处于流动中的财产为保险标的的保险。其特点为:保险标的具有流动性;保险风险具有大且复杂性;保险事故发生具有异地性;第三者责任具有广泛性。运输保险可有不同分类:按内容不同分为货物运输保险、运输工具保险;按区域不同分为海上保险、陆空保险。运输工具保险分为机动车辆保险、船舶保险、飞机保险;货物运输保险分为海上货物运输保险和国内货物运输保险等。由于按区域分类有其特点,同时,陆空运输保险中机动车辆保险和飞机保险占有大部分,故将运输工具保险单列,由此构成海上保险、国内货物运输保险、运输工具保险。

第一节 海 上 保 险

一、海上保险概述

海上保险(Marine Insurance)承保各种财产在海上及相关内河、陆上运输过程中,由于自然灾害、意外事故和外来原因所引起的财产损失、费用损失及有关责任。它兼有财产损失保险和责任保险两类性质。后来出现的邮包、航空、内陆等运输保险都是在海上保险的基础上发展起来的,因而海上保险的规章制度及法规理论与实务对其他运输保险大体适用。也就是说,海上保险在运输保险中具有代表性。

(一) 海上保险的定义

海上保险是以海上的财产及其利益、责任为保险标的的一种财产保险。船舶、运输货物、海上石油钻井平台、运费和保赔责任等是其主要承保的标的。被保险人根据保险人事先设立的各个险种、险别,结合保险标的的具体情况,通过与保险人签订保险合同的方式,把自己参与海上运输、海上贸易所面临的各种风险转嫁给保险人,保险人在收取一定的保险费后,对承保风险所造成保险标的的损失承担赔偿责任。

从损失补偿合同的角度,根据我国《海商法》第216条规定,海上保险可定义为:"海上保险合同,是指保险人按照约定,对被保险人遭受保险事故造成保险标的的损失和产生的责任负责赔偿,而由被保险人支付保险费的合同。"

从风险的分摊原则角度,海上保险可定义为:"它是由保险人以集中起来的保险费,对被保险人因海上风险和意外事故所造成的财产损失或引起的经济责任,按照约定的条件和范围给予补偿的一种保险。”

(二) 海上保险的特点

海上保险是在海上这一特定领域内的保险。它所承保的空间范围广阔,风险巨大而且集中,致损因素繁杂,这一切使海上保险形成了一些为其他险种所不具有的特点。

1. 海上保险具有承保风险的综合性与致损原因的复杂性

海上水域内的风险要远比陆上风险大和复杂,造成船舶和其他海上保险标的损失的因素也因此常常不会限于一个,而是数个。此外,海上保险不只是承保海上水域内的风险,也承保与航程有关的内河与陆上的风险;不只是承保航行或运输中的动的风险,也承保停泊或仓储期间的静的风险,以及其他特殊的外来风险。所以说,海上保险承保风险的综合性和致损因素的复杂性相当突出。

2. 海上保险具有承保标的的流动性及国际性

海上保险是为海上运输和海上贸易提供风险保障的险种,其保障的对象主要是远洋运输、国际贸易和其他对外经济交往活动。海上保险承保的标的又以海上运输工具(即船舶)和海上运输对象(即货物)为主,出于航运经营或贸易经营的目的,势必要求船舶和货物从一个港口到达另一个港口,所以经常处于流动状态。由于这些流动将不可避免地涉及有关的国际经济、法律关系,因此,海上保险与国际航运和国际贸易一样具有国际性。

3. 海上保险具有承保险种、险别的多样性

海上保险由于运输方式以及各种保险标的所需获得的风险保障有异,客观上要求有多样的保险险种来满足它们不同的保障需求。同时,在同一类险种中,根据承保责任范围不同又可以分为若干险别。

4. 海上保险具有保障对象的多变性

由于国际贸易经营的需要,海上运输货物保险允许保险单背书转让,而无须征得保险人的同意,这样就可与货运提单背书转让同步进行。保险单持有人的转移,即意味着该险种保障的对象也随之转移。保障对象的多变不定,同样是海上保险的一个重要特性。

(三) 海上保险的种类

1. 按保险标的分类

(1) 货物运输保险。即对运输船舶所载运的一切货物的承保。

(2) 船舶保险。即承保各种类型的船舶。这里的船舶不仅指船舶本身,而且包括各种机器、设备及用具在内。

(3) 运费保险。即以船舶因运送货物所收取的酬金作为保险标的的保险。

(4) 海上石油勘探开发保险。即承保近海石油勘探开发的全过程,包括钻前普查勘探阶段、钻探阶段、建设阶段和生产阶段等各个阶段中的海上作业船舶、钻井平台、设备、费用和责任、工程建设、油管铺设和投资风险等的一种专业性综合保险。

(5) 保赔保险。主要承保船东在经营船舶时可能产生的,但一般不属于船舶保险承保范围的风险责任的保险。这些风险责任主要有:船舶保险不负责的碰撞责任、货损货差、法律责任、合同责任、船员及他人人身伤亡和疾病的赔偿责任、污染责任,以及打捞沉船、清理航道和遣返船员的

费用等。保赔保险在国际保险市场上大都是由船东之间的互助保险组织(即船东保赔协会)负责承办的。

2. 按保险价值分类

(1) 定值保险。运输货物保险和船舶保险一般均采用定值保险,因为这两种保险标的流动性比较大,实际价值难以确定,故而采用定值保险。当事人在投保定值保险时,可将货物出售后的预期利润计算在内,海上保险维持船货利润的作用在这种保险方法上得到了体现。

(2) 不定值保险。由于海上保险标的流动性大,确定保险标的在发生损失时的实际价值比较困难,因此,在实际海上保险业务中,采用不定值保险的情况是很少的。

3. 按保险期限分类

(1) 航程保险。即就某一特定航程对保险标的进行保险。例如,保单载明:承保伦敦—马赛或上海—纽约。这种保险不规定起讫日期,不受时间限制,但在保险单上必须注明起运港从什么时候开始,目的港到什么时候终止,以免造成保险人在责任承担上的不明。海上运输货物和不定期营运的船舶投保时往往采用航程保险。

(2) 定期保险。即在一定时期内向船舶提供的保险。例如,保险单中注明:承保期限从某年某月某日某时起至某年某月某日某时止。保险期限一般为一年,也可少于一年。海上运输货物保险中采用定期保险的不多,而船舶保险大都采用定期保险。

(3) 混合保险。即兼具航程保险与定期保险主要特征的保险。例如,某海轮投保混合保险。航程是上海—伦敦,时间为6个月,具体为5月15日—11月15日。保险责任终止以两者中首先发生者为准。海上运输货物保险和船舶保险采用混合保险的情况都较普遍。

(4) 停泊保险。承保船舶因不出海营运或因需要维修、改装等原因而在港区内长期停泊期间所发生的损失。保险人除负责船舶在静止状态下可能遭受的损失外,船舶在港区内挪动、移动、变换停靠码头也属责任范围。投保定期保险的船舶停留在一港区内的时间连续超过30天,也视为停泊保险。由于船舶在停泊状态下风险远低于营运状态,故应适用停泊退费。

(5) 船舶建造保险。即承保船舶在建造开工、上船坞、下水试航及交付使用等各个阶段可能发生损失的保险。与此同时,船舶建造保险又具体规定期限,在保单中载明起保日和终止日,目的是为了防止船舶建造过程中的时间拖得过久。上述两种情况以先发生者为准。

4. 按承保方式分类

(1) 逐笔保险。即由投保人与保险人双方一笔一笔来商定承保项目和承保条件的保险。逐笔保险适用于船舶保险和货物批量零星、收货人分散的进出口货物运输保险。

(2) 流动保险。逐笔保险需一笔笔洽商、手续繁琐的缺点促使了流动保险的产生。流动保单只描述一般保险条件(如承保险别、航行区域及总保险金额),船名、货名及其他特殊条件在后续申报中描述。在合同有效期内,投保人每运一批货物,即通知保险人自动承保。当一批批发运货物的金额总和达到合同约定的保险总金额时,保险人的保险责任便告终止。流动保险适用于在一定期限内分批发运、品种单一的进出口商品(如原油、粮食、化肥等)。它具有保险双方一次签约后不需对每批货物再逐一商订保险条件和确定保险费的优点。

(3) 预约保险。流动保单“完全申报”失效后,需签发新的保单,为免麻烦,可签发永久性流动保单,不列明保险总金额,而是保障从签发之日起至保险人或被保险人发出注销通知之日止的所有批次货物,即为预约保险。预约保险适用于货物批量多、期限长,而又需在一定时期内分批发运的进出口货物,尤其是以FOB和CFR价格条件成交的进口货物。预约保险因为不规定保险总金额,同时又保留了流动保险的优点,即无须逐笔商议,节省手续,且能防止漏保,故而在国际海上保险市场上被越来越多地采用。

(4) 总括保险。与流动保险基本上相似,不同之处主要是:投保人每发运一批货物后不必通知保险人,保险人也不再按每批货物的保险金额结算保险费;如果保险货物发生损失,保险人均给予赔偿,每次赔款要在保险总金额内扣除,保险总金额扣完,保险责任也就此终止。总括保险适用于在一定期限内分批发运、航程短、每批发运的货物基本相同且价值小的进出口商品。

(四) 海上保险的保障范围

1. 海上保险保障的风险

海上保险保障的风险分为海上风险(Perils of Sea)和外来风险(Extraneous Risk)。

(1) 海上风险。海上风险是指由于航海的后果所造成的风险或与航海有关的风险。海运险承保的海上风险按性质不同可分为自然灾害和意外事故两大类。① 自然灾害是指不以人的意志为转移的自然界的力量所引起的灾害。海上保险的自然灾害一般是指恶劣气候、雷电、地震、海啸、浮冰和洪水等海上、陆上发生的人力不可抗拒的自然界破坏力量所造成的灾害;② 意外事故一般是指人或物体遭受到的外来的、突然的、非意料之中的事故。海上保险的意外事故一般是指船舶沉没、碰撞、搁浅、触礁、破裂、倾覆、火灾、爆炸、海盗、抢劫和窃盗、船长或船员的恶意行为、抛弃等偶然的、难以预料的原因所造成的海上事故。正如英国1906年《海上保险法》附则规定的:海上风险是指海上偶然性发生的事故或灾害,并不包括风和浪的普通作用。

(2) 外来风险。外来风险是指由于外部因素所引起的风险。主要有:① 一般外来风险。主要包括:偷窃、提货不着、淡水雨淋、短量、混杂、玷污、渗漏、碰损、破碎、串味、受潮受热、钩损、锈损。② 特别外来风险。主要包括:拒收、交货不到、黄曲霉素、舱面、进口关税等风险。③ 特殊外来风险。主要包括:战争、罢工。

2. 海上保险保障的损失

保险标的因所保风险导致的损失既可能是全损,也可能是部分损失。

(1) 全损。指保险标的遭受全部损失。① 实际全损。即保险标的在物质形态或经济价值上已完全灭失,主要有以下情形:第一,保险标的作为物质形态完全损毁或灭失。例如,船被火焚毁;在海上飓风中沉没;碰撞后在深水沉没;被敌人摧毁等。第二,保险标的丧失原有的用途、性能、商业价值。例如,烟草因皮革遭海水浸泡,串味变得毫无价值;大米因海水浸泡变得不适合人类食用。第三,被保险人永久丧失对保险标的的所有权。例如,战时船货被敌方捕获作为战利品、船舶失踪等。② 部分全损。即可单独划分的保险标的作为一个整件完全灭失。保险界习惯上视做部分全损的情况主要有:一张保单上分类货物的全部损失;装卸时整件货物的全部损失;保险货物以驳船驳运时,每条驳船货物的全部损失。③ 推定全损。推定全损的含义体现在以下三种情况中:其一,保险标的的实际全损已不可避免。例如,一艘船在一年中暴风雨最肆虐的季节被吹到一个偏僻、岩石遍布、危险的海岸,毫无获救的可能,船舶的破裂随时可能发生,在这种情况下,实际全损不可避免因而可提前宣布船舶推定全损。其二,将受损标的进行修理、恢复、整理续运的费用将超过获救后的价值,保险标的被合理放弃。曾有一个英国法官对这种费用上构成的推定全损作了一个形象的比喻:"当一个人将一先令掉进深水里,尽管他可以通过一些昂贵手段将其找回,但通常我们说他已永远失去这一先令。”其三,被保险人由于承保风险丧失对保险标的的所有权,并且,一是看起来不可能恢复船或货物的所有权;二是恢复船或货物所有权的费用将超过其收回后的价值。这种所有权丧失的推定全损往往发生在战争风险状态下。

(2) 部分损失。部分损失按性质的不同分为单独海损与共同海损。① 单独海损。其主要的特点包括:它属于保险范围内的风险所引起的;它属于船舶、货物单独遭受的损失。这种损失由该财产的所有人单独负担;保险标的单独海损是否可以得到赔偿,由所投保的保险单条款所决定。② 共同海损。是指在同一海上航程中,船舶、货物和其他财产遭遇共同危险,为了共同安全,有意地合理地采取措施所直接造成的特殊牺牲和支付的额外费用。共同海损应具有下列构成要件:

首先,共同海损的危险必须是危及船货共同安全,是实际存在的,不可避免的。这主要有三层含义:其一,共同海损行为的目的只能是为了船、货共同安全。例如,一船载有冷冻货物,由于冷冻机发生故障被迫驶入港口进行修理。又如,一船驶入港口卸下生病的船员或乘客。上述两个例子由于危险仅危及船或货物的单独安全,因而均不构成共同海损。其二,共同海损的危险必须是真实的。仅是担心可能会遇到风险,不足以充分构成共同海损索赔。曾有一个案例,一船主因为听说海上有敌军潜艇出没,遂雇用一拖船将船从 Queenstown 拖往 Sharpress。船主认为自己采取的拖曳措施增加了船速,从而减小了船遭敌人潜艇攻击的危险,因此就该项费用向货主要求分摊。由于事实上船、货并未暴露在真实风险中,船主仅凭臆想的风险而采取行动,因此,共同海损并不成立。其三,基于错误判断认为风险存在而实际上风险并不存在情形下,共同海损不成立。例如,一船在航行途中,烟从储存树脂的货舱中冒出,船长未下舱检查,便下令船员往货舱中灌水,造成货物水损。但到达目的地经检验,舱内并无任何着火痕迹,火灾风险纯粹是船长的错误判断,下令灌水灭火是盲目行为,因此,造成的水损不能列入共同海损。

其次,共同海损的行为必须是有意而合理的。这主要有两层含义:其一,共同海损行为必须是有意的。例如,船舶在航行途中发生搁浅事故,为使船舶起浮脱浅船长不得不下令抛货,尽管他明知这样做会损失货物,但为了保存整体而故意牺牲局部。这样的故意行为所带来的损失就应作为共同海损处理。其二,共同海损行为必须是合理的。所谓合理是指采取这一行为在当时的危险情况下对排除险情来说是必要的,是符合船货各方共同利益的。例如,抛货时先抛重货、廉价货、容易抛弃的舱面货应是合理的;反之,先抛轻货、贵重货或开舱抛货则显然不合理。

再次,共同海损的牺牲和费用必须是特殊的,而且是共同海损行为的直接后果。这里主要有两层含义:其一,牺牲是特殊的,费用是额外性质的,即不是船东根据运输契约必须支付的正常营运费用。例如,船舶在航行中因遇到暴风雨,为了与风浪搏斗,增加了燃料消耗,这些费用就不是特殊的,而是属船方履行货物运输合同应尽义务范围,是正常支出,不能被列入共同海损。相反,如果船舶在暴风雨中燃料消耗殆尽,为避免船舶失去动力漂浮,船长下令烧物料充作燃料,这种物料损失就其发生而言是特殊的,应列作共同海损分摊。其二,牺牲和费用必须是共同海损行为的直接后果,不包括间接损失。例如,船舶在航行中搁浅,被拖至避难港修理,船上货物被卸下装进仓库,在装卸过程中造成的货损是共同海损行为的直接后果,属共同海损。但如果货物卸下后在存放的码头仓库内遭火灾被焚毁,此时的货损就不是共同海损行为的直接后果,不能列入共同海损。

最后,共同海损行为必须取得效果。牺牲或费用支出必须保全了处在共同危险中的财产,或者使一部分船、货获救。如经采取行动,最后船货并未得救,仍然全损,共同海损无法分摊。

总之,上述要件在构成真正的共同海损行为时缺一不可,是一个完整的整体。共同海损成立后,为了船舶、货物等共同安全所作的共同海损牺牲和费用必须由各受益方按照最后获救的价值按比例分摊。

3. 海上保险保障的费用

海上保险保障的费用主要包括:

(1) 救助费用。救助费用是指因第三者的救助行为使船舶或货物确能有效地避免或减少损失而支出的酬金。因而,救助费用的发生应具备以下条件:① 救助须是第三者的行为。第三者是对救助不负有当然义务的人,而像船长、船员对损失则负有义不容辞的施救义务。② 救助须有实际效果。即通过救助确使船舶或货物避免或减少了损失。国际上普遍采用的救助契约是英国劳合社的"无效果无报酬"(No cure No pay)契约格式。③ 救助者在没得到酬金以前,对于尚在其管理下的救助财产拥有留置权或要求提供担保。

保险人对救助费用的赔偿责任须同保险标的本身的赔偿责任结合起来,不得超过保险金额,而且要按保险金额与被救价值的比例承担应负的赔偿责任。

(2) 施救费用。施救费用是指被保险人、其代理人、受雇人或受让人在保险标的遭遇任何保险事故时,负有采取一切合理措施避免或减轻损失到最低限度的责任而进行各种施救工作并支出的费用。施救费用的特点有:一是从事施救的主体是被保险人;二是即使施救失败也可以从保险人处获得补偿。

保险人可以对保险标的本身的赔款和施救费用的责任各有一个保额,两者相加不得超过这两个保额。

(3) 特别费用。特别费用是指运输工具在海上遭遇海难后,在中途港或避难港卸货、存包、重装及续运货物所产生的费用。保险人对特别费用的补偿可以单独负责。

(4) 额外费用。额外费用是指为了证明损失索赔的成立而支付的费用。如检验费用、查勘费用、拍卖受损货物的销售费用、公证费用、海损理算师费用等。额外费用一般只有在索赔成立时,保险人才对这些与索赔有关的费用负赔偿责任。

二、海上货物运输保险

海上货物运输保险是目前海上保险中的主要险种,它已成为国际贸易中不可缺少的一环。

(一) 海上货物运输保险的概念及承保标的

海上货物运输保险是对海运途中因自然灾害、意外事故或外来原因造成的货物损失,由保险人负责赔偿的保险,它属于财产保险范畴。海上货物运输保险以处于运输中的货物作为承保标的。这里的货物具有四个层面的含义:第一,最初的货物概念仅指各种可供买卖的商品。第二,随着国际贸易、经济进一步发展,货物概念扩展至除船舶、船上物料燃料、船员私人财产及旅客行李之外的一切有形动产。例如,对外经济援助物资、展览品及工具设备均属货物范畴。第三,托运人提供的用来装货物的集装箱、货盘,以及货物的外包装,在今天也可以构成货物的一部分。第四,货物概念中一类特殊性质的货物——甲板货和活牲畜,如需保险,必须在保单中特别载明,并加收保费才可承保。

(二) 我国海上运输货物保险的种类

海上运输货物保险(Marine Cargo Transportation Insurance)是指承保通过海轮运输的货物,在海上航行中遭遇自然灾害和意外事故所造成的损失时承担赔偿保险金责任的保险。国际上的货物运输保险责任条款,都是根据各种不同运输方式设计的。我国货物运输保险责任条款的内容与国际保险市场上的规定基本一致。我国海上货物运输保险有基本险(也叫主险)、附加险、专门险三类险别。基本险是可以单独投保的险别,主要承保自然灾害和意外事故等所造成的货物损失;附加险一般是不能单独投保的,它承保的是由于其他外来原因所造成的损失。

基本险分为平安险、水渍险和一切险。

附加险分为一般附加险、特别附加险和特殊附加险。一般附加险分为:偷窃、提货不着险,淡水雨淋险,短量险,混杂、玷污险,渗漏险,碰损、破碎险,串味险,受潮、受热险,钩损险,包装破裂险,锈损险11个险别;特别附加险分为:交货不到险、进口关税险、舱面险、拒收险、黄曲霉素险、出口货物到中国香港(包括九龙在内)或澳门存仓火险责任扩展条款(简称存仓火险)6个险别;特殊附加险分为战争险、罢工险。

专门险分为海洋运输冷藏货物保险、海洋运输散装桐油保险。

这些险种将在本章后文中分别介绍。上述内容如图6-1所示。

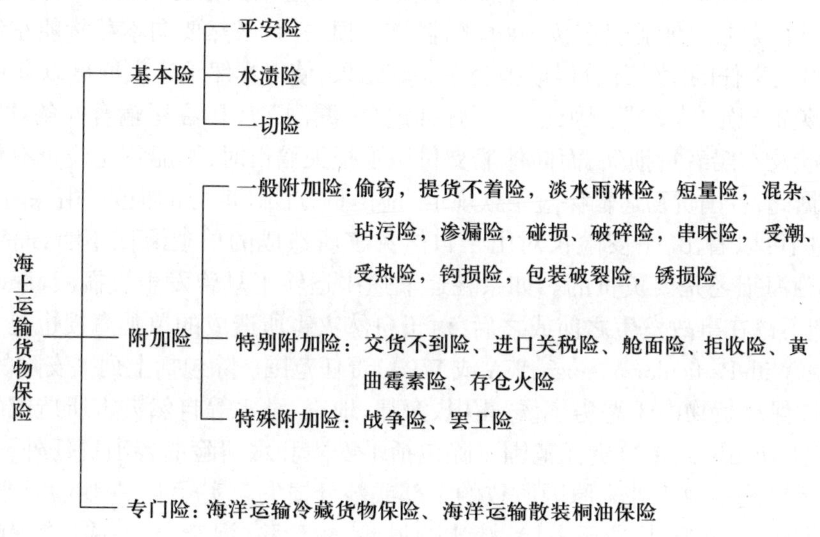

图6-1 海上运输货物保险险种体系图

(三) 海上运输货物保险条款

为了适应我国对外贸易发展的需要,中国人民保险公司根据我国的实际情况,并参照国际市场上的习惯做法,尤其是参照了英国伦敦协会货物保险条款(S.G保单)内容,早在20世纪50年代就制定了自己的海上运输货物保险条款,现在使用的是1981年1月1日修订的条款。我国海上货物运输保险条款内容基本上分为:责任范围、除外责任、责任起讫、被保险人的义务及索赔期限等部分。我国采用平安险、水渍险、一切险的险别划分,并在此基础上根据需要附加其他险别。

1. 责任范围

(1) 平安险责任范围。平安险(Free from Particular Average,FPA),按英文原来的含义是“单独海损不赔”,因而过去常把平安险理解为只赔偿全部损失。其实,经过国际保险市场对平安险条款的不断修订,目前,该险种的责任范围已不是只赔全部损失,对某些原因造成的部分损失也是负赔偿责任的。

平安险的责任范围是:① 被保险货物在运输途中由于恶劣气候、雷电、海啸、地震、洪水等自然灾害造成整批货物的全部损失或推定全损。② 由于运输工具遭受搁浅、触礁、沉没、互撞与流冰或其他物体碰撞及失火爆炸事故造成货物的全部或部分损失。③ 在运输工具已经发生搁浅、触礁、沉没、焚毁意外事故的情况下,货物在此前后又在海上遭受恶劣气候、雷电、海啸等自然灾害所造成的部分损失。④ 在装卸或转运时由于一件或数件整件货物落海造成的全部或部分损失。⑤ 被保险人对遭受承保责任内危险的货物采取抢救、防止或减少货损的措施而支付的合理费用,但以不超过该批被救货物的保险金额为限。⑥ 运输工具遭遇海难后,在避难港由于卸货所引起的损失以及在中途港、避难港由于卸货、存仓以及运送货物所产生的特别费用。⑦ 共同海损的牺牲、分摊和救助费用。⑧ 运输契约订有“船舶互撞责任”条款,根据该条款规定应由货方偿还船方的损失。本条款规定主要是针对进出口美国的货物或按照美国运输契约规定而特别制定的。美国法律规定:船舶互撞不论责任如何,本船货主是无辜的,对于本船货主的货物损失,由本船船东和他船船东负连带责任。这样,本船货主可按连带责任将自己的货损按 100%过失责任向对方船东进行索赔。他船船东按 100%赔偿该货损失后,必然要向本载货船东请求返回该载货船东应负的过失责任的比例部分以取得公平。其结果,使得本船承运人原可以享有《哈特法》或《海牙规则》的免责规定“落空”。因此,为了弥补这个“漏洞”,美国在运输合同条款中规定:“如载货船东因碰撞涉及本船载货损失,而向他船支付该项损失赔偿时,本船货主应负有偿还本船船东的这一损失。”据此,各国货物运输保险条款规定“应由货方偿还船方的损失”由保险人来承担。

从责任范围可以看出,平安险仅对由于自然灾害所造成的单独海损不赔,而对于因意外事故所造成的单独海损还是要负责的。如果在运输途中运输工具曾发生过搁浅、触礁、沉没、焚毁等意外事故,则不论在事故发生之前或之后,对于自然灾害所造成的单独海损也是负责的。

(2) 水渍险(With Particular Average,WA 或 WPA)责任范围。除包括上列平安险的各项责任外,水渍险还负责被保险货物由于恶劣气候、雷电、海啸、地震、洪水等自然灾害所造成的部分损失。

(3) 一切险(All Risks,AR)责任范围。除包括平安险和水渍险的各项责任外,一切险还负责被保险货物在运输途中由于外来原因所致的全部或部分损失。实际上,一切险是平安险、水渍险和 11 种一般附加险(偷窃、提货不着险,淡水雨淋险,短量险,混杂、玷污险,渗漏险,碰损、破碎险,串味险,受潮、受热险,钩损险,包装破裂险,锈损险)的总和。但是,一切险并非对运输途中的一切风险都负责,它仅负责那些可能发生但不是必然发生的,同时必须是外来原因所引起的损失。一切险与水渍险、平安险的关系如图 6-2 所示。

(4) 附加险的承保责任。附加险主要承保由于外来原因所致的损失。被保险人只能在投保基本险后根据需要选择一种或几种加保。外来原因在性质上有一般外来原因与特殊外来原因之分,所以附加险相应分为一般附加险、特别附加险和特殊附加险三类。

其一,一般附加险(Additional Risk)。一般附加险又称普通附加险,是承保货物在运输途中由于一般外来原因所致的损失予以赔偿的保险。即包括在一切险责任范围内的各种附加险。目

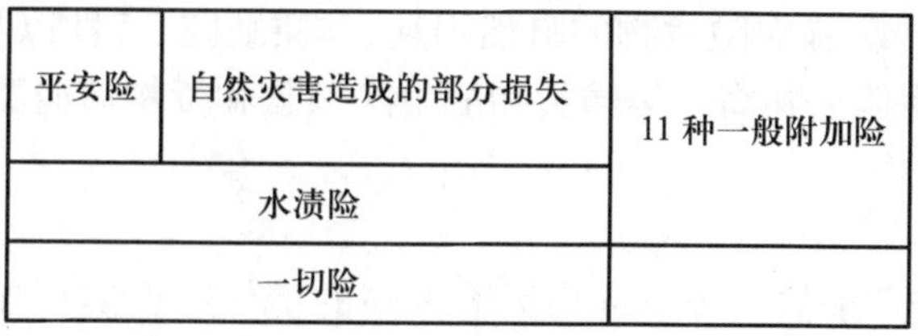

<table>
<tr><td>平安险</td><td>自然灾害造成的部分损失</td><td rowspan="2">11 种一般附加险</td></tr>
<tr><td colspan="2">水渍险</td></tr>
<tr><td colspan="2">一切险</td><td></td></tr>
</table>

图 6-2 一切险与水渍险、平安险的关系图

前,我国承保的一般附加险是属于货运一切险承保责任范围的 11 种外来风险:① 偷窃、提货不着险。在保险有效期内,保险货物被偷走或窃走,以及货物运抵目的地以后,整件未交的损失,由保险公司予以赔偿。② 淡水雨淋险。货物在运输途中,由于淡水、雨水以及雪融所造成的损失,保险公司都负责赔偿。③ 短量险。负责保险货物数量短少和重量的损失。④ 混杂、玷污险。保险货物在运输途中混进了杂质造成的损失。此外,保险货物因为和其他物质接触而被沾污,均由保险人负责赔偿。⑤ 渗漏险。流质、半流质的液体物质和油类物质,在运输过程中因为容器损坏而引起的渗漏损失,由保险人负赔偿责任。⑥ 碰损、破碎险。碰损主要是对金属、木质等货物来说。破碎主要是对易碎物质来说。⑦ 串味险。保险货物因为受到其他物品的气味影响而造成的串味损失由保险人承担。⑧ 受潮、受热险。保险货物因受潮、受热而引起的损失均属于保险责任。⑨ 钩损险。保险货物在装卸过程中因使用手钩、吊钩等工具所造成的损失由保险人负责。⑩ 包装破裂险。因包装破裂造成货物的短少、玷污等损失。⑪ 锈损险。负责保险货物在运输过程中因生锈造成的损失。

其二,特别附加险(Special Additional Risk)。特别附加险是承保由于国家政策法令以及行政措施所造成的货物损失为保险标的的保险。其保险责任主要有:① 进口关税险。负责由于货物受损仍需按完好价值完缴进口关税所造成的损失。② 舱面险。有些货物由于体积大、有毒性或者有污染性,根据航运习惯必须装载于舱面,为解决这类货物的损失补偿,就可投保附加舱面险。③ 拒收险。承保货物在进口时,由于各种原因,被进口国的有关当局拒绝进口而没收所产生的损失。④ 黄曲霉素险。黄曲霉素是花生中含有的带毒性的菌素。如果花生中含有这一菌素的比例超过进口国家的限制标准,就会被拒绝进口。该险就是承保因此引起的损失,这实际上也是一种专门原因的拒收险。⑤ 交货不到险。凡被保险货物从装上船起满 6 个月仍不能运到原定目的地交货的,则不论任何原因,保险公司均按全部损失赔付。⑥ 出口货物到中国香港(包括九龙在内)或澳门存仓火险责任扩展条款。主要承保出口到香港或澳门的货物,自卸离运输工具后,如直接存放在保险单所载明的过户银行所指定的仓库时,可延长保险单对存仓火险的责任。

其三,特殊附加险(Specific Additional Risk)。特殊附加险与特别附加险的区别在于,这种风险的构成涉及军事、政治和社会的原因。特殊附加险主要有:① 战争险。承保战争或类似战争行为等引起保险货物的直接损失。② 罢工险。承保因罢工者或被迫停工工人,参加工潮、暴动和民众斗争的人员,采取行动造成保险货物的损失。对上述各种行为所引起的共同海损牺牲、分摊和救助费用也负责赔偿。

2. 责任免除

海上货物运输保险对下列损失,不负赔偿责任:① 被保险人的故意行为或过失所造成的损失;② 属于发货人责任所引起的损失;③ 在保险责任开始前,被保险货物已存在的品质不良或数量短差所造成的损失；④ 被保险货物的自然损耗、本质缺陷、特性以及市价跌落、运输延迟所引起的损失或费用；⑤ 保险公司海洋运输货物战争险条款和货物运输罢工险条款规定的责任范围和除外责任。

3. 责任起讫

责任起讫即“仓至仓”条款。海上货物运输保险的责任起讫实行“仓至仓”条款，它规定了保险人承担责任的空间范围，即规定了保险人承担责任的起讫地点，从保险单载明的起运港(地)发货人的仓库或储存处所运输时开始，直到保险单载明的目的地收货人仓库或储存处所为止。货物进入仓库以后保险责任即行终止。

“仓至仓”条款的具体内容为：保险人对被保险货物所担负的责任自被保险货物运离本保险单所载地点的发货人的仓库或储存处所时开始生效，于正常运输过程中继续有效，但在下面情况下，责任即行终止，并以先发生者为准：① 货物运至保险单所载明的目的地收货人最后仓库或储存处所。② 货物运至本保险单所载明目的地或中途的任何其他仓库或储存处所，这些仓库或储存处所被被保险人用做：A. 正常运输过程以外的储存。B. 分配或分派货物的场所。③ 保险货物自海轮在最终卸货港卸载完毕后算起满 60 天为止。④ 被保险货物自海轮最终卸载完毕后，在保险失效以前，将货物运往保险单规定以外的其他目的地，则从货物开始运往其他目的地时责任终止。

正常运输与非正常运输。正常运输，是指保险货物自保险单载明起运地发货人仓库或其他储存处所首次运输时开始，无论是单独还是先后使用内河船舶、火车、海轮，凡是正常的运输工具、正常的延迟和正常的转船均属正常运输。

非正常运输是指被保险货物在运输中，由于被保险人无法控制的情况，发生运输契合同终止，致使保险货物无法运往原定卸载港而在途中被迫卸货、重装或装载，以及由此而发生运输延迟、绕道等。按照国际运输惯例，承运人对于这些原因而使货物遭受损失不负任何责任，而被保险人遭受这种损失是无辜的，因此，保险公司对这种损失可予以负责。但被保险人一经获知这一情况，应立即通知保险公司，保险公司根据具体情况酌情加收保费后，原保险仍继续有效。

4. 保险金额

(1) 价格条件与保险。海上货物运输保险的保险金额按保险价值确定。保险价值由保险人与被保险人约定。保险人与被保险人约定的保险价值，一般是保险货物在保险责任开始时按起运地的货物发票价格或者非贸易商品在起运地的实际价值以及运输费用和保险费的总和。我国常用于确定保险金额的几种价格条件可分为两类：不带保险费的 FOB 和 CFR；带保险费的 CIF。以 FOB 价格条件成交的合同，保险应由买方办理。在实务处理中，买方通常是在接到卖方装船通知前事先与保险人签订预约保险合同办理投保手续。

以 CFR 价格条件成交的合同，卖方有义务于订妥舱位后，立即将船名、货量、包装、预定开船日期等电告买方办理保险。

以 CIF 价格成交的合同，卖方必须向信誉卓著的保险人投保平安险或水渍险，保险金额应包括 CIF 价另加 10% 的加成。保险范围不包括特定行业或买方所需要的特种险，对盗窃、渗漏、破碎等特定行业的特种险，由买卖双方考虑并约定是否需要加保。卖方不负责投保战争险，如买方要求投保这一险别时，卖方可以代办投保，该保险费由买方负担。

(2) 各种价格条件下保险金额的确定。

CIF 价格条件下，保险金额的计算公式为：

CIF(保险金额)=[C(成本)+F(运费)]/[1-R(保险费率)]

CIF 价格加成条件下,保险金额的计算公式为:

CIF=[成本(C)+运费(F)]/[1-(1+加成率)× 保险费率]

保险金额=(C+F)×(1+加成率)/[1-(1+加成率)× 保险费率]

三、船舶保险

船舶保险(Hull Insurance)是以各种类型船舶为保险标的的保险。其承保船舶在海上航行或者在港内停泊时因自然灾害和意外事故所造成的全部或部分损失及可能引起的赔偿责任。船舶保险采用定期保险单或航程保险单,其特点是保险责任仅以水上为限,这与货物运输保险可将责任扩展至内陆的某一仓库不同。

(一)船舶保险的保障内容

1. 船舶的物质损失

船舶是指能漂浮和航行于海洋、江河及其他可通航水域的任何形状的物体,并能自由地有控制地将货物或旅客从一个港口运往另一个港口的浮动物体。从通常定义来讲:船舶是浮于水面上的物体;船舶是供航行使用的;船舶是机具,是一定的构成物。

保险人承保的主要船舶具有较为广泛的定义,它可以是从事运输的各种船舶,包括杂货船、散装船、集装箱船、滚装船、子母船,也可以是建造中的船舶、水上仓库(趸船)、浮码头或其他各项设备等,还可以是各种特殊用途船,如油轮、拖船、驳船、挖泥船、海上石油钻井平台等。

船舶的物质损失是指船壳、机器(包括主机、副机、发电机等)以及海洋船舶的导航设备、燃料、给养等的损失。凡属于船舶本身以及附属于船上的财产,而为船东所有的,均予以承保。物质损失是船舶保险保障的主要内容。

2. 船舶的有关利益

船舶的有关利益是指船舶本身物质损失以外的利益损失。当船舶发生保险事故,除了可能导致船舶本身遭受部分或全部损失外,还可能因船舶停航、修理而使被保险人遭受到各种利益损失。例如,运费、租金、预期利润、营运费用、保险费以及船员工资等。这些利益损失,在国外船舶保险市场上,有相当一部分是作为费用来加保的。

3. 船舶的有关责任

由于船舶引起的责任(包括法律责任)需要在经济上负责给予受损第三者赔偿的损失。例如,船舶碰撞责任、油污责任、清除航道和打捞沉船责任、承运人根据运输合同依法应对货物损失负责赔偿的责任等。

(二)船舶保险的特点

(1) 运输货物保险一般只承保货物在运输过程中的风险,而船舶保险可以承保从船舶建造下水开始,直到船舶营运以致停泊和最后报废拆船为止的整个过程的风险。

(2) 船舶保险比运输货物保险的保障范围要广泛得多。它既要保船体(船壳)、机器、设备、燃料、供给品,还保与船舶有关的利益、费用和责任。

(3) 货主对运输途中的货物安全是无法控制的,而船舶无论在航行途中或停泊期间,始终是在船舶所有人雇佣的经理人员和船长、船员的操纵下，这些雇佣人员又是受船东直接支配和掌握的。因而，船舶所有人的经营作风、管理水平和信誉对保险船舶的安全会有直接影响。

(4) 船舶保险涉及一个危险单位的价值比货物保险相对集中，船舶发生损失往往会出现巨额赔款。

（三）船舶保险的保险责任

1. 自然灾害和意外事故

这里所说的自然灾害通常与海难相联系，或者是发生在航行中的各种灾难。例如，暴风雨、海啸、雷电等。在船舶保险中除不可抗力的自然灾害以外，其他列明的承保责任都是由于意外事故所引起的，例如，搁浅、触礁、沉没等。此外，船舶保险条款对下列原因造成的直接损失专门作了规定：① 装卸货物或燃料时发生的意外事故；② 锅炉爆炸、船身断裂或机件、船壳的潜在缺陷；③ 船长、船员、驾驶员或引航员的疏忽；④ 被保险人以外的修船人或租船人的疏忽；⑤ 船长、船员、驾驶员的不法行为。

2. 碰撞责任

船舶碰撞是指船舶在水上与其他船舶或物体猛烈接触而发生的意外事故。按照国际习惯，船舶与其他船舶相撞称为碰撞；船舶与船舶以外的其他任何固定或浮动物体接触称为触碰。船舶因碰撞或触碰所致的损失是船舶保险承保的基本风险之一。船舶碰撞责任是指船舶因航行疏忽或过失造成船舶碰撞引起财产损失、人身伤亡、在法律上应负的民事赔偿责任。

我国船舶保险碰撞责任条款规定：负责承保被保险船舶与其他船舶碰撞或触碰任何固定的浮动物体或其他物体而引起的被保险人应负的法律赔偿责任。但不包括：① 人身伤亡或疾病。② 被保险船舶本船所载的货物或财产或其他承保的责任。③ 清除障碍物、残骸、货物或任何其他物品的费用。④ 任何财产或物体所造成的污染或玷污(包括预防措施或清除的费用)。但与被保险船舶发生碰撞的他船或其所载财产遭受的污染或玷污不在此限。⑤ 任何固定的、浮动的物体以及其他物体的延迟或丧失使用的间接损失或费用。

3. 施救费用

施救费用又称施救整理费用，属单独海损性质。它只是为了保险标的的单方利益，由被保险人或其代理人、雇佣人等对受损标的采取各种抢救、防护措施所产生的合理费用。施救费用应在其他条款规定的赔偿金额以外负责，它的赔偿不受碰撞责任和物质损失赔偿金额的限制，但不得超过船舶的保险金额。

4. 共同海损费用和救助

船舶保险条款规定：被保险船舶若发生共同海损牺牲，被保险人可获得这种损失的全部赔偿，而无须先行使向其他各方索取分摊额的权利，但这种损失必须是被保险船舶本身的物质损失。船舶保险条款还规定：当所有分摊方均为被保险人或被保险船舶空载航行并无其他分摊利益时，共同海损理算应按《北京理算规则》或明文同意的类似规则办理，如同各分摊方不属于同一人一样。

（四）船舶保险的责任免除

船舶承保人为了控制船舶损失的赔偿责任，或者为了促使被保险人爱护保险财产，对有些应由被保险人承担的责任，均在保险条款中明确列为除外责任。船舶保险的除外责任主要有：

1. 船舶不适航

船舶不适航包括船员配备不充足、不合格、装备或装载不妥，但以被保险人在船舶开航时知道或应该知道此种不适航为限。被保险船舶除必须具有合格机构签发的适航证书外，还必须在每一次航程开航前或开航时保持适航，即开航前或开航时船壳、机器、设备、人员配备、燃料、物料、给养等应适宜于航程的需要。是否构成不适航事实，应以船东是否知道或应该知道为限。例如，船舶开航前缺少大副，船东明知此事而同意开航，则由此发生的损失，保险人不予负责。

2. 被保险人或其代表的疏忽或故意行为

被保险人或其代表的疏忽不同于船长、船员的疏忽。被保险人一般都是指船东，但是按照我国具体情况，凡实际行使船东权利，有权调动和使用船舶的人，可视为船东。至于船东代表主要是指行使管理专门业务、指挥生产的人。例如，航运、调度、船技部门的负责人，由于他们的疏忽，造成船舶损失，保险人不负赔偿责任。所谓故意行为是明知故犯，属于船东故意行为所致的损失，保险人在证据确凿的情况下，不承担任何赔偿责任。

3. 被保险人恪尽职责应予发现的正常磨损、锈蚀、腐烂或保养不周或材料缺陷，包括不良状态部件的更换和修理

由于船舶在营运过程中船壳、机件磨损、锈蚀、腐烂是必然现象，为了维护船舶安全，按计划及时进行保养、更换或修理不良状态部件是被保险人应尽的职责，因此，保险人不予负责。

4. 清除障碍物、残骸及清除航道费用

被保险船舶沉没在航道上，政府有关部门为了保持航道畅通，按照法律采取强制手段，命令船东清理航道、打捞沉船或设置灯标，此类法律责任不在船舶保险范围内，一般由船东保赔协会承保。

5. 战争险及罢工险的承保责任和除外责任

一般船舶保险单基本责任都把这类由于政治原因造成的损失排除在外，船东如有需要可以加投船舶战争险及罢工险。

（五）船舶保险的责任期限

远洋船舶保险的责任期限分为两种：

1. 定期保险的责任期限

定期保险是船舶保险期限的主要形式。定期保险期限一般为 1 年，最短不能少于 3 个月。起止时间以保险单上注明的日期为准。保险责任期满时，如被保险船舶尚在航行中或处于危险中或在避难港或中途港停靠，经被保险人事先通知保险人并按日比例加付保险费后，船舶保险继续负责到船舶抵达目的港为止。保险船舶在延长时间内发生全损，需加交 6 个月保险费。

2. 航程保险的责任期限

航程保险的责任期限按保险单订明的航程为准，例如，天津—香港，天津—伦敦。起止时间按下列规定办理：① 空载船舶。不载货船舶自起运港解缆或起锚时开始，至目的港抛锚或系缆完毕时终止。② 载货船舶。载货船舶自起运港装货时开始，至目的港卸货完毕时终止。但自船舶抵达目的港当日午夜零时起，最多不得超过 30 天。在任何情况下，一次航程保险的最长期限不得超过 90 天，如果要超过 90 天，必须事先征得保险人的同意并缴付额外保费以后保险合同方为有效。

（六）船舶保险的保险金额和保险费率

船舶保险的保险金额按保险价值确定，保险金额不得超过保险价值，超过部分无效。船舶的保险价值一般按船壳、机器、锅炉或特种设备（如冷藏机）等保险标的在投保当时的市价和保险费的总和计算。制定船舶保险费率应根据船龄、船型、船舶种类、航行范围、船舶承载货物、船级、船舶状况、船队大小、保险金额、船壳和机器市价、承保条件、免赔额、被保险人经营管理状况和以往事故损失记录等因素来制定。

（七）船舶保险的几项特殊条款

1. 姊妹船条款

姊妹船是指两条或数条船舶同属一个船东所有。姊妹船之间的碰撞或救助不构成法律责任，因此，不产生赔偿责任或给付救助报酬的义务。但实际上同一船东的船舶相撞或救助总会造成一定的经济损失。为了补偿被保险人的经济损失，对姊妹船可视同分属两个船主所有，对它们之间发生的碰撞，按照裁定的责任负责赔偿，对它们之间产生的救助，也按照一般救助惯例支付救助费用。但是，必须由独立仲裁人作出公断。

2. 运河搁浅条款

保险人规定船舶在一些特定运河和运河联结点的搁浅不作搁浅论，如巴拿马运河、苏伊士运河、曼彻斯特运河等。

3. 船舶出售条款

船舶保险不同于货物运输保险，该保险单不可以随保险标的的转让而自动转让，船舶保险单是记名保险单。条款规定：被保险的船舶出售以后，如果不向保险公司申请过户，保险单的效力自行消失。但对在航行途中出售的船舶，保险公司应继续负责到船舶到达目的港为止。

四、运费保险

运费保险是将船舶因运送货物所收取的酬金作为保险标的的保险。它的性质与货物保险、船舶保险不同，因为运费并非是具有实体的物品，而是由运输契约所产生的给付义务。

（一）运费保险的范畴

货物的运送方式，通常分为计件运送和租船运送。计件运送通常采用班轮运输，计件取费，由船长或其代理人签发提单，到达目的地后，凭单提货，其收取的费用称为提单运费。租船运送对装运的货物收取费用不采取件数计算，而是以租金计算，称为租船运费。

运费的缴纳按时间可分为预付运费、保付运费和到付运费。预付运费是指货主在起运港将货物托付给承运人运输时，预先支付给承运人的运费。按照一般的运输惯例，不管货主的货物损失与否，预付运费皆不退还。因此，对于预付运费，承运人并不承担损失的风险，因此无须投保；相反，货主承担了预付运费的风险，对其具有保险利益。一般情况下，货主已将这部分运费列入货价之内（如 CIF 价格中的 F 就代表了这部分运费），投保海上运输货物保险，而不单独投保运费保险。保付运费是指经契约订明，无论货物是否发生危险，有无运到，运费必须照付。保付运费的性质同预付运费是一样的，即货物虽未运抵目的地，只要不是承运人的责任，货主仍需照交运费。两者的区别是保付运费是在事后支付。这样,货物托运人对其支付保付运费具有保险利益,保付运费的投保与预付运费一样。到付运费是货物运抵目的地后货主才会支付的运费。当船舶发生海难,货物遭到损失,运费也会随之发生损失。在这种情况下,船东对他可能收取的运费具有保险利益,因此,到付运费才是运费保险的承保标的。

(二) 运费保险的方式

运费保险与船舶保险密切相关,船舶保险往往把运费作为费用保障的一个部分来承保船舶的营运损失。因此,船舶本身的承保方式直接影响到运费保险的承保方式。船舶的承保方式主要有定期和航程两种。对于定期保险来说,可以作为运费保险的运费有两种:一种是到付运费;另一种是预期运费。预期运费是船东预期在一定时期内可能收到的运费。这是估计的收益,经保险人同意后方予以承保,但不能超过船舶价值的一定比例。对于航程保险,只有到付运费才可以承保。

第二节　国内货物运输保险

一、国内货物运输保险的概念与种类

国内货物运输保险(Domestic Cargo Transportation Insurance)是以国内运输过程中的货物作为保险标的,当运输中的货物因自然灾害或意外事故而遭受损失时给予经济补偿的一种财产保险。国内货物运输保险是货物运输保险的一种,具有货物运输保险的一般特点。

国内货物运输保险主要有如下分类:按运输工具的不同分为水上货物运输保险、陆上货物运输保险、航空货物运输保险、特种货物运输保险(如排筏保险、港内外驳运险、市内陆上运输保险等);按运输方式分为直运货物运输保险、联运货物运输保险、集装箱运输保险。

二、国内水路、陆路货物运输保险

国内水路、陆路货物运输保险是以国内水路、陆路运输过程中的各类货物(不包括铁路运输的包裹及快件商品)为保险对象,保障货物在运输过程中发生灾害事故造成损失时,由保险公司提供经济补偿的一种保险业务。水路及陆路运输是我国最主要的运输方式。这两种运输方式每年承担的货运量占国内运输总量的 70% 以上。随着我国与世界各国贸易往来的增加,随着国内各省、市、区的横向联系日趋加强,水路及陆路运输的货运量必将与日俱增。

(一) 国内水路、陆路货物运输保险的保险责任和责任免除

1. 国内水路、陆路货物运输保险的保险责任

根据中国人民保险公司 1991 年 5 月 1 日修订的条款,国内水路、陆路货物运输保险责任分为基本险和综合险两种。

(1) 基本险的保险责任是指被保险货物在运输过程中因下列原因而遭受的损失,保险人负赔偿责任:因火灾、爆炸、雷电、冰雹、暴风、暴雨、洪水、地震、海啸、地陷、崖崩、滑坡、泥石流所造成的损失;由于运输工具发生碰撞、搁浅、触礁、沉没、出轨或隧道、码头坍塌所造成的损失;在装

货、卸货或转载时,因遭受不属于包装质量不善或装卸人员违反操作规程所造成的损失;按国家规定或一般惯例应分摊的共同海损(仅限于水路货运)的费用;在发生上述火灾事故时,因纷乱而造成的货物散失以及因施救或保护货物所支付的直接而合理的费用。

(2) 在投保综合险的情况下,保险人除了要承担基本险责任外,还要负责赔偿下列损失:因受震动、碰撞、挤压而造成碎破、弯曲、凹瘪、折断、开裂或包装破裂致使货物散失的损失;液体货物因受震动、碰撞或挤压致使所用容器(包括封口)损坏而渗漏的损失,或用液体保藏的货物因液体渗漏而造成保藏货物腐烂变质的损失;遭受盗窃或承运人责任造成的整件提货不着的损失;符合安全运输规定而遭受雨淋所致的损失。

2. 国内水路、陆路货物运输保险的责任免除

由于下列原因造成被保险货物的损失,保险人均不负赔偿责任:战争、军事行为、扣押、罢工、哄抢和暴动;核事件或核爆炸;被保险货物本身的缺陷或自然损耗以及由于包装不善所致的损失;被保险人的故意行为或过失;其他不属于保险责任范围的损失。

(二) 国内水路、陆路货物运输保险的保险期限

国内水路、陆路货物运输保险的保险责任起讫期限为:自签发保险凭证和保险货物运离起运地发货人的最后一个仓库或储存处所时起,至该保险凭证上该物的目的地收货人在当地的第一个仓库或储存处所时终止。但保险货物运抵目的地后,如果收货人未及时提货,则保险责任的终止期最多延长至以收货人接到“到货通知单”后的 15 日为限(以邮戳日期为准)。

保险责任开始的标志是:保险人或其代理人签发了保险凭证,以及被保险货物运离起运地发货人的最后一个仓库或储存处所。两个条件必须同时具备,否则保险责任不能生效。

关于保险责任的终止,在实务中会出现以下几种情况:① 被保险货物运抵目的地后,收货人未及时提货,这时保险责任最多可延长至从收货人接到“到货通知单”后起算的 15 天时间;② 被保险货物运抵目的地后,被保险人或其收货人提取部分货物,对此,保险人对其余未提货物也只承担 15 天的责任;③ 被保险货物运抵目的地后的 15 天内,被保险人或其收货人不是将货物提取放入自己的仓库或储存处所,而是就地直接发运其他单位或再转运其他单位时终止。

(三) 国内水路、陆路货运险的保险金额及保险费

国内货物运输保险的保险金额采取定值的方法加以确定并载明于保单,以此作为保险人对保险标的遭受损失时给予补偿的最高限额。根据保险条款的规定,国内水路、陆路货物运输保险的保险金额按货价加运杂费、保险费计算确定。

货物运输保险的费率同样主要取决于赔付率,但由于货物运输保险与其他财产保险有区别,因此,其费率的制定要考虑以下几个因素。

1. 运输方式

运输方式分为直运、联运和集装箱运输三种。运输方式的不同,货物在运输中所面临的风险也不一样,保险费就应该有差别。直运所使用的运输工具只有一种,货物从一地运到另一地,即使中间需要转运,运输工具仍保持不变;联运则要涉及中途变更运输工具,因而增加了卸载、重载等中间环节,对联运的费率是按联运所使用运输工具中费率最高的一种运输工具再加收 0.5‰确定的;采用集装箱运输方式可减少货物的残损短少,风险相对较小,因此,保险费率通常按表定费

率再减50%确定。

2. 运输工具

运输工具不同,导致货物可能出险的机会自然不同。例如,火车出事的概率要小于汽车,即使是同一种运输工具,由于载重量不同,费率也有差异,如船舶吨位小的费率要高于吨位大的。

3. 运输途程

运输途程的长短关系到运输所需时间的多少,相对而言,货物在运输途中的时间愈长受损的机会愈大,其费率比途程较短的要高。由于运输途程不同,不仅会有时间上的差别,而且会有地域上的差别,这也会对货物运输保险的费率产生影响。

4. 货物的性质

货物的性质不同往往也决定了货物受损的程度和机会不同。保险人承保易燃、易爆、易腐、易碎物品的风险较大,其发生损失的可能性明显要大于一般货物,因此,费率就较高。我国国内水路、陆路货物运输保险费率规章根据货物的特性,将货物分为一般货物、一般易损货物、易损货物、特别易损货物等类别,类别愈高风险程度愈大,费率相应也就愈高。

5. 保险险别

综合险的承保责任范围比基本险广,因此,综合险的费率要高于基本险。

(四) 国内水路、陆路货运险的赔偿处理

在对国内水路、陆路货运险进行赔偿处理时,应注意以下几个方面:

(1) 货物发生保险责任范围内的损失时,按起运地货价确定保险金额的,保险人根据实际损失按起运地货价计算赔偿;按货价加运杂费确定保险金额的,保险人则根据实际损失按起运地货价加运杂费计算赔偿。但两种的最高赔偿金额均以保险金额为限。如果被保险人投保不足,保险金额低于货价时,保险人对其损失金额及支付的施救保护费用要按保险金额与货价的比例计算赔偿。

(2) 保险人对货物损失的赔偿金额,以及因施救或保护货物所支付的直接、合理的费用,应分别计算,并各以不超过保险金额为限。

(3) 代位求偿。当货物遭受的保险责任范围内的损失是由承运人或其他第三者的责任造成的,会涉及代位求偿问题。被保险人可以向责任方提出索赔,也可以向保险人要求赔偿。但是,如果向保险人索赔,则应该在获得赔款后签发权益转让书,即把可以向有责任的一方要求赔偿的权利全部转让给保险人,同时还有义务协助保险人做好追偿工作。

(4) 残值折归被保险人,并从赔偿中扣除。

(5) 被保险人从获悉遭受损失的次日起,如经过两年不向保险人申请索赔,不提供必要的单证,或者不领取应有的赔款,则视为自愿放弃权益。

三、国内航空运输货物保险

(一) 国内航空运输货物保险的概念

国内航空货物运输保险是以国内航空运输过程中的各类货物为保险对象,保险货物在运输过程中发生灾害事故而造成损失时,由保险公司提供经济补偿的一种保险。凡是可以向民航部

门托运货物的单位和个人,都可以将其空运货物(鲜、活物品和动物除外)向保险公司投保国内航空货物运输保险。金银、首饰、珠宝、稀有贵重金属,以及每千克价值在 1 800 元以上的贵重物品,经特别约定后,也可以投保国内航空货物运输保险。

(二) 国内航空货物运输保险的保险责任范围

1. 保险责任

被保险货物在保险期限内无论是在运输还是存放过程中,由于下列原因造成的损失,保险人负赔偿责任:① 由于飞机遭受碰撞、倾覆、坠落、失踪(在 3 个月以上),在危难中发生卸载以及遭受恶劣气候或其他风险事故发生抛弃行为所造成的损失;② 被保险货物本身因遭受火灾、爆炸、雷电、冰雹、暴风、暴雨、洪水、海啸、地震、地陷、崖崩所造成的损失;③ 被保险货物受震动、碰撞或压力而造成的破碎、弯曲、凹瘪、折断、开裂等损伤以及由此引起包装破裂而造成的损失;④ 属液体、半流体或者需要用液体保藏的被保险货物,在运输中受震动、碰撞或压力致使容器(包括封口)损坏发生渗漏而造成的损失,或用液体容器保藏的货物因液体渗漏而致保藏货物腐烂的损失;⑤ 被保险货物因遭受偷窃或者提货不着的损失;⑥ 装货、卸货时和地面运输过程中,因遭受不可抗力的意外事故及雨淋造成的被保险货物的损失。此外,对于在责任范围内发生的灾害事故,为防止损失扩大采取施救或保护货物的措施而支付的合理费用,保险人也负赔偿责任,但最高以不超过保险金额为限。

2. 责任免除

被保险货物于保险期限内由于下列原因造成的损失,无论是在运输途中还是存放过程中的损失,保险公司不负赔偿责任:战争或军事行动;由于被保险货物本身的缺陷或自然损耗,以及由于包装不善或者属于托运人不遵守货物运输规则所造成的损失;托运人或被保险人的故意行为或过失;其他不属于保险责任范围内的损失。

(三) 国内航空货物运输保险的保险期限

根据保险条款的约定:"保险责任自被保险货物经承运人收讫并签发航空货运单注明保险时起,至空运抵目的地的收货人当地的仓库或储存处所时终止。被保险货物空运至目的地后,如果收货人未及时提货,则保险责任的终止期最多以承运人向收货人发出到货通知以后的 15 天为限。"飞机在飞行途中,因机件损坏或发生其他故障而被迫降落,以及由于货物严重积压,被保险货物需改用其他运输工具运往原目的地时,保险人对被保险货物所负的责任不予改变,但被保险人应向保险人办理批改手续。如果被保险货物在飞机被迫降的地点出售或分配,保险责任的终止期以承运人向收货人发出通知以后的 15 天为限。

(四) 国内航空货物运输保险的保险费率

民航部门所承运的货物与水、陆运输机构承运的货物相比,具有批量小、单位价值高的特点,再加上空运货物要比水路、陆路运输货物安全得多,所以航空货物运输保险的费率直接套用国内外水路、陆路货物运输保险的厘定方法显然是不妥当的。

航空货物运输保险从被保险货物的特性出发,将各种货物分为一般物质、易损物质和特别易损物质三类,同时相应规定了三个不同档次的费率。为了便于实际操作,每个档次的费率除了用文字说明其划分标准和适用范围外，还辅以具体的物品名目，以便有关人员在必要时可以此类比。

（五）国内航空货物运输保险的保险金额及赔偿处理

国内航空货物运输保险的保险金额的确定与国内水路、陆路运输货物保险相同；国内航空货物运输保险的赔偿处理规定与国内水路、陆路货物运输保险大体相同，在此不再详述。

四、国内铁路包裹运输保险

国内铁路包裹运输保险是以国内铁路运输过程中的包裹行李及快件商品为保险对象，当保险包裹行李及快件商品在运输过程中发生灾害事故损失时，由保险公司提供经济补偿的一种保险。

（一）国内铁路包裹运输保险的保险责任范围

1. 国内铁路包裹运输保险的保险责任

保险包裹、行李及快件商品在保险期限内无论是在运输还是存放过程中，由于下列原因造成的损失，保险公司负赔偿责任：① 因车辆出轨、隧道坍塌所造成的损失；② 因火灾、爆炸、雷电、冰雹、暴雨、洪水、海啸、地陷、崖崩所造成的损失；③ 在装货、卸货时发生意外事故所造成的损失；④ 保险包裹、行李因遭受震动、碰撞或压力而造成破碎、弯曲、凹瘪、折断、开裂等损失，以及由此而引起包装破裂的损失；⑤ 保险包裹因遭受偷窃或者提货不着的损失；⑥ 凡属液体、半流体或者需要用液体容器保藏的保险包裹、行李及快件商品，在运输途中因震动、碰撞或挤压致使所装容器（包括封口）损坏发生渗漏而造成的损失；⑦ 在装、卸货时和地面运输过程中，因遭受不可抗力的意外事故或突然性的雨淋所造成的损失；⑧ 发生上述责任范围内的灾害事故时，因施救和保护包裹而支付的合理费用（但不能超过保险金额）。

2. 国内铁路包裹运输保险的责任免除

保险包裹在保险期限内由于下列原因造成损失的，这种损失无论是在运输还是存放过程中造成的，保险公司均不负责赔偿：① 战争或军事行动；② 由于包裹本身的缺陷、霉烂、变质或自然损耗、运输延迟所造成的损失或费用，以及属于托运人不遵守货物运输规章所造成的损失；③ 托运人或被保险人的故意或过失行为所造成的损失；④ 自理自用的保险包裹由于遭受盗窃的损失。

（二）国内铁路包裹运输保险的责任起讫

国内铁路包裹运输保险的责任起讫是以一次运程来计算的，具体来说，从托运的包裹在承运人收讫并签发包裹货运单注明保险时起责任开始，至抵达目的地交付托运人或收货人时责任终止。保险包裹、行李到达目的地后，如托运人或收货人未能及时提货，按照车站规定存放的期限，每延迟一天，按件加收保险费。在此期间，保险公司仅按企业财产或家庭财产保险条款负保险责任。

（三）国内铁路包裹运输保险的保险金额与保险费

包裹、行李的保险金额，可按所托运的包裹、行李的实际价值由被保险人自行确定；快件商品的保险金额,可按货物进价加上运杂费或者按目的地销售价确定。被保险人在保险公司签发保险凭证的同时,须按上述标准向保险公司一次交清应交的保险费。

(四) 国内铁路包裹运输保险的赔偿处理

1. 索赔

国内铁路包裹运输保险出险后,被保险人向保险公司申请赔偿时,必须提供以下单证:包裹货运单、发票、保险凭证、装箱单、包裹运输事故签证、物资损失清单、救护保险包裹所支出合理费用的单据(包裹行李无发票的以保险凭证为据)。但在此之前,即保险包裹、行李运抵保险凭证所载明的目的地后,托运人或收货人在取货时必须进行检验。如果发现包裹受损,必须在三天之内向当地保险公司申请复验,否则,保险公司不予受理。

2. 理赔

保险公司在接到被保险人的索赔申请及有关单证后,要迅速核定应否赔偿。经核定,如发生损失,保险公司负有赔偿责任的,应在保险金额限度内按实际损失计算赔偿。如果损失由铁路运输部门负责赔偿,应及时向有关部门提出索赔,并将有关单证提交保险公司,保险公司在向被保险人理赔后,取代被保险人的地位在赔偿金额范围内向负有赔偿责任的铁路运输部门索赔,即保险公司取得代位求偿权。

第三节 运输工具保险

一、运输工具保险的概念与特征

(一) 运输工具保险的概念

运输工具保险(Vehicle Insurance)是以各种运输工具本身(如汽车、飞机、船舶、火车等)和运输工具所引起对第三者依法应负的赔偿责任为保险标的的保险。其主要承保各类运输工具遭受自然灾害和意外事故而造成的损失,以及对第三者造成的财产直接损失和人身伤害依法应负的赔偿责任。一般按运输工具不同分为机动车辆保险(Automobile Insurance)、飞机保险(Aviation Insurance)、船舶保险(Vessel Insurance)、其他运输工具保险(包括铁路车辆保险、排筏保险)。基于国内船舶保险与海上保险中的船舶保险雷同,故本章只论述机动车辆保险和飞机保险。

运输工具保险在财产保险中占有非常重要的地位,尤其是汽车保险已成为许多国家非寿险的第一大险种。目前,世界汽车险的保费占非寿险保费收入的60%以上;在我国,2009年机动车辆保险的保费占国内财产保险保费收入的比重为74.96%。

(二) 运输工具保险的特征

由于运输工具保险承保的保险标的运输工具是处于经常移动状态之中的,因而,运输工具保险主要有如下特点:第一,因为运输工具具有流动性,所以承保的风险具有多样性;第二,由于驾驶人员的素质、运输工具以及运输工具所面临的地区和环境不同,面临的风险也不同,导致保险事故的发生具有复杂性;第三,由于运输工具保险承保范围除有形的物质损失外,还包括无形的责任风险和相关的费用损失,所以,其保险标的的范围具有广泛性。

二、机动车保险

(一) 机动车保险的对象、险种和特点

自1980年恢复国内机动车保险,直至2002年我国采用的基本是统一的机动车保险条款,其中最具代表性的是中国保监会2000年2月4日颁布并于同年7月1日开始实施的保监发〔2000〕16号文件《机动车保险条款》(简称“2000版条款”)。从2003年1月1日起,我国机动车保险结束了全国统一保险条款的格局,正式开始了车险市场化改革。为了进一步规范车险市场,中国保险行业协会逐步推出了协会条款,2006年保险行业协会推出了包括车损险和商业三责险两个险种的A、B、C三套商业车险条款,由各产险公司自主选择一套于2006年7月1日实施。2007年则在2006版条款基础上进行了不少修改,并获得中国保监会的批准,其后全面实施。2007年版车险行业基本条款进一步扩大了覆盖范围,涵盖了机动车损失保险、机动车第三者责任保险、车上人员责任险、全车盗抢险四个基本险,以及不计免赔率特约险、玻璃单独破碎险、车身划痕损失险和可选免赔额特约险等附加险,并简化和规范了费率调节系数,实现了与交强险的进一步衔接。2007年版车险行业产品仍然为A、B、C三套,保障范围、费率结构、费率水平和费率调节系数虽然略有差异,但基本一致,更为完善。其后,2015年2月初,中国保险行业协会发布了《中国保险行业协会机动车商业保险示范条款(征求意见稿)》,分为《中国保险行业协会机动车综合商业保险示范条款》《中国保险行业协会机动车单程提车保险示范条款》《中国保险行业协会摩托车、拖拉机综合商业保险示范条款》《中国保险行业协会特种车综合商业保险示范条款》,最终形成了《中国保险行业协会机动车商业保险示范条款(2014版)》。为通用起见,本节从基本理论出发,以2014年版《中国保险行业协会机动车综合商业保险示范条款》(简称2014年版《示范条款》)为基础,论述机动车保险的基本原理,至于另外三项示范条款,在此不予论述。

2006年7月1日,我国实施《机动车交通事故责任强制保险条例》,并于2012年作了部分修改,修改的内容在于:外资财产保险公司经中国保监会批准,也可经营交强险。故此,本节所指机动车交通事故责任强制保险,将按2012年修改后的《机动车交通事故责任强制保险条例》、中国保监会2006年6月15日公布和2008年修订补充的《机动车交通事故责任强制保险条款》论述。

1. 机动车保险的对象

机动车保险是以机动车本身及机动车的第三者责任为保险标的的一种运输工具保险。国外称为汽车保险。机动车保险的保险对象为经公安交通管理部门检验合格、具有其核发的有效行驶证和号牌的机动车。从理论而言,机动车保险所承保的机动车是指汽车、电车、电瓶车、摩托车、拖拉机、各种专用机械车、特种车。被保险机动车必须有交通管理部门核发的行驶证和号牌,并经检验合格,否则,保险单无效。

根据2014年版《示范条款》,本保险合同中的被保险机动车是指在中华人民共和国境内(不含港、澳、台地区)行驶,以动力装置驱动或者牵引,上道路行驶的供人员乘用或者用于运送物品以及进行专项作业的轮式车辆(含挂车)、履带式车辆和其他运载工具,但不包括摩托车、拖拉机、特种车。

2. 机动车保险的条款与险种

(1) 中国保险行业协会条款的规定。根据2014年版《示范条款》,保险条款分为主险、附加险。主险又称基本险,包括机动车损失保险、机动车第三者责任保险、机动车车上人员责任保险、机动车全车盗抢保险共四个独立的险种,投保人可以选择投保全部险种,也可以选择投保其中部分险种。对保险责任范围内,且不属于免除保险人责任范围的损失或费用,保险人依照本保险合同的约定,按照承保险种分别承担保险责任。

附加险不能独立投保。附加险条款与主险条款相抵触之处,以附加险条款为准,附加险条款未尽之处,以主险条款为准。附加险条款的法律效力优于主险条款。除附加险条款另有约定外,主险中的责任免除、免赔规则、双方义务同样适用于附加险。机动车附加险包括玻璃单独破碎险、自燃损失险、新增加设备损失险、车身划痕损失险、发动机涉水损失险、修理期间费用补偿险、车上货物责任险、精神损害抚慰金责任险、不计免赔率险、机动车损失保险无法找到第三方特约险、指定修理厂险。

(2) 机动车保险险种的分类。

① 基本险。基本险又称主险,机动车保险基本险一般分为机动车损失保险、机动车第三者责任险、车上人员责任险、全车盗抢险。机动车第三者责任险分为机动车第三者责任强制保险和机动车商业第三者责任保险。前者是我国 2006 年 7 月 1 日实施的机动车交通事故责任强制保险,简称交强险;按照我国目前的习惯,将后者仍然称为机动车第三者责任保险。故此,本节后文所指的机动车第三者责任保险就是机动车商业第三者责任保险,简称商业三责险。由于机动车交通事故责任强制保险有其特殊性,故单独论述。

机动车损失保险是指保险车遭受保险责任范围内的自然灾害或意外事故,造成保险车本身损失,保险人依照保险合同的约定给予赔偿的保险。①

机动车第三者责任险是指保险期间内,被保险人或其允许的合法驾驶人在使用被保险机动车过程中发生意外事故,致使第三者遭受人身伤亡或财产直接损毁,依法应当由被保险人承担的损害赔偿责任,保险人依照保险合同的约定,对于超过机动车交通事故责任强制保险各分项赔偿限额以上的部分负责赔偿的保险。其中,第三者是指因被保险机动车发生意外事故遭受人身伤亡或者财产损失的人,但不包括被保险机动车本车车上人员、被保险人。

车上人员责任险是指保险期间内,以被保险人或其允许的驾驶人在使用被保险机动车过程中发生意外事故,致使车上人员遭受人身伤亡,且不属于免除保险人责任的范围,依法应当对车上人员承担的损害赔偿责任为保险标的,保险人依照车上人员责任险合同约定负责赔偿的保险。在机动车保险合同中的车上人员是指发生意外事故的瞬间,在被保险机动车车体内或车体上的人员,包括正在上下车的人员。

全车盗抢险是指保险期间内,被保险机动车全车由于被盗窃或抢夺造成损失和费用,且不属于免除保险人责任的范围,保险人依照全车盗抢险保险合同的约定负责赔偿的保险。

机动车交通事故责任强制保险是指由保险公司对被保险机动车发生道路交通事故造成本车人员、被保险人以外的受害人的人身伤亡、财产损失,在责任限额内予以赔偿的强制性责任

① 实际上,这个约定为对足额或不足额保险而言,在扣除机动车交通事故责任强制保险对机动车损失赔偿限额的部分负责赔偿。

保险。[①]

其中,交强险合同中的被保险人是指投保人及其允许的合法驾驶人。投保人是指与保险人订立交强险合同,并按照合同负有支付保险费义务的机动车的所有人、管理人。交强险合同中的受害人是指因被保险机动车发生交通事故遭受人身伤亡或者财产损失的人,但不包括被保险机动车本车车上人员、被保险人。对该险种,世界上绝大部分国家采用强制保险的方式,这是为了保护无辜的受害者的利益。

② 附加险。从理论上看,机动车保险附加险的险种有:玻璃单独破碎险、机动车停驶损失险、自燃损失险、新增加设备损失险、无过失责任险、车载货物掉落责任险、不计免赔特约险、代步车保险。其中:玻璃单独破碎险、机动车停驶损失险、自燃损失险、新增加设备损失险为机动车损失保险的附加险,无过失责任险、车载货物掉落责任险、代步车保险为第三者责任险的附加险,不计免赔特约险同时为机动车损失保险、第三者责任保险的附加险。未投保基本险的,不得投保上述相应的附加险。

根据 2014 年版《示范条款》,机动车附加险包括:玻璃单独破碎险、自燃损失险、新增加设备损失险、车身划痕损失险、发动机涉水损失险、修理期间费用补偿险、车上货物责任险、精神损害抚慰金责任险、不计免赔率险、机动车损失保险无法找到第三方特约险、指定修理厂险。

不过,中国保险行业协会制定的 2014 年版《示范条款》是供各保险公司选择的示范条款,因此,从理论而言,各保险公司也可在此基础上开设一些附加险。

一般而言,只有投保了基本险,才能投保附加险,未投保基本险的,则不得投保上述相应的附加险,并且附加险要与相应的基本险相对应,如物质财产损失方面的附加险附加于机动车损失保险,责任险方面的附加险附加于机动车责任保险。具体为:投保了机动车损失保险的机动车,可投保玻璃单独破碎险、新增加设备损失险、车身划痕损失险、发动机涉水损失险、修理期间费用补偿险、机动车损失保险无法找到第三方特约险、指定修理厂险;投保了机动车第三者责任保险的机动车,可投保车上货物责任险、精神损害抚慰金责任险;投保了任一基本险及其他设置了免赔率的附加险后,均可投保本不计免赔率险。

3. 机动车保险的特点

第一,机动车保险属于不定值保险。由于机动车的价格在不断变化之中,并且随着车龄的增加,不断折旧,因此,对机动车损失保险,一般采用不定值保险的方式;对第三者责任险,则采用在赔偿责任限额内赔偿的方式。

第二,机动车保险的赔偿方式主要采用修复方式。由于大部分机动车的损失属于部分损失,故而,机动车损失保险一般采用修复方式,保险也就根据修复的金额进行赔偿。

第三,机动车保险赔偿中采用绝对免赔方式。为了减少保险事故,增强被保险人的风险防范意识,一般根据被保险人在交通事故中的责任轻重,规定一定的绝对免赔率,对负全责或单方肇事的,免赔率最高;对负次要责任的,免赔率最低;对无责的,则无免赔。

第四,机动车保险采用无赔款优待方式。为了减少保险事故,在机动车保险实务中,常对续保的在上年未发生保险事故的机动车,采用无赔款优待方式,以激励未发生保险事故的被保险人,从而从整体上减少机动车保险事故。

---

① 参见《机动车交通事故责任强制保险条例》第 3 条。

第五,机动车保险中对第三者应承担的责任部分一般采用强制责任保险的方式。为了保护无辜的受害者的基本权益,机动车保险中对第三者应承担的责任部分,一般采用强制责任保险的方式。[①]

(二) 机动车损失保险

1. 机动车损失保险的保险责任

机动车损失保险的保险责任包括自然灾害或意外事故造成保险机动车的损失、施救和保护费用。其中,碰撞责任在意外事故中占绝大部分。因此,以下将碰撞责任在保险责任中单列。机动车损失保险的保险责任包括:

(1) 意外事故或自然灾害造成被保险机动车的损失。保险期间内,被保险人或其允许的驾驶人在使用被保险机动车过程中,因下列原因造成被保险机动车的直接损失,且不属于免除保险人责任的范围,保险人依照机动车损失保险合同的约定负责赔偿[②]:

① 碰撞责任。碰撞是指被保险机动车或其符合装载规定的货物与外界固态物体之间发生的、产生撞击痕迹的意外撞击。包括两种情况:一是保险车辆与外界物体的意外撞击造成的本车损失,二是保险车辆运输符合装载规定的货物与外界物体意外撞击导致的本车损失。即保险车辆按《中华人民共和国道路交通管理条例》关于车辆装载的规定载运货物(车辆装载货物与装载规定不符,须报请公安交通管理部门批准,按指定时间、路线、时速行驶),则车与货物即视为一体,所装货物与外界物体意外撞击造成的本车损失属于碰撞责任。

② 非碰撞责任。非碰撞责任包括:倾覆、坠落;火灾、爆炸;外界物体坠落、倒塌;雷击、暴风、暴雨、洪水、龙卷风、冰雹、台风、热带风暴;地陷、崖崩、滑坡、泥石流、雪崩、冰陷、暴雪、冰凌、沙尘暴;受到被保险机动车所载货物、车上人员意外撞击;载运被保险机动车的渡船遭受自然灾害(只限于驾驶人随船的情形)。

其中:倾覆是指被保险机动车由于自然灾害或意外事故,造成本被保险机动车翻倒,车体触地,失去正常状态和行驶能力,不经施救不能恢复行驶。坠落是指被保险机动车在行驶中发生意外事故,整车腾空后下落,造成本车损失的情况;非整车腾空,即仅由于颠簸造成被保险机动车损失的,不属于坠落。外界物体倒塌是指被保险机动车自身以外的物体倒下或陷下。火灾是指被保险机动车本身以外的火源引起的、在时间或空间上失去控制的燃烧(即有热、有光、有火焰的剧烈的氧化反应)所造成的灾害。

(2) 合理的施救、保护费用。合理的施救、保护费用是指发生保险事故时,被保险人或其允许的驾驶人为防止或者减少被保险机动车的损失所支付的必要的、合理的施救费用,由保险人承担。施救费用数额在被保险机动车损失赔偿金额以外另行计算,最高不超过保险金额的数额。该费用必须合理,即保护施救行为支出的费用是直接的和必要的,并符合国家有关政策规定。其中,施救措施是指发生保险事故时,为减少和避免保险车辆的损失所施行的抢救行为;保护措施

---

① 应该指出,第三者责任保险分为基本保障和特定保障。基本保障是在当时社会平均水平下对受害者的权益提供的保障;特定保障则是在对第三者应负赔偿责任中扣除基本保障以外的余额,该部分同属于机动车依法应负的赔偿责任,若投保,则属于商业第三者责任险的赔偿限额,投保与否及责任限额的多寡,完全由投保人选定,投保越多,自留的就越少。对于前者,在我国目前称为机动车交通事故责任强制保险,海外称为强制汽车责任保险;对后者,则称为机动车第三者责任保险,或简称商业三责险。

② 这有两层含义:第一,列明属于保险责任的直接损失负责赔偿;第二,列明了属于责任免除的,不予赔偿。

是指保险事故发生以后，为防止保险车辆损失扩大和加重的行为。合理费用是指保护、施救行为支出的费用是直接的、必要的，并符合国家有关政策规定。

2. 机动车损失保险的责任免除

(1) 在上述保险责任范围内，下列情况下不论任何原因造成被保险机动车的任何损失和费用，保险人均不负责赔偿：

① 事故发生后，被保险人或其允许的驾驶人故意破坏、伪造现场，毁灭证据。

② 驾驶人有下列情形之一者：事故发生后，在未依法采取措施的情况下驾驶被保险机动车或者遗弃被保险机动车离开事故现场；饮酒、吸食或注射毒品、服用国家管制的精神药品或者麻醉药品；无驾驶证，驾驶证被依法扣留、暂扣、吊销、注销期间；驾驶与驾驶证载明的准驾车型不相符合的机动车；实习期内驾驶公共汽车、营运客车或者执行任务的警车、载有危险物品的机动车或牵引挂车的机动车；驾驶出租机动车或营业性机动车无交通运输管理部门核发的许可证书或其他必备证书；学习驾驶时无合法教练员随车指导；非被保险人允许的驾驶人。

③ 被保险机动车有下列情形之一者：发生保险事故时被保险机动车行驶证、号牌被注销的，或未按规定检验或检验不合格；被扣押、收缴、没收、政府征用期间；在竞赛、测试期间，在营业性场所维修、保养、改装期间；被保险人或其允许的驾驶人故意或重大过失，导致被保险机动车被利用从事犯罪行为。

(2) 下列原因导致的被保险机动车的损失和费用，保险人不负责赔偿：地震及其次生灾害；战争、军事冲突、恐怖活动、暴乱、污染(含放射性污染)、核反应、核辐射；人工直接供油、高温烘烤、自燃、不明原因火灾；违反安全装载规定；被保险机动车被转让、改装、加装或改变使用性质等，被保险人、受让人未及时通知保险人，且因转让、改装、加装或改变使用性质等导致被保险机动车危险程度显著增加；被保险人或其允许的驾驶人的故意行为。

(3) 下列损失和费用，保险人不负责赔偿：因市场价格变动造成的贬值、修理后因价值降低引起的减值损失；自然磨损、朽蚀、腐蚀、故障、本身质量缺陷；遭受保险责任范围内的损失后，未经必要修理并检验合格继续使用，致使损失扩大的部分；投保人、被保险人或其允许的驾驶人知道保险事故发生后，故意或者因重大过失未及时通知，致使保险事故的性质、原因、损失程度等难以确定的，保险人对无法确定的部分，不承担赔偿责任，但保险人通过其他途径已经及时知道或者应当及时知道保险事故发生的除外；因被保险人违反2014年版《示范条款》第16条约定，导致无法确定的损失①；被保险机动车全车被盗窃、被抢劫、被抢夺、下落不明，以及在此期间受到的损坏，或被盗窃、被抢劫、被抢夺未遂受到的损坏，或车上零部件、附属设备丢失；车轮单独损坏，玻璃单独破碎，无明显碰撞痕迹的车身划痕，以及新增设备的损失；发动机进水后导致的发动机损坏。

3. 保险期间

除另有约定外，保险期间为一年，以保险单载明的起讫时间为准。这说明机动车损失保险的保险期限是履约而终止。

---

① 2014年版《示范条款》第16条规定：因保险事故损坏的被保险机动车，应当尽量修复。修理前被保险人应当会同保险人检验，协商确定修理项目、方式和费用。对未协商确定的，保险人可以重新核定。

4. 免赔率与免赔额

保险人在依据机动车损失保险合同约定计算赔款的基础上，按照下列方式免赔：

(1) 被保险机动车一方负次要事故责任的，实行 5% 的事故责任免赔率；负同等事故责任的，实行 10% 的事故责任免赔率；负主要事故责任的，实行 15% 的事故责任免赔率；负全部事故责任或单方肇事事故的，实行 20% 的事故责任免赔率。

(2) 被保险机动车的损失应当由第三方负责赔偿，无法找到第三方的，实行 30% 的绝对免赔率。

(3) 违反安全装载规定但不是事故发生的直接原因的，增加 10% 的绝对免赔率。

(4) 对于投保人与保险人在投保时协商确定绝对免赔额的，本保险在实行免赔率的基础上增加每次事故绝对免赔额。

5. 机动车损失保险的保险金额

从理论上说，机动车损失保险的保险金额，可以按投保时新车购置价或实际价值确定，也可以由被保险人与保险人协商确定，但保险金额不得超过保险价值，超过部分无效。投保人和保险人可根据实际情况，选择新车购置价、实际价值、协商价值三种方式之一确定保险金额。

2014 年版《示范条款》对保险金额按投保时被保险机动车的实际价值确定。投保时被保险机动车的实际价值由投保人与保险人根据投保时的新车购置价减去折旧金额后的价格协商确定或其他市场公允价值协商确定。折旧金额可根据机动车损失保险合同列明的参考折旧系数表确定。

6. 赔偿处理

(1) 索赔通知。发生保险事故时，被保险人或其允许的驾驶人应当及时采取合理的、必要的施救和保护措施，防止或者减少损失，并在保险事故发生后 48 小时内通知保险人。被保险人或其允许的驾驶人根据有关法律法规规定选择自行协商方式处理交通事故的，应当立即通知保险人。

(2) 协助查勘。被保险人或其允许的驾驶人根据有关法律法规规定选择自行协商方式处理交通事故的，应当协助保险人勘验事故各方车辆、核实事故责任，并依照《道路交通事故处理程序规定》签订记录交通事故情况的协议书。

(3) 提供索赔资料。被保险人索赔时，应当向保险人提供与确认保险事故的性质、原因、损失程度等有关的证明和资料。被保险人应当提供保险单、损失清单、有关费用单据、被保险机动车行驶证和发生事故时驾驶人的驾驶证。属于道路交通事故的，被保险人应当提供公安机关交通管理部门或法院等机构出具的事故证明、有关的法律文书（判决书、调解书、裁定书、裁决书等）及其他证明。被保险人或其允许的驾驶人根据有关法律法规规定选择自行协商方式处理交通事故的，被保险人应当提供依照《道路交通事故处理程序规定》签订记录交通事故情况的协议书。

(4) 核定损失。因保险事故损坏的被保险机动车，应当尽量修复。修理前被保险人应当会同保险人检验，协商确定修理项目、方式和费用。对未协商确定的，保险人可以重新核定。

(5) 残值处理。被保险机动车遭受损失后的残余部分由保险人、被保险人协商处理。如折归被保险人的，由双方协商确定其价值并在赔款中扣除。

(6) 理赔计算。机动车损失保险赔款按以下方法计算：

发生全部损失时：

赔款 =(保险金额 - 被保险人已从第三方获得的赔偿金额)×

(1- 事故责任免赔率)×(1- 绝对免赔率之和)- 绝对免赔额

发生部分损失时,保险人按实际修复费用在保险金额内计算赔偿:

赔款 =(实际修复费用 - 被保险人已从第三方获得的赔偿金额)×

(1- 事故责任免赔率)×(1- 绝对免赔率之和)- 绝对免赔额

施救费的机损。施救的财产中,含有机动车损失保险合同未保险的财产,应按机动车损失保险合同保险财产的实际价值占总施救财产的实际价值比例分摊施救费用。

(7) 合同终止。被保险机动车发生本保险事故,导致全部损失,或一次赔款金额与免赔金额之和(不含施救费)达到保险金额,保险人按机动车损失保险合同约定支付赔款后,本保险责任终止,保险人不退还机动车损失保险及其附加险的保险费。

保险人受理报案、现场查勘、核定损失、参与诉讼、进行抗辩、要求被保险人提供证明和资料、向被保险人提供专业建议等行为,均不构成保险人对赔偿责任的承诺。

7. 机动车损失保险的其他特殊规定

第一,碰撞互不追偿协议。如果签订该协议的不同保险人所承保的机动车发生相互碰撞,遭受损害,保险人对各自承保的机动车损失偿付赔款,不再进行法定的追偿。

第二,第三者赔款平分的协议。参加协议的保险人在各自承保的机动车碰撞后,对第三者的赔款各自承担一半。该协议有效的情况为:仅限于财产损失或人身伤害,而且双方保单均承保该类责任;必须是参加协议的各方承保的机动车互撞。

第三,代位求偿。因第三方对被保险机动车的损害而造成保险事故,被保险人向第三方索赔的,保险人应积极协助;被保险人也可以直接向本保险人索赔,保险人在保险金额内先行赔付被保险人,并在赔偿金额内代位行使被保险人对第三方请求赔偿的权利。被保险人已经从第三方取得损害赔偿的,保险人进行赔偿时,相应扣减被保险人从第三方已取得的赔偿金额。保险人未赔偿之前,被保险人放弃对第三方请求赔偿的权利的,保险人不承担赔偿责任。被保险人故意或者因重大过失致使保险人不能行使代位请求赔偿的权利的,保险人可以扣减或者要求返还相应的赔款。保险人向被保险人先行赔付的,保险人向第三方行使代位请求赔偿的权利时,被保险人应当向保险人提供必要的文件和所知道的有关情况。

(三) 机动车第三者责任保险

1. 机动车第三者责任保险的保险责任

保险期间内,被保险人或其允许的驾驶人在使用被保险机动车过程中发生意外事故,致使第三者遭受人身伤亡或财产直接损毁,依法应当对第三者承担的损害赔偿责任,且不属于免除保险人责任的范围,保险人依照机动车损失保险合同的约定,对于超过机动车交通事故责任强制保险各分项赔偿限额的部分负责赔偿。

保险人依据被保险机动车一方在事故中所负事故责任比例,承担相应的赔偿责任。被保险人或被保险机动车一方根据有关法律法规规定选择自行协商或由公安机关交通管理部门处理事故未确定事故责任比例的,按照下列规定确定事故责任比例:被保险机动车一方负主要事故责任的,事故责任比例为70%;被保险机动车一方负同等事故责任的,事故责任比例为50%;被保险机动车一方负次要事故责任的,事故责任比例为30%。涉及司法或仲裁程序的,以法院或仲裁机构最终生效的法律文书为准。

2. 机动车第三者责任保险的责任免除

(1) 在上述保险责任范围内,下列情况下,不论任何原因造成的人身伤亡、财产损失和费用,保险人均不负责赔偿:① 事故发生后,被保险人或其允许的驾驶人故意破坏、伪造现场,毁灭证据。② 驾驶人有下列情形之一者:事故发生后,在未依法采取措施的情况下驾驶被保险机动车或者遗弃被保险机动车离开事故现场;饮酒、吸食或注射毒品、服用国家管制的精神药品或者麻醉药品;无驾驶证,驾驶证被依法扣留、暂扣、吊销、注销期间;驾驶与驾驶证载明的准驾车型不相符合的机动车;实习期内驾驶公共汽车、营运客车或者执行任务的警车、载有危险物品的机动车或牵引挂车的机动车;驾驶出租机动车或营业性机动车无交通运输管理部门核发的许可证书或其他必备证书;学习驾驶时无合法教练员随车指导;非被保险人允许的驾驶人。③ 被保险机动车有下列情形之一者:发生保险事故时被保险机动车行驶证、号牌被注销的,或未按规定检验或检验不合格;被扣押、收缴、没收、政府征用期间;在竞赛、测试期间,在营业性场所维修、保养、改装期间;全车被盗窃、被抢劫、被抢夺、下落不明期间。

(2) 下列原因导致的人身伤亡、财产损失和费用,保险人不负责赔偿:① 地震及其次生灾害、战争、军事冲突、恐怖活动、暴乱、污染(含放射性污染)、核反应、核辐射。② 被保险机动车在行驶过程中翻斗突然升起,或没有放下翻斗,或自卸系统(含机件)失灵。③ 第三者、被保险人或其允许的驾驶人的故意行为、犯罪行为,第三者与被保险人或其他致害人恶意串通的行为。④ 被保险机动车被转让、改装、加装或改变使用性质等,被保险人、受让人未及时通知保险人,且因转让、改装、加装或改变使用性质等导致被保险机动车危险程度显著增加。

(3) 下列人身伤亡、财产损失和费用,保险人不负责赔偿:① 被保险机动车发生意外事故,致使任何单位或个人停业、停驶、停电、停水、停气、停产、通讯或网络中断、电压变化、数据丢失造成的损失以及其他各种间接损失。② 第三者财产因市场价格变动造成的贬值,修理后因价值降低引起的减值损失。③ 被保险人及其家庭成员、被保险人允许的驾驶人及其家庭成员所有、承租、使用、管理、运输或代管的财产的损失,以及本车上财产的损失。④ 被保险人、被保险人允许的驾驶人、本车车上人员的人身伤亡。⑤ 停车费、保管费、扣车费、罚款、罚金或惩罚性赔款。⑥ 超出《道路交通事故受伤人员临床诊疗指南》和国家基本医疗保险同类医疗费用标准的费用部分。⑦ 律师费,未经保险人事先书面同意的诉讼费、仲裁费。⑧ 投保人、被保险人或其允许的驾驶人知道保险事故发生后,故意或者因重大过失未及时通知,致使保险事故的性质、原因、损失程度等难以确定的,保险人对无法确定的部分,不承担赔偿责任,但保险人通过其他途径已经及时知道或者应当及时知道保险事故发生的除外。⑨ 因被保险人违反 2014 年版《示范条款》第 34 条约定(即因保险事故损坏的第三者财产,应当尽量修复。修理前被保险人应当会同保险人检验,协商确定修理项目、方式和费用。对未协商确定的,保险人可以重新核定),导致无法确定的损失。⑩ 精神损害抚慰金。⑪ 应当由机动车交通事故责任强制保险赔偿的损失和费用。保险事故发生时,被保险机动车未投保机动车交通事故责任强制保险或机动车交通事故责任强制保险合同已经失效的,对于机动车交通事故责任强制保险责任限额以内的损失和费用,保险人不负责赔偿。

3. 机动车第三者责任保险的保险期间

除另有约定外，保险期间为一年，以保险单载明的起讫时间为准。对于机动车第三者责任保险，通常采用连续责任制，在保险期间无论发生多少次保险事故，保险人对每次保险事故均在责任限额内赔偿，直至保险期限届满而终止。

4. 机动车第三者责任保险的免赔率与责任限额

(1) 免赔率。保险人在依据机动车第三者责任保险合同约定计算赔款的基础上，在保险单载明的责任限额内，按照下列方式免赔：

① 被保险机动车一方负次要事故责任的，实行 5% 的事故责任免赔率；负同等事故责任的，实行 10% 的事故责任免赔率；负主要事故责任的，实行 15% 的事故责任免赔率；负全部事故责任的，实行 20% 的事故责任免赔率。

② 违反安全装载规定的，实行 10% 的绝对免赔率。

(2) 责任限额。机动车第三者责任保险的每次事故的责任限额，由投保人和保险人在签订本保险合同时协商确定。主车和挂车连接使用时视为一体，发生保险事故时，由主车保险人和挂车保险人按照保险单上载明的机动车第三者责任保险责任限额的比例，在各自的责任限额内承担赔偿责任，但赔偿金额总和以主车的责任限额为限。

投保人和保险人在投保时可以根据不同车辆的类型自行协商选择确定机动车第三者责任保险的每次事故最高赔偿限额。机动车第三者责任保险理赔采用连续责任制。连续责任制是在保险期间无论发生多少次保险事故，只要在责任限额内均予以赔偿的制度。

5. 机动车第三者责任保险的赔偿处理

(1) 及时通知。发生保险事故时，被保险人或其允许的驾驶人应当及时采取合理的、必要的施救和保护措施，防止或者减少损失，并在保险事故发生后 48 小时内通知保险人。被保险人或其允许的驾驶人根据有关法律法规规定选择自行协商方式处理交通事故的，应当立即通知保险人。

(2) 协助勘验。被保险人或其允许的驾驶人根据有关法律法规规定选择自行协商方式处理交通事故的，应当协助保险人勘验事故各方车辆、核实事故责任，并依照《道路交通事故处理程序规定》签订记录交通事故情况的协议书。

(3) 提供索赔资料。被保险人索赔时，应当向保险人提供与确认保险事故的性质、原因、损失程度等有关的证明和资料。被保险人应当提供保险单、损失清单、有关费用单据、被保险机动车行驶证和发生事故时驾驶人的驾驶证。属于道路交通事故的，被保险人应当提供公安机关交通管理部门或法院等机构出具的事故证明、有关的法律文书(判决书、调解书、裁定书、裁决书等)及其他证明。被保险人或其允许的驾驶人根据有关法律法规规定选择自行协商方式处理交通事故的，被保险人应当提供依照《道路交通事故处理程序规定》签订记录交通事故情况的协议书。

(4) 对第三者的赔偿。保险人对被保险人给第三者造成的损害，可以直接向该第三者赔偿。被保险人给第三者造成损害，被保险人对第三者应负的赔偿责任确定的，根据被保险人的请求，保险人应当直接向该第三者赔偿。被保险人怠于请求的，第三者有权就其应获赔偿部分直接向保险人请求赔偿。被保险人给第三者造成损害，被保险人未向该第三者赔偿的，保险人不得向被保险人赔偿。

因保险事故损坏的第三者财产，应当尽量修复。修理前被保险人应当会同保险人检验，协商确定修理项目、方式和费用。对未协商确定的，保险人可以重新核定。

(5) 赔款计算。

① 当(依合同约定核定的第三者损失金额 - 机动车交通事故责任强制保险的分项赔偿限额)× 事故责任比例等于或高于每次事故赔偿限额时：

赔款 = 每次事故赔偿限额 ×(1- 事故责任免赔率)×(1- 绝对免赔率之和)

② 当(依合同约定核定的第三者损失金额 - 机动车交通事故责任强制保险的分项赔偿限额)× 事故责任比例低于每次事故赔偿限额时：

赔款 =(依合同约定核定的第三者损失金额 - 机动车交通事故责任强制保险的分项赔偿限额)× 事故责任比例 ×(1- 事故责任免赔率)×(1- 绝对免赔率之和)

(6) 赔偿标准。保险人按照《道路交通事故受伤人员临床诊疗指南》和国家基本医疗保险的同类医疗费用标准核定医疗费用的赔偿金额。

未经保险人书面同意，被保险人自行承诺或支付的赔偿金额，保险人有权重新核定。不属于保险人赔偿范围或超出保险人应赔偿金额的，保险人不承担赔偿责任。

保险人受理报案、现场查勘、核定损失、参与诉讼、进行抗辩、要求被保险人提供证明和资料、向被保险人提供专业建议等行为，均不构成保险人对赔偿责任的承诺。

机动车保险采用一次性赔偿结案的原则，保险人对第三者责任险保险事故赔偿结案后，对被保险人追加受害人的任何赔偿费用不再负责。第三者责任保险的保险责任为连续责任：保险机动车发生第三者责任保险事故，保险人赔偿后，每次事故无论赔款是否达到保险赔偿限额，在保险期限内，第三者责任险的保险责任仍然有效，直至保险期满。

保险机动车、第三者的财产遭受损失后的残余部分，可协商作价折归被保险人，并在赔款中扣除。

(四) 机动车车上人员责任保险

1. 机动车车上人员责任保险的保险责任

保险期间内，被保险人或其允许的驾驶人在使用被保险机动车过程中发生意外事故，致使车上人员遭受人身伤亡，且不属于免除保险人责任的范围，依法应当对车上人员承担的损害赔偿责任，保险人依照机动车车上人员责任保险合同的约定负责赔偿。

保险人依据被保险机动车一方在事故中所负的事故责任比例，承担相应的赔偿责任。被保险人或被保险机动车一方根据有关法律法规规定选择自行协商或由公安机关交通管理部门处理事故未确定事故责任比例的，按照下列规定确定事故责任比例：被保险机动车一方负主要事故责任的，事故责任比例为 70%；被保险机动车一方负同等事故责任的，事故责任比例为 50%；被保险机动车一方负次要事故责任的，事故责任比例为 30%。涉及司法或仲裁程序的，则以法院或仲裁机构最终生效的法律文书为准。

2. 机动车车上人员责任保险的责任免除

(1) 在上述保险责任范围内，下列情况下，不论任何原因造成的人身伤亡，保险人均不负责赔偿：① 事故发生后，被保险人或其允许的驾驶人故意破坏、伪造现场，毁灭证据。② 驾驶人有下列情形之一者：事故发生后，在未依法采取措施的情况下驾驶被保险机动车或者遗弃被保险机动车离开事故现场;饮酒、吸食或注射毒品、服用国家管制的精神药品或者麻醉药品;无驾驶证,驾驶证被依法扣留、暂扣、吊销、注销期间;驾驶与驾驶证载明的准驾车型不相符合的机动车;实习期内驾驶公共汽车、营运客车或者执行任务的警车、载有危险物品的机动车或牵引挂车的机动车;驾驶出租机动车或营业性机动车无交通运输管理部门核发的许可证书或其他必备证书;学习驾驶时无合法教练员随车指导;非被保险人允许的驾驶人。③ 被保险机动车有下列情形之一者:发生保险事故时被保险机动车行驶证、号牌被注销的,或未按规定检验或检验不合格;被扣押、收缴、没收、政府征用期间;在竞赛、测试期间,在营业性场所维修、保养、改装期间;全车被盗窃、被抢劫、被抢夺、下落不明期间。

(2) 下列原因导致的人身伤亡,保险人不负责赔偿:① 地震及其次生灾害、战争、军事冲突、恐怖活动、暴乱、污染(含放射性污染)、核反应、核辐射。② 被保险机动车被转让、改装、加装或改变使用性质等,被保险人、受让人未及时通知保险人,且因转让、改装、加装或改变使用性质等导致被保险机动车危险程度显著增加。③ 被保险人或驾驶人的故意行为。

(3) 下列人身伤亡、损失和费用,保险人不负责赔偿:① 被保险人及驾驶人以外的其他车上人员的故意行为造成的自身伤亡。② 车上人员因疾病、分娩、自残、斗殴、自杀、犯罪行为造成的自身伤亡。③ 违法、违章搭乘人员的人身伤亡。④ 罚款、罚金或惩罚性赔款。⑤ 超出《道路交通事故受伤人员临床诊疗指南》和国家基本医疗保险同类医疗费用标准的费用部分。⑥ 律师费,未经保险人事先书面同意的诉讼费、仲裁费。⑦ 投保人、被保险人或其允许的驾驶人知道保险事故发生后,故意或者因重大过失未及时通知,致使保险事故的性质、原因、损失程度等难以确定的,保险人对无法确定的部分,不承担赔偿责任,但保险人通过其他途径已经及时知道或者应当及时知道保险事故发生的除外。⑧ 精神损害抚慰金。⑨ 应当由机动车交通事故责任强制保险赔付的损失和费用。

3. 机动车车上人员责任保险的保险期间

除另有约定外,保险期间为一年,以保险单载明的起讫时间为准。即采用连续责任制。

4. 机动车车上人员责任保险的责任限额与免赔率

(1) 责任限额。驾驶人每次事故责任限额和乘客每次事故每人责任限额由投保人和保险人在投保时协商确定。投保乘客座位数按照被保险机动车的核定载客数(驾驶人座位除外)确定。

(2) 免赔率。保险人在依据本保险合同约定计算赔款的基础上,在保险单载明的责任限额内,按照下列方式免赔:

被保险机动车一方负次要事故责任的,实行 5% 的事故责任免赔率;负同等事故责任的,实行 10% 的事故责任免赔率;负主要事故责任的,实行 15% 的事故责任免赔率;负全部事故责任或单方肇事事故的,实行 20% 的事故责任免赔率。

5. 机动车车上人员责任保险的赔偿处理

机动车车上人员责任保险的赔偿处理包括:及时通知;协助勘验;提供索赔资料;赔款计算;理赔依据标准。[①] 其中,赔款计算为:

(1) 对每座的受害人,当(依合同约定核定的每座车上人员人身伤亡损失金额 - 应由机动车

① 对于赔偿处理的及时通知、协助勘验、提供索赔资料、理赔依据标准,与机动车第三者责任保险的类似,具体参照 2014 年版《示范条款》"第三章 机动车车上人员责任保险"的"赔偿处理"约定,限于篇幅,不再赘述。

交通事故责任强制保险赔偿的金额)× 事故责任比例高于或等于每次事故每座赔偿限额时:

赔款 = 每次事故每座赔偿限额 ×(1– 事故责任免赔率)×(1– 绝对免赔率之和)

(2) 对每座的受害人,当(依合同约定核定的每座车上人员人身伤亡损失金额 – 应由机动车交通事故责任强制保险赔偿的金额)× 事故责任比例低于每次事故每座赔偿限额时:

赔款 =(依合同约定核定的每座车上人员人身伤亡损失金额 – 应由机动车交通事故责任强制保险赔偿的金额)× 事故责任比例 ×(1– 事故责任免赔率)×(1– 绝对免赔率之和)

(五) 机动车全车盗抢保险

1. 机动车全车盗抢保险的保险责任

保险期间内,被保险机动车的下列损失和费用,且不属于免除保险人责任的范围,保险人依照机动车全车盗抢保险合同的约定负责赔偿:

(1) 被保险机动车被盗窃、抢劫、抢夺,经出险当地县级以上公安刑侦部门立案证明,满 60 天未查明下落的全车损失。

(2) 被保险机动车全车被盗窃、抢劫、抢夺后,受到损坏或车上零部件、附属设备丢失需要修复的合理费用。

(3) 被保险机动车在被抢劫、抢夺过程中,受到损坏需要修复的合理费用。

2. 机动车全车盗抢保险的责任免除

(1) 在上述保险责任范围内,下列情况下不论任何原因造成被保险机动车的任何损失和费用,保险人均不负责赔偿:① 被保险人索赔时未能提供出险当地县级以上公安刑侦部门出具的盗抢立案证明。② 驾驶人、被保险人、投保人故意破坏现场、伪造现场、毁灭证据。③ 被保险机动车被扣押、罚没、查封、政府征用期间。④ 被保险机动车在竞赛、测试期间,在营业性场所维修、保养、改装期间,被运输期间。

(2) 下列损失和费用,保险人不负责赔偿:① 地震及其次生灾害导致的损失和费用。② 战争、军事冲突、恐怖活动、暴乱导致的损失和费用。③ 因诈骗引起的任何损失;因投保人、被保险人与他人的民事、经济纠纷导致的任何损失。④ 被保险人或其允许的驾驶人的故意行为、犯罪行为导致的损失和费用。⑤ 非全车遭盗窃,仅车上零部件或附属设备被盗窃或损坏。⑥ 新增设备的损失。⑦ 遭受保险责任范围内的损失后,未经必要修理并检验合格继续使用,致使损失扩大的部分。⑧ 被保险机动车被转让、改装、加装或改变使用性质等,被保险人、受让人未及时通知保险人,且因转让、改装、加装或改变使用性质等导致被保险机动车危险程度显著增加而发生保险事故。⑨ 投保人、被保险人或其允许的驾驶人知道保险事故发生后,故意或者因重大过失未及时通知,致使保险事故的性质、原因、损失程度等难以确定的,保险人对无法确定的部分,不承担赔偿责任,但保险人通过其他途径已经及时知道或者应当及时知道保险事故发生的除外。⑩ 因被保险人违反 2014 年版《示范条款》第 58 条约定[①],导致无法确定的损失。

---

① 2014 年版《示范条款》第 58 条约定:因保险事故损坏的被保险机动车,应当尽量修复。修理前被保险人应当会同保险人检验,协商确定修理项目、方式和费用。对未协商确定的,保险人可以重新核定。

3. 机动车全车盗抢保险的保险期间

除另有约定外,保险期间为一年,以保险单载明的起讫时间为准。

4. 机动车全车盗抢保险的保险金额与免赔率

(1) 保险金额。保险金额在投保时被保险机动车的实际价值内协商确定。投保时被保险机动车的实际价值由投保人与保险人根据投保时的新车购置价减去折旧金额后的价格协商确定或其他市场公允价值协商确定。折旧金额可根据机动车全车盗抢保险合同列明的参考折旧系数表确定。

(2) 免赔率。保险人在依据机动车全车盗抢保险合同约定计算赔款的基础上,按照下列方式免赔:① 发生全车损失的,绝对免赔率为 20%。② 发生全车损失,被保险人未能提供机动车登记证书、机动车来历凭证的,每缺少一项,增加 1% 的绝对免赔率。

5. 机动车全车盗抢保险的赔偿处理

(1) 索赔通知。被保险机动车全车被盗抢的,被保险人知道保险事故发生后,应在 24 小时内向出险当地公安刑侦部门报案,并通知保险人。

(2) 提供索赔资料。被保险人索赔时,须提供保险单、损失清单、有关费用单据、机动车登记证书、机动车来历凭证以及出险当地县级以上公安刑侦部门出具的盗抢立案证明。

(3) 理赔方式。因保险事故损坏的被保险机动车,应当尽量修复。修理前被保险人应当会同保险人检验,协商确定修理项目、方式和费用。对未协商确定的,保险人可以重新核定。

(4) 赔款计算。保险人按下列方式赔偿:

① 被保险机动车全车被盗抢的,按以下方法计算赔款:

$$赔款 = 保险金额 \times (1 - 绝对免赔率之和)$$

② 被保险机动车发生 2014 年版《示范条款》第 51 条第 2、3 款(即被保险机动车全车被盗窃、抢劫、抢夺后,受到损坏或车上零部件、附属设备丢失需要修复的合理费用;被保险机动车在被抢劫、抢夺过程中,受到损坏需要修复的合理费用)列明的损失,保险人按实际修复费用在保险金额内计算赔偿。

(5) 赔付结案。保险人确认索赔单证齐全、有效后,被保险人签具权益转让书,保险人赔付结案。

(6) 合同终止。被保险机动车发生本保险事故,导致全部损失,或一次赔款金额与免赔金额之和达到保险金额,保险人按机动车全车盗抢保险合同约定支付赔款后,本保险责任终止,保险人不退还机动车全车盗抢保险及其附加险的保险费。

(六) 机动车保险费的计算与无赔款优待

1. 保险费的计算

(1) 机动车损失保险费率。确定机动车损失保险费率时一般应考虑下述因素:从车因素、从人因素、其他因素。

① 从车因素主要包括:车辆种类、厂牌型号、车辆的用途、车辆新旧、车辆安全配置、行驶区域、排气量、停放地点。

② 从人因素主要包括:投保人(驾驶员)的性别、年龄、驾龄、违章肇事记录、索赔记录、婚姻状况、职业、健康状况、个人嗜好、品行及驾驶员数量。

③ 其他因素主要包括：多辆车优惠，奖惩制度，免赔规定，再保险情况，通货膨胀，货币的时间价值，法律法规及政策，附带或配套服务措施，包括提供增值服务、延伸服务和公益服务等。

但不同国家具体运用时有所不同。我国2003年1月1日实行机动车保险费率市场化改革，有些保险公司已经开始考虑上述因素，而根据我国2002年机动车保险条款，确定机动车保险费率主要依据车辆的使用性质、车辆种类、A类或B类三个因素。根据我国《机动车保险费率表》及有关规定核定费率，费率表中的车辆使用性质分为两类：营业用车和非营业用车。对于兼有两类使用性质的车辆，按高档费率计费。机动车损失险保险费计算公式为：

机动车损失保险费 = 基本保费 +（保险金额 × 费率）

在厘定机动车保险费率方面，不能不提到哈顿矩阵模型。早在20世纪70年代，美国的小威廉·哈顿（William Haddon, Jr.）就将道路交通描述为一个设计得不好的"人造机器"系统，需要对它进行全面"治疗"。他提出了著名的哈顿矩阵模型（Haddon Matrix Model），阐明了在车祸发生碰撞前、碰撞时、碰撞后三个阶段中相互作用的三个因素：人、车和环境。该九格矩阵构成了系统动力学模型，矩阵中每个格都会采取干预措施以减少道路交通伤害的发生。该模型加深了对行为因素、道路因素和车辆因素的认识，正是这些因素影响道路交通事故的人员伤亡数量和严重程度。哈顿矩阵模型对完善机动车保险费率的厘定有着重要价值。具体如表6–1所示。

表6–1 哈顿矩阵模型

阶段		因素		
		人员	车辆和设备	环境
碰撞前	防止碰撞	信息 态度 损伤 交警执法力度	车辆性能 照明 制动 操控 速度管理	道路设计和道路布局 速度限制 行人装备
碰撞时	在碰撞时防止受伤	固定装置的使用 损伤	乘员固定系统 其他安全装置 防碰撞设计	道路两侧防碰撞物体
碰撞后	生命支持	急救技术 获得医疗救助	容易进入车内 起火的风险	救援设施 交通阻塞

资料来源：Marigie Peden，Richard Scurfield，David Sleet，等．世界预防道路交通伤害报告．刘光远，译．人民卫生出版社，2004：13.

(2) 第三者责任保险的保险费。第三者责任保险的保险费采用的是固定保险费。机动车第三者责任险的固定保费是按不同车辆种类和使用性质对应的第三者责任险每次最高赔偿限额确定的，如有的条款规定为5万元、10万元、15万元、20万元、50万元、100万元等，相应的保险费也不同。第三者责任险的保险费按投保时确定的每次事故最高赔偿限额对应的固定保费收取。

(3) 短期费率。如果保险期不满1年，应按短期费率计收保险费。短期费率分为两类：按日计费和按月计费。按日计费适用于被保险人新购置的车辆的投保，以统一续保日期。若按日计费，则其计算公式为：

应交保险费 = 年保险费 × 保险天数 /365

按月计费适用于应被保险人要求而签订的短期保险合同，应交保险费使用短期费率表计算（如表 6–2 所示）。若保险期不足 1 个月，则应按 1 个月来计费；投保 1 年，如果中途退保，也是按短期费率表计算退保费。若按月计费，则其计算公式为：

应交保险费 = 年保险费 × 短期月费率

表 6–2　按月计短期费率表

保险期（月）	1	2	3	4	5	6	7	8	9	10	11	12
应交费率（%）	10	20	30	40	50	60	70	80	85	90	95	100

2. 无赔款优待

无赔款优待是保险机动车在上一年保险期限内无赔款，续保时可享受无赔款减收保险费优待，优待金额为本年度续保险种应交保险费的一定比率。该比率因无赔款的年限长短而不同。上年度投保的机动车损失保险、第三者责任险、附加险中任何一项发生赔款，续保时均不能享受无赔款优待；不续保者不享受无赔款优待。若续保险种与上年度相同，但保险金额不同，无赔款优待以本年度保险金额对应的应交保险费为计算基础。优待的条件为：保险期限必须满一年；保险期内无赔款；保险期满前办理续保。确定无赔款优待时应注意：① 车辆同时投保机动车损失保险、第三者责任险和附加险的，只要其中任一险种发生赔款，被保险人续保时就不能享受无赔款优待。② 保险车辆发生保险事故，续保时案件未决，被保险人不能享受无赔款优待。但事故处理后，保险人无赔款责任，则退还无赔款优待应减收的保险费。③ 在一年保险期限内，发生所有权转移的保险车辆，续保时不享受无赔款优待。④ 无赔款优待仅限于续保险种，即上年度投保而本年度未续保的险种和本年度新投保的险种，均不享受无赔款优待。

（七）机动车保险的附加险

机动车保险附加险条款的法律效力优于主险条款。附加险条款未尽事宜，以主险条款为准。除附加险条款另有约定外，主险中的责任免除、免赔规则、双方义务同样适用于附加险。这里以 2014 年版《示范条款》的附加险为主要内容，并从基本原理展开论述。

1. 玻璃单独破碎险

投保了机动车损失保险的机动车，可投保玻璃单独破碎险。玻璃单独破碎险不适用主险中的各项免赔率、免赔额约定。其保险责任为：保险期间内，被保险机动车风挡玻璃或车窗玻璃的单独破碎，保险人按实际损失金额赔偿。

2. 自燃损失险

投保了机动车损失保险的机动车，可投保自燃损失险。其保险责任为：① 保险期间内，在没有外界火源的情况下，由于本车电器、线路、供油系统、供气系统等被保险机动车自身原因或所载货物自身原因起火燃烧造成本车的损失。② 发生保险事故时，被保险人为防止或者减少被保险机动车的损失所支付的必要的、合理的施救费用，由保险人承担；施救费用数额在被保险机动车损失赔偿金额以外另行计算，最高不超过自燃损失险保险金额的数额。

3. 新增加设备损失险

投保了机动车损失保险的机动车，可投保新增加设备损失险。其保险责任为：保险期间内，投保了新增加设备损失险的被保险机动车因发生机动车损失保险责任范围内的事故，造成车上新增加设备的直接损毁，保险人在保险单载明的新增加设备损失险的保险金额内，按照实际损失计算赔偿。

4. 车身划痕损失险

投保了机动车损失保险的机动车，可投保车身划痕损失险。其保险责任为：保险期间内，投保了车身划痕损失险的机动车在被保险人或其允许的驾驶人使用过程中，发生无明显碰撞痕迹的车身划痕损失，保险人按照保险合同约定负责赔偿。

5. 发动机涉水损失险

发动机涉水损失险的保险责任为：保险期间内，投保了发动机涉水损失险的被保险机动车在使用过程中，因发动机进水后导致的发动机的直接损毁，保险人负责赔偿；发生保险事故时，被保险人为防止或者减少被保险机动车的损失所支付的必要的、合理的施救费用，由保险人承担；施救费用数额在被保险机动车损失赔偿金额以外另行计算，最高不超过保险金额的数额。这是机动车损失保险的附加险。①

6. 修理期间费用补偿险

只有在投保了机动车损失保险的基础上方可投保修理期间费用补偿险，机动车损失保险责任终止时，修理期间费用补偿险保险责任同时终止。其保险责任为：保险期间内，投保了修理期间费用补偿险条款的机动车在使用过程中，发生机动车损失保险责任范围内的事故，造成车身损毁，致使被保险机动车停驶，保险人按保险合同约定，在保险金额内向被保险人补偿修理期间费用，作为代步车费用或弥补停驶损失。

7. 车上货物责任险

投保了机动车第三者责任保险的机动车，可投保车上货物责任险。其保险责任为：保险期间内，发生意外事故致使被保险机动车所载货物遭受直接损毁，依法应由被保险人承担的损害赔偿责任，保险人负责赔偿。

8. 精神损害抚慰金责任险

只有在投保了机动车第三者责任保险或机动车车上人员责任保险的基础上方可投保精神损害抚慰金责任险。其保险责任为：保险期间内，被保险人或其允许的驾驶人在使用被保险机动车的过程中，发生投保的主险约定的保险责任内的事故，造成第三者或车上人员的人身伤亡，受害人据此提出精神损害赔偿请求，保险人依据法院判决及保险合同约定，对应由被保险人或被保险机动车驾驶人支付的精神损害抚慰金，在扣除机动车交通事故责任强制保险应当支付的赔款后，在本保险赔偿限额内负责赔偿。

---

① 根据2014年版《示范条款》：发动机涉水损失险仅适用于家庭自用汽车，党政机关、事业团体用车，企业非营业用车，且只有在投保了机动车损失保险后，方可投保发动机涉水损失险。

9. 不计免赔率险

投保了任一主险及其他设置了免赔率的附加险后，均可投保本不计免赔率险。其保险责任为：保险事故发生后，按照对应投保的险种约定的免赔率计算的、应当由被保险人自行承担的免赔金额部分，保险人负责赔偿。

10. 机动车损失保险无法找到第三方特约险

投保了机动车损失保险后，可投保机动车损失保险无法找到第三方特约险。投保了机动车损失保险无法找到第三方特约险后，对于 2014 年版《示范条款》第 11 条第 2 款（即被保险机动车的损失应当由第三方负责赔偿，无法找到第三方的，实行 30% 的绝对免赔率）列明的，被保险机动车损失应当由第三方负责赔偿，但因无法找到第三方而增加的由被保险人自行承担的免赔金额，保险人负责赔偿。

11. 指定修理厂险

投保了机动车损失保险的机动车，可投保指定修理厂险。投保了指定修理厂险后，机动车损失保险事故发生后，被保险人可指定修理厂进行修理。

12. 代步车保险

代步车费用险是机动车损失保险的附加险，保险期间内，被保险机动车因遭受机动车损失保险合同约定的保险事故而修理，且被保险人在修理期限内需要代步机动车并提出请求的，保险人依照该特约条款的约定提供代步机动车。

此外，还可根据需要选择投保以下附加险，如车身划痕损失险，可选免赔额特约条款，发动机特别损失险，更换轮胎服务特约条款，送油、充电服务特约条款，拖车服务特约条款，附加换件特约条款，随车行李物品损失保险条款，新车特约条款，车上货物责任险，附加交通事故精神损害赔偿责任保险，教练车特约条款，附加油污污染责任保险，附加机动车出境保险等。[①]

（八）机动车交通事故责任强制保险

1. 机动车交通事故责任强制保险的特点[②]

机动车交通事故责任强制保险（以下简称交强险）相对于商业第三者责任保险（以下简称商业三责险）而言，具有以下特点：

第一，实施方式不同。交强险是强制保险，商业三责险是自愿保险。我国《道路交通安全法》第 17 条规定：国家实行机动车第三者责任强制保险制度。同时，《机动车交通事故责任强制保险条例》（简称《交强险条例》）第 2 条规定："在中华人民共和国境内道路上行驶的机动车的所有人或者管理人，应当依照《中华人民共和国道路交通安全法》的规定投保机动车交通事故责任强制保险。"并且要求具有经营交强险资格的保险公司不能拒保，也不能随意解除交强险合同，但投保人未履行如实告知义务的除外。违反强制性规定的机动车所有人、管理人或保险公司都将受到处罚。因此，交强险属于强制保险。

第二，目的不同。交强险的根本目的在于保护受害人的利益，使受害人得到及时、便捷的补

① 这要视机动车损失保险的保险责任而定，如车身划痕损失，有些公司的机动车损失保险的保险责任已经包括，便无需附加车身划痕损失险。

② 参考李祝用，徐首良．论机动车第三者责任强制保险与自愿保险之区别．保险研究，2006（1）：47–48，27。

偿,因此,除具有保险的一般风险管理功能之外,还具有一定的社会管理功能;商业三责险的目的在于保护被保险人的利益,即通过保险的风险管理功能转移被保险人的赔偿责任风险。这是两者的根本区别,由此决定了两者在制度设计上的诸多具体差别。

第三,性质不同。交强险不以营利为目的,属于政府行为,其基本经营原则是不盈不亏,是为了贯彻一项社会政策;而商业三责险是一种商业保险,属于买卖行为,其经营目的是营利。

第四,责任范围不同。交强险的保险责任范围比商业三责险宽泛。基于交强险的目的,就保险责任而言,对一部分责任,采用无过错责任原则,即在其责任限额范围内不再探究被保险人有无过错,只要因交通事故造成第三者损害,无论加害人是否过错,受害人均可请求保险赔偿给付①;对另一部分,则采用过错责任原则。同时没有免赔规定。如《道路交通安全法》第 76 条规定"机动车发生交通事故造成人身伤亡、财产损失的,由保险公司在机动车第三者责任强制保险责任限额范围内予以赔偿"。这也说明,交强险赔偿在先,其余部分在商业三责险责任限额内赔偿。《交强险条例》第 21 条规定:"被保险机动车发生道路交通事故造成本车人员、被保险人以外的受害人人身伤亡、财产损失的,由保险公司依法在机动车交通事故责任强制保险责任限额范围内予以赔偿。道路交通事故的损失是由受害人故意造成的,保险公司不予赔偿。"因此,交强险的赔偿范围几乎涵盖了所有道路交通责任风险。

而商业三责险则不同程度地规定有免赔额、免赔率或责任免除事项。商业三责险的标的是"被保险人对第三者依法应负的赔偿责任"。因而商业三责险条款一般均规定被保险人依法应承担的赔偿责任,这里采用的归责原则是过失责任原则,只有被保险人对第三者依法负有赔偿责任并且此赔偿责任属于保险责任时,保险公司才负责赔偿。

第五,责任限额不同。交强险的责任限额较低,采用分项责任限额,最低限额由保险监管部门制定,投保人不可进行选择,并且在最低限额内再区分人身伤亡赔偿限额和财产损失赔偿限额。交强险责任限额分为死亡伤残赔偿限额、医疗费用赔偿限额、财产损失赔偿限额以及被保险人在道路交通事故中无责任的赔偿限额。其中无责任的赔偿限额分为无责任死亡伤残赔偿限额、无责任医疗费用赔偿限额以及无责任财产损失赔偿限额。商业三责险的责任限额较高,采用综合责任限额,而且分为若干个档次,投保人可以选择,且每个档次的限额一般不再区分人身伤亡赔偿限额和财产损失赔偿限额。如有的机动车三责险条款将责任限额分为 5 万元、10 万元、20 万元、50 万元、100 万元以上等多个档次,供投保人自由选择。

第六,条款、费率制定方式不同。各国对条款、费率的监管方式不同,总的来说,对商业三责险的监管较松,对交强险的监管则较为严格。我国交强险条款和费率由保险监管机构统一制定和公布,各保险公司统一使用。《交强险条例》第 6 条规定:"机动车交通事故责任强制保险实行统一的保险条款和基础保险费率。保监会按照机动车交通事故责任强制保险业务总体上不盈利不亏损的原则审批保险费率。保监会在审批保险费率时,可以聘请有关专业机构进行评估,可以举行听证会听取公众意见。"保险公司经营该项业务必须符合保险监管机构制定和公布的条款。而商业三责险的条款和费率由保险公司或保险行业协会制定,报保险监管机构备案或审批。

第七,辅助补偿制度设置不同。在交强险制度下,建立了相应的配套制度。首先,建立了社会救助基金制度,作为交强险的补充;其次,在交强险赔偿上规定了先行垫付再向被保险人追偿

① 对无过错责任应当正确理解:第一,所谓无过错,是指双方都无过错;第二,在双方均无法举证对方过错的情况下,推定机动车方有过错。

的制度。而商业三责险的主要目的在于填补被保险人因对第三者的赔偿责任而受的损失，因此也就没有设置相应的对受害人的辅助补偿制度，当未查明交通事故肇事者或者肇事者没有投保时，受害人不能向保险人请求赔偿，也不能获得相应的救助；对于一些特殊风险，如前述酒后开车、无证驾驶、故意撞人等，保险公司一般将其列为责任免除，不予赔偿。

2. 保险责任和责任免除

(1) 保险责任。在中华人民共和国境内（不含港、澳、台地区），被保险人在使用被保险机动车过程中发生交通事故，致使受害人遭受人身伤亡或者财产损失，依法应当由被保险人承担的损害赔偿责任，保险人按照交强险合同的约定对每次事故在下列赔偿限额内负责赔偿：死亡伤残赔偿限额为 110 000 元，医疗费用赔偿限额为 10 000 元，财产损失赔偿限额为 2 000 元。被保险人无责任时，无责任死亡伤残赔偿限额为 11 000 元，无责任医疗费用赔偿限额为 1 000 元，无责任财产损失赔偿限额为 100 元。[①]

死亡伤残赔偿限额和无责任死亡伤残赔偿限额项下负责赔偿丧葬费、死亡补偿费、受害人亲属办理丧葬事宜支出的交通费用、残疾赔偿金、残疾辅助器具费、护理费、康复费、交通费、被扶养人生活费、住宿费、误工费，以及被保险人依照法院判决或者调解承担的精神损害抚慰金。

医疗费用赔偿限额和无责任医疗费用赔偿限额项下负责赔偿医药费、诊疗费、住院费、住院伙食补助费，以及必要的、合理的后续治疗费、整容费、营养费。

(2) 责任免除。对下列损失和费用，交强险不负责赔偿和垫付：① 因受害人故意造成的交通事故的损失；② 被保险人所有的财产及被保险机动车上的财产遭受的损失；③ 被保险机动车发生交通事故，致使受害人停业、停驶、停电、停水、停气、停产、通讯或者网络中断、数据丢失、电压变化等造成的损失以及受害人财产因市场价格变动造成的贬值、修理后因价值降低造成的损失等其他各种间接损失；④ 因交通事故产生的仲裁或者诉讼费用以及其他相关费用。

3. 垫付和追偿

被保险机动车在下列之一的情形下发生交通事故，造成受害人受伤需要抢救的，保险人在接到公安机关交通管理部门的书面通知和医疗机构出具的抢救费用清单后，按照国务院卫生主管部门组织制定的《道路交通事故受伤人员临床诊疗指南》和国家基本医疗保险标准进行核实。对于符合规定的抢救费用，保险人在医疗费用赔偿限额内垫付。被保险人在交通事故中无责任的，保险人在无责任医疗费用赔偿限额内垫付。这些情形包括：① 驾驶人未取得驾驶资格的；② 驾驶人醉酒的；③ 被保险机动车被盗抢期间肇事的；④ 被保险人故意制造交通事故的。对于垫付的抢救费用，保险人有权向致害人追偿。对于其他损失和费用，保险人不负责垫付和赔偿。

其中：在交强险中，抢救费用是指被保险机动车发生交通事故导致受害人受伤时，医疗机构对生命体征不平稳和虽然生命体征平稳但如果不采取处理措施会产生生命危险，或者导致残疾、器官功能障碍，或者导致病程明显延长的受害人，参照国务院卫生主管部门组织制定的《道路交通事故受伤人员临床诊疗指南》和国家基本医疗保险标准，采取必要的处理措施所发生的医疗费用。

---

① 2006 年《机动车道路交通事故责任强制保险条款》分别为：死亡伤残赔偿限额为 50 000 元，医疗费用赔偿限额为 8 000 元，财产损失赔偿限额为 2 000 元。被保险人无责任时，无责任死亡伤残赔偿限额为 10 000 元，无责任医疗费用赔偿限额为 1 600 元，无责任财产损失赔偿限额为 400 元。书中数据为 2008 年 2 月 1 日实施的《中国保监会关于调整交强险责任限额的公告》调整后的赔偿限额。

4. 责任限额和保险费率

(1) 责任限额。交强险合同中的责任限额是指被保险机动车发生交通事故,保险人对每次保险事故所有受害人的人身伤亡和财产损失所承担的最高赔偿金额。责任限额分为死亡伤残赔偿限额、医疗费用赔偿限额、财产损失赔偿限额以及被保险人在道路交通事故中无责任的赔偿限额。其中无责任的赔偿限额分为无责任死亡伤残赔偿限额、无责任医疗费用赔偿限额以及无责任财产损失赔偿限额。具体为:

① 过错责任的赔偿限额。在中华人民共和国境内(不含港、澳、台地区),被保险人在使用被保险机动车过程中发生交通事故,致使受害人遭受人身伤亡或者财产损失,依法应当由被保险人承担的损害赔偿责任,保险人按照交强险合同的约定对每次事故在下列赔偿限额内负责赔偿:死亡伤残赔偿限额为 110 000 元,医疗费用赔偿限额为 10 000 元,财产损失赔偿限额为 2 000 元。交强险实行 122 000 元的总责任限额。

② 无过错责任的赔偿限额。被保险人无责任时,无责任死亡伤残赔偿限额为 11 000 元,无责任医疗费用赔偿限额为 1 000 元,无责任财产损失赔偿限额为 100 元。

交强险实行的 122 000 元总责任限额方案综合考虑了赔偿覆盖面和消费者的支付能力。机动车所有人或管理人在购买交强险后,还可根据自身的支付能力和保障需求,在交强险基础之上同时购买商业三责险作为补充。

实行 122 000 元总责任限额比较符合当前的国民经济发展水平和消费者的支付能力,以及保险公司的经营能力。交强险制度实施一段时间后,保监会可以根据《交强险条例》的规定和国民经济发展水平以及制度实施的具体情况,会同相关部门适时调整责任限额。①

(2) 保险费率。在确定交强险费率时主要考虑以下因素:车辆用途、赔偿原则、保障范围、车型大小、经营原则、责任限额、以往损失记录、国民经济发展水平和消费者承受能力、保险公司经营能力等。

交强险费率实行与被保险机动车道路交通安全违法行为、交通事故记录相联系的浮动机制。签订交强险合同时,投保人应当一次支付全部保险费。保险费按照中国保监会批准的交强险费率计算。

我国机动车分为家庭自用车、非营业客车、营业客车、非营业货车、营业货车、特种车、摩托车、拖拉机 8 大类,每大类又可以按车型大小以及进一步的细分用途分类,相应的费率也不同。如家庭自用车分为 6 座以下和 6 座以上两类,其费率分别为 950 元和 1 100 元;非营业客车分为企业用和机关用非营业客车,并且分别按车座分类;营业客车分为营业出租租赁客车、营业城市公交客车、营业公路客车,并且每种类型又可以分别按车座等分类。相应地,费率随用途、使用单位、车座而不同。

5. 保险期间

按《交强险条例》规定,交强险的保险期间为 1 年。在以下四种情形下,投保人可以投保 1

---

① 本书认为:由于全国经济发展不平衡,所以,该赔偿限额应该与经济落后地区的收入水平匹配,这样可以防止道德风险,对于赔偿金额不够的部分,车主可通过商业三责险补充。同时,应指出的是:交强险规定的责任限额为根据交强险约定的赔偿金额,并非依照我国的民事法律制度依法应赔偿的金额,根据《道路交通安全法》和《最高人民法院关于审理人身伤害赔偿案件适用法律若干问题的解释》的民事损害赔偿要求,车主对受害者赔偿金额也可能大于购买一份交强险的责任限额,因此,对于责任限额之外的补充部分,被保险人可根据其需要,通过投保商业第三者责任险追加;从理论上说,也可自愿选择第二或多份交强险追加,但为防止道德风险,以多份的累计责任限额为限。

年以内的短期交强险：一是境外机动车临时入境的；二是机动车临时上道路行驶的；三是机动车距规定的报废期限不足 1 年的；四是保监会规定的其他情形。

6. 赔偿处理

被保险机动车发生交通事故的，由被保险人向保险人申请赔偿保险金。被保险人索赔时，应当向保险人提供以下材料：交强险的保险单；被保险人出具的索赔申请书；被保险人和受害人的有效身份证明、被保险机动车行驶证和驾驶人的驾驶证；公安机关交通管理部门出具的事故证明，或者人民法院等机构出具的有关法律文书及其他证明；被保险人根据有关法律法规规定选择自行协商方式处理交通事故的，应当提供《道路交通事故处理程序规定》规定的记录交通事故情况的协议书；受害人财产损失程度证明、人身伤残程度证明、相关医疗证明以及有关损失清单和费用单据；其他与确认保险事故的性质、原因、损失程度等有关的证明和资料。

保险事故发生后，保险人按照国家有关法律法规规定的赔偿范围、项目和标准以及交强险合同的约定，并根据国务院卫生主管部门组织制定的《道路交通事故受伤人员临床诊疗指南》和国家基本医疗保险标准，在交强险的责任限额内核定人身伤亡的赔偿金额。

因保险事故造成受害人人身伤亡的，未经保险人书面同意，被保险人自行承诺或支付的赔偿金额，保险人在交强险责任限额内有权重新核定。

因保险事故损坏的受害人财产需要修理的，被保险人应当在修理前会同保险人检验，协商确定修理或者更换项目、方式和费用。否则，保险人在交强险责任限额内有权重新核定。

被保险机动车发生涉及受害人受伤的交通事故，因抢救受害人需要保险人支付抢救费用的，保险人在接到公安机关交通管理部门的书面通知和医疗机构出具的抢救费用清单后，按照国务院卫生主管部门组织制定的《道路交通事故受伤人员临床诊疗指南》和国家基本医疗保险标准进行核实。对于符合规定的抢救费用，保险人在医疗费用赔偿限额内支付。被保险人在交通事故中无责任的，保险人在无责任医疗费用赔偿限额内支付。交强险理赔采用连续责任制。

7. 合同的变更与终止

在交强险合同有效期内，被保险机动车所有权发生转移的，投保人应当及时通知保险人，并办理交强险合同变更手续。

在下列三种情况下，投保人可以要求解除交强险合同：被保险机动车被依法注销登记的；被保险机动车办理停驶的；被保险机动车经公安机关证实丢失的。

交强险合同解除后，投保人应当及时将保险单、保险标志交还保险人；无法交回保险标志的，应当向保险人说明情况，征得保险人同意。

发生《交强险条例》所列明的投保人、保险人解除交强险合同的情况时，保险人按照日费率收取自保险责任开始之日起至合同解除之日止期间的保险费。

8. 社会救助基金

根据《交强险条例》规定，国家设立道路交通事故社会救助基金（简称救助基金）。在发生下列情形之一，即抢救费用超过机动车交通事故责任强制保险责任限额、肇事机动车未参加机动车交通事故责任强制保险以及机动车肇事后逃逸时，将由救助基金先行垫付道路交通事故中受害人人身伤亡的丧葬费用、部分或者全部抢救费用，救助基金管理机构有权向道路交通事故责任人追偿。

我国社会救助基金的来源包括：① 按照机动车交通事故责任强制保险的保险费的一定比例

提取的资金[①]；② 对未按照规定投保机动车交通事故责任强制保险的机动车的所有人、管理人的罚款；③ 救助基金管理机构依法向道路交通事故责任人追偿的资金；④ 救助基金孳息；⑤ 其他资金。

救助基金的具体管理办法，由国务院财政部门会同保监会、国务院公安部门、国务院卫生主管部门、国务院农业主管部门制定试行。

9. 案例：机动车单方过错保险赔偿案

甲、乙两车于2016年10月分别向A、B两保险公司投保了交强险。同时，甲向A保险公司投保了机动车损失保险和机动车第三者责任保险，前者的保险金额为24万元，后者的责任限额为10万元。在保险期间，甲车在一次行驶中与乙车相撞，同时引起火灾，甲车全部被烧毁，损失金额为24万元，残值为1.2万元，车上2位乘客和司机李某受伤，支付医疗费用2万元；乙车车损8万元，残值0.8万元，车上人员医疗费用1万元。经交通管理部门鉴定，甲车负全部责任，免赔率20%。问：按交强险条款和机动车保险条款，保险公司应如何赔偿？

根据该案例，分析如下：

(1) 按交强险的赔付：

A保险公司赔付金额=0.2+1=1.2（万元）

B保险公司赔付金额=0.1+0.01=0.11（万元）

(2) 机动车保险（商业保险部分）：

A保险公司赔付金额：

甲车机动车损失保险的赔偿金额=（保险金额范围内的机动车损失金额－B保险公司已按交强险赔偿的机动车损失金额）×（1－免赔率）

=（24－1.2－0.01）×（1－20%）

=18.232（万元）

第三者责任险的赔付金额=（乙车的财产损失和人身损害赔偿金额－A保险公司已按交强险赔偿给乙车的财产损失和人身损害金额）×（1－免赔率）

=［（8－0.8+1）－1.2］×（1－20%）=5.6（万元）

以上两项合计为A保险公司赔付金额=18.232+5.6=23.832（万元）

A保险公司的赔付总金额=23.832+1.2=25.032（万元）

B保险公司赔付总金额=0.1+0.01=0.11（万元）

三、飞机保险

飞机保险分为基本险和附加险。基本险主要有飞机机身保险、第三者责任保险、旅客法定责任保险；附加险主要有战争劫持险和承运人责任险。

---

① 应该指出，按照机动车交通事故责任强制保险的保险费的一定比例提取作为救助基金来源的一部分是不合适的，原因在于：第一，它显失公平。交强险赔偿分为过错责任和无过错责任，被保险人已经承担了过错责任和无过错责任两份责任的费率；同时，交通违规已经罚款，再从中提取等于第二次罚款，甚至让没有违规的也再次遭受变相的赔罚。第二，很难达到保护受害人利益的目的。因为不该交的保费太多，会促使投保率下降，严重的话，会使保险公司的赔付能力受到影响，影响到受害人的保障。因此，应当取消按交强险保险费的一定比例提取，改从交通违规罚款中提取一部分作为救助基金来源之一。

(一) 飞机保险基本险的保险责任

1. 飞机机身保险

它承保各种类型的客机、货机、客货两用机以及从事各种专业用途的飞机。飞机机身包括机壳、推进器、机器及设备。飞机机身险承保责任一般包括:飞机在飞行、滑行中以及在地面上,因自然灾害或意外事故造成飞机及其附件的损失;飞机起飞后超过规定时间(一般为15天)尚未得到行踪消息所构成的失踪损失;因意外事故引起飞机拆卸、重装和运输费用;清理残骸的合理费用;飞机发生上述自然灾害或意外事故时,所支付的合理施救费用,但最高不得超过飞机机身保险金额的10%。

2. 飞机第三者责任保险

该险种承保被保险人依法应负的有关飞机对地面、空中或机外的第三者造成意外伤害、死亡事故或财物损毁的损失赔偿责任。其保险责任一般包括:飞机在地面上造成任何设备、人员、其他飞机等损失;飞机在空中造成地面上第三者任何损失以及飞机在空中碰撞造成其他飞机和人身伤亡的损失;同时承保涉及被保险人的赔偿责任所引起的诉讼费,且不受保险单载明的最高赔偿额的限制。

3. 飞机旅客的法定责任保险

该险种承保旅客在乘坐或上下保险飞机时发生意外,致使旅客受到人身伤亡,或随身携带和已经交运登记的行李、物件的损失,以及对旅客行李或物件在运输过程中因延迟而造成的损失,根据法律或合同规定应由被保险人负担的赔偿责任。其中,旅客是指购买飞机票的旅客或被保险人同意免费搭乘的旅客,但不包括为完成被保险人的任务而免费搭载的人员。

(二) 飞机保险基本险的责任免除

1. 飞机机身保险的责任免除

该险种的责任免除主要有:战争和军事行动;飞机不符合适航条件而飞行;被保险人的故意行为;飞机任何部件的自然磨损或制造及机械缺陷(但因此而对飞机造成的损失和损坏,机身险仍予负责);飞机受损后引起被保险人停航、停运等间接损失;飞机战争、劫持险条款规定的保险责任和责任免除。

2. 飞机第三者责任保险的责任免除

该险种的责任免除有:战争和军事行动;飞机不符合适航条件而飞行;被保险人的故意行为;因飞机事故产生的善后工作所支出的费用;被保险人及其工作人员和本机上的旅客或其所有以及代管的财产。

(三) 飞机保险基本险的保险金额与赔偿限额

1. 机身险的保险金额

机身险一般采用定值保险方式承保。我国保险公司承保的国际航线飞机也采用定值保险方式承保。飞机机身险的保险金额可按照净值确定,也可由保险人和投保人双方协商确定,购进的飞机可按原值确定。

在历史上,机身险曾按不定值保险方式承保,赔偿方式亦是在保险限额内选择现金赔付或置换相同的飞机。然而,由于国际市场上新型飞机不断出现,价格持续上升,而旧型飞机价格下跌,如果被保险人按旧型号飞机原价投保,保险人虽按下跌后的市价去换置一架旧型号飞机,仍远不能满足被保险人重置一架新型飞机的需要。于是,机身险便逐渐采取了定值保险方式。其保险金额可以按照净值确定,也可以由被保险人和保险人协商确定,新购买的飞机可按原值确定。

由于新、旧飞机的价格悬殊,如果旧飞机按新飞机的市价投保,不论发生全部损失还是部分损失,均按新飞机的市价进行赔偿,这样处理更有利于被保险人;但如果按旧飞机的市价投保,一旦发生部分损失,在修理或配置零部件时按新飞机的市价赔偿,则会产生少收保费、多付赔款的问题。为此,国外保险公司主要通过采取如下两种方法来加以调整:

(1) 零部件条款。该条款对部分损失的赔偿金额加以限制,当飞机的任何零部件发生损失或损坏,赔偿责任以保单附表中列明的一定百分比的保额为限,如机身外壳占 40%、机翼占 10%、起落架占 10% 等。超额部分的损失由被保险人自己承担。

(2) 70% 分成法。它是指承保人根据以往赔付数据统计,在机身险的全部赔款中,70% 用于全部损失赔偿,30% 用于部分损失赔偿。因此,对部分损失需增收飞机新、旧价差额部分的保险费。[①]

2. 飞机第三者责任保险的赔偿限额

飞机第三者责任保险的赔偿限额是根据不同的飞机类型而制定的。以中国人民保险公司经营中的现行规定为例:各类型喷气式飞机的赔偿限额为 5 000 万元,螺旋式各类型飞机的赔偿限额为 2 000 万元,直升机的赔偿限额为 1 000 万元。

3. 旅客法定责任保险的赔偿限额

旅客法定责任保险的赔偿限额应在保险单中列明每一个人、每次事故或每架飞机的赔偿限额。对赔偿限额的规定,应按国内航线和国际航线区别对待。

2006 年 1 月 29 日,经国务院批准,并自当年 3 月 28 日起施行的《国内航空运输承运人赔偿责任限额规定》提出如下具体赔偿规定:国内航空运输承运人因发生在民用航空器上或者在旅客上、下民用航空器过程中的事件,造成旅客人身伤亡的,对每名旅客的赔偿责任限额为人民币 40 万元(旅客自行向保险公司投保航空旅客人身意外保险的,此项保险金额的给付,不免除或者减少承运人应当承担的赔偿责任),而此前仅为 7 万元。根据该规定,造成旅客随身携带物品毁灭、遗失或者损坏的,对每名旅客的赔偿责任限额为人民币 3 000 元;对旅客托运的行李和对运输的货物的赔偿责任限额,为每千克 100 元人民币。[②] 向外国人、华侨、港澳同胞和台湾同胞给付的赔偿金,也可以兑换成该国或地区的货币。

在国际航线,赔偿限额一般按国家批准的国际公约来办理。目前,大多数国家均按 1999 年《蒙特利尔公约》[③]办理,该公约于 2005 年 7 月 31 日对中国生效。根据 1999 年《蒙特利尔公约》规定,旅客伤亡时,不论承运人是否有责任,只要损失不是索赔人一方或者第三人造成的,承运人的赔偿限额由以前的 7.5 万美元增加到 10 万特别提款权(按照公约签署当日的货币换算标准,约 13.5 万美元)。当旅客伤亡是由承运人的责任造成时,旅客还可以要求得到超过 10 万特别提

① 参见:郑功成,许飞琼 . 财产保险 . 北京:中国金融出版社,2010:224-225。

② 许飞琼 . 责任保险 . 北京:中国金融出版社,2007:132。

③ 《蒙特利尔公约》又称《统一国际航空运输某些规则的公约》,于 2003 年 11 月 4 日正式生效。它是国际民用航空组织在 1999 年通过的一项国际公约,以取代适用七十多年的《华沙公约》及修正其他系列公约、议定书,从而使规范国际航空运输的法律制度走向完整、统一。

款权的赔偿(10万特别提款权只是一个限额,实际损失低于10万特别提款权的,根据旅客遭受到的实际损失予以赔偿)。另外,对于航班延误造成损失的,每名旅客的赔偿限额为4 150特别提款权(约5 000美元)。在行李赔偿方面,则不再按照以前的以重量为单位计算损失,而是每名旅客以1 000特别提款权(约1 350美元)为限。[①]

(四) 飞机保险基本险的保险费率和免赔额

1. 保险费率

飞机保险基本险的保险费率包括机身险保险费率和第三者责任险保险费率。这两种保险费的计算方法不同。机身险的保险费一般是按照保险金额的一定比例收取的;第三者责任险的保险费可以按规定的金额收取,也可以按实际承担责任的一定比例收取。保险费率根据飞机种类、用途、航行范围、保险险种、保险金额(或赔偿限额)和飞机维护保养情况而定。

2. 停航退费

飞机飞行时和停在地面上的风险是不一样的,所以飞机进行正常修理或连续停航超过10天时,此期间的保险费可以按日计算退回50%,但如果飞机是因为发生保险责任事故后修理等原因停航的,则对修理期间的停航不退费。

3. 免赔额的规定

为了减少小额赔款并促进被保险人加强责任感,飞机保险一般有免赔额的规定,由航空公司自负一部分责任,保险公司只负担超过免赔额的部分,在免赔额以下的由航空公司自负。我国飞机保险规定的免赔额按每次事故每一损失计算,列举如下:在地面上的损失,免赔额为2万美元;在飞行、滑行中的损失,免赔额为保险金额的1%,但不低于5万美元;喷气飞机吸入飞鸟等造成的免赔额为保额的1%,但不低于60万美元,最高以两个引擎为限,最高免赔额为120万美元;旅客行李,每件免赔额为500美元;货物每件免赔额为1万美元;飞机如遭全损则无免赔额。

(五) 飞机保险的附加险

1. 飞机战争劫持险

凡由于战争、敌对行为或武装冲突、拘留、扣留、没收、保险飞机被劫持和被第三者破坏等原因造成的保险飞机的损失费用,以及由此引起的被保险人对第三者或旅客应负的法律责任或费用,由保险人负责赔偿。

2. 飞机承运货物责任险

凡办好托运手续装载在保险飞机上的货物,如在运输过程中发生损失,根据法律、合同规定应由承运人负责,由保险人给予赔偿。

(六) 飞机保险的其他规定

1. 安全奖励

保险飞机全年没有发生赔款,年终可退回全年保险费的25%;虽然发生赔款,但赔款低于保险费的30%,退回全年保险费的15%;赔款达到或超过保险费的30%,则不退费。

---

① 许飞琼.责任保险.北京:中国金融出版社,2007:132。

2. 声明价值附加费

凡承保飞机上载运的行李或货物，托运人向航空公司声明价值的，航空公司应将按声明价值所收的附加保险费的 80% 交给保险公司。该项附加保险费每年结算一次。

（七）飞机保险实务

1. 承保实务

投保人填写投保单，其内容包括：投保人、保险标的、保险金额、保险价值、保险期限、飞行区域、责任限额、损失记录等各种详尽内容。保险人需要考虑的因素主要有：飞机型号、结构、机场管理和指挥系统、驾驶员训练素质等。在承保前各类型的客机、货机、客货两用机以及各种专业用途的飞机，必须经国家指定的有关部门检验合格，并签发适航证明文件。然后，结合承保条件厘定费率，签发保险单。若遇到飞机失事，为做好定损工作，需经专门检验。飞机的检验人可称为保险公司的“现场代理人”。检验人应具有从事过与飞机有关的经营或制造工作的经验，应熟知飞机修理工时成本与费用情况。检验人的检验报告，不仅在技术上，还要求在法律上具有处理保险事故的权威性。

2. 理赔实务

发生索赔，承保人应根据申请和现场勘查情况及检验人员提供的全部资料进行研究，然后决定该项索赔是否成立。具体而言，保险人要弄清以下几点：第一，出险飞机是否属于保单项下承保的；第二，出险时，保单是否有效；第三，事故是否发生在保单规定的责任范围以内；第四，飞行员是否符合条件；等等。

经过认真负责的审核，确属保险责任事故的损失，承保人就应按合同约定在分别扣除免赔额后计算并支付赔款。

第七章 工程保险

第一节 工程保险的基本特征与类型

一、工程保险的概念与特征

(一) 工程保险的概念

工程保险(Engineering Insurance)是以工程项目在建设过程中因自然灾害和意外事故造成物质财产损失,以及对第三者的财产损失和人身伤亡依法应承担的赔偿责任为保险标的的保险。它是以各种工程项目为主要承保对象的保险。一般而言,传统的工程保险仅指建筑、安装、机器及船舶建造工程项目的保险,然而,进入20世纪以来,尤其是第二次世界大战以后,许多科技工程活动获得了迅速发展,又逐渐形成了科技工程保险,两者在理论与实务中既有相似性,又有差异性。

工程保险是随着现代工程技术和建筑业的发展,由火灾保险、意外伤害保险及责任保险等演变而成的一类综合性财产保险险种。工程保险最早起源于英国锅炉爆炸保险,并在20世纪30年代末以后得到迅速发展。第二次世界大战后,随着建筑、安装业的发展,在欧洲保险市场上出现了一种非传统的工程保险——工程意外事故保险。该险种根据火灾保险、责任保险、其他意外伤害保险的原理对机器本身损坏除外的所有工程、机械设备的意外损毁提供保险保障,被称为"一切险"。这种保险迅速发展的原因,主要在于两个方面:一方面,欧洲是第二次世界大战的主要战场之一,许多建筑物遭到了战争的严重破坏,战后各国为了恢复和发展经济,进行了大规模的工程建筑,在大规模的重建过程中,承包人为转嫁工程期间的各种风险,产生了对建筑工程保险的需求,于是,建筑工程保险一开始就以"一切险"的面目出现,成为工程保险的主要业务,并带来了安装工程保险等的发展;另一方面,随着各种大规模工程建筑的开展,为完善承包合同条款,在承包合同中引进了承包人投保工程保险的义务,也对工程保险的发展起了极大的推动作用。1945年,英国土木建筑业者联盟、工程技术协会及土木建筑者协会共同研究并制定了承包合同标准化条款,并引进了承包人投保工程保险的义务;1950年国际土木工程师和承包建筑工程师组织制定了标准的土木建筑工程合同条款,规定要求承包人办理保险,对建筑、安装工程各关系方的权利和义务作了明确规定,从而为建筑、安装工程保险成为世界性的财产保险险别奠定了基础。

随着社会经济不断发展,人们对于各种能源、交通、电信等有了更广泛的需求,使得高、精、尖科技工程在近几十年内得到了迅速发展,从而出现了海洋石油开发保险、航天工程保险、核能工程保险等科技工程保险。目前,传统的工程保险已由建筑工程保险、安装工程保险、机器损坏保险及船舶工程保险,发展到科技工程保险。

在我国,工程保险始于20世纪80年代初,首先承保的是涉外业务,包括建筑工程一切险、安装工程一切险、机器损坏险、船舶工程保险。随后,国内普通建筑安装工程保险、科技工程保险亦有了发展。但总体而言,我国的工程保险只能算是刚刚起步,与国内经济持续增长和建筑安装工程的大发展很不匹配,有着进一步发展的广阔市场潜力。

(二) 工程保险的基本特征

工程保险虽然承保了火灾保险和责任保险的部分风险,但与传统的财产保险相比较,又有如下特征。

1. 风险广泛而集中

一是传统的财产保险只承保列明的少数风险,而工程保险的许多险种都冠以“一切险”,即除条款列明的责任免除外,保险人对保险期间工程项目因一切突然和不可预料的外来原因所造成的财产损失、费用和责任,均予赔偿。因此可见,工程保险的责任范围十分广泛。二是现代工程项目集中了先进的工艺、精密的设计和科学的施工方法,使工程造价猛增,造成工程项目本身就是高价值、高技术的集合体,从而使工程保险承保的风险基本上都是巨额风险。三是从工程保险的风险范围分析,由于工程项目的周期相对较长,其风险范围就不仅仅局限于工程的进行过程,还包括工程的验收期和使用的保证期所面临的风险。

2. 涉及较多的利害关系人

在传统财产保险中,投保人是单个的法人或自然人,一般在保险人签发保险单后即成为被保险人;而在工程保险中,由于同一个工程项目涉及多个具有经济利害关系的人,如工程所有人、工程承包人、各种技术顾问及其他有关利益方(如贷款银行等)均对该工程项目承担不同程度的风险,所以,凡对于工程保险标的具有保险利益者,均具备对该工程项目进行投保的投保人资格,并且均能成为该工程保险中的被保险人,受保险合同及交叉责任条款的规范和制约。

3. 工程保险的内容相互交叉

在建筑工程保险中,通常包含着安装项目,如房屋建筑中的供电、供水设备安装等,而在安装工程保险中一般又包含着建筑工程项目,如安装大型机器设备就需要进行打基座等土木建筑工程[①];在船舶建造保险中,本身就是建筑、安装工程的高度融合。因此,这类业务虽有险种差异,相互独立,但内容多有交叉,经营上也有相通性。

4. 工程保险承保技术风险

现代工程项目的技术含量很高,专业性极强,而且可能涉及多种专业学科或尖端科学技术,如兴建核电站、大规模的水利工程和现代化工厂等,因此,从承保的角度分析,工程保险对于保险的承保技术、承保手段和承保能力比其他财产保险提出了更高要求。

二、工程保险的类型

按照保险市场上的承保惯例,工程保险一般分为建筑工程保险、安装工程保险、机器损坏保

---

① 郑功成. 财产保险学. 武汉:武汉大学出版社,1992:255。

险、船舶工程保险和科技工程保险。

(1) 建筑工程保险(Contractors All Risks Insurance),是以土木建筑为主体的民用、工业用和公共事业用的工程在整个建筑期间因自然灾害和意外事故造成的物质损失,以及被保险人对第三者依法应承担的赔偿责任为保险标的的保险。

(2) 安装工程保险(Erection All Risks Insurance),是以各种大型机器设备的安装工程项目在整个建筑期间因自然灾害和意外事故造成的物质损失,以及被保险人对第三者依法应承担的赔偿责任为保险标的的保险。

(3) 机器损坏保险(Machinery Breakdown Insurance),是以各类安装完毕并已转入运行的机器设备因人为的、意外的或物理的原因造成物质损失为保险标的的保险。

(4) 船舶建造保险(Builder's Risk Insurance),是以被保险人建造或拆除船舶及各种海上装置过程中所造成的船舶和设备损失及第三者责任为保险标的的保险。它包括船舶(或海上装置、钻井平台)建造保险和拆船保险。我国开办该项业务较晚。

(5) 科技工程保险(Technology Engineering Insurance),又称特殊工程保险(Specific Engineering Insurance),包括航天工程保险、海洋石油开发保险、核能工程保险等。

第二节 建筑工程保险

一、建筑工程保险的特点

(一) 承保范围广

传统的财产保险只承保物质标的,而建筑工程保险则不但承保物质标的,而且承保责任标的,对保险事故发生后的清理费用亦均予以承保,系综合性保险。

(二) 被保险人可能有多个

在传统的财产保险中,保险标的的利害关系人即投保人或被保险人一般为单个的法人或自然人,因此,一张保险单通常只有一个被保险人;而在建筑工程险中,保险标的的利害关系人往往涉及多个,一般有工程所有人、承包人、供货方、技术顾问、贷款银行等,凡对保险标的具有保险利益的人均可作为被保险人列明在一张保险单上。

(三) 保险期限长短不一

传统财产保险的保险期间通常为一年,期满可以续保;而建筑工程保险的保险期间则一般按工期计算,即自工程开始生效至工程竣工为止。特别是建筑大型综合性工程,其中有的项目是分期施工并交付使用的,因而各个项目的期限有先有后,有长有短,同时建筑工程险还可以加保保证期保险,对此类保险期限又有特别的要求。总之,建筑工程保险的期限比传统的财产险复杂。

二、建筑工程保险的适用范围

建筑工程保险承保的是各类建筑工程。在财产保险经营中,建筑工程保险适用于各类民用、工业用和公共事业用的建筑工程,如房屋、道路、水库、桥梁、码头、娱乐场、管道以及各种市政工程项目的建筑。这些工程在建筑过程中的各种意外风险,均可通过投保建筑工程保险而得到保险保障。

(一) 建筑工程保险的被保险人

建筑工程保险的被保险人大致包括以下几方:

(1) 工程所有人,即建筑工程的最后所有者;

(2) 工程承包人,即负责承建该项工程的施工单位,可分为主承包人和分承包人,分承包人是向主承包人承包部分工程的施工单位;

(3) 技术顾问,即由所有人聘请的建筑师、设计师、工程师和其他专业顾问,代表所有人监督工程合同执行的单位或个人;

(4) 其他关系方,如贷款银行或债权人等。

当存在多个被保险人时,一般由一方出面投保,并负责支付保费,申报保险期间的保险标的风险变动情况,提出原始索赔等。

(二) 建筑工程保险的投保人

在实务中,由于建筑工程的承包方式不同,所以其投保人也就各异。主要有以下四种情况:

(1) 全部承包方式。所有人将工程全部承包给某一施工单位,该施工单位作为承包人(或主承包人)负责设计、供料、施工等全部工程环节,最后以钥匙交货方式将完工的建筑物交给所有人。在此方式中,由于承包人承担了工程的主要风险责任,故而一般由承包人作为投保人。

(2) 部分承包方式。所有人负责设计并提供部分建筑材料,施工单位负责施工并提供部分建筑材料,双方各承担部分风险责任,此时可由双方协商,推举一方为投保人,并在合同中写明。

(3) 分段承包方式。所有人将一项工程分成几个阶段或几部分分别向外发包,承包人之间是相互独立的,没有合同关系。此时,为避免分别投保造成的时间差和责任差,应由所有人出面投保建筑工程险。

(4) 施工单位只提供服务的承包方式。所有人负责设计、供料和工程技术指导;施工单位只提供劳务,进行施工,不承担工程的风险责任。此时应由工程所有人投保。

总之,在一般情况下,建筑工程险的投保人多为所有人或承包人(或主承包人)。当存在多个被保险人时,对每一被保险人的赔偿以不超过其对保险标的的保险利益为限,必要时可附批单说明接受赔偿各方的顺序和金额。由于建筑工程保险的被保险人不止一个,而且每个被保险人各有其本身的权益和责任需要向保险人投保,为避免有关各方相互之间的追偿责任,大部分建筑工程保险单附加交叉责任条款,其基本内容是:各个被保险人之间发生的相互责任事故造成的损失,均可由保险人负责赔偿,无须根据各自的责任相互进行追偿。

三、保险标的和保险金额

建筑工程保险的标的范围很广,但概括起来可分为物质财产本身和第三者责任两类。物质财产本身,包括建筑、安装工程,机器及附属设备、工具,工程所有人提供的物料,现成建筑物和场地清理费等;第三者责任是指在保险有效期内,因发生意外事故造成工地及邻近地区的第三者人身伤亡或财产损失,依法应由被保险人承担的赔偿责任和因此而支付的诉讼费及经保险人书面同意的其他费用。为了方便确定保险金额,建筑工程险保单明细表中列出的保险项目通常包括物质损失、特种风险赔偿、第三者责任三个部分。

(一) 物质损失

建筑工程保险的物质损失可以分为以下七项。

1. 建筑工程

它包括永久性工程、临时性工程及工地上的物料。该项目是建筑工程险的主要保险项目,包括建筑工程合同内规定建筑的建筑物主体,建筑物内的装修设备,配套的道路、桥梁、水电设施、供暖取暖设施等土木建筑项目,存放在工地上的建筑材料、设备,临时的建筑工程等。建筑工程的保险金额为承包工程合同的总金额,即建成该项工程的实际造价,包括设计费、材料设备费、运杂费、施工费、保险费、税款及其他有关费用。

2. 工程所有人提供的物料和项目

这是指未包括在上述建筑工程合同金额中的所有人提供的物料及负责建筑的项目。该项保险金额应按这一部分的重置价值确定。

3. 安装工程项目

这是指未包括在承包工程合同金额内的机器设备安装工程项目,如办公大楼内发电取暖、空调等机器设备的安装工程。这些设备安装工程若已包括在承包工程合同内,则无需另行投保,但应在保单中予以说明。该项目的保险金额按重置价值计算,应不超过整个工程项目保险金额的20%;若超过20%,则按安装工程保险费率计收保费;超过50%的,则应单独投保安装工程保险。

4. 建筑用机器、装置及设备

这是指施工用的各种机器设备,如起重机、打桩机、铲车、推土机、钻机、供电供水设备、水泥搅拌机、脚手架、传动装置、临时铁路等机器设备。该类财产一般为承包人所有,不包括在建筑工程合同价格之内,因而应作为专项承保。这部分财产应在清单上列明其名称、型号、规格、制造厂家、出厂年月和保险金额。其保险金额按重置价值确定,即重置同原来相同或相近的机器设备的价格,包括出厂价、运费、保险费、关税、安装费及其他必要的费用。

5. 工地内现成的建筑物

这是指不在承保工程范围内的,归所有人或承包人所有的或其保管的工地内已有的建筑物或财产。该项保险金额可由保险双方当事人协商确定,但最高不得超过其实际价值。

6. 场地清理费

这是指发生保险责任范围内的风险所致损失后为清理工地现场所支付的费用。该项费用一般不包括在建筑合同价格内,需单独投保。对大工程的该项保额一般不超过合同价格的5%,对小工程不超过合同价格的10%。该项费用按第一危险赔偿方式承保,即发生损失时,在保险金额内按实际支出数额赔付。

7. 所有人或承包人在工地上的其他财产

这是指不能包括在以上六项范围内的其他可保财产。如需投保,应列明名称或附清单于保单上。其保险金额可参照以上六项的标准由保险双方协商确定。

以上七项之和,构成建筑工程保险物质损失项目的总保险金额。

(二) 特种风险赔偿

特种风险是指保单明细表中列明的地震、海啸、洪水、暴雨和风暴;特种风险赔偿则是对保单中列明的上述特种风险造成的各项物质损失的赔偿。为控制巨灾损失,保险人对保单中列明的特种风险必须规定赔偿限额。凡保单中列明的特种风险造成的物质损失,无论发生一次还是多次保险事故,其赔款均不得超过该限额。其具体限额主要根据工地的自然地理条件、以往发生该类灾害的记录、工程期限的长短以及工程本身的抗灾能力等因素来确定,一般为物质损失总保险金额的50%~80%。如中国人民保险公司承保过的南京金陵饭店工程的保险金额是70%,广州白天鹅宾馆工程是67%,上海的联谊大厦工程、华亭宾馆工程、雁荡大厦工程均为80%,这些百分比均应核算成具体金额表示,但对于特种风险不大或基本没有的地区,可不作规定。

(三) 第三者责任

建筑工程险的第三者责任,是指被保险人在工程保险期内因意外事故造成工地及工地附近的第三者人身伤亡或财产损失依法应负的赔偿责任。第三者责任采用赔偿限额,赔偿限额由保险双方当事人根据工程责任风险的大小商定,并在保险单内列明。建筑工程第三者责任赔偿限额的确定方式一般有:① 只规定每次事故赔偿限额,无分项限额、无累计限额。该方式一般适用于第三者责任不大的工程。② 不仅规定每次事故赔偿限额,而且规定分项限额,并有累计限额。具体为:首先规定每次事故人身伤亡和财产损失的分项赔偿限额,并规定每人的人身伤亡赔偿限额;其次将分项的人身伤亡赔偿限额加财产损失赔偿限额构成总的每次事故赔偿限额;最后再规定一个保险期限内的累计赔偿限额,即总赔偿限额,它是保险人对建筑工程在整个保险期限内赔偿第三者责任的总限额。该方式一般适用于第三者责任较大的工程。

四、建筑工程保险的保险责任和责任免除

(一) 保险责任

建筑工程保险的保险责任相当广泛,概括起来分为物质部分和第三者责任部分。

1. 物质部分的保险责任

它分为基本保险责任和附加特别保险责任。其中基本保险责任承保造成物质损失的风险有自然灾害、意外事故和人为灾害三大类。

(1) 自然灾害。自然灾害是指地震、海啸、雷电、飓风、台风、龙卷风、风暴、暴雨、洪水、水灾、冻灾、冰雹、地崩、山崩、雪崩、火山爆发、地面下沉下陷及其他人力不可抗拒的破坏力强大的自然现象。建筑工程保险所承保的自然灾害有洪水、潮水、水灾、地震、海啸、暴雨、风暴、雪崩、地陷、山崩、冻灾、冰雹及其他自然灾害(如泥石流、龙卷风、台风等)。

(2) 意外事故。建筑工程保险承保的意外事故有:雷电、火灾、爆炸;飞机坠毁、飞机部件或物体坠落;原材料缺陷或工艺不善所引起的事故。其中,原材料缺陷是指所用的建筑材料未达到

既定标准,在一定程度上属于制造商或供货商的责任。这种建筑材料的缺陷必须是通过正常技术手段或在正常技术水平下无法发现的,否则,如果明知有缺陷而使用造成的损失,则属故意行为所致,保险人不予赔偿。工艺不善是指原材料的生产工艺不符合标准要求,尽管本身没有缺陷,但在使用时也会导致事故发生。该条款责任,仅负责由于原材料缺陷或工艺不善造成的其他保险财产的损失,对原材料本身的损失不予赔偿。此外,责任免除以外的其他不可预料的和突然的事故以及发生保险责任范围内的事故后,现场必要的清除费用,在保险金额内,保险人可予赔偿,但这是以被保险人将清理费用单独作为一个标的并交付相应的保险费为前提的。

(3) 人为风险。建筑工程保险承保的人为风险包括盗窃和工人或技术人员缺乏经验、疏忽、过失、恶意行为。其中,盗窃是一切明显的偷窃行为或暴力抢劫造成的损失,但其必须是非被保险人或其代表授意或默许的,否则不予负责。工人或技术人员缺乏经验、疏忽、过失、恶意行为是建筑工程险中较大的风险之一,工人或技术人员恶意行为造成的损失必须是非被保险人或其代表授意、纵容或默许的,否则,便是被保险人的故意行为,不予赔偿。

除建筑工程保险有关物质部分的基本保险责任外,有时因投保人的某种特别要求或因工程有其特殊需要,还可增加额外的风险保障,从而通常还会在基本保险责任项下附加特别保险责任。物质部分的附加保险责任可供选择的条款一般有:罢工、暴乱、民众骚乱条款;工地外储存物质条款;有限责任保证期条款;扩展责任保证期条款;机器设备试车条款;使用、移交财产条款等。

2. 第三者责任部分的保险责任

建筑工程第三者责任险的保险责任是在保险期间因建筑工地发生意外事故造成工地及邻近地区的第三者人身伤亡和财产损失且依法应由被保险人承担的赔偿责任,以及事先经保险人书面同意的被保险人因此而支付的诉讼费用和其他费用,但不包括任何罚款。其中,建筑工程第三者责任险的第三者是除所有被保险人及其与工程有关的雇员以外的自然人和法人;赔偿责任是被保险人在民法项下应对第三者承担的经济赔偿责任,不包括刑事责任和行政责任;赔偿责任不得超过保险单中规定的每次事故赔偿限额或保单有效期内累计赔偿限额。

若一项工程中有两个以上的被保险人,为避免被保险人之间相互追究第三者责任,则由被保险人申请,经保险人同意,可加保交叉责任条款。该条款规定,除所有被保险人的雇员及可在工程保险单中承保的物质标的外,保险人对保险单所载每一个被保险人均视为单独承保的被保险人,对他们的相互责任而引起的索赔,保险人均视为第三者责任赔偿,不得向负有赔偿责任的被保险人追偿。

(二) 责任免除

同保险责任一样,建筑工程保险的责任免除也分为物质部分和第三者责任部分,各有特定的内容。

1. 物质部分的一般责任免除

它可分为两类:一类是与火灾保险共有的责任免除;另一类是建筑工程险特有的责任免除。前者可见本书第五章,后者则包括下列七项:

(1) 错误设计引起的损失、费用或责任。建筑工程的设计通常是由被保险人自己或其委托的设计师进行的,因此,设计错误引起的损失、费用等被视为被保险人的责任,故保险人不予负责。同时,设计师的责任可通过相应的职业责任险提供保障。

(2) 换置、修理或矫正标的本身原材料的缺陷或工艺不善所支付的费用。因为保险责任只负责原材料缺陷或工艺不善造成的其他保险财产的损失，而重置、修理或矫正原材料本身的缺陷所产生的一切费用属于制造商或供应商责任，所以保险人不予负责。

(3) 非外力引起的机械或电器装置的损坏或建筑用机器、设备装置失灵。建筑工程险承保土木工程财产的一切风险，但对任何机器设备本身的原因所致的损失一概除外，对由于外来原因导致的机器设备损失，可予以赔偿。

(4) 全部停工或部分停工引起的损失、费用或责任。在建筑工程长期停工期间造成的一切损失，保险人不予赔偿；如果停工时间在一个月内，并且被保险人在工地现场采取了有效的安全防护措施，经保险人事先书面同意，可不作本条停工论处；对于工程的季节性停工也可不作停工论处。

(5) 保险单中规定应由被保险人自行负担的免赔额。保险单的明细表中规定有免赔额，免赔额以内的损失，由被保险人自负；损失超过免赔额部分，由保险人负责。

(6) 领有公共运输用执照的车辆、船舶、飞机的损失。因该类运输工具的行驶区域不限于建筑工地范围，所以应投保各种运输工具险予以保障。

(7) 建筑工程保险的第三者责任险条款规定的责任范围和责任免除。由于保险标的不同，其遭受的风险各异，因而对一些特殊的保险标的除上述责任免除外，保险人还有必要规定特别责任免除，以限制其责任。常用的物质部分特别责任免除条款主要有隧道工程特别责任免除条款和大坝水库工程特别责任免除条款。

2. 建筑工程第三者责任险的责任免除

它包括以下几项：

(1) 明细表中列明的应由被保险人自行承担的第三者物质损失的免赔额，但对第三者人身伤亡不规定免赔额。

(2) 领有公共运输用执照的车辆、船舶、飞机造成的事故。该项责任应由有关的运输工具第三者责任险承担。

(3) 被保险人或其他承包人在现场从事有关工作的职工的人身伤亡和疾病，被保险人及其他承包人或他们的职工所有或由其照管、控制的财产损失。因为这些人均不属于建筑工程保险中的第三者范围。

(4) 由于震动、移动或减弱支撑而造成的其他财产、土地、房屋的损失或由于上述原因造成的人身伤亡或财产损失。因该项事故多属工地上常见的设计和管理方的事故，为使被保险人恪尽职守，所以除外。但若被保险人对该类责任有特别要求，则可作为特约责任加保。

(5) 被保险人根据与他人的协议支付的赔偿或其他款项。该项责任属于合同责任，是一种常规的责任免除，因为它不是被保险人的法律责任，而是通过被保险人与他人的合同约定而承担的责任。

五、建筑工程保险的费率

(一) 厘定建筑工程保险费率的依据

建筑工程保险没有固定的费率表，每个项目的费率，主要根据以下因素确定：① 保险责任范围的大小。它与保险费率成正比,若保险责任范围大,则保险费率高;反之,则保险费率低。如保险人负责的风险数量、有无巨灾风险、发生频率以及可能造成的损害后果等。若承保地震、洪水等特种风险,则应考虑此类风险以前发生的记录,还应考虑特种风险限额和免赔额。② 工程本身的危险程度。工程的危险程度主要包括工程的种类、性质、建筑结构、建筑高度;工地及邻近地区的自然地理条件,特别风险发生的可能性,最大可能损失程度;工期长短及施工季节,保证期长短及其责任大小;施工现场安全防护及管理情况等条件。③ 承包人及其他工程关系方的资信、经营管理水平及经验等条件。④ 保险人本身以往承保同类工程的损失记录。⑤ 工程免赔额的高低及第三者责任和特种危险的赔偿限额。免赔额的高低与费率成反比;第三者责任和特种危险的赔偿限额则与费率成正比。

总之,厘定费率一定要根据每一工程的具体情况和承保条件而定,既要考虑到保险人的经营状况,也要考虑市场的竞争状况。

(二) 建筑工程保险费率的组成

由于建筑工程的同一工程的不同保险项目的风险程度不一,尤其是大型工程,因而应分项确定。建工险的费率一般由以下几个方面组成:① 建筑工程所有人提供的物料及项目、安装工程项目、场地清理费、工地内已有的建筑物、所有人或承包人在工地的其他财产等为一个总的费率,整个工期实行一次性费率;② 建筑用机器、装置及设备为单独的年度费率,如保期不足一年,按短期费率计收保费;③ 保证期费率,实行整个保证期的一次性费率;④ 各种附加保障增收费率,实行整个工期一次性费率;⑤ 第三者责任险,实行整个工期一次性费率。对于一般性的工程项目,为方便起见,在费率构成考虑了以上因素的情况下,可以只规定整个工期的平均一次性费率。但在任何情况下,建筑用施工机器装置及设备必须单独以年费率为基础开价承保,不得与总的平均一次性费率混在一起。

六、建筑工程保险的保险期间与保证期

建筑工程保险的保险期间包括从开工到完工的全过程,由投保人根据需要确定。一些大型综合性工程,由于各个部分的工程项目是分期施工的,故如投保人要求分期投保,经保险人同意后也可分别规定保险期间。根据建筑工程保险的特点,保险期间的风险控制主要包括:

(1) 控制保险责任的开始时间。建筑工程保险的保险期间开始有两种情况:自工程破土动工之日或自被保险项目原材料等卸至工地时起,两者以先发生者为准。动工日包括打地基在内,若经被保险人要求也可从打完地基开始,但应在保单中注明。

(2) 控制保险责任的终止时间。保险责任的终止有以下几种情况,以先发生者为准:① 保单规定的终止日期;② 建筑工程完毕移交给所有人时;③ 所有人开始使用时,若部分使用,则该部分责任终止。

(3) 控制保证期。工程完毕后,一般还有一个保证期,在保证期间如发现工程质量有缺陷甚至造成损失,根据承包合同,承包人需负赔偿责任,这是保证期责任。保证期责任加保与否,由投保人自行决定,若加保则要加交相应的保费。保证期有两种加保方法:有限责任保证期和扩展责任保证期。

(4) 控制保险期限的扩展时间。在保单规定的保险期限内,若工程不能按期完工,则由投保

人提出申请并加交规定保费后，保险人可签发批单，以延长保险期限。其保费按原费率以日计收，也可根据当地情况或风险大小增收适当的百分比。

(5) 通过有关义务条款要求被保险人按规范标准施工。

此外，保险人应当到建筑工地进行防损检查，有针对性地提出整改建议，帮助被保险人加强风险管理。

七、建筑工程保险承保与理赔

(一) 建筑工程保险的承保

1. 承保前的风险调查

保险人在承保建筑工程项目的保险业务时，应对建筑工程项目及有关各方进行风险调查，其主要内容包括：① 建筑工程本身的种类、性质及风险程度；② 建筑工程项目所在地的自然环境和位置、有何特别明显的自然灾害威胁；③ 设计单位的技术水平及资信情况；④ 承包人的技术水平、经营管理水平及资信情况；⑤ 工期长短及进度；⑥ 工程造价和质量考核方式；⑦ 原材料的供应方、厂方及质量情况；⑧ 建筑工程合同的内容；⑨ 投保人及被保险人的数量及相互关系；⑩ 施工中的第三者责任风险大小；⑪ 其他有关情况。经过上述风险调查，保险人应当对风险做出适当评价，根据自身承保能力决定是否可以承保。

2. 现场查勘

除了解、查阅上述资料外，还须进行现场查勘，并就下列各项作出查勘记录：① 工地的位置、地势及周围的环境，例如邻近建筑物及人口分布状况，是否靠海（江、河、湖）以及道路和运输条件等；② 厂房等土建项目的状况，如砖混结构、钢筋混凝土结构、木结构等；③ 工地内有无现成建筑物和其他物资及其位置、状况；④ 储存物资的库场状况、位置及运输距离、方式等；⑤ 工地安全保卫及其设施状况，例如防火、防水、防盗措施等。

3. 划分危险单位，进行风险评估

风险评估是根据对承保标的所掌握的各有关情况、数据，结合以往承保的经验，对被保险人在工程期间可能承担的风险大小作出科学的分析和估算。它是保险人正确确定承保条件、厘定费率、办理分保以及开展防灾、防损工作的依据，是建筑工程保险承保工作的一个十分重要的环节。许多著名的外国保险人承保工程险时对此都十分重视，并由各种工程技术专家配合业务人员进行。风险评估的关键在于合理地、准确地划分风险单位并测算最大可能损失。

4. 确定赔偿限额和免赔额

对承保地震、海啸、洪水、暴雨和风暴特种风险的，必须规定赔偿限额。对建筑工程保险的第三者责任则按惯例规定赔偿限额。与此同时，为促使被保险人加强对工地现场的安全防护工作，减少事故的发生，限制经常性的小额索赔，减少双方事务性开支，建筑工程保险还通常规定适当的免赔额。按照保险项目的种类，建筑工程保险的免赔额分为三类：① 物质损失免赔额，包括：建筑工程免赔额，一般为保险金额的0.5%~2%，对自然灾害的免赔额大一些，对其他灾害的免赔额则小一些；建筑用机器装置及设备，免赔额一般为保险金额的5%，或者同时规定为损失金额的15%~20%，二者以高者为准；其余保险项目的免赔额一般为保险金额的2%，而对场地清理费一般不单独规定免赔额。② 特种风险的免赔额，应视风险大小而定。③ 第三者责任免赔额仅对财产损失部分有免赔额规定，可按每次事故赔偿限额的1‰~2‰计算，由被保险人和保险人协商确定；除非另有规定，人身伤亡部分一般不规定免赔额。以上每项免赔额，均为每次事故的绝对免赔额。此外在填写投保单和出立保险单时，均应如实、认真地填写，以防出现差错、引起纠纷，避免意外损失。

（二）建筑工程保险的理赔

建筑工程保险理赔的基本程序包括：出险通知、现场查勘、责任审核、核定损失、损余处理、计算赔款、赔付结案。被保险人在发生保险责任范围内的事故后，应及时通知保险人；保险人应尽快赶到事故现场予以查勘定损，根据事故发生的时间、地点及原因来审核是否属于保险人应承担的保险责任；如果属于保险事故的损失，则应按保险单赔付。

对于各承保项目的损失，按发生损失的账面金额或实际损失赔付；对于第三者责任事故造成他人的财产损失和人身伤亡，分别在保险单规定的赔偿限额内予以赔付；对于施救、保护、清理费用，应与保险项目和第三者责任保险分别计算，且以保险项目发生损失当天的账面金额为限，同时，保险人支付赔款时要扣除有关财产物质的残值。

在理赔时控制风险的方法主要有：① 被保险人在索赔时除提供事故报告外，还需提供保险单、损失清单、账册等保险人认为有必要提供的单证，并严格审核各种单证和被保险人是否履行了相应的义务。② 在现场查勘定损时，要查勘出险的原因和经过、组织施救和整理工作，提取有关单证并拍摄受损现场照片，要对照保单核实有关情况尤其要分析风险事故是否属于保险事故，从而确定是否承担赔付责任。③ 在定损时，要准确估算保险标的的全部损失、保险标的的部分损失、施救整理费用、第三者赔偿金额、现场必要的清除费用。④ 在计算赔款时，若为不足额保险，则采取比例赔偿方式；若为足额或超额保险，则按实际损失赔偿；若为重复保险，则采用分摊方式。同时，扣除残值和免赔额，即得赔偿金额。⑤ 损失赔付后，保额应相应减少，要出立批单说明保险财产哪一项从何时起减少多少保额，要与明细表中的保险财产项目取得一致。对减少部分的保额不退回保费，若被保险人要求恢复保额，则应出具批单说明，并对恢复部分按日比例增收保费。

第三节 安装工程保险

一、安装工程保险的特点

安装工程保险（Erection All Risks Insurance）是指以各种大型机器设备的安装工程项目在安装期间因自然灾害和意外事故造成的物质损失，以及被保险人对第三者依法应承担的赔偿责任为保险标的的保险，简称安工险。它是同建筑工程险一起发展起来的一种工程保险，与建筑工程险同属综合性的工程保险业务，但与建筑工程险比较，又有其明显的特点：

(1) 以安装项目为主要承保对象。安装工程保险以安装项目为主体的工程项目为承保对象。虽然大型机器设备的安装需要进行一定范围及一定程度的土木建筑，但安装工程保险承保的安装项目始终在投保工程建设中占主体地位，其价值不仅大大超过与之配套的建筑工程，而且建筑工程本身亦仅仅是为安装工程服务的。

(2) 安装工程在试车、考核和保证阶段风险最大。在建筑工程保险中,保险风险责任一般贯穿于施工过程中的每一环节,即无论是施工初期还是完工时期,均有发生各种风险事故的可能。然而,在安装工程保险中,机器设备只要未正式运转,许多风险就不易发生。虽然风险事故的发生与整个安装过程有关,但只有到安装完毕后的试车、考核和保证阶段,各种问题及施工中的缺陷才会充分暴露出来。因此,安装工程事故也大多发生在安装完毕后的试车、考核和保证阶段,这是保险人应充分注意的。

(3) 承保风险主要是人为风险。各种机器设备本身是技术产物,承包人对其进行安装和试车更是专业技术性很强的工作,在安装工程施工过程中,机器设备本身的质量如何,安装者的技术状况如何,责任心如何,安装中的电、水、气供应以及施工设备、施工方式方法等均是导致风险发生的主要因素。因此,安装工程虽然也面临着自然风险,保险人也承保着多项自然风险,但与人的因素有关的风险才是该险种中的主要风险。

二、安装工程保险的适用范围

安装工程保险的承保项目,主要是指安装的机器设备及其安装费,凡安装工程合同内要安装的机器、设备、装置、物料、基础工程(如地基、座基等)以及为安装工程所需的各种临时设施(如临时供水、供电、通信设备等)均包括在内。此外,为完成安装工程而使用的机器、设备等,以及为工程服务的土木建筑工程、工地上的其他财物、保险事故后的场地清理费等,均可作为附加项目予以承保。安装工程保险的第三者责任保险与建筑工程保险的第三者责任保险相似,既可以作为基本保险责任,亦可作为附加或扩展保险责任。

同建筑工程保险一样,所有对安装工程保险标的具有保险利益的人均可成为被保险人,均可投保安装工程保险。安装工程保险的被保险人主要包括以下几方:① 工程所有人;② 工程承包人,包括主承包人和分承包人;③ 供货人,即负责提供被安装机器设备的一方;④ 制造商,即被安装机器设备的制造人,如果供货人和制造人为同一人,或者制造人和供货人为共同被保险人,在任何条件下,安装工程保险对制造人风险造成的直接损失都不予负责;⑤ 技术顾问;⑥ 其他关系方,如贷款银行或其他债权人等。

三、安装工程保险的保险标的和保险金额

安装工程保险的标的范围很广,但与建筑工程险一样,也可分为物质财产本身和第三者责任两类。其中,物质财产本身包括安装项目、土木建筑工程项目、场地清理费、所有人或承包人在工地上的其他财产;第三者责任则是指在保险有效期内,因在工地上发生意外事故造成工地及邻近地区的第三者人身伤亡或财产损失,依法应由被保险人承担的赔偿责任和因此而支付的诉讼费及经保险人书面同意的其他费用。上述各项保险金额之和即为该安装工程险的保险金额。为了确定保险金额的方便,安装工程险保单明细表中列出的保险项目通常也包括物质损失、特种风险赔偿、第三者责任三个部分,其中,后两项的内容和赔偿限额的规定均与建筑工程险相同,故不再赘述。安装工程险的物质损失部分包括以下几项:

(1) 安装项目。这是安装工程险的主要保险标的,包括被安装的机器设备、装置、物料、基础工程(地基、基座)以及安装工程所需的各种临时设施,如水、电、照明、通信等设施。其大致分三类:① 新建工厂、矿山或某一车间生产线安装的成套设备;② 单独的大型机械装置,如发电机

组、锅炉、巨型起重机等的组装工程；③ 各种钢结构建筑物，如储油罐、桥梁、电视发射塔之类的安装管道、电缆的附设工程等。

安装项目保险金额的确定与承包方式有关，若采用完全承包方式，则为该项目的承包合同价；若由所有人投保引进设备，保险金额应包括设备的购货合同价加上国外运费和保险费、国内运费和保险费以及关税和安装费（包括人工费、材料费）。安装项目的保险金额，一般按安装合同总金额确定，待工程完毕后再根据完毕时的实际价值调整。

⑵ 土木建筑工程项目。这是指新建、扩建厂矿必须有的工程项目，如厂房、仓库、道路、水塔、办公楼、宿舍、码头、桥梁等。土木建筑工程项目的保险金额应为该项工程项目建成的价格，包括设计费、材料设备费、施工费、运杂费、保险费、税款及其他有关费用等。这些项目一般不在安装工程内，但可在安装工程内附带投保。其保险金额不得超过整个安装工程保额的20%；超过20%时，则按建筑工程险费率收保费；超过50%，则需单独投保建筑工程险。

⑶ 场地清理费。保险金额由投保人自定，并在安装工程合同价外单独投保。对于大工程，一般不得超过工程总价值的5%；对于小工程，一般不得超过工程总价值的10%。

⑷ 安装工程施工用的承包人的机器设备。其保险金额按重置价值计算。

⑸ 所有人或承包人在工地上的其他财产。指上述三项以外的保险标的，大致包括安装施工用机具设备、工地内现成财产等。保额按重置价值计算。

上述五项保险金额之和即构成物质损失部分的总保险金额。

四、安装工程保险的保险责任和责任免除

（一）保险责任

安装工程保险的保险责任相当广泛，概括起来分为物质部分和第三者责任部分。

1. 物质部分的保险责任

它分为基本保险责任和附加特别保险责任。

安装工程险在保险责任规定方面与建筑工程险略有区别。安装工程险物质部分的保险责任除与建筑工程险的部分相同外，一般还有以下几方面的内容：① 安装工程出现的超负荷、超电压、碰线、电弧、走电、短路、大气放电及其他电气引起的事故。② 安装技术不善引起的事故。技术不善是指按照要求安装但没达到规定的技术标准，在试车时往往出现损失。这是安装工程险的主要责任之一。承保这一责任时，应要求被保险人对安装技术人员进行技术评价，以保证技术人员的技术水平能适应被安装机器设备的要求。

具体保险责任为：① 在保险期限内，若保险单明细表中分项列明的保险财产，在列明的工地范围内因保险单除外责任以外的任何自然灾害或意外事故造成的物质损坏或灭失（以下简称"损失"），保险公司按保险单的规定负责赔偿。其中：自然灾害是指地震、海啸、雷电、飓风、台风、龙卷风、风暴、暴雨、洪水、水灾、冻灾、冰雹、地崩、山崩、雪崩、火山爆发、地面下陷下沉及其他人力不可抗拒的破坏力强大的自然现象。意外事故是指不可预料的以及被保险人无法控制并造成物质损失或人身伤亡的突发性事件，包括火灾和爆炸。② 对经保险单列明的因发生上述损失所产生的有关费用，保险公司亦可负责赔偿。③ 保险公司对每一保险项目的赔偿责任均不得超过保险单明细表中对应列明的分项保险金额，以及保险单特别条款或批单中规定的其他适用的赔偿

限额。但在任何情况下,保险公司在保险单项下承担的对物质损失的最高赔偿责任不得超过保险单明细表中列明的总保险金额。

除安装工程保险有关物质部分的基本保险责任外,有时因投保人的某种特别要求或因工程有其特殊需要而增加额外的风险保障,因此,通常在基本保险责任项下可附加保险责任。物质部分的附加保险责任可供选择的条款一般有:罢工、暴乱、民众骚乱条款;工地外储存物质条款;有限责任保证期条款;扩展责任保证期条款;使用、移交财产条款等。

2. 第三者责任部分的保险责任

安装工程第三者责任险的保险责任与建筑工程第三者责任险的基本相同。具体包括:① 在保险期限内,因发生与保险单所承保工程直接相关的意外事故引起工地内及邻近区域的第三者人身伤亡、疾病或财产损失,依法应由被保险人承担的经济赔偿责任,保险公司按条款的规定负责赔偿;② 对被保险人因上述原因而支付的诉讼费用以及事先经保险公司书面同意而支付的其他费用,保险公司亦负责赔偿。

保险公司对每次事故引起的赔偿金额以法院或政府有关部门根据现行法律裁定的应由被保险人偿付的金额为准。但在任何情况下,均不得超过保险单明细表中对应列明的每次事故赔偿限额。在保险期限内,保险公司在保险单项下对上述经济赔偿的最高赔偿责任不得超过保险单明细表中列明的累计赔偿限额。

若一项工程中有两个以上的被保险人,为了避免被保险人之间相互追究第三者责任,由被保险人申请,经保险人同意,可加保交叉责任险。

(二) 责任免除

安装工程险物质部分的责任免除,多数与建筑工程险相同,所不同的是:建筑工程险将设计错误造成的损失一概除外;而安装工程险对设计错误本身的损失除外,对由此引起的其他保险财产的损失予以负责。

安装工程第三者责任险的责任免除与建筑工程第三者责任险的责任免除相同。具体为:

1. 安装工程险物质部分的责任免除

(1) 因设计错误、铸造或原材料缺陷或工艺不善引起的保险财产本身的损失以及为换置、修理或矫正这些缺点错误所支付的费用;

(2) 由于超负荷、超电压、碰线、电弧、漏电、短路、大气放电及其他电气原因造成电气设备或电气用具本身的损失;

(3) 施工用机具、设备、机械装置失灵造成的本身损失;

(4) 自然磨损、内在或潜在缺陷、物质本身变化、自燃、自热、氧化、锈蚀、渗漏、鼠咬、虫蛀、大气(气候或气温)变化、正常水位变化或其他渐变原因造成的保险财产自身的损失和费用;

(5) 维修保养或正常检修的费用;

(6) 档案、文件、账簿、票据、现金、各种有价证券、图表资料及包装物料的损失;

(7) 盘点时发现的短缺;

(8) 领有公共运输行驶执照的,或已由其他保险予以保障的车辆、船舶和飞机的损失;

(9) 除非另有约定,在保险工程开始以前已经存在或形成的位于工地范围内或其周围的属于被保险人的财产的损失;

(10) 除非另有约定,在保险单保险期限终止以前,保险财产中已由工程所有人签发完工验收证书或验收合格或实际占有或使用或接收的部分。

2. 安装工程第三者责任险的责任免除

安装工程第三者责任险的责任免除与建筑工程第三者责任险的责任免除相同,具体为:

(1) 保险单物质损失项下或本应在该项下予以负责的损失及各种费用;

(2) 工程所有人、承包人或其他关系方或他们所雇用的在工地现场从事与工程有关工作的职员、工人以及他们的家庭成员的人身伤亡或疾病,工程所有人、承包人或其他关系方或他们所雇用的职员、工人所有的或由其照管、控制的财产发生的损失;

(3) 领有公共运输行驶执照的车辆、船舶、飞机造成的事故;

(4) 被保险人根据与他人的协议应支付的赔偿或其他款项,但即使没有这种协议,被保险人仍应承担的责任不在此限。

3. 总除外责任

即安装工程险物质部分和第三者责任险共同责任免除,包括:

(1) 在保险单项下,保险公司对下列各项不负责赔偿:战争、类似战争行为、敌对行为、武装冲突、恐怖活动、谋反、政变引起的任何损失、费用和责任;政府命令或任何公共当局的没收、征用、销毁或毁坏;罢工、暴动、民众骚乱引起的任何损失、费用和责任。

(2) 被保险人及其代表的故意行为或重大过失引起的任何损失、费用和责任。

(3) 核裂变、核聚变、核武器、核材料、核辐射及放射性污染引起的任何损失、费用和责任。

(4) 大气、土地、水污染及其他各种污染引起的任何损失、费用和责任。

(5) 工程部分停工或全部停工引起的任何损失、费用和责任。

(6) 罚金、延误、丧失合同及其他后果损失。

(7) 保险单明细表或有关条款中规定的应由被保险人自行负担的免赔额。

五、安装工程保险的费率

决定安装工程险费率的因素同建筑工程险相似,也是由几部分组成的,除试车期为单独的一次性费率、安装用机器设备为单独的年度费率外,其他项目均为整个工期的一次性费率。

具体而言,安工险的费率主要由以下各项组成:① 安装项目、土木建筑工程项目、所有人或承包人在工地上的其他财产及清理费为一个总的费率,整个工期实行一次性费率;② 试车为一个单独费率,是一次性费率;③ 保证期费率,实行整个保证期一次性费率;④ 各种附加保障增收费率,实行整个工期一次性费率;⑤ 安装、建筑用机器、装置及设备为单独的年费率;⑥ 第三者责任险,实行整个工期一次性费率。

六、安装工程保险的保险期间

安装工程保险的保险期间包括从开工到完工的全过程,由投保人根据需要确定。与建筑工程保险相比,安装工程保险项下多了一个试车考核期间的保险责任。其在保险期间的风险控制主要包括:

1. 保险责任的开始时间

在保单列明的起期日前提下,安装工程保险的保险责任开始有两种情况:自投保工程动工之日或自被保险项目卸至施工地点时起，两者以先发生者为准。

2. 保险责任的终止时间

保险责任的终止有以下几种情况，以先发生者为准：① 保单规定的终止日期；② 安装工程完毕移交给所有人时；③ 所有人开始使用时，若部分使用，则该部分责任终止。

3. 试车考核期

安装工程保险保险期内一般应包括试车考核期。试车考核期是指工程安装完毕后冷试、热试和试生产。冷试是指单机冷车运转；热试是指全线空车联合运转；试生产是指加料全线负荷联合运转。考核期的长短根据工程合同上的规定来决定，试车考核期的责任以不超过三个月为限；若超过三个月，则应另行加费。试车考核期的出险率最高，往往占整个工期出险的一半甚至80%以上，因此，对考核期的承保应非常慎重。对于旧的机器设备，则一律不负责试车，试车开始，保险责任即告终止。

4. 保证期

与建设工程保险一样，安装工程保险完毕后，一般还有保证期，若加保，亦应注意选择。保证期有两种加保方法：有限责任保证期或扩展责任保证期。

5. 保险期间的扩展时间

在保单规定的保险期间内，若安装工程不能按期完工，而被保险人要求延长保险期间时，则由投保人提出申请并加交规定保费后，保险人可签发批单，以延长保险期间。其保费按原费率以日计收，也可根据当地情况或风险大小增收适当的百分比。

6. 防损检查

在保险期间，保险人应经常深入施工现场了解工程进度、发现隐患，尤其是在试车期间，更需加强防灾防损工作。

七、安装工程保险的承保与理赔

（一）安装工程保险的承保

1. 安装工程保险承保的风险调查

保险人在承保安装工程保险业务时，除充分注重安装工程项目的自身特点外，应向投保人索取并认真查阅与工程有关的文件资料，主要包括供货合同、承包合同、设计书、工程进度表、现场平面图等，同时还应作细致的风险调查。

调查的内容主要有：① 机器设备的种类、性质和危险程度；② 安装施工现场的自然地理环境和位置，如降雨量、地下水位、占主导地位的风力、风向、地质状况以及有无台风、洪水、地震等巨大灾害的可能性等；③ 机器设备的产地、厂家及其质量状况；④ 承包人的技术、经营管理水平及资信状况；⑤ 有无配套工程，是室内还是露天安装；⑥ 工期长短及进度；⑦ 试车、考核及保证期的有关规定；⑧ 工程合同涉及的利害关系方及他们之间在工程中的风险责任关系；⑨ 各具体分项的价值，包括机器设备、材料、工程临时设施的价格及从属费用（运费、税款、安装费）以及各分项的分布情况、彼此分隔的距离和是否通连等；⑩ 其他有关情况。

2. 现场查勘

除了解、查阅上述资料外，保险人还须进行现场查勘，并就下列各项作出查勘记录：① 工地的位置、地势及周围的环境,如邻近建筑物及人口分布状况,是否靠海(江、河、湖)以及道路和运输条件,有何风险因素等;② 厂房等土建项目的状况,如砖混结构、钢筋混凝土结构、木结构等;③ 工地内有无现成建筑物和其他物资及其位置、状况;④ 储存物质的库场状况、位置及运输距离、方式等;⑤ 工地安全保卫及其设施状况,例如防火、防水、防盗措施等;⑥ 安装过程中最危险的部位、项目及阶段。

3. 进行风险评估

安装工程保险最大可能损失的测算同建筑工程保险一样。它通常先找出安装工程中最易受损的项目及位置,估计该项目出险后可能受损的程度,然后根据其位置估计它对其他项目以至于整个工程的可能波及程度,最后再根据各个项目的保额,算出整个工程的最大可能损失的数据。

4. 根据投保人填写的投保单确定保险单的各项内容

投保人提交投保申请书时,应要求其同时附上工程有关文件、图纸,包括工程合同、工程概算表、工程设计书、工程进度表等。安装工程保险的投保单与保险单的内容和填写要求大致同于建筑工程保险,即:工程关系方,工程名称和地点,安装期限(含试车考核期),物质损失投保项目和投保金额,特种风险赔偿限额和免赔额,被安装机器设备的情况,工地及附近的自然条件情况,第三者责任赔偿限额和免赔额,保证期保险,被保险人是否已向其他保险人投保等。上述各栏要求尽可能详细,特别是要求投保人必须如实、认真地填写。如遇专业性较强的内容,保险人应予以指导。必须指出,被安装的机器是安装工程保险的主要标的,价值高且涉及制造、供货人的风险责任,必须根据这些机器设备的说明书详细填明,以便在涉及供货人责任时及时进行追偿,同时也有助于对总保额的构成有所了解。安装前设备储存地点、条件及保管方法也要填写清楚。如存放在工地范围之外,投保人应指明地点并要求扩展保险保障;否则,保险人对在保单上未列明的工地发生的损失概不负责。

5. 规定赔偿限额和免赔额

可参见建筑工程保险。

(二) 安装工程保险的理赔

尽管建筑工程保险和安装工程保险在责任分析上依据的保险责任条款不同,但二者的理赔,其总的原则、要求、内容、程序都是相同的,故不再论述。

第四节 机器损坏保险

一、机器损坏保险的保险标的

机器损坏保险专门承保各类安装完毕并已转入运行的机器设备。与火灾保险相比,机器损坏险承保的风险主要是保险标的本身固有的风险,即工厂机器内部本身以及操作不当的损失。因此,就保险责任而言,二者存在互补性,机器损坏保险业务中,用于防损的费用比用于赔款的更多。如果一台机器同时投保了财产险和机器损失险,就能获得完善的保障,因此机器损坏险还可以作为财产一切险的附加险来承保。

二、机器损坏保险的保险责任和责任免除

(一) 保险责任

保险公司对下列原因引起的意外事故造成的物质损坏或灭失负赔偿责任:① 设计、制造或安装错误、铸造和原材料缺陷;② 工人、技术人员操作失误、缺乏经验、技术不善、疏忽、过失、恶意行为;③ 离心力引起的断裂;④ 超负荷、超电压、碰线、电弧、漏电、短路、大气放电、感应电及其他电气原因;⑤ 责任免除规定以外的其他原因。

(二) 责任免除

机器损坏保险对于下列各项不负赔偿责任:① 机器设备运行必然引起的后果,如自然磨损、锈蚀等;② 一切操作中的媒介物(如润滑油等)及其他各种易损、易耗品;③ 被保险人及其代表在保险生效时已经知道或应该知道的保险机器及其附属设备的缺点或缺陷;④ 根据法律或契约应由供货方、制造人、安装人或修理人负责的损失或费用;⑤ 由于公共设施部门的限制性供应及故意或非意外行为引起的停电、停气、停水;⑥ 火灾、爆炸;⑦ 自然灾害(地震、海啸、雷电等);⑧ 飞行物体坠落;⑨ 机动车碰撞;⑩ 水箱、水管爆裂;⑪ 被保险人及其代表的重大过失或故意行为;⑫ 保险事故发生后引起的各种间接损失或责任;⑬ 应由被保险人自行负责的免赔额;⑭ 战争和类似战争行为;⑮ 政府命令或任何公共当局没收、征用、销毁或毁坏;⑯ 核裂变、核聚变、核武器、核材料、核辐射及放射性污染。

三、机器损坏保险的保险金额与理赔

机器损坏保险常根据保险机器新的重置价值承保。包括新机器的价值、关税、运费、保费以及安装费用。

在机器损坏保险中,对于保险机器的损失赔偿,还规定有免赔额,这一免赔额多为每次事故的免赔额。根据风险的不同,免赔额可以在保险金额的 1%~15% 范围内浮动。

四、机器损坏保险的费率与停工退费规定

同火灾保险相比,机器损坏保险的损失率和费率都相当高。机器损坏保险的费率由机器的类型、用途、以往损失记录以及其他因素,如被保险人的管理水平、技术水平、经验、安全措施和产品的可靠性及用途等共同确定。

如果机器损坏保险承保的锅炉、汽轮机、蒸汽机、发电机或柴油机连续停工超过 3 个月,则停工期间的保费按表 7–1 所示比例退还。

表 7–1 停工期间的保费退还

连续停工(月)	3~5	6~8	9~11	全年
退还保费(%)	15	25	35	50

但这种停工退费的规定不适用于季节性的工厂使用的机器。

第八章 责任保险

第一节 责任保险的特征与基本内容

一、责任保险的特征与法律依据

(一) 责任保险的含义与特征

1. 责任保险的含义

责任保险(Liability Insurance)是以被保险人对第三者依法应负的赔偿责任作为保险标的的保险。它承保被保险人由于过失等行为造成他人的财产损失或人身伤亡,根据法律或合同的规定,应对受害者承担的赔偿责任指供经济赔偿。责任保险是随着财产保险的发展而产生的,它是法律制度的发展和完善导致民事损害赔偿责任大量增加的结果。[①]

早期的责任保险出现于19世纪中期的英国,发达于20世纪70年代以后,至今已成为国际保险市场上举足轻重的保险业务。目前责任保险最发达的国家是美国,责任保险占非寿险业务的份额已经达40%~50%。在中国百年保险史上,1949年前仅上海汽车第三者责任保险曾有较普遍的发展,其他责任保险则不多见。20世纪50年代初期,中国人民保险公司曾举办过汽车、飞机附加第三者责任保险和船舶碰撞责任保险,但不久就停办了。直到1979年以后,我国才恢复办理运输工具第三者责任保险,并逐步开办各类独立的责任保险。到2008年,我国独立承保的责任保险占财产保险业务的3.5%,再加上交强险占比的23.68%,即便不考虑机动车商业三责险及工程三责险、船舶三者险、飞机三责险,责任保险占财产保险业务的比例也达27.18%;而2016年,我国独立承保的责任保险占财产保险业务的4.17%,机动车第三者责任险及附加、交强险依次占财产保险业务的27.99%、19.33%,即便不考虑工程三责险、船舶三责险和飞机三责险,责任保险占财产保险的比例已达51.49%[②],成为我国财产保险市场的主导产品之一。

2. 责任保险的特征

责任保险属于财产保险,但与一般财产保险比较又有如下基本特征:

(1) 责任保险产生和发展的基础是健全和完善的法律制度。只有法律制度界定了人们对

---

① 赔偿责任是当事人一方因侵权或不履行合同义务而对他造成损害时应承担赔偿损失的民事责任。赔偿责任的性质必然是经济赔偿,属于承担民事责任的方式之一。

② 27.99%=36%×77.74%;19.33%=24.87%×77.74%。

他人应负的赔偿责任时，人们才通过责任保险来转嫁这种责任风险。因此，健全的法律制度尤其是民法和各种专门的民事法律和法规是责任保险产生与发展的基础。

(2) 责任保险的替代性和保障性。责任保险的直接补偿对象是与保险人签订保险合同的被保险人，但被保险人自身的损失则无须保险人补偿。间接补偿对象是受害人。由于保险人承保的是被保险人依法应对他人(第三者)所负的赔偿责任，因而，保险人支付的保险金最终落实到受害人手中，并归其所有。这样，既替代了被保险人(致害人，或加害人)的赔偿责任，又保障了受害人应有的合法权利。而在一般财产保险中，保险人是对被保险人的经济损失进行补偿，并归其所有。在责任保险中，由于保险人对被保险人的替代性，因此引申出了责任保险不同于其他财产保险的一条基本原则——优先保护受害第三者利益原则，即在责任保险中第三人对保险金债权享有的法定的优先受偿的权利。我国《保险法》第65条对此作出了明确规定。[①]

(3) 责任保险只有赔偿限额。在一般财产保险中，保险人承担的最高赔偿限度是保险金额；而责任保险承保的是被保险人依法应对第三者承担的赔偿责任。由于第三者事先的不确定性构成保险人承担经济赔偿额度的不确定性，这种不确定的赔偿责任只有在保险合同中加以确定，才有利于稳定经营。因此，在责任保险中只能以赔偿限额来作为保险人承担赔偿责任的最高限度。

(4) 责任保险的特殊承保方式。责任保险具有两种承保方式：独立的责任险、附加的或基本的责任险。前者指保险人出立专门的独立保单的责任保险，一般分为产品责任保险、公众责任保险、雇主责任保险、职业责任保险。后者与特定的物质财产保险有密切联系，可分为作为一般财产保险的附加险承保和作为一般财产保险的基本险承保。作为附加险承保的，如船舶碰撞责任保险、飞机旅客责任保险等；作为基本险承保的，如机动车辆第三者责任险、机动车辆交通事故责任强制保险。

(5) 赔偿处理的特殊决定方式。在一般财产保险中，保险人的赔偿金额是由保险人根据投保方式、保险金额、损失金额等因素来确定；而在责任保险中，赔偿责任产生后，被保险人承担的赔偿金额通常是由法院或仲裁机构根据责任的大小及受害人的财产或人身的实际损害程度来裁定的。当然，保险人在决定赔偿金额时要受到责任限额的约束。

(二) 责任保险的法律基础

1. 民事损害赔偿责任的构成要件

(1) 损害事实存在。损害事实是指一定的行为作用于权利主体，致使权利主体财产权、人身权受到侵害，并造成财产利益和人身利益的减少或灭失的客观事实。有无损害事实，是认定侵权行为的逻辑起点。只有行为人的违法行为对他人的财产、人身或精神造成事实上的伤害，行为人才负有赔偿责任。

(2) 行为的违法性。行为的违法性是指行为人违反了有关法律关于保护公民、法人名誉权的规定，实施了侵害行为且不具有抗辩事由或阻却违法事由[②]。行为人造成他人财产或人身损害的

---

① 我国《保险法》第65条规定：保险人对责任保险的被保险人给第三者造成的损害，可以依照法律的规定或者合同的约定，直接向该第三者赔偿保险金。责任保险的被保险人给第三者造成损害，被保险人对第三者应负的赔偿责任确定的，根据被保险人的请求，保险人应当直接向该第三者赔偿保险金。被保险人怠于请求的，第三者有权就其应获赔偿部分直接向保险人请求赔偿保险金。责任保险的被保险人给第三者造成损害，被保险人未向该第三者赔偿的，保险人不得向被保险人赔偿保险金。

② 阻却违法事由是指制止损害行为的违法性而被特别法律予以豁免的情形。

行为违法时,行为人才承担赔偿责任。

(3) 行为与结果之间要存在因果关系。即损害事实必须是行为人的违法行为所致,行为人才负有赔偿责任。

(4) 行为人的过错。只有存在过错,行为人才对其行为造成的损害负赔偿责任。行为人的过错包括故意和过失两种。前者是已经预见到损害事实,却希望促成其形成;后者是明了行为可能出现的损害事实,却主观判断不可能形成。无论故意或过失,只要存在过错,并且造成损害事实,行为人就应当承担赔偿责任。

2. 责任保险承保的民事法律责任

法律责任(Legal Liability)是指因违反了法定义务或契约义务,或不当行使法律权利、权力所产生的,由行为人承担的不利后果。就其性质而言,由于法律关系可以分为法律上的功利关系和法律上的道义关系,与此相适应,法律责任方式也可以分为补偿性方式和制裁性方式。

法律责任是由特定法律事实所引起的对损害予以补偿、强制履行或接受惩罚的特殊义务。其特点在于:第一,法律责任表示一种因违反法律上的义务(包括违约等)关系而形成的责任关系,以法律义务的存在为前提;第二,法律责任具有内在逻辑性,即存在前因与后果的逻辑关系;第三,法律责任表示为一种责任方式,即承担不利后果;第四,法律责任的追究是由国家强制力实施或者潜在保证的。

根据违法性质的不同,法律责任一般分为民事责任、刑事责任和行政责任。其中,刑事责任是指行为人因其犯罪行为所必须承受的,由司法机关代表国家所确定的否定性法律后果;行政责任是指因违反行政法规定或因行政法规定而应承担的法律责任。责任保险一般不承保刑事责任和行政责任,而承保的是被保险人对第三者依法应负的赔偿责任。这种责任属于民事责任。

民事责任(Civil Liability)是指由于违反民事法律对于他人财产或人身安全所造成的损害而应承担的赔偿责任。民事责任分为侵权责任和合同责任。

(1) 侵权责任(Tort Liability)。侵权责任是行为人不法侵害他人非合同权利或者受法律保护的利益而依法应承担的损害赔偿责任。侵权责任是一种法定之债,依行为人的主观状态与责任的关系,侵权责任分为过错责任和无过失责任,其中过错责任分为故意责任和过失责任。过错责任是行为人依法对自己的过错行为所应负的民事责任,在法律有明确规定的情况下,也要求行为人举证说明自己的其中过错,不能举证的则推定其有过错。但是,保险人从风险控制的角度出发,只对过失责任进行承保,故意责任则被列为责任免除的范围。这是因为过失责任通常是当事人疏忽所造成的,并非有预谋、有企图的故意行为,保险人完全可以按照商业保险的运作与经营规则承担这种民事损害赔偿责任。而故意责任则是一方当事人有预谋、有企图的故意行为,属于道德风险,故列为责任免除的范围。无过错责任是为确保受害人的人身和财产的合法权益,而由法律规定的对行为人的加重行为,即对损害的发生行为人虽无过错仍应承担的民事责任。我国《侵权责任法》第7条对无过错责任进行了明确的规定:"行为人损害他人民事权益,不论行为人有无过错,法律规定应当承担侵权责任的,依照其规定。"常见的无过错责任有医疗事故、交通事故、产品责任、工业活动的损害、航天器引起的损害、原子能和核辐射引起的损害等。

(2) 合同责任(Liability of Contract)。合同责任是指在合同缔结时或者合同成立后以及合同履行期间,由于合同一方当事人的行为导致他方当事人权益受到损害,而依法应当承担的法律后果。合同责任分为缔约过失责任和违约责任。缔约过失责任是指在合同订立过程中,一方当事人因没有依据诚实信用原则履行所应负的义务，对另一方当事人因此而遭受的损失所承担的民事责任。一方当事人因没有履行依据诚实信用原则所应负的义务，主要为合同义务；另一方当事人的利益损失主要为信赖利益的损失。缔约过失责任的实践意义主要在于有利于交易的促成，维护交易安全。在没有合同关系或合同没有生效的情况下，当人们遭受损害时，无法追究当事人的合同责任，通常运用侵权行为责任理论来寻求救济，然而，由于侵权行为成立的条件较为严格，有时难以达到目的，如果利用缔约过失责任则有利于保护当事人的权益。缔约过失责任制度的建立，一方面促使人们在市场上大胆寻求交易伙伴，一旦遭受损害则可以以缔约过失责任为理论武器寻求法律保护；另一方面该责任提醒从事交易准备活动的人们，对待谈判对象要认真、诚实，否则必须为自己的过失承担一定的法律后果。违约责任是一方当事人不履行合同债务时对另一方当事人所应承担的赔偿责任。由于有些违约责任具有很多主观因素，责任保险通常对于有些违约责任采用特约承保的方式，当然在雇主责任保险、职业责任保险和产品责任保险的保险责任中，有些属于违约责任所致。

责任保险承保的保险责任主要为侵权责任中的过失责任和一些无过失责任，有些违约也可经特别约定承保违约责任。上述法律责任之间的关系如图 8–1 所示。

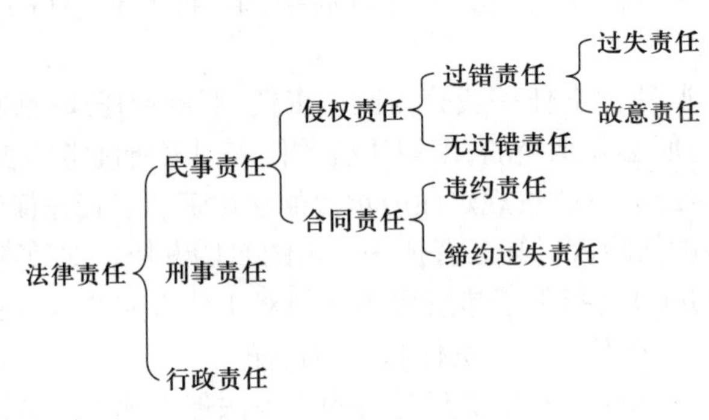

图 8–1　法律责任图

3. 责任保险的保险事故成立的条件

责任保险的保险事故是指保险合同中列明的被保险人由于侵权或违约对于第三者造成损失事实时应承担的民事损害赔偿责任。所以，责任保险的保险事故的成立必须同时具备两个条件：第一，损害事实或违约事实的存在；第二，受害人（第三者）向致害人（被保险人）提出索赔要求。

4. 责任保险的法律依据

因为责任保险承保的是被保险人对第三者的赔偿责任，所以，责任保险的法律依据是民法和各种专门民事法律与法规。

二、责任保险的分类

责任保险的种类纷繁复杂，可按不同的标准分类，其主要分类有：

（一）承保独立责任的责任保险和承保基本责任或附加责任的责任保险

这是按承保方式进行的分类。前者以责任性质区分并各自签发专门的责任保险单，一般有产品责任保险、公众责任保险、雇主责任保险、职业责任保险四种类型;后者与财产保险密切结合,如建筑工程、安装工程的第三者责任保险,一般作为附加责任予以承保,而机动车辆第三者责任保险、交强险则作为机动车辆的基本险予以承保。

(二) 过失责任保险和无过失责任保险

这是按责任发生原因进行的分类。前者承保被保险人因过失行为对他人造成损害依法应负的赔偿责任,如场所责任保险、厂家责任保险、机动车第三者责任保险、职业责任保险、个人责任保险、其他过失责任保险;后者承保被保险人无论有无过失,都要对造成的他人损害依法负的赔偿责任,如雇主责任保险、产品责任保险、核电站责任保险、机动车交通事故责任强制保险、其他无过失责任保险。

(三) 法定责任保险与自愿责任保险

这是按实施方式进行的分类。前者是通过制定有关法律、法规实施的责任保险,属于法定责任保险,如机动车辆交通事故责任强制保险、劳工险等,世界上许多国家、我国大部分省市对机动车辆交通事故责任强制保险实行法定保险;后者是在自愿原则基础上投保人与保险人通过签订保险合同而建立保险关系的责任保险,大部分责任保险均为自愿责任保险。

(四) 侵权责任保险与合同责任保险

这是按责任性质进行的分类。前者承保被保险人对第三者侵权行为依法应负的赔偿责任,如职业责任保险、产品责任保险等;后者承保被保险人违反合同规定依法对第三者应负的赔偿责任,如货运合同责任保险承保承运人未履行提供适航船只造成托运人货物损失应负的赔偿责任,用工合同责任保险承保雇佣合同规定的雇主对雇员在雇佣期间遭受人身伤害应负的赔偿责任。

三、责任保险的共性规定

(一) 保险责任范围

1. 保险责任

保险人在责任保险单下承担的赔偿责任,一般包括以下两项:① 侵权责任和违约责任。责任保险人承保的侵权责任和违约责任是指过错责任中的过失责任和无过错责任以及经过特别约定的违约责任,按照有关法律规定,被保险人对造成他人财产损失或人身伤亡应承担的赔偿责任,由保险人负责。② 因赔偿纠纷引起的由被保险人支付的诉讼、律师费用以及其他事先经保险人同意支付的费用。

保险人承担上述赔偿责任的前提条件是:责任事故的发生应符合保险条款的规定,包括事故原因、地点、范围等,均应审核清楚。

保险承保的赔偿责任一般为有形的财产损失和有形的人身伤害,而对无形的财产损失和无形的人身伤害,一般不予承保,但对于被保险人的无形财产损失是因有形的财产损失和无形的人身伤害所致,则另当别论。

2. 责任免除

责任免除包括：① 战争、罢工；② 核风险（核保险责任除外）；③ 被保险人的故意行为；④ 被保险人的家属、雇员的人身伤害或财物损失（雇主责任保险除外）；⑤ 被保险人的合同责任（特别约定除外）；⑥ 被保险人所有、占有、使用或租赁的财产或由被保险人照顾、保管或控制的财产损失。上述除外责任中，有些经特别约定，也可以加保，或者还可以增加责任免除。

（二）保险费与保险费率

保险费率是计收保险费的依据。责任保险的保险费率是根据各种责任保险的风险大小及损失率高低而确定的，在厘定责任保险费率时，应考虑以下因素：① 被保险人的业务性质、种类和产品等产生意外损害赔偿责任可能性大小；② 赔偿限额及免赔额的高低；③ 当地法律对损害赔偿的规定；④ 承保区域大小；⑤ 同类业务的历史损失资料；⑥ 保险人的业务水平和每笔业务的酬劳。

（三）赔偿限额与免赔额

责任保险承保的是被保险人的民事赔偿责任，而非保险价值的标准，因此，不论何种责任保险，均无保险金额的规定，而是确定赔偿限额作为保险人承担赔偿责任的最高额度。超过了赔偿限额的索赔，仍由被保险人自行负责。

赔偿限额的确定，一般都由保险人与被保险人协商订入保险合同中，也可由保险人事先在保险单上列明，被保险人认可即行。责任保险中，通常规定两项赔偿限额：一是事故赔偿限额，即每次责任事故或同一原因引起的一系列责任事故的赔偿限额，它分为财产损失赔偿限额与人身伤亡赔偿限额；二是累计赔偿限额，即保险期内累计的赔偿限额，它分为累计的财产损失赔偿限额和累计的人身伤亡赔偿限额。

此外，责任保险单上一般还有免赔额的规定，以此促使被保险人减少保险事故和降低零星赔款数量。免赔额通常是绝对免赔。

第二节 公众责任保险

一、公众责任保险的定义与险种

（一）公众责任保险的定义

公众责任保险（Public Liability Insurance）是以被保险人在公众活动场所由于过失等侵权或违约行为，致使他人的人身或财产受到损害，依法由被保险人承担受害人的赔偿责任为保险标的的保险。[①] 其中，公众责任是指致害人在公众活动场所由于过失等侵权或违约行为，致使他人的人身或财产受到损害，依法由致害人对受害人承担的赔偿责任；被保险人是加害人。公众责任以法律上负有责任为前提，各国的民法及各种有关的单行法规是公众责任的法律依据。

公众责任风险普遍存在，如商店、旅馆、展览馆、医院、影剧院、运动场、动物园等各种公共场

① 过失是行为人对其行为可能造成的损害后果应当预见而没有预见，或虽有预见却轻信损害结果不会发生的心理状态。包括过于自信和疏忽。

所,都有可能在生产、营业过程中发生意外事故,造成他人的人身伤害或财产损失,致害人就必须依法承担相应的民事赔偿责任。我国《侵权责任法》第 37 条对此也有明确的规定。① 因此,就有分散、转嫁公众责任风险的必要。这是各种公众责任保险产生并得到迅速发展的基础。

(二) 公众责任保险的险种

公众责任保险主要有如下险种:

1. 综合公共责任保险

该保险承保被保险人在任何地点、因非故意行为或活动所造成的他人人身伤亡或财产损失依法所应负的赔偿责任。它是一种综合性的责任保险,其责任包括:合同责任、产品责任、业主及工程承包人的预防责任、完工责任、个人伤害责任等。

2. 场所责任保险

该险种承保固定场所(包括建筑物及其设备、装置)因存在结构上的缺陷或管理不善,或被保险人在场所内进行经营活动时因疏忽发生意外事故造成他人人身伤害或财产损失的赔偿责任。这是公众责任保险中业务量最大的险别。场所责任保险广泛适用于商店、旅馆、办公楼、动物园、展览馆、游乐场、机场、电梯、车库等各种公共娱乐场所及工厂,通常以普通责任险总保单附加场所责任险条款的方式承保。场所责任保险又可以进一步分为旅馆责任保险、电梯责任保险、展览会责任保险、机场责任保险等险种。

3. 承包人责任保险

该险种承保被保险人在进行合同项下的工程或其他作业时造成的对他人的损害赔偿责任。它适用于建筑、安装、修理工程等承包人,也可在建筑工程保险内承保。需要注意的是,在承包人责任保险中,保险人一般只对承包人的自有或租用的设备、对委托人的赔偿和合同责任以及对分承包人应承担的责任等负责,对承包人看管或控制的财产、施工的对象、退换或重置的工程材料及已安装的货物等不负责任。

4. 承运人责任保险

该险种承保承运人在进行客、货运输过程中可能发生的损害赔偿责任。

5. 个人责任保险

该险种是为个人及家庭提供的责任保险,具体承保的责任范围是:在被保险人所有、使用或支配的住宅内发生意外事故引起的对第三者的损害赔偿责任;被保险人在承保地区范围内的日常生活中造成对第三者的损害赔偿责任。

二、公众责任保险的基本内容

(一) 保险责任范围

1. 保险责任

我国公众责任保险的保险责任包括两项:① 被保险人在保单列明的地点内发生意外事故

① 《侵权责任法》第 37 条规定:宾馆、商场、银行、车站、娱乐场所等公共场所的管理人或者群众性活动的组织者,未尽到安全保障义务,造成他人损害的,应当承担侵权责任。因第三人的行为造成他人损害的,由第三人承担侵权责任;管理人或者组织者未尽到安全保障义务的,承担相应的补充责任。

造成第三者人身伤害或财产损失，依法应承担的赔偿责任；② 因损害事故引起的诉讼抗辩费用和经保险人事先同意支付的其他费用。

2. 责任免除

我国的公众责任保单的责任免除规定有：① 被保险人根据合同应承担的责任，除非该合同责任同时构成法律责任。② 被保险人的雇员所遭受的人身伤害。③ 下列损失的责任：被保险人或其雇佣人员或其代理人所有的财产或由其照管或由其控制的财产，被保险人雇佣人员或其代理人正在从事或一直从事工作的任何物品、土地、房屋或建筑。此项责任属雇主责任保险的范围。④ 由下列引起的损失或伤害责任：未载入本保单表列而属于被保险人的或其所占有的或以其名义使用的任何牲畜、脚踏车、车辆、火车头、各类船只、飞机、电梯、升降机、起重机等，火灾、地震、爆炸、洪水、烟熏和水污，有缺陷的卫生装置或任何类型的中毒或任何不洁或有害的食物或饮料，大气、土地、水污染及其他类型的污染，被保险人作出或认可的医疗措施或医疗建议。⑤ 震动、移动或减轻支撑引起的任何土地或财产的损害责任。⑥ 战争、类似战争行为、敌对行为、武装冲突、恐怖活动、谋反、政变直接或间接引起的任何后果所致的责任。⑦ 由于罢工、暴动、民众骚乱或恶意行为直接或间接引起的任何后果所致的责任。⑧ 由于核裂变、核聚变、核武器、核材料、核辐射及放射性污染所引起的直接或间接的责任。⑨ 被保险人及其代表的故意行为及其重大过失。⑩ 罚款、罚金、惩罚性赔款。⑪ 保险单明细表或有关条款中规定的应由被保险人自行负担的免赔额。

以上责任免除，一般可概括为三类：一是绝对责任免除，即责任保险人不能承保的风险；二是在其他保险中承保的风险；三是经过加贴批单、增收保费才能承保的风险。

（二）赔偿限额与免赔额

1. 赔偿限额

公众责任保险的赔偿限额是保险人承担赔偿责任的最高限额，其高低一般由保险双方当事人在签订合同时根据可能发生的赔偿责任风险大小协商确定，并在保单中订明。通常对人身伤害的赔偿限额和财产损失的赔偿限额分别确定，也可将人身伤害和财产损失合并为一个限额，发生保险事故后在赔偿限额内赔付。但我国公众责任险的赔偿限额包括赔偿金和法律费用在内，共同受其限制。

赔偿限额的规定有两种方法：一是规定每次事故的赔偿限额，无分项（即财产损失和人身伤亡）限额，在整个保险期间无累计限额。二是规定保单的累计赔偿限额，即每次事故的赔偿限额，不分项，然后再规定整个保险期限内的累计限额；或者规定每次事故人身伤害和财产损失的分项限额，再规定保险期内累计赔偿限额。保险人常采用第一种方法，但也可采用第二种方法确定赔偿限额。我国采用第二种方法。

2. 免赔额

免赔额是保险人的免责限度，其确定以承保业务的风险大小为依据，并在保单上注明。我国公众责任保险对他人人身伤害无免赔额规定，但对他人财产损失则一般规定每次事故的绝对免赔额。

（三）保险费率与保险费

由于公众责任保险的保险期限一般为一年期或不足一年期的短期业务，其费率也按常规分为一年期费率（标准费率）和短期费率，在同等条件下，短期费率比一年期费率要高。

按照国际保险界的习惯做法，保险人一般按每次事故的基本赔偿限额和免赔额分别订立人身伤害和财产损失两项费率，基本赔偿限额和免赔额增减时，费率也适当增减，但并非按比例增减。

保险人在厘定费率时，除考虑责任限额和免赔额因素外，还应考虑下列因素：① 被保险人的业务性质；② 被保险人的风险类型；③ 被保险人的管理水平与管理效果；④ 被保险人以往损失赔偿的记录。

保险费率订立后，保险人在区分短期业务与一年期业务的基础上按赔偿（责任）限额选择适用的费率计算保险费。国外对商店、旅馆等公共场所一般以营业面积的大小计算保费；对工厂一般按全年的工资总额为依据；对修理、建筑、服务行业多按全年业务收入计算。当然，也可将两个或三个因素结合计算，以其规模或赔偿限额乘以适用的保险费率即得保险费。对于保险期间被保险人要求退保的，保险人按短期费率表计收保费后，要将剩余部分退还给被保险人。

第三节　产品责任保险

一、产品责任保险概述

产品责任保险（Product Liability Insurance）是产品的生产者或销售者由于产品存在缺陷，造成使用者或其他人的人身伤害或财产损失，依法应承担的赔偿责任为保险标的的保险。其保险标的是指由于产品存在缺陷造成使用者或其他人的人身伤害或财产损失，生产商或销售商依法应承担的赔偿责任。我国《侵权责任法》第 41 条和第 42 条对此进行了明确的规定。①

在产品责任关系中，产品制造者、修理者、销售者是产品责任关系的责任方，都可以投保产品责任保险；而产品用户、消费者或公众是产品责任关系中的受害方，也是产品责任法律制度所保障的对象。

产品发生责任事故后，责任方如何承担赔偿责任，由当地法院或仲裁机构根据有关产品质量法律裁定。但在产品责任的归责原则方面，目前在西方国家分为两大体系：美国的绝对责任制（少数其他国家也开始采用）和其他国家的疏忽责任制，两者有较大差别。美国按绝对责任原则，客户因使用某种产品造成损害，即使未能证明制造商或销售商有过失，制造商或销售商也要负赔偿责任，而且不能援用其在销售合同项下的免责规定来推脱对受害人的赔偿责任；英、日等其他国家主要采用疏忽责任制，即用户在使用产品过程中受到损害，便可向生产者或销售者提出索赔，但需承担“举证之责”，证明损失是由于生产者或销售者的疏忽所致。显然，绝对责任制比疏忽责任制对受害者更有利，为了公平需要，英、日等其他国家有采用绝对责任制的趋向。

产品责任保险的主要法律基础在于民法、侵权责任法、产品责任法、消费者权益保护法、食品卫生法等相关的民事法律法规。产品责任保险与产品保证保险都与产品有关，但二者的保险标

---

① 该法第 41 条规定：“因产品存在缺陷造成他人损害的，生产者应当承担侵权责任。”第 42 条规定：“因销售者的过错使产品存在缺陷，造成他人损害的，销售者应当承担侵权责任。”

的不同,产品责任保险承保的是产品责任事故造成他人财产损失或人身伤害依法应负的赔偿责任;而产品保证保险则是承保产品事故中产品本身的损失。

二、产品责任保险的基本内容

(一) 产品责任保险的投保人

产品的制造商、修理商、销售商等一切可能对产品事故造成损害负有赔偿责任的人都具有保险利益,都可以投保产品责任保险。

(二) 产品责任保险的保险责任范围

1. 产品责任保险的保险责任

产品责任保险的保险责任包括:① 在保险有效期内,被保险人生产、销售、分配或修理的产品在承保区域内发生事故,造成用户、消费者或其他任何人的人身伤害或财产损失,依法应由被保险人承担的损害赔偿责任;② 被保险人为产品事故所支付的诉讼、抗辩费用及其他经保险人事先同意支付的合理费用,保险人亦负责赔偿。

2. 产品责任保险的责任免除

产品责任保险的责任免除包括:① 根据合同应由被保险人对其他人承担的责任,除非这种合同责任已构成了法律责任;② 根据劳动法或雇佣合同,被保险人对其雇员及有关人员应当承担的损害赔偿责任;③ 被保险人所有、保管或控制的财产的损失;④ 被保险人故意违法生产、出售或分配的产品或商品造成任何人的人身伤害或财产损失;⑤ 被保险产品或商品本身的损失及被保险人因退换回收有缺陷产品造成的费用及损失;⑥ 被保险产品造成的大气、土地及水污染及其他各种污染所引起的责任等。

此外,由于战争、类似战争行为、敌对行为、武装冲突、恐怖活动、谋反、政变直接或间接引起的任何后果所致的责任;由于罢工、暴动、民众骚乱或恶意行为直接或间接引起的任何后果所致的责任;由于核裂变、核聚变、核武器、核材料、核辐射及放射性污染所引起的直接或间接的责任;罚款、罚金、惩罚性赔款;保险单明细表或有关条款中规定的应由被保险人自行负担的免赔额,保险人均不负赔付责任。

(三) 保险期限

产品责任保险的保险期限通常为一年,期满可以续保。实践中,根据对保险期限的认定不同以及承保方式不同可分为期内发生式与期内索赔式两种。前者以保险事故的发生为基础,即不论产品是什么时候生产或销售的,只要产品事故发生在保险期限内,不论何时索赔,保险人均予以赔付;后者以索赔为基础,而不论产品事故发生在何时(上溯期间往往有具体规定,不可过长),只要索赔发生在保险期限内,则保险人予以赔偿。对于保险人来说,期内索赔式更易于进行风险控制与核算,而在期内发生式下,由于业务终止无限期,不利于保险人核算。

无论是期内发生式还是期内索赔式,在保险期限内,当年投保的产品不一定发生保险事故或产生索赔,而产品使用期限多超出一年,因此,为了获取长期保障,被保险人都必须不断投保,以维持长期的保险期限。期内发生式和期内索赔式的关系如图 8–2 所示。

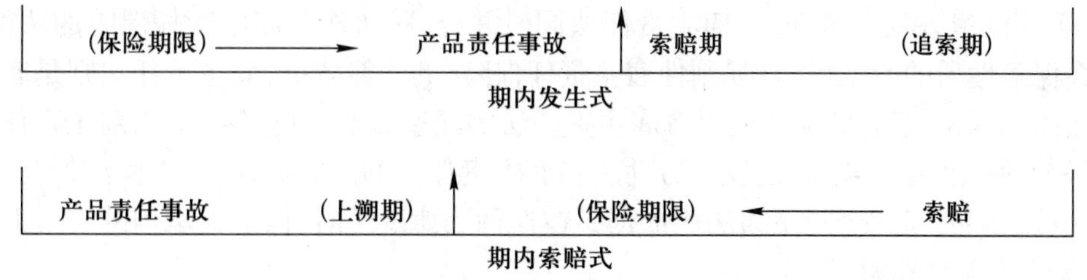

图 8-2 期内发生式和期内索赔式的关系图[①]

(四)赔偿限额

产品责任保险的赔偿限额,是由不同产品事故发生后可能引起的赔偿责任大小,以及产品销售区所决定的。赔偿责任大的产品和销往产品责任规定严格地区的产品,限额要高一些;反之要低一些。赔偿限额多由被保险人提出,经保险人同意后在保单中列明。

产品责任保险的保单中,通常规定两种赔偿限额,即每次事故的限额和保单累计限额,每项事故的限额下还分别规定人身伤害和财产损失的限额,因产品事故导致用户或消费者人身伤害或财产损失时,分别适用各自的限额。保险人在限额之外赔付的诉讼及其他费用不受限额的限制,但诉讼及其他费用的最高限额一般也以赔偿责任限额为限。

三、保险费率与保险费

保险费率受许多因素影响,主要有:产品特点和可能对人身或财产造成损害的风险大小;产品数量和产品价格;承保地区范围,包括承保的地区范围大小和国家或地区的差别、产品制造者的技术水平和质量管理情况、赔偿限额的高低等。

产品责任保险的保险费通常实行预收保险费制,即在签订产品责任保险合同时,按投保的生产、销售总额或营业收入及规定的费率计算预收保险费,待保险期满后再根据被保险人在保险期内实际生产、销售总额或营业收入计算应收保险费,多退少补。其计算公式为:

$$应收保险费 = 生产(销售)总值 \times 适用费率$$

第四节 雇主责任保险

一、雇主责任保险的定义

雇主责任保险(Employer's Liability Insurance)是以雇主对其雇员在受雇期间执行任务时,因发生意外事故或因职业病而造成人身伤残或死亡时依法应负的赔偿责任为保险标的的保险。雇主通过投保雇主责任保险将雇主责任转嫁给保险人。其构成的前提条件是雇主与雇员之间存在直接的雇佣合同关系。

雇主责任保险的法律依据因各国法律制度的差异和立法完备程度不同而存在差别。在立法

① 参见:郝演苏.财产保险学.北京:中国财政经济出版社,1998:221。

完备的英、美等国家,民法、劳动法、雇主责任法同时并存,民法作为雇主责任保险的法律基础,劳动法是社会保险性质的劳工保险(强制性雇主责任保险)的法律依据,雇主责任法则是雇主责任保险的直接法律依据;在只有劳动法而没有雇主责任法的国家和地区(包括我国),雇主责任保险的法律依据就是劳动法及雇佣合同;在没有劳动法和雇主责任法的国家和地区,以民法作为法律基础,以雇主和雇员之间的雇佣合同作为法律依据。在这种法律缺乏时,保险人承担的实质上是一种合同责任,尚未上升至法律责任。

雇主责任保险的法律基础主要是劳动法、宪法、民法通则等相关的法律法规。在我国,没有实施工伤保险的企业,应该依照雇主责任方面的法律和劳动合同,通过投保雇主责任保险来保障雇员的权益,因此,雇主责任保险在我国保险市场上具有充足的业务来源。

二、雇主责任保险的基本内容

(一) 保险责任范围

1. 保险责任

根据雇主责任保险的习惯做法,保险人一般应承担下述四项责任:① 雇员在保单列明的地点于保险有效期内从事与其职业有关的工作时遭受意外而致伤、残、死亡,被保险人依据法律或雇佣合同应承担的赔偿责任;② 因患有与业务有关的职业性疾病而致雇员人身伤残、死亡的赔偿责任;③ 被保险人依法应承担雇员的医药费,此项医药费的支出以雇员遭受前述两项事故而致伤残为条件,对于非前述两项事故所致的雇员医药费,保险人不予负责;④ 应支出的法律费用,包括抗辩费用、律师费用、取证费用以及经法院判决应由被保险人代雇员支付的诉讼费用,但该项费用必须是用于处理保险责任范围内的索赔纠纷或诉讼案件,且是合理的诉诸法律而支出的额外费用。上述前三项为赔偿金,第四项为诉讼费用。

2. 责任免除

雇主责任保险的责任免除一般如下:① 战争、类似战争行为、叛乱、罢工、暴动或由于核辐射所致的被雇人员的伤残、死亡或疾病;② 被保险人的故意行为或重大过失;③ 被雇人员由于疾病、传染病、分娩、流产以及因这些疾病而施行内外科治疗手术所致的伤残或死亡;④ 雇员自身的故意行为和违法行为造成的伤害,如雇员自伤、自杀、犯罪行为、酗酒及无照驾驶各种机动车辆所致的伤残或死亡;⑤ 被保险人对其承包人雇佣的员工的责任,因为承包人的雇员与承包人的雇主之间不存在直接的雇佣关系。

3. 扩展责任

我国雇主责任保险在经保险双方约定后,可以扩展附加医药费保险和附加第三者责任保险。

(二) 保险期限

雇主责任保险的责任期限一般为一年,期满续保,也可按雇佣合同的期限投保不足一年或一年以上的雇主责任保险。国外多以期内索赔式承保雇主责任保险,即以索赔提出的时间是否在保单有效期间计算保单的责任期限,从而解决因发生索赔较晚而无法确定损失发生的准确时间或无法寻找过去的保险单的困难。

(三) 赔偿限额与保险费

1. 赔偿限额

雇主责任保险的赔偿限额通常以雇员工资收入为依据,由保险双方当事人在签订保险合同时确定并载入保险合同。其特点是在保险单上仅根据雇佣合同的要求,规定若干个月工资收入为限。在确定赔偿限额时应考虑每个雇员的工种、月均工资收入及伤害程度。

2. 保险费

雇主责任保险采用预收保险费制。保险费是按不同工种雇员的适用费率乘以该类雇员年度工资总额计算出来的,原则上规定签发保险单时一次收清。制定雇主责任保险费率的依据主要有:被保险人雇员的行业和工种、赔偿限额、是否有附加的扩展责任保险。

第五节 职业责任保险

一、职业责任保险的定义与类型

(一) 职业责任保险的定义

职业责任保险(Professional Liability Insurance)是以从事各种专业技术工作的单位或个人在履行自己的责任时,因过失行为而给他人造成的财产损失或人身伤害依法应负的赔偿责任为保险标的的保险,又称职业赔偿保险或业务过失责任保险。如医生在治疗过程中出现诊断错误、手术错误或用药错误等对病人造成的人身伤害或费用损失;建筑设计师由于设计错误,使承建方发生重大问题造成损失;保险代理人的失误导致保险人或被保险人的损失等。此时,这些有过失的专业技术人员都要承担相应的职业责任。

职业责任保险的主要法律基础在于《民法通则》以及相关的民事法律法规。

(二) 职业责任保险的类型

按照不同的标准,职业责任保险可以作如下划分:

1. 以投保人为依据划分

以投保人为依据,职业责任保险可以划分为普通职业责任保险和个人职业责任保险两类。前者以单位为投保者,以在投保单位工作的个人为保障对象;后者以个人为投保人,保障的也是投保人自己的职业责任风险。

2. 以被保险人从事的职业为依据划分

以被保险人从事的职业为依据,职业责任保险可以划分为医生责任保险、药剂师责任保险、律师责任保险、会计师责任保险、建筑师责任保险、设计师责任保险、兽医责任保险、保险代理人责任保险、保险经纪人责任保险等众多业务种类。

3. 以承保方式为依据划分

它以承保方式为依据,职业责任保险可划分为以索赔为基础的职业责任保险和以事故发生为基础的职业责任保险。

二、职业责任保险的基本内容

(一) 保险责任范围

1. 保险责任

职业责任保险在国外并无统一的条款及保单格式,而是由保险公司根据不同种类的职业责任设计制定专门的保险单承保。对于保险责任范围,职业责任保险承保的保险责任是各种职业技术人员由于职业上的疏忽、错误或失职行为而造成的损失,包括赔偿金和诉讼费用。

2. 责任免除

职业责任免除分为一般责任免除和特定责任免除。职业责任保险的一般责任免除包括:① 战争、类似战争行为、叛乱、罢工、暴动或核风险(但核责任险除外);② 被保险人的故意行为;③ 被保险人的家属、雇员的人身伤害或财产损失(雇主责任险除外);④ 被保险人的合同责任,除非该合同责任同时构成法律责任;⑤ 被保险人所有或由其照管、控制的财产。

职业责任保险的特定责任免除包括:① 因被保险人或从事该业务的前任或其任何雇员或从事该业务的雇员的前任不诚实、欺诈、犯罪或恶意行为所引起的任何索赔;② 因文件的灭失或损毁引起的任何索赔,但也可加费后扩展责任承保;③ 因被保险人的隐瞒或欺诈行为,以及被保险人在投保或保险有效期内不如实向保险人报告应报告的情况而引起的任何索赔;④ 被保险人被指控有对他人诽谤或恶意中伤行为而引起的索赔,但对特定的职业责任险,也可承保这种赔偿责任。

(二) 保险期间与承保方式

职业责任保险的保险期限通常为一年。由于职业责任事故从产生到受害方提出索赔,有可能间隔一个相当长的期限,例如一年、两年甚至更长时间,因此职业责任险也需不断续保。

职业责任保险的承保方式有两种:期内索赔式和期内发生式。

期内索赔式是以索赔为基础的承保方式,保险人仅对在保险有效期内提出的索赔负责,而不管索赔事故是否发生在保险有效期内。采用该承保方式的优点是,可以使保险人确切地把握该保单项下应支付的赔款,即使赔款额当期不能确定,至少可使保险人了解索赔的情况,对应承保的风险作出比较切合实际的估价。但该承保方式存在保险人承担的风险责任大的缺点。为便于控制风险责任,各国保险普遍采用限制条款,规定责任追溯日期,保险人仅对追溯日期开始后发生并在保单有效期内提出的索赔负责。

期内发生式是以事故发生为基础的承保方式,保险人仅对在保险有效期内发生的职业责任事故而引起的损失负责,而不管受害方是否在保险有效期内提出索赔。采用该承保方式的优点是保险人支付的赔款与其保险期限内实际承保的风险责任相适应;其缺点是保险人在该保单项下承保的赔偿责任,往往要拖很长时间才能确定,而且因为货币价值等因素,最终索赔的数额可能大大超过疏忽行为发生时的水平。当然,在此情况下,如果索赔数额超过保单规定的赔偿限额,超过部分应由被保险人自行承担。

由于以事故发生为基础的承保方式要经过较长时间才能确定赔偿责任,故国外又称其为长尾巴业务,所以此种方式在实践中已减少使用。不过,一般而言,期内发生式对保险人的财务核算较为有利，而期内索赔式对受害人较为有利。期内发生式和期内索赔式的关系如图 8–3 所示。

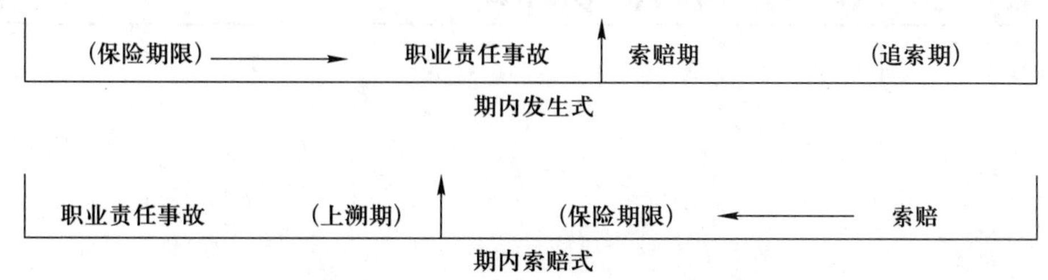

图 8–3　期内发生式与期内索赔式关系图示

（三）赔偿限额与保险费率

1. 赔偿限额

职业责任保险的保单的赔偿限额一般为累计赔偿限额，而不规定每次事故的赔偿限额，但也有保险人采用每次索赔或每次事故限额，而不规定累计限额。法律诉讼费用一般在赔偿限额以外赔付。但若最终解决的赔偿金额超过限额，法律诉讼费用应按两者的比例分摊。

2. 职业责任保险的费率

由于职业责任保险的业务性质差异较大，故其费率不同。厘定其费率时一般应考虑如下因素：① 职业种类；② 工作场所；③ 工作单位性质（即营利性与非营利性以及国有、集体、股份制单位之分）；④ 业务数量；⑤ 被保险人及其雇员的专业技术水平；⑥ 被保险人职业责任事故的历史统计资料及索赔记录；⑦ 被保险人及其雇员的工作责任心和个人品质；⑧ 赔偿限额、免赔额和其他承保条件。

第九章 信用保证保险

第一节 信用保证保险的概念与特征

一、信用保险和保证保险的概念与区别

信用保证保险是以义务人(被保证人)的信用为保险标的的保险。它是随着商业信用的发展而产生的一类新兴保险业务。国际上经营信用、保证保险业务的除一般保险公司外,还有一些专业性的保险公司。

信用保证保险分为信用保险和保证保险。信用保险(Credit Insurance)是保险人根据权利人的要求担保义务人(被保证人)信用的保险;保证保险(Guarantee Insurance)是义务人(被保证人)根据权利人的要求,要求保险人向权利人担保义务人自己信用的保险。信用保险和保证保险都是保险人对义务人(被保证人)的作为或不作为致使权利人遭受损失负赔偿责任的保险,即保险人对义务人信用的担保。但二者的保障对象和投保人均不同,前者是权利人要求保险人担保义务人(被保证人)的信用,后者是义务人(被保证人)要求保险人向权利人担保自己的信用;前者由权利人投保,后者由义务人(被保证人)投保。

信用保险和保证保险承保的标的都是信用风险,但二者存在区别,主要表现为:

(1) 信用保险是填写保险单来承保的,其保险单同其他财产险保险单并无大的差别,同样规定责任范围、责任免除、保险金额(责任限额)、保险费、损失赔偿、被保险人的权利义务等条款;而保证保险是出立保证书来承保的,该保证书同财产险保险单有着本质区别,其内容通常很简单,只规定担保事宜。

(2) 信用保险的被保险人是权利人,承保的是被保证人(义务人)的信用风险,除保险人外,保险合同中只涉及权利人和义务人两方;保证保险是义务人应权利人的要求投保自己的信用风险,义务人是被保证人,由保险公司出立保证书担保,保险公司实际上是保证人,保险公司为了减少风险往往要求义务人提供反担保(即由其他个人或单位向保险公司保证义务人履行义务),这样,除保险公司外,保证保险中还涉及义务人、反担保人和权利人三方。

(3) 在信用保险中,被保险人缴纳保费是为了把可能因义务人不履行义务而使自己受到损失的风险转嫁给保险人,保险人承担着实实在在的风险,必须把保费的大部分或全部用于赔款(甚至亏损),保险人赔偿后虽然可以向责任方追偿,但成功率很低;在保证保险中,义务人交纳的保费是为了获得向权利人保证履行义务的凭证。保险人出立保证书,履约的全部义务还是由义务人自己承担,并没有发生风险转移,保险人收取的保费只是凭其信用资格而得到的一种担保

费,风险仍由义务人承担,在义务人没有能力承担的情况下才由保险人代为履行义务,因此,经营保证保险对保险人来说,风险是相当小的。

二、信用保证保险的特征

信用保证保险虽然属于广义的财产保险,但与一般财产保险比较,又具有如下特征:

(1) 信用保证保险承保的是一种信用风险,而不是由于自然灾害和意外事故造成的风险损失,因而无论权利人还是被保证人要求投保,关键都在于保险人事先必须对被保证人的资信情况进行严格审查,认为确有把握才能承保,如同银行对贷款申请人的资信必须严格审查后才能贷款一样。

(2) 在信用保证保险实务中,当保证的事故发生致使权利人遭受损失时,只有在被保证人不能补偿损失时,才由保险人代为赔偿,从而只是对权利人的担保。

(3) 代位追偿权非常重要。保险人在向权利人赔偿后,再替代权利人的地位向义务人追偿。

三、信用保证保险的产生和发展

(一) 信用保险的产生和发展

尽管信用保险的产生历史并不长,但历经坎坷。在各种信用发展最早的欧洲,开始是由一些银行和商人来承担信用风险。1850 年法国的一些保险公司开始经营商业信用保险,但不久便失败了。1893 年成立的专门经营商业信用保险的美国信用保险公司则获得成功。在英国,1893 年全英地方受托资产公司开始承保澳大利亚贸易风险;随后,商业联盟保险公司也打进了贸易担保领域,但在 1903 年时把有关业务出让给了额外保险公司,额外保险公司因而一跃成为当时保险业中屈指可数的大公司之一。1911 年英国海上事故保证公司也办理了顾客营业额的定期信托保险。1918 年,英国贸易保障公司在政府授意下,接受了额外保险公司原先从事的信托风险承保业务。但这些公司对于贸易中的政治风险却从不敢染指。1919 年,鉴于东方和中欧诸国的政治局势险恶,英国政府被迫出面对同这些国家的贸易实行担保,为此专门成立了出口信用担保局(Export Credit Guarantee Department, ECGD),创立了一套完整的信用保险制度,成为以后各国争相效仿的样板。

第一次世界大战后,信用保险得到了迅速发展,欧美等国出现了众多的商业信用保险公司,一些私人保险公司联合组织了专门承保出口信用保险的机构。1929—1933 年世界性的经济危机爆发,只有少数实力雄厚的公司幸存下来。但经过这次冲击,许多西方国家借鉴英国的经验,先后成立了专门的国营机构来经营出口信用保险,其中最有影响力的是“伯尔尼联盟”(Berne Union)。1934 年,英国、法国、意大利和西班牙的私营和国营信用保险机构共同成立了“国际信用和投资保险人联合会”(International Union of Credit and Investment Insurers),简称“伯尔尼联盟”,其目的在于交流出口信用保险承保技术、支付情况和信息,并在追偿方面开展国际合作。这标志着出口信用保险已为世界所公认。该组织现已发展到 30 多个国家的 40 多个信用保险机构,承保的出口额已达世界贸易总额的 1/7。此后,各国的信用保险业务虽又屡屡受到经济动荡的冲击,但都逐步稳定地发展起来,至今在世界许多国家基本形成了完善的信用保险制度和固定的信用保险机构。

我国的信用保险的发展,始于 20 世纪 80 年代初期。1983 年年初,中国人民保险公司上海市分公司与中国银行上海分行达成协议,试办了我国第一笔中长期出口信用保险业务;1986 年年初，中国人民保险公司上海分公司按有关协议，开始试办有关短期出口信用保险。1988年国务院正式决定由中国人民保险公司试办出口信用保险业务，并在该公司设立了信用保险部。1994年，新成立的中国进出口银行也经办各种出口信用保险业务。2001年中国出口信用保险公司成立，作为政策性保险公司专门经营我国出口信用保险业务。

（二）保证保险的产生与发展

保证保险首先出现于约18世纪末19世纪初，它是随商业信用的发展而出现的。1852—1853年，英国几家保险公司试图开办合同担保业务，但因缺乏足够的资本而没有成功。最早产生的保证保险是由一些个人、商行或银行办理的，18世纪末或19世纪初出现了诚实保证保险，稍后出现的是合同担保，主要担保从事建筑和公共事业的订约人履行规定的义务，并在订约人破产或无力履行合同时代为偿还债务。1901年，美国马里兰州的诚实存款公司在英国首次提供合同担保。随后，英国的几家保险公司也开办了该业务，并逐渐推向了欧洲市场。1914年诚实存款公司从欧洲撤回，几家英国的保险公司开辟了欧洲合同担保业务市场。近年来，我国为了适应经济发展的需要，也开办了一些保证保险业务，如产品质量保险、机动车辆消费贷款保证保险、住房贷款保证保险等。

保证保险是随着商业道德风险的频繁发生而发展起来的。保证保险险种的出现，是保险业功能由传统的经济补偿功能向现代的资金融通功能的扩展，对拉动消费、促进经济增长无疑会产生积极的作用。

第二节 信用保险

一、信用保险的作用与分类

（一）信用保险的作用

信用保险是保险人根据权利人的要求担保被保证人信用的保险。它产生于19世纪中叶的欧美国家，当时称为商业信用保险，主要由一些私营保险公司承保，业务限于国内贸易。近20多年来，信用保险在世界各国均得到了不同程度的发展，许多国家的商业保险公司或专营保险公司都开办了信用保险业务，并促使这类业务随着国际贸易的迅速发展而成为一类有影响的国际性保险业务。

信用保险的作用，主要表现在以下几方面：① 为企业提供向银行贷款的保证，有利于其获得资金周转的便利，促进企业生产经营正常发展；② 有助于促进健康的商业贸易发展；③ 能推动我国银行业尽快走向商业化；④ 能促进出口创汇。

（二）信用保险的分类

对信用保险的险种，可从不同角度分类。根据信用保险的业务内容，一般可将其分为国内信用保险、出口信用保险和投资保险三类。这三类各自又可以进一步分为若干具体险种。其中国内信用保险是以义务人在国内的信用为保险标的的保险，包括商业信用保险、贷款信用保险、信用卡保险、雇员忠诚信用保险等。目前许多国家的保险公司开办此业务,以支持和促进其国内贸易和金融业的发展。随着社会经济的发展和商业贸易制度的改革深化,我国国内信用保险市场潜力巨大,保险人应尽早研究,争取早日开拓这一新的保险领域。

我国目前开办的信用保险业务主要有出口信用保险和投资保险。出口信用保险承保出口商因买方不履行贸易合同而遭受损失的风险。对该项业务,大部分国家将其列为政策性保险,主要是贯彻国家外贸政策促进出口。投资保险承保本国投资者在外国投资期间因政治原因遭受投资损失的风险。一般意义上,该险种主要是为了资本输出的需要,以保障本国投资商在国外投资的经济安全。

根据保险标的性质不同,可分为商业信用保险、银行信用保险、国家信用保险和诚实信用保险。[①] 商业信用保险的保险标的是商品赊购方(买方)的信用;银行信用保险的保险标的是借款银行的信用;国家信用保险的保险标的是借款国的信用;诚实信用保险亦称雇员忠诚信用保险,是权利人(雇主)投保的以被保证人(雇员)行为不诚实而使权利人(雇主)遭受损失时由保证人(保险人)承担赔偿责任为保险标的的一种信用保险。在诚实信用保险中,投保人是雇主,雇主为权利人,雇员为被保证人,以雇员对雇主的诚实信用为标的,当雇员对雇主不诚实行为而造成损失依法应承担赔偿责任时,由保险人赔偿保险金。诚实信用保险按其承保的形式可分为指名信用保险、职位信用保险、总括信用保险、伪造信用保险等。由于信用保险与保证保险最根本的区别在于投保人不同,因此,在诚实信用保险的种类以及保险责任范围等均与诚实保证保险相同,为避免重复,则可参照本章第三节。

二、国内信用保险

国内信用保险按保险标的不同分为商业信用保险、贷款信用保险、信用卡信用保险以及诚实信用保险。

(一) 商业信用保险

商业信用保险[②] 是指在商业活动中一方当事人为了避免另一方当事人的信用风险,而作为权利人要求保险人将另一方当事人作为被保证人并承担由于被保证人的信用风险而使权利人遭受商业利益损失的保险。商业信用保险承保的标的是被保证人的商业信用,这种商业信用的实际内容通过列明的方式在保险合同中予以明确,其保险金额根据当事人之间的商业合同的标的价值来确定。如果被保证人发生保险事故,保险人首先向权利人履行赔偿责任,同时自动取得向被保证人进行代位求偿的权利。由于商业信用涉及各种形式的商业活动,商业信用保险也就可以针对各种不同的商业活动的需要进行业务设计,开发出为各种商业信用提供保险保障的商业保险业务。

---

① 应当指出,如果按照信用保险的不同性质,可分为商业信用保险、出口信用保险和投资保险。商业信用保险是以营利为目的的保险,包括赊销保险、贷款信用保险和诚实信用保险等;出口信用保险是为了鼓励商品输出的保险;投资保险则一般是为了鼓励资本输出的保险,但我国改革开放初期为了引进外资,也承保外国在我国投资的保险。

② 应该指出,对商业信用保险的理解有不同角度。就保险标的而言,是指承保商品交易过程中债务人(义务人)信用的风险。就性质而言,商业信用保险是指营利性的信用保险。相对于政策性信用保险而言,政策性信用保险是为了贯彻国家某项经济政策而实施的信用保险。如出口信用保险是为了贯彻出口政策的需要,投资保险则一般是为了贯彻资本输出政策的需要。

国内信用保险一般承保批发业务,不承保零售业务;只承保 3~6 个月的短期商业信用风险,不承保长期商业信用风险。其险种主要为赊销信用保险。

赊销信用保险是为国内商业贸易(批发)中延期付款或分期付款行为提供信用担保的一种信用保险。该险种承保在延期付款或分期付款时,卖方因买方不能如期偿还全部或部分货款或贷款遭受的经济损失。在该业务中,投保人是制造商或供应商,保险人承保的是买方(即义务人)的信用风险,目的在于保证被保险人(即权利人)能按期收回赊销货款,保障商业贸易顺利进行。从国外的实践来看,赊销信用保险适用于一些以分期付款方式销售的耐用商品,如汽车、船舶、住宅及大批量商品等。这类商业贸易往往数额较多、金额较大,一旦买方无力偿付分期支付的货款,就会造成制造商或供应商的经济损失。因此,需要保险人提供买方信用风险保险服务。赊销信用保险的特点是赊账期往往较长,风险比较分散,承保业务手续也比较复杂,保险人必须在仔细考察买方资信情况下才能决定是否承保。在我国,中国平安保险公司率先于 1995 年开办了该项业务。随着我国商业体制改革和商业结算制度进一步完善,这种信用保险将会得到较快的发展。

(二) 贷款信用保险

贷款信用保险是保险人对贷款人(银行或其他金融机构)与借款人(企业或个人)之间的借贷合同进行担保并承保其信用风险的保险。在市场经济条件下,从银行商业化的角度出发,贷款风险是客观存在的,如企业经营管理不善、决策失误,或者自然灾害和意外事故的冲击等,均可能造成贷款不能安全归流,从而必然要建立起相应的贷款信用保险制度来予以保证。在国外,贷款信用保险是比较常见的信用保险业务,它是银行转嫁贷款风险的必要手段。在我国,一些地方正在拟订贷款信用保险条款,准备开拓贷款信用保险市场,如有些地方的保险公司已开办了住宅贷款保险。

在贷款信用保险中,贷款人(即债权人)是投保人,当保险单出立后即成为被保险人。这是因为,银行对放出的款项具有全额保险利益,通过保险后,当借款人无法归还贷款时,可以从保险人那里获得补偿,然后把债权转让给保险人追偿。其目的是保证银行信贷资金正常周转。贷款信用保险的保险金额确定,应以银行贷出的款项为依据。贷款信用保险分为企业贷款信用保险和个人贷款信用保险。

企业贷款信用保险的借款人是企业。其保险责任一般应包括决策失误、政府部门干预、市场竞争等风险,只要不是投保人或被保险人的故意行为和违法犯罪行为所致的贷款无法收回,其他风险均可承保。厘定保险费率时,将其与银行利率相联系,并着重考虑下列四项因素:企业的资信情况、企业的经营管理水平与市场竞争力、贷款项目的期限和用途、不同的经济地区。

个人贷款信用保险的借款人是自然人,是指以贷款人(银行或其他金融机构)对自然人进行贷款时,由于债务人不履行贷款合同致使金融机构遭受经济损失为保险对象的一种信用保险。它是国外保险人面向个人承保的较特别的业务。由于个人的情况千差万别,且居住分散,风险不一,保险人要开办这种业务,必须对贷款人贷款的用途、经营情况、日常信誉、私有财产物资等做全面的调查了解,必要时还要求贷款人提供反担保,否则,不能轻率承保。

(三) 信用卡信用保险

信用卡保险是以权利人(经营信用卡业务之人)在信用卡业务经营过程中因义务人失信而

带来无法向责任方(义务人)追回的损失为保险标的的保险。信用卡保险是随着银行开办的一种新型的支付工具——信用卡的发展而产生的保险业务。目前信用卡在世界上绝大多数国家和地区广泛使用,它所具有的迅捷和通用特点极大地便利了个人和企业的购物及消费,但同时也存在着一定潜在的信用风险。我国信用卡业务起步较晚,社会信用制度有待完善,因此保险公司开办了信用卡保险配合银行开展这项业务,这有利于银行加强风险管理,及时赔偿银行在开展信用卡业务中产生的坏账损失。

信用卡保险的保险责任为负责赔偿被保险人经营信用卡业务时因下列原因引起而无法向责任方追回的损失:持卡人使用信用卡时由于非善意透支所造成的损失;信用卡遗失或被盗后被他人冒用造成的损失;被保险人的职工单独或与其他人串通利用信用卡营私舞弊、贪污或挪用公款造成的损失;任何人使用伪造的被保险信用卡。

保险人对下列损失,无论其他各条如何规定,均不负赔偿责任:任何依据法律、信用卡章程及有关协议应由持卡人、冒用人、特约直接消费单位或其他方面承担并实际可以追回的损失;由于被保险人的故意行为或重大过失引起的损失;由特约直接消费单位欺诈行为引起的损失;调查处理费用及法律费用;利息、手续费、因营业中断或业务量减少造成的利润损失以及重新发行信用卡的费用等间接损失;战争、类似战争行为、敌对行为、武装冲突、暴动及骚乱等原因引起的损失;保险责任未列明的任何损失。

信用卡保险的有效期限一般为一年。投保人在投保时需将当年的信用卡预计总交易额书面通知保险人,由保险人根据总交易额确定一年内的累计赔偿限额,即信用卡保险的最高赔偿额。如果一年内的损失超过此限额,则超出部分由被保险人承担。

信用卡保险费以当年预计总交易额为基础预收。当年预计总交易额是指所有由使用被保险人签发的被保险信用卡在保险单有效期限内提取现金、购买货物和获得服务的总发生额。保险人按被保险人在投保时预计的当年总交易额与保单附表列明的保险费率向被保险人收取保险费。由于保险费是每年年初依据被保险人的预计总交易额测算的,被保险人在保险单有效期限内实际的总交易额需要到第二年年初统计后才能确定,因此保险人需要根据实际交易额对年初预收的保险费进行调整,多退少补。

被保险人在发现保险责任范围内的损失后,应及时通知保险人并采取一定措施向有关责任方追偿。在被保险人无法追回损失时,保险人将按照条款的约定负责赔偿。

为了控制风险、减少损失,被保险人应采取积极的预防措施防止损失发生,被保险人在发现损失发生或可能发生时,应当尽快通知各取现点和特约单位按规定程序采取行动,防止损失进一步扩大;积极配合司法部门对案件进行调查和审理,追查有关责任人;采取一切可以采取的措施包括运用法律手段,冻结或封存责任人的财产,并责令其退赔。被保险人未经承保的保险公司同意不得单方面减免责任者的退赔数额。在被保险人的信用卡章程、业务方式、经营方式、管理制度等影响风险状况的情况有重大改变时,应及时书面通知承保的保险公司。

三、出口信用保险

(一) 出口信用保险的特征

出口信用保险(Export Credit Insurance)是承保出口商在经营出口业务的过程中因进口商方

面的商业风险或进口国方面的政治风险而遭受损失的一种特殊的保险。根据保险合同,投保人交纳保险费,保险人将赔偿出口商因其债务人不能履行合同规定支付到期的部分或全部债务而遭受的经济损失。由于这种保险所要应付的风险特别巨大,而且难以使用统计方法测算损失概率,故一般的保险公司均不愿经营这种保险。当今世界上的出口信用保险大多数是靠政府支持而存在的。出口信用保险与其他以实物作为保险标的财产险相比,有如下主要区别:

1. 经营目的不同

出口信用保险的目的是鼓励和扩大出口,保证出口商以及与之融通资金的银行因出口所致的各种损失得到经济保障,其业务方针体现着国家的产业政策和国际贸易政策;而其他保险除了海上保险与一国对外贸易政策紧密相连外,一般是为了稳定国内生产和生活,与一国的对外贸易关系不大。

2. 经营方针不同

在经营上出口信用保险实行非营利的方针,通常是以比较低的保费承担比较高的风险,最终由国家财政作为后盾,其经营亏损由国家财政加以解决,属于政策性保险;其他财产保险一般属于商业保险,以营利为目的。

3. 经营机构不同

因出口信用保险承保的风险比较大、所需的资金较多,故经营机构大多为政府机构或由国家财政直接投资设立的公司或国家委托独家代办的商业保险机构,因而带有明显的政府主导下的非企业化经营的特征,其经营更侧重于社会效益;其他财产保险则以营利为目的,由商业性保险公司经营。

4. 费率厘定的不同

在其他财产保险中,概率论是其得以经营的数理基础,其基本定律之一是大数法则,确立费率时以大数法则为基础、以保额损失率为主要依据;而在出口信用保险中,由于其风险的特殊性,在厘定费率时,与出口相关的信息起着举足轻重的作用。厘定出口信用险费率时,除考察保险机构以往的赔付记录外,还要考察出口商资信、规模和经营出口贸易的历史情况,以及买方国家的政治经济和外汇收支状况、国际市场的发展趋势,并在费率厘定后根据新情况经常调整,以及时、准确地反映风险的变化趋势,保证费率的合理和公平。由于不同出口商的信用存在巨大的差异,所以在厘定费率时,不能完全以大数法则为基础。

5. 投保人不同

出口信用保险的投保人必须是本国国民或本国企业,投保的业务一般应是在本国生产或制造的产品的出口;其他财产保险的投保人一般没有该要求。

6. 适用范围不同

凡出口公司通过银行以信用证、付款交单、承兑交单、赊账等支付方式结汇的出口贸易均可以投保出口信用保险。投保人在投保时,应先填写保险人提供的投保单,同时向保险人申请国外买方的信用限额,并每月向保险人申报一次出口货物金额,以便保险人据此承担保险责任和收取保险费。而其他财产保险的投保人一般没有该要求。

(二) 出口信用保险体制

开办出口信用保险,可以促进和鼓励本国商品出口,保障本国出口商在国际贸易市场上的竞争地位。然而，出口信用保险所承保的在相当程度上是进口商的道德风险，需要有一套承保、理赔的专业调查网络予以配合，是一般保险公司所无力承受的。世界各国的出口信用保险体制虽然不一，但大多获得政府支持，依据政府支持程度的不同，大致可分为：

1. 政府直接办理型

政府直接办理型是指办理出口信用保险业务的机构本身就是政府的职能部门，其业务收入与赔款支出直接纳入国家预算。最有代表性的是英国1919年成立的出口信用担保局和日本1930年成立的通产省输出保险课。英国是世界上最早建立出口信用保险制度的国家。英国《出口担保和投资法》(Export Guarantees and Overseas Investment Act)明确规定了英国出口信用保险机构出口信用担保局的职责、作用和政策界限。出口信用担保局是政府的职能部门，开设两个账户：商业账户和国家利益账户。国家利益账户的经营受出口担保委员会的领导。出口担保委员会的成员来自于财政部、工业贸易部、外交和联络事务办公室、国防部、海外开发署和出口信用担保局等。日本通产省国际贸易管理局下属的进出口保险课(Export Import Insurance Division，EID)经营出口保险业务，第二次世界大战后，日本出口商的出口风险得到了政府的充分保护，出口保险合同全部记在政府名下，保险人是政府，具体由进出口保险课办理。英国和日本政府在保险上的扶持，促进了这些国家的出口贸易。丹麦、瑞典和瑞士等国亦属此种类型。

2. 政府间接办理型

政府间接办理型是由政府投资建立独立的经济实体，并以提供财务担保的方式做后盾，专门办理出口信用保险业务。如加拿大的出口信用开发公司(Export Development Corporation，EDC)、澳大利亚的出口融资与保险公司(Export Finance and Insurance Corporation，EFIC)、印度的出口信用担保公司(Export Credit Guarantee Corporation，ECGC)、韩国的出口保险公司(Export Insurance Corporation，EIC)，以及中国香港特别行政区的出口信用保险局(Hong Kong Export Credit Insurance Corporation，ECIC)等均属此种类型。在该模式下，政府只负责制定经营政策和方针并提供资金上的支持，并不具体经营。如加拿大的出口信用开发公司是根据加拿大《出口发展法》于1969年成立的王室公司，其全部资产归加拿大政府所有，主营出口信用保险、履约保险和投资保险，兼营出口融资。

3. 政府委托私营机构代理型

政府委托私营机构代理型是由政府指定一家私营公司出面代办出口信用保险业务，风险由政府承担。该方式的优点在于既体现了政府的支持，由政府承担全部风险，又利用了私营机制改善服务和效率。如德国政府自1926年起委托赫尔梅斯信用保险公司办理出口保险业务，阿根廷政府自1969年起就授权阿根廷出口信用保险公司办理出口信用保险业务。

4. 混合经营型

混合经营型是指出口信用保险的部分业务由保险公司自己经营、部分业务代理政府经营的做法。办理出口信用保险业务的机构采用股份公司的组织形式，一般由政府或公共机构占该公司半数以上的股权，政府作为最大的股东控股公司的经营，公司除经营出口信用保险业务外，还可以经营其他保险业务。如法国的对外贸易保险公司(COFACE)、荷兰的出口信用保险公司(NCM)，均属于此种类型。

此外，还有极个别的私营保险公司独立经营出口信用保险业务。如英国的贸易赔偿公司、劳合社以及美国的国际保险集团。前者以经营国内信用保险业务为主；后者虽经营出口信用保险却以是否能获利为标准,从而是纯商业性保险。

上述经营模式各有利弊,政府直接办理型的优点在于以国家财政为后盾,有可靠的财力保障,但有时容易导致官僚主义、效率低下;政府间接办理型的优点在于政府负担小、补贴少,但对于大额货物资本的出口和年限长的贸易,有时会出现力不从心的状况;政府委托私营机构代理型的优点在于既体现了政府的支持,由政府承担全部风险,又利用了私营机制改善服务和效率。

各国的出口信用保险体制各不相同,各具特色,完全由各国依据自己的国情决定。我国于1988年开始由中国人民保险公司独家经营出口信用保险,1995年中国进出口银行也开始经营该项业务。2001年12月18日中国出口信用保险公司在北京成立,成为我国唯一专门承办出口信用保险业务的政策性保险公司,资本来源为出口信用保险风险基金,由国家财政预算安排。

(三) 出口信用保险的类型

出口信用保险的险种,目前在世界上有数十种,可按不同的标准分类:

(1) 根据保险期限不同,出口信用保险可分为短期出口信用保险(Short-term Export Short Credit Insurance)和中长期出口信用保险(Medium & Long-term Export Credit Insurance)。短期出口信用保险一般是指保险期限不超过180天的出口信用保险,通常适用于初级产品和消费品的出口。短期出口信用保险是出口信用保险中最为广泛使用的险种,许多国家均开办综合短期出口信用保险。此保单可根据被保险人的要求延长保险期限,但最长只能延长至365天。中期出口信用保险是指保险期限在180天至三年之间的出口信用保险。长期出口信用保险是指保险期限在三年以上的出口信用保险。中长期出口信用保险的金额巨大、付款期长,一般适用于电站、大型生产线等成套设备项目或船舶、飞机等资本性或半资本性货物的出口。中长期出口信用保险的特点有政策性强、保险合同无统一格式、保险机构早期介入、需要提供担保、需要一次性支付保险费等。

(2) 根据保险责任起讫时间不同,出口信用保险业务可分为出运前出口信用保险(Pre-shipment Export Short Credit Insurance)和出运后出口信用保险(Post-shipment Export Short Credit Insurance)。出运前出口信用保险承保的是从合同订立日到货物起运日由买方商业风险或买方所在国家的政治风险导致出口商不能及时收回货款的损失,包括合同签订后出口商支付的产品设计、制造、运输及其他费用;出运后出口信用保险承保的是从货物起运日到保险单终止日由买方的商业风险或买方所在国家的政治风险导致出口商不能及时收回货款的损失。

(3) 根据承保方式不同,出口信用保险业务可以分为综合保单(Comprehensive Policy)、选择保单(Selected Policy)和特别保单(Specific Policy)。综合保单一般使用于承保多批次、全方位的大宗货物出口;选择保单只原则性地规定了一些承保条件,允许出口商在保险合同规定的范围和限度内进行选择;特别保单则适用于承保逐笔交易的资本性货物的出口。

(4) 根据承保的风险不同,出口信用保险可分为商业风险保险(Only Commercial Risks Insurance)、政治风险保险(Only Political Risks Insurance)、既保商业风险也保政治风险的信用保险、汇率风险保险(Foreign Exchange Risks Insurance)。①

---

① 对出口期限在一年以上的,在海外还可投保中长期出口汇率保险,承保以出口商出口价格因汇率下跌(本国货币升值)所致损失为保险标的的保险。(参见:陈云中 . 保险学 . 台北:五南图书出版公司,1993:516–517)

(5) 根据贸易活动项下使用银行融资方式不同,出口信用保险可分为买方信用保险(Buyer's Credit Insurance)和卖方信用保险(Seller's Credit Insurance)。前者适用于买方使用银行贷款项下的出口合同,后者适用于卖方适用银行贷款项下的出口合同。

此外,根据出口合同的标的不同,出口信用保险可分为海外存货和加工保险(Overseas Stocks and Processing Cover)、服务保单(Severs Policy)、银行担保出口信用保险(Bank Guarantee)、保函支持出口信用保险(Bond Support)以及贸易展览会保险(Trade Fair Insurance)。

(四) 出口信用保险的保险责任和责任免除

1. 保险责任

出口信用保险承保的风险有商业风险和政治风险两种。

(1) 商业风险。商业风险又称买方风险,是指买方付款信用方面的风险。它包括:买方破产或实际已资不抵债而无力偿还货款;买方逾期不付款;买方违约拒收货物,致使货物被运回、降价转卖或放弃。其中买方逾期不付款是指买方在放账期满时仍不支付货款,经买方要求、被保险人同意,买方在付汇期限上可增加付汇展延期,展延期仍属放账期的范围。买方拒收货物与拒付货款行为并非因被保险人的过错所致,而是由于买方丧失信用或有其他不道德意图所为,例如货物运抵目的地后,买方国家市场情况变化,货已不再适销,买方担心货物滞销而违约拒收。如果是由于被保险人不及时交货或货物数量、技术规格不符合合同规定而引起买方拒收、拒付,则属于被保险人未履行合同行为,不属于出口信用保险的责任范围。

(2) 政治风险。政治风险又称国家风险,是指与被保险人进行贸易的买方所在国或第三国发生内部政治、经济状况的变化而导致买卖双方都无法控制的收汇风险。它包括:买方所在国实行外汇管制,限制汇兑;买方所在国实行进口管制,禁止贸易;买方的进口许可证被撤销;买方所在国颁布延期付款令;买方所在国发生战争、动乱、骚乱、暴动、革命、敌对行为或其他骚动;买方所在国或任何有关第三国发生买方无法控制的其他政治事件。

2. 责任免除

在出口信用保险中保险人不负赔偿责任的项目通常有:被保险人违约或违法导致买方拒付货款所致的损失;汇率变动的损失;在货物交付时,已经或通常能够由货物运输保险或其他保险承保的损失;发货前,买方未能获得进口许可证或其他有关的许可而导致不能收货付款的损失;买方违约在先情况下被保险人坚持发货所致的损失;买卖合同规定的付款币制违反国家外汇规定的损失。

(五) 出口信用保险的责任限额

由于出口信用保险承担的风险大、范围广,保险责任限额也与其他险种不同。一般而言,出口信用保险单规定如下三种限额:

1. 保单的最高赔偿限额

短期出口信用保险的保单以一年为限,保单的最高赔偿限额是指保险人对被保险人在12个月内所累计承担的总赔偿限额。保险人在承保业务之前,要求被保险人填写投保单,出口商将其前12个月的出口累计金额通知保险人,保险人综合出口企业的经营情况、产品销售情况、出运目的地的分布情况以及出口金额的大小,制定出保单的最高赔偿限额。它是在保单订立的12个月中累计承担的总赔偿限额。

2. 买方信用限额

买方信用限额是指保险单对被保险人向某特定买方出口货物所承担的最高赔偿限额。保险人与被保险人对与被保险人进行贸易的每一买家有一个“买方信用限额申请 / 审批”的过程。保险人要求被保险人就保单范围内的买家逐一申请其适用的信用额度，其额度经保险人批准后可循环使用。被保险人在申请买方信用限额时，需向保险人提供与买方有关的信用资料，以供保险人确定一个适当的买方限额。买方信用限额一旦确立，保险人将在规定限额内负赔偿责任。若出口商超限额出口，则由其自行承担超出限额部分的损失。

3. 被保险人自行掌握的信用限额

在实际工作中，对于有丰富经验并拥有广大市场的被保险人，保险人无须对其每一买者的资信进行仔细调查，而是在一定范围内给予其灵活处理日常业务的权力。对此类业务，对每一保单通常都会规定一个小数额作为被保险人自行掌握的信用限额，以鼓励出口商同买方进行更多的交易，而无须事先征得保险人同意，若发生损失，则出口商可在此信用限额内向保险人索赔。

（六）出口信用保险的费率厘定

出口信用保险的费率，因可能发生的收汇风险程度不同而有所不同，制定费率时一般应考虑下列因素：买方所在国的政治、经济及外汇收支状况；出口商的资信、经营规模和出口贸易的历史记录；出口商以往的赔付记录；贸易合同规定的付款条件；投保的出口贸易额大小及货物的种类；国际市场的经济发展趋势。

对短期出口信用的保险费率，则通常应考虑：买方所在国或地区所属类别、付款方式、信用期限。一般而言，出口信用保险机构通常将世界各国或地区按其经济情况、外汇储备情况及外汇政策、政治形势的不同划分成五类。第一类国家或地区的经济形势、国际支付能力、政治形势均较好，因而收汇风险小；第五类国家或地区的收汇风险则非常明显，大部分保险人不承保此类国家或地区出口信用保险业务。对第一类别到第四类别国家或地区的出口，因其风险大小不同，支付方式不同，即付款交单和承兑交单及信用证方式付款所带来的收汇风险各不相同，因而收取保险费的费率也不相同。放账期长的费率高，放账期短的费率低。保险费计算公式为：

$$保险费 = 发票总额 \times 费率表决定的费率 \times 调整系数$$

其中，调整系数的大小是根据出口方经营管理情况的好坏和对该出口方赔付率的高低决定的。

（七）出口信用保险的承保与理赔

1. 承保出口信用保险的要求

主要包括以下三项：① 出口公司在投保短期出口信用险前，需向保险公司提供一份反映其出口及收汇情况和投保要求的申请书，保险机构根据其提供的资料及通过调查掌握的情况，决定是否承保。中长期保险则应对每一出口合同进行严格的审查。② 短期出口信用险一般实行全部投保的原则，即出口企业必须将所有以商业信用方式的出口销售额全部投保，不能只选择风险大的国家和买方投保。这项原则对保险公司分散风险和保持业务经营的稳定性至关重要。③ 责任限额是出口信用保单中的一项重要规定，一般的保单中都规定两种限额：一是对买方的信用限额,即对每一买方所造成的卖方的损失,保险人所承担的最高赔偿限额;二是对出口方保单的累计责任限额,即保险人对被保险人(出口方)在每12个月内保单累计的最高赔偿限额。买方信用限额应由出口方根据不同买方的资信情况及买方在一定时期内预计以信用方式成交的金额,逐个向保险人提出申请,经保险人审查批准后生效。出口方要想获得信用保险的充分保险保障,并扩大出口,对每一个买方都应申请信用限额,这样,保单的累计最高赔偿限额必然增加。

2. 出口信用保险的理赔

出口信用保险理赔的基本内容如下:

(1) 索赔手续。当发生保险责任范围内的损失时,被保险人应立即通知保险公司,并采取一切措施减少损失,被保险人索赔时应填写索赔申请书,并提供出口贸易合同、发票、银行证明和其他必要的单证。对被保险人的索赔,除了买方破产或无力偿付贷款原因外,对其他原因引起的损失,在等待期满后再定损核赔。而被保险人获得赔偿后,仍应协助保险公司向债务人追偿欠款。

(2) 最高赔偿限额与免赔额。为了控制风险责任,保险人承保信用保险时,通常规定每一保单的最高赔偿限额和免赔额。短期出口信用保险项下发生的定损核赔金额可能会受最高赔偿限额与免赔额的影响而发生变化。许多出口信用保险公司,如英国的出口信用担保局签发的出口信用保险单,都对此有详细规定,他们常在其保单上为被保险人规定一个绝对免赔额。若被保险人的一笔出口损失金额不超过此规定的数额,则保险人可免予赔偿。赔偿时按每笔损失扣除该免赔额。同时,当全部损失赔偿累计数超过保险单规定的最高责任额时,保险公司对超出部分也不承担赔偿责任。

(3) 出口信用保险定损核赔等待期。由于出口信用保险所承保的范围不一,因而确定标的是否实际损失的时间也各异。除条款规定买方被宣告破产或丧失偿付能力后即可定损核赔外,对其他原因引起的标的损失,保险人还要视不同情况规定一段"等待期",从1个月到6个月不等,待等待期满,保险人才予以定损核赔。

(4) 损失控制。出口信用保险人在接到损失可能发生的报告后,应立即要求并配合被保险人采取措施避免或减少损失;同时,对已经支付赔款的,应及时采取追偿措施。

例如,某出口商向某国进口商出口某商品500万美元,保险金额为400万美元,现因该进口国进口商因为商品价格下跌而拒收货物,在货物处理完毕后一个月,确定损失金额为200万美元。若拒收拒付赔偿比例为90%,问保险公司如何赔付?

据此:(1) 保险公司的赔偿金额 $=200\times90\%\times80\%=144$(万美元);

(2) 保险公司在向出口商赔偿144万美元后,取代出口商的地位在144万美元的赔偿金额内向进口商索赔。

四、投资保险

(一) 投资保险的概念与发展

投资保险(Overseas Investment Insurance)又称政治风险保险(Political Risk Insurance),是以被保险人因投资引进国政治局势动荡或政府法令变动所引起的投资损失为保险标的的保险。其承保对象一般是海外投资者。所谓政治风险是指东道国政府没收或征用外国投资者的财产、实行外汇管制、撤销进出口许可证、内战、绑架等风险而使投资者遭受投资损失的风险。如1979 年伊朗革命时曾没收了美国国际集团的子公司。

投资保险业务的开展是为了鼓励资本输出的需要。第二次世界大战结束后不久,美国于1948 年 4 月根据《对外援助法》制定了《经济合作法案》,开始实施马歇尔计划,同时设立了经济合作署,专门管理外援及海外投资事务,并开始实行投资风险保险制度。此后,也逐渐向发展中国家转移。1961 年 3 月,美国国会通过了《对外援助法修正案》,并设立了国际开发署,接管投资保险业务;1969 年又设立直属国务院的涉外私人投资公司,取代国际开发署主管涉外投资保险。第二次世界大战后,其他国家也纷纷仿效美国实行投资保险制度,如英国的出口信用担保局就负责办理此项业务。因此,作为一项独立的新型保险业务,投资保险是于 20 世纪 60 年代在欧美国家形成的。此后,投资保险成了海外投资者进行投资活动的前提条件。在我国,投资保险首先是为了适应外国投资者的需要于 1979 年开办的;同时,自 80 年代尤其是 90 年代以来,我国对外投资日渐增加,也需要保险人提供投资保险服务。由于投资保险承担的是特殊的政治风险,责任重大,因此,外国通常由政府部门办理,民间保险公司很少办理或不准办理该业务。

(二) 投资保险的保险责任范围

1. 保险责任

投资保险的保险责任主要包括以下三种:

(1) 战争险,又称战争、革命、暴乱风险,包括战争、类似战争行为、叛乱、罢工及暴动所造成的有形财产的直接损失的风险,现金、证券等不属于保险财产。

(2) 征用险,又称国有化风险,是投资者在国外的投资资产被东道国政府有关部门征用或没收的风险。《日本输出保险法》将其称为“被夺取”风险,即剥夺投资者所有权的风险。美国的《海外私人投资公司保险手册》明确表明,由投资项目所在国政府所“授权、许可或纵容”的任何行动,若对美国海外企业的财产和经营产生了特定的影响,或者对投资者的各种权利和经济利益产生了特定的影响,就被认为是“征用行动”。

(3) 汇兑险,即外汇风险,是投资者因东道国的突发事变而导致其在投资国与投资国有关的款项无法兑换货币转移的风险。我国投资保险承保的这一风险是“由于政府有关部门汇兑限制,使被保险人不能按投资契约规定将应属被保险人所有并可汇出的汇款汇出”,因此引起投资者的损失,由保险公司负责赔偿。

2. 责任免除

我国投资保险条款规定对下列风险造成的损失,保险人不予赔偿:① 由于原子弹、氢弹等核武器造成的损失。因为核武器造成的损失规模太大,为控制保险责任,故予免除。② 被保险人投资项目受损后造成被保险人的一切商业损失。因为该项属于间接损失故予免除。③ 被保险人及其代表违背或不履行投资合同或故意违法行为导致政府有关部门征用或没收造成的损失。因该损失系被保险人故意违法行为所致,故予免除。④ 被保险人没有按照政府有关部门规定的汇款期限汇出汇款所造成的损失。因该损失系被保险人过失所致,为加强其责任心,故予免除。⑤ 投资合同范围之外的任何其他财产的征用、没收所造成的损失。

(三) 投资保险的保险期间

投资保险的保险期间分为短期和长期两种。短期为一年;长期保险期限最短的为3年,最长的为15年。投保3年以后,被保险人有权要求注销保单,但如未到3年提前注销保单,被保险人须交足3年的保险费。保单到期后可以续保,但条件仍需要双方另行商议。无论长期还是短期保险,保险期内被保险人可随时提出退保,但保险人不能中途修正保险合同,除非被保险人违约。

(四) 投资保险的保险金额与保险费

投资保险的保险金额以被保险人在海外的投资金额为依据,是投资金额与双方约定比例的乘积,保险金额一般规定为投资金额的90%。但长期和短期投资项目又有不同,一年期的保险金额为该年的投资金额乘以双方约定的百分比,保险金额一般规定为投资金额的90%;长期投资项目每年投资金额在投保时按每年预算投资金额确定,当年保险金额为当年预算金额的90%,长期投资项目需确定一个项目总投资金额下的最高保险金额,其保险费需在年度保费基础上加差额保费,长期投资项目期满时按实际投资额结算。

投资保险费率的确定,一般根据保险期间的长短、投资接受国的政治形势、投资者的能力、工程项目以及地区条件等因素确定。一般分为长期费率和短期费率,且保险费在当年开始时预收,每年结算一次,这是因为投资期间有变化。20世纪90年代中期,我国投资保险的短期年费率一般为8‰,长期年度基础费率一般为6‰。

投资保险是一种承保投资政治风险的信用保险,外国的投资保险一般由投资商在本国投保,保障的是本国投资商在外国投资的风险,投资商是被保险人;我国的投资保险则可由保险公司为外国的投资商保险,保障的是外国人在我国投资的风险,以配合国家引进外资的政策,从而亦带有保证保险的性质。

(五) 投资保险的理赔

1. 赔偿期限的规定

由于各种政治风险造成的投资损失有可能在不久后通过不同途径予以挽救,损失发生与否需经过一段时间才能确定,因此,投资保险有赔偿期限的规定。根据不同的保险责任,一般有如下规定:

(1) 战争、类似战争行为、叛乱、罢工及暴动造成投资项目的损失,在提出财产损失证明后或被保险人投资项目终止6个月后赔偿。

(2) 政府有关部门的征用或没收引起的投资损失,在征用、没收发生满6个月后赔偿。

(3) 政府有关部门汇兑限制造成的投资损失,自被保险人提出申请汇款3个月后赔偿。

2. 赔偿金额的规定

在赔偿金额方面有如下规定:

(1) 当被保险人在保单所列投资合同项下的投资发生保险责任范围内的损失时,保险人根据损失金额按投资金额与保险金额的比例赔付,保险金额最高占投资金额的90%。

(2) 由于投资额的承保比例一般为投资金额的90%,因而被保险人所受损失若将来追回,也应由被保险人和保险人按各自承担损失的比例分摊。

第三节 保 证 保 险

一、保证保险的特征与类型

(一) 保证保险的特征

保证保险是保险人为被保证人向权利人提供的担保业务。保证保险在保险学界争论较大,虽然它属于广义的财产保险,但它同一般的财产保险不同,有如下特征:

(1) 保证保险的当事人涉及三方:保证人(Surety),即保险人;被保证人(Principal),或义务人(Obligor),即投保人;权利人(Obligee),即受益人。一般财产保险的当事人只有保险人与投保人。

(2) 保证保险中的被保险人对保证人(保险人)给予权利人的补偿,有偿还的义务;而一般财产保险的被保险人并无任何返还责任。换言之,在保证保险中,由于保证事故的发生导致的保证人对权利人的赔偿,保证人有权利向被保证人索赔,被保证人有义务返还;而在一般财产保险中,保险人对被保险人没有索赔权和追偿权,也不用提供担保。

(3) 保证保险合同是保险人对另一方的债务偿付、违约或失误承担附属性责任的书面承诺。这种承诺在保证保险合同所规定的履约条件已具备而被保证人不履行合同义务的条件下才能实现,保证人才履行赔偿责任。当发生保险事故且权利人遭受经济损失时,只有在被保证人不能补偿损失时,才由保险人代为补偿。因此,从本质上来说,保证保险只是对权利人的担保。

(4) 保险人必须严格审查被保证人的资信。保险人只有严格审查被保证人的财力、资信、声誉的好坏及以往履约历史等,才能代替被保证人向权利人承担法律责任。

(5) 保险费实质是一种手续费。保险人在承保一般财产保险业务时,都必须做好赔偿准备,一种风险能不能承保,归根结底是看承保这种风险所收取的保险费是否足以抵补这种风险发生的赔款;而保证保险是一种具有一定担保性质的业务,它基本上是建立在无赔款基础之上的。因此,保证保险收取的保险费实质上是一种手续费,是利用保险人的名义提供担保的一种报酬。

(二) 保证保险的类型

保证保险通常分为诚实保证保险和确实保证保险两类。其中诚实保证保险将在后面介绍,此处只介绍确实保证保险的险种。

确实保证保险是被保证人不履行义务而使权利人遭受损失时,由保险人负赔偿责任的保证保险。其保险标的是被保证人的违约责任,它是对业主和其他权利人的保证。确实保证保险的种类繁多,大致可概括为如下四类:

1. 合同保证保险

因合同保证保险的内容较多,在后面单独介绍。

2. 司法保证保险

司法保证保险是因法律程序而引起的保证业务。按其内容可分为诉讼保证保险和受托保证保险。

(1) 诉讼保证保险是当原告或被告要求法院为其利益采取某种行动,而又可能伤害另一方利益时，法院为了维护双方的合法权益，通常要求保险人为申请人的这种诉讼行为提供担保的保险。其行动如扣押、查封、冻结某些财产等。诉讼保证保险又可分为保释保证保险、上诉保证保险、扣押保证保险、禁令保证保险。① 保释保证保险是以承保被保释人不在规定的时间出庭受审而由法院罚没的罚款为保险标的的保险。② 上诉保证保险是以上诉人如上诉失败，所有原诉与上诉费用皆由上诉人负担为保险标的的保险。③ 扣押保证保险是当原告要求法院扣押被告的某一财产，以确保胜诉后得到赔偿，法院要求提供该保证。此保险是以原告败诉时负有赔偿被告因临时扣押财产而遭受损失为保险标的。④ 禁令保证保险是以原告要求法院命令阻止被告采取某一行动，因禁令不当导致被告的损失，应由原告承担的被告损失赔偿责任为保险标的的保险。当原告要求法庭命令阻止被告采取某一行动（如将约定卖给原告的产品卖给他人）时，便须向法院提供此种保证。

（2）受托保证保险。受托保证保险是以法院命令为他人利益管理财产的人因其不尽职尽责而造成被管理人的财产损失为保险标的的保险。需要提供此种保证的被保证人包括财产受托人、破产管理人、遗嘱执行人、遗产管理人、缺乏完全行为能力人的监护人。在若干场合下，若被保证人缺乏为他人管理财产的经验，保证人与被保证人共同管理财产为其出立保证合同的条件。

3. 许可证保证保险

许可证保证保险是担保从事经营活动领取执照的人遵守法规或履行义务的保险。在有些国家，从事某一活动或经营的人在向政府申请执照或许可证时，往往需要提供此种赔偿的保险。常见的许可证保证保险有两种：一是在被保证人（领照人）违反政府法令或其行为有损于政府或公众利益时，由保险人（保证人）承担由此引起的赔偿责任；二是保证被保证人（领照人）将按国家法律履行纳税义务。

4. 公务员保证保险

公务员保证保险是对政府工作人员的诚实信用提供保证的保险。分为诚实总括保证保险和忠实执行职务保证保险两种。前者对公务员不诚实或欺诈等行为所造成的损失承担赔偿责任，后者对公务员因工作中未能忠于职守而给政府造成的损失承担赔偿责任。

在确实保证保险的实务中，通常包括申请手续、保证原则、保证期限、保险费的确定。

二、诚实保证保险

（一）诚实保证保险的概念与特征

诚实保证保险，亦称雇员忠诚保险，是因被保证人（雇员）行为不诚实而使权利人（雇主）遭受损失时，由保证人（保险人）承担赔偿责任的一种保证保险。在诚实保证保险中，雇主为权利人，雇员为被保证人，保险标的是雇员的诚实信用。该险种承保的是雇员对雇主不诚实行为造成损失对雇主依法应承当的赔偿责任。

诚实保证保险与确实保证保险相比，共同点在于二者均属于保证保险，投保人均为被保证人。但也有区别，对比而言，诚实保证保险主要有如下特征：① 诚实保证保险的保证合同涉及雇主与雇员的关系；确实保证保险则不涉及。② 诚实保证保险承保的风险只限于雇员的不诚实行为，包括盗窃、欺诈、伪造、隐匿、违背职守等，因此又称为不诚实保险；确实保证保险承保的风险是被保证人履行一定义务的能力或意愿，而与不诚实无关。

(二) 诚实保证保险的类型

诚实保证保险按其承保的形式,可分为以下五类:指名保证保险、职位保证保险、总括保证保险、伪造保证保险和三D保单。

1. 指名保证保险

指名保证保险是以特定的雇员为被保证人,在雇主遭受因被保证人的不诚实而造成的损失时,由保证人赔偿责任的保险。常分为个人保证保险和表定保证保险两种。

(1) 个人保证保险。个人保证保险是以某一个特定的雇员为被保证人,当该雇员单独或与他人合谋造成雇主损失时,由保证人承担赔偿责任的保险。个人保证合同只承保特定的个人,费用通常由被保证的雇员支付。

(2) 表定保证保险。表定保证保险是同一保证合同中承保两个以上的雇员,每个人都有自己的保证金额的保证保险。实际上该种保证保险只是将若干个个人保证合同合并为一个保证合同而已。该种保证保险可随机增减,只是必须在规定的表内列出被保证人的姓名及其各自的保证金额。

2. 职位保证保险

职位保证保险是在保证合同中不列举各被保证人的姓名及保险金额,只列举各级职位名称、保证金额及每一职位人数的保险。职位保证保险分为单一职位保证保险和职位表定保证保险两种。

(1) 单一职位保证保险。单一职位保证保险是同一保证合同承保某一职位的若干被保证人,无论任何人担任此职位均有效的保险。该险种适用于员工流动性较大的单位,担任同一职位的每一位被保证人,都按保单规定的保证金额投保。若约定的承保职位与被保证人人数不变,但被保证人有更换,则无须通知保险人;若职位与人数有变动,则必须通知保险人,否则,保险人的责任将按照投保人数与全部实际人数的比例予以减少。故此又可分为两种情形:按此比例减少每一损失的赔偿金额,按此比例减少每人的保证金额。这种保证保险,任何职位都可以投保,但若同一职位中有一个人获得投保,则其余人员也必须投保。

(2) 职位表定保证保险。职位表定保证保险是同一保险合同中承保几个不同的职位,每一职位都规定有各自保证金额的保险。其余规定同单一职位保证保险基本相同。在合同订立后新增加的职位,亦可自动承保,但必须在特定的期限内告知保险人,自动保证期间(60日或90日)的保证金额,一般亦有一定限制。

3. 总括保证保险

总括保证保险是以雇主所有的正式雇员为保险对象的保险。其特点为:合同不载明每一雇员的姓名、职位名称及保证金额,只要确认损失系雇员的不诚实行为所致,无须证明由何人或何种职位所致,便可由保险人负责赔偿。

总括保证保险的优点是无须为决定哪一职位或哪一个人需要保证而烦恼;自动承保任何新进的雇员,无须告知保险人,也无须在当年增加保费;在个人保证保险或职位保证保险下,通常雇主获得赔偿前,必须证明由何人或何职位所致,而在总括保证保险下,只要确认损失系雇员的不诚实行为所致,即可获得保险人的赔偿。由于总括保证保险具有指名保证保险和职位保证保险所不具有的优点,所以总括保证保险已成为诚实保证保险中最为流行的一种形式。其缺点则是每个雇员的保证金额相同。为补救该缺点,在保险实务中,许多雇主除投保总括保证保险外,还另外投保个人或职位保证保险。总括保证保险分为两种:

(1) 普通总括保证保险。普通总括保证保险是对单位全体雇员不指出姓名和职位的保证保险。保费按年计算,在交费后一年内如雇员人数增加,除企业合并外,不另加保费。只要认定损失是由雇员的不诚实行为所致,保证人均承担赔偿责任。根据确定赔偿限额的方法不同,可将其分为职位总括保证保险和商业总括保证保险。前者规定每次事故中每人的赔偿限额;后者只确定每一损失的赔偿限额,无论损失是一个雇员所致还是多个雇员串通所致,只要是雇员的不诚实行为所致并在保证金额内的损失,保证人均负赔偿责任。两者的主要区别是保险责任不同,前者对每个被保证人引起的损失规定一个限额,后者对每次损失规定一个限额。由于不诚实行为大多为个别的,故商业总括保证保险的适用性比职位总括保证保险的广泛。

(2) 特别总括保证保险。特别总括保证保险是以各种金融机构的雇员由于不诚实行为造成雇主的损失而依法应负的赔偿责任为保险标的的保险。它最早起源于英国伦敦劳合社保险人开办的银行总括保证,以后逐步增加到各种金融机构。各金融机构中的所有金钱、有价证券、金银条块以及其他贵重物品,因其雇员的不诚实行为造成的损失,保险人均负赔偿责任。

4. 伪造保证保险

伪造保证保险是承保因伪造或篡改背书、签名、收款人姓名、金额等造成的损失的保证保险。它又分为存户伪造保证保险和家庭伪造保证保险两种形式。存户伪造保证保险是承保被保证人或被保证人往来的银行因他人以被保证人的名义伪造或篡改支票、汇票、存单及其他凭单票据等所致损失的保险。此处的承保票据仅指支付票据。家庭伪造保证保险是承保个人在收支款项时因他人伪造所致损失的保险。此处的承保票据包括支付票据、收入票据及收入伪钞。

5. 三D保单

三D保单是指不诚实(Dishonest)、损毁(Destruction)及失踪(Disappearance)的综合保单。包括诚实保证和盗窃保险两者在内,承保企业因他人的不诚实、盗窃、失踪、伪造或篡改票据遭受的各种损失。其内容包括五部分:① 雇员不诚实保证保险,相当于上述商业总括保证保险或职位总括保证保险;② 屋内财产的盗窃保险;③ 屋外财产的盗窃保险;④ 保管箱盗窃保险;⑤ 存户的伪造保险。被保险人可选择投保部分或全部。

除前述五部分外,还可以附加条款方式增加下列风险的保险:① 收入票据的伪造;② 货物被盗窃;③ 发放的薪金被盗;④ 限额盗窃保险所承保的风险;⑤ 伪造仓库收据。三D保单的保险费,由各部分分别计算后再汇总合计。

(三) 诚实保证保险的保障范围与保险责任

1. 诚实保证保险的保障范围

诚实保证保险的保障范围包括:雇主的货币和有价证券的损失,雇主所有的财产的损失,雇主有权拥有的财产或对此负有责任的财产,为保险单指定区域的可移动财产。

2. 诚实保证保险的责任范围

(1) 诚实保证保险的保险责任。诚实保证保险主要承保雇员的不法行为致使雇主遭受的经济损失。它主要包括:雇员在受雇期间盗窃财物而致的损失,雇员在受雇期间贪污财物而致的损失，雇员在受雇期间的欺诈行为（包括欺骗雇主和其他关系方）而致的损失。雇员在保险期间因上述行为造成钱财损失的发现期，一般规定为6个月，即最迟自该雇员退休、离职或死亡之日起或保险单规定6个月内提出索赔，以其中先发生者为准。如果被保证的雇员被派到其他区域工作，但不超过规定的期限，则该雇员在该区域内引起雇主的损失仍可得到保障。

需要指出的是，诚实保证保险的保险责任在不同国家不尽相同，如美国诚实保证保险通常承保两大类风险：欺诈和不诚实。具体为下列六种风险所致的雇主财产或金钱损失：偷窃、非法侵占、伪造、私有、非法挪用、故意误用。其中，偷窃是指暗中用非暴力手段非法拿取他人财物；非法侵占是指将他人所有而由自己保管的财物非法据为己有；伪造是指以欺诈手段伪造票据或其他文件，或将有关票据、文件擅自加以重大修改，使之失去原来的意义；私有是指非法拿取他人财物供自己使用；非法挪用是指未经所有人同意擅自将其资金供别人使用；故意误用是指以损害他人为目的故意将他人财物用于其所不欲的用途。

(2) 诚实保证保险的责任免除。对于下列原因造成的雇主的钱物损失，保险人不负赔偿责任：因雇主擅自减少雇员工资待遇或加重工作任务而导致雇员不诚实行为所带来的损失；雇主没有按照安全预防措施和尽责督促检查而造成的任何钱物损失；雇主及其代理人和雇员恶意串通而造成的损失；超过了索赔期限仍未索赔者。

（四）诚实保证保险中雇主（权利人）的义务

诚实保证保险除具有一般保险合同中规定的明示或默示权利和义务外，还有下列规定：① 接受审查单证的义务，即保险人有权审查雇主提供的索赔说明书、财务计算报告及其他单证，以避免上述资料的不真实而导致保险人的损失；② 通知义务，即雇主及其代理人在发现雇员中有某种欺骗和不诚实行为，并可能造成钱财损失时，应随时通知保险人；③ 变更雇佣条件的协商义务，即雇主变更雇佣条件或减少雇员报酬等情况，均应事先征得保险人同意；④ 协助追偿的义务，即雇主除有责任向保险人提供有关情况外，还应积极协助保险人向犯有欺骗和不诚实行为造成钱物损失的雇员进行追偿，或从雇主应付给上述雇员的报酬中扣回保险人在该保险单项下已支付的赔款。

三、合同保证保险

（一）合同保证保险的概念与分类

合同保证保险是承保因被保证人不履行各种合同义务而造成权利人的经济损失的一种保险。它最初主要是适应建筑工程投资人要求承包人如期完工而兴办起来的，最普遍的业务是建筑工程承包合同的保证保险。合同保证保险包括以下几种：

1. 建筑保证保险

建筑保证保险是承保因建筑误期所致各种损失的保险。根据建设工程的不同阶段，它可分为以下四种：① 投标保证保险是承保工程所有人（权利人）因中标人不继续签订承包合同而遭受损失的保险；② 履约合同保证保险是承保工程所有人因承包人不能按时、按质、按量交付工程而遭受损失的保险；③ 预付款保证保险是承保工程所有人因承包人不能履行合同而受到的预付款损失的保险；④ 维修保证保险是承保工程所有人因承包人不履行合同所规定的维修义务而受到损失的保险。一般而言，被保险人既可按阶段投保上述险种，也可投保综合性的建筑保证保险。

2. 完工保证保险

完工保证保险是承保借款建筑人因未按期完工和到期不归还借款而造成有关权利人损失的保险。在投保完工保证保险的情况下，可由保险人负赔偿责任。

3. 供给保证保险

供给保证保险是承保供给方因违反合同规定的供给义务而使需求方遭受损失的保险。如制造厂商与某加工厂商订立合同，由制造厂商按期提供一定数量的半成品给加工厂商，一旦制造厂商违反供给义务而使加工厂商遭受损失，若投保了供给保证保险，则由保险人负赔偿责任。

此外，存款保证保险、贷款保证保险也属于合同保证保险。其中，存款保证保险是以银行为投保人，以保证存款人的利益为目的，当银行出现支付危机时，保险人负有赔偿责任的一种保证保险。贷款保证保险是指保险人向债权人（银行或其他金融机构）保证从其获取贷款的债务人将确实履行还债义务，如果债务人不履行债务致使债权人（银行或其他金融机构）遭受损失时，由保险人向债权人负赔偿责任的一种保证保险，投保人为债务人（被保证人）。其保险金额的确定为借款合同的借款金额，但最高不得超过抵押物售价的一定比例，两者以低者为准，其目的是防止借款人故意逃避银行的债务。目前在我国保险经营实践中，常见的贷款保证保险如住房贷款抵押保证保险、机动车辆消费贷款保证保险、小额贷款保证保险等。

（二）合同保证保险所要求的具体条件

由于合同保证保险风险较大，保险人在承保该类业务时，一般要求具备下列条件：① 投资项目已经核实，工程施工力量、设备材料等物已落实可靠；② 严格审查承包人的信誉、经营承包能力和财务状况，并要求提供投保工程的合同副本、往来银行名称及账号等情况资料；③ 要求承包工程的人提供反担保或签订偿还协议书；④ 工程项目本身已投了工程保险。在承保前，保险人应对工程各方面情况进行调查研究，在可靠的前提下才能承保。在工程施工期间，保险人一般要经常了解工程进度及存在的问题，并在可能的情况下提出建议，督促有关当事人采取措施，确保工程如期完工。

（三）合同保证保险的责任范围

合同保证保险根据工程承包合同的内容来确定保险责任，一般仅以承包人对工程所有人承担的经济责任为限。

(1) 保险人只负责工程合同中规定的因承包人方面的原因造成的工期延误的损失。不属于承包人方面的原因造成的工期延误损失，保险人不负赔偿保险金责任。如因人力不可抗拒的自然灾害或工程所有人提供设备材料不能如期运抵工地等原因造成工期延误，就属于责任免除。

(2) 保险人赔偿的数额也以工程合同中规定的承包人应赔偿的数额为限。如承包合同中规定承包人若不能按期保质完工就要向工程所有人支付罚款，保险人的赔偿数额就以该罚款数额为限。

此外,合同保证保险的保险金额,一般以不超过工程总造价的 80% 为限。

四、产品保证保险

(一) 产品保证保险的意义与特点

1. 产品保证保险的概念

产品保证保险,亦称产品质量保险或产品信誉保险,是以被保险人因制造或销售的产品丧失或不能达到合同规定的效能而应对买主承担赔偿责任为保险标的的保险。它与产品责任保险的业务性质有根本区别。不过在保险实务中,产品保证保险经常同产品责任保险综合承保,尤其在欧美国家,保险人一般同时开办产品责任保险和产品保证保险,制造商或销售商则同时投保产品责任保险和产品保证保险。

2. 开办产品保证保险的意义

开办产品保证保险的意义,主要有以下几个方面:① 产品在保险公司投保该保险,能增强人们消费或使用产品的安全感,有利于维护用户或消费者的正当权益;② 有利于企业迅速赢得顾客,打开产品销路;③ 能促进企业加强质量管理,提高投保企业的竞争能力,最终使整个社会生产力水平得到提高。

3. 产品保证保险的特点

产品保证保险与产品责任保险的联系在于,二者都与产品有关,但二者存在重大区别:

首先,险种性质不同。产品保证保险属于保证保险的范畴;产品责任保险属于责任保险的范畴。

其次,保险标的不同。产品保证保险是承保产品事故中产品本身的损失;产品责任保险承保的是产品责任事故造成他人财产损失或人身伤害依法应负的赔偿责任。

最后,保险责任不同。由于产品保证保险承保的是制造商、销售商或修理商因其制造、销售或修理的产品质量有内在缺陷而造成产品本身损失对用户所负有的经济赔偿责任,因而,其责任范围是产品自身的损失及其有关费用,具体包括:赔偿用户更换或整修不合格或有质量缺陷产品的损失和费用;赔偿用户因产品质量不符合使用标准而丧失使用价值的损失及由此引起的额外费用;被保险人根据法院判决或有关行政当局的命令,收回、更换或修理已投放市场的质量有严重缺陷产品造成用户的损失及费用。而产品责任保险是以产品的生产者或销售者由于产品存在缺陷,造成使用者或其他人的人身伤害或财产损失,依法应承担的赔偿责任为保险标的的保险。其保险责任包括:在保险有效期内,被保险人生产、销售、分配或修理的产品在承保区域内发生事故,造成用户、消费者或其他任何人的人身伤害或财产损失,依法应由被保险人承担的损害赔偿责任;被保险人为产品事故所支付的诉讼、抗辩费用及其他经保险人事先同意支付的合理费用,保险人亦负责赔偿。

(二) 产品保证保险的责任范围

1. 产品保证保险的保险责任

由于产品保证保险承保的是制造商、销售商或修理商因其制造、销售或修理的产品质量有内在缺陷而造成产品本身损失对用户所负有的经济赔偿责任,因而,其责任范围是产品自身的损失及有关费用,这是产品责任保险不承保的责任。产品保证保险的保险责任具体包括:① 赔偿用户更换或整修不合格或有质量缺陷产品的损失和费用;② 赔偿用户因产品质量不符合使用标准而丧失使用价值的损失及由此引起的额外费用,如运输公司因购买不合格汽车而造成的停业损失(包括利润和工资损失)以及为继续营业临时租用他人汽车而支付的租费等;③ 被保险人根据法院判决或有关行政当局的命令,收回、更换或修理已投放市场的质量有严重缺陷产品造成用户的损失及费用。

2. 产品保证保险的责任免除

产品保证保险的责任免除包括:① 用户或他人故意行为或过失或欺诈引起的损失;② 用户不按产品说明书或技术操作规定使用产品或擅自拆卸产品而造成的产品本身损失;③ 属于制造商、销售商或修理商保修范围内的损失;④ 产品在运输途中因外部原因造成的损失或费用等;⑤ 因制造或销售的产品的缺陷而致他人人身伤亡的医疗费用和住院、护理等其他费用或其他财产损失;⑥ 经有关部门的鉴定不属上述质量问题造成的损失和费用;⑦ 不属于此保险条款所列责任范围内的其他损失。上述原因导致的保险事故造成的损失,保险人均不负赔偿责任。

由于产品保证保险是一项十分复杂的业务,所以在经营中必须以投保企业信誉好、产品质量高为承保条件;同时,由于产品保证保险的风险一般不易估算和控制,故保险人通常采取与投保人共保的办法,由保险人和投保人各承担一定比例(如 50%)的责任。

(三) 产品保证保险的保险金额和保险费率

产品保证保险的保险金额一般以被保险人的购货发票金额或修理费收据金额来确定。前者如出厂价、批发价、零售价等。以何种价格确定,可以由保险双方根据产品所有权的转移方式及转移价格来确定。

在费率厘定方面,应以下列因素为依据综合考虑:产品制造者、销售者的技术水平和质量管理情况,这是确定费率的首要因素;产品的性能和用途;产品的数量和价格;产品的销售区域;保险人投保该类产品以往的损失记录。

(四) 产品保证保险的赔偿处理

发生消费者对承保产品的索赔时,保险人按下列处理方式进行赔偿:① 因设计、制造等原因导致产品零部件、元器件失效或损坏时,赔偿该部件或元器件的重置价和修理费用;② 整件产品需要更换、退货时,其赔偿金额以产品出厂价格或销售价格为限,若出厂价格或销售价格高于购买地重置价,其赔偿金额以重置价为限;③ 保险人负责赔偿因产品修理、更换、退货引起的鉴定费用、运输费用和交通费用,合计赔偿金额在同一赔案中不得超过保险责任项下赔偿金额的 30%;④ 更换或退回的产品残值作价在赔款中扣除后归被保险人所有。

消费者必须通过被保险人向保险人提出索赔,保险人在保单约定的赔偿限额内承担赔偿责任,超过赔偿限额的部分由被保险人负责赔偿,保险人不负赔偿责任。在保险人的赔款达到赔偿限额时,应当注销保险单;但是如果被保险人向保险人提供了合适的担保,保证保险人超过赔偿限额的赔款能够受到补偿,则保险人也可以继续在追加的担保额度内承担赔偿责任。

第四节 信用保证保险的承保与理赔

一、保险承保

保险人在承保时，应当采取风险控制措施。一般而言，保险人的风险控制措施主要有以下几方面。

（一）对被保证人的资信严格审查后才能承保

在信用保证保险中，保险人是在“没有损失”这一概念基础上提供服务的，所收取的保险费在实质上是一种手续费或服务费，当保险人提供担保服务时，往往要求被保证人向其提供反担保。但是，在向权利人提供信用保险的过程中，保险人就不能得到被保证人的反担保，只能在先赔付权利人损失后再取代权利人向被保证人追偿，而是否能追偿回所赔金额，要取决于被保证人的资信状况。因此，无论是权利人投保，还是被保证人投保，均需在严格审查被保证人资信情况下才能确定是否承保。

对保证保险，保险人要审查承包商的信誉、财务报告、承包能力、与分包商的关系等情况，如果承包商的财务状况不够好，还可要求第三者向保险人提供担保。如果没有财务报告，也无第三者担保，保险人则要求被保证人提供抵押品。

（二）采取共保形式，由被保险人自担一部分风险

为了防止滥于放款或赊销，保险人可要求被保险人必须自行承担一部分风险。自行承担风险的方式有两种：一种方式是共保，即双方在约定共保的比例后，被保险人不得将自保部分向其他保险企业另行投保，而使自己避免承担责任；另一种方式是规定绝对免赔额，每项损失在免赔额以下的，由被保险人自行负责，超过部分才由保险人负责，如短期出口信用保险单规定，对商业风险的免赔率为 10%，对政治风险的免赔率为 5%~10%，免赔限额因买主的资信状况而有所区别，以促使被保险人减少保险事故。

（三）准确分析国际政治经济形势，正确估价政治风险状况

对投资保险的承保，要了解东道国的政治风险状况，如有无战争、罢工、外汇管制或政府征用的风险等，而对出口信用保险的政治风险则要了解买方所在国的政治经济状况，有选择地承保，同时通过费率和免赔率来控制风险。

（四）对保证保险采取保全措施

保险人承保通常采取下列保全措施：要求投保人或被保证人事先提供实物抵押或现金保证；在保险单上明确规定，被保证人对保险人为其向权利人支付的任何补偿，有返还给保险人的义务，即保险人为被保证人支付权利人的任何赔偿后，有权利向被保证人追回。

(五) 明确保险人的有关责任

一方面,保险人要求被保险人以信用卓著或具有清偿能力的单位或个人为放款或赊销对象,如果被保险人在选择放款或赊销对象时有明显不加注意的行为,并由此产生了损失,保险人可以不负责任;另一方面,保险人还会要求被保险人在发现被保证人有行为不轨的迹象时,应停止让其经营钱财或对其放款、赊销,并及时报告保险人。

二、保险期间与等待期

对信用保证保险保险期间的风险进行控制,主要应做到如下几点:① 明确保险期间。如信用保证保险的保险期间一般分为短期和长期两种。对短期的一般为 180 天,到期可续保险,但最长不得超过 365 天;续保时,还应当另行约定相关条件。长期业务,保险期间为 3 年以上,最长为 20 年,亦可以通过控制保险期间而减少保险事故。② 规定等待期。对信用保证保险索赔规定等待期是国际保险市场上通常的做法。其目的:一是使保险人有时间核实损失;二是可以督促出口方采取一切必要的措施挽救或减少损失。根据不同的损失原因,索赔期限的规定有所不同。例如,对于买方破产所致损失,在证实买方已被宣告破产后,即可索赔;对于买方拖欠货款所致损失,要等付款期满 6 个月后方可索赔;而对各种政治原因引起的损失,需等造成损失的事件发生 4 个月之后才予赔偿。

经过审理可以确定,被保险人已经保险的出口商品确实受到损失,这一损失的原因确实属于保单责任范围之内,而不涉及条款规定的任何一项责任免除,而且保单规定的赔偿等待期已经到期,理赔人员即可编制“赔款计算书”,报有关领导审定签字后赔付。在计算赔款时需要注意:① 应扣除被保险人已经获得的补偿或已经丧失的权利,买方已付的款项,被保险人转卖货物或变卖抵押品所得的款项,被保险人因不必履约而节省的费用,被保险人与买方已商定的让价等。② 应按保单规定的赔偿百分比计算,不得超过。在支付赔款时,还应要求被保险人签署“权益转让书”和“追讨委托书”,以利于赔付后的追偿。

要求被保险人在保险期间如实履行保险合同规定的义务。包括:① 在保险合同订立后,如情况发生变化,被保险人应及时报告保险人;② 要求被保险人以信用较好或具有清偿能力的单位或个人为放款或赊销对象,如果被保险人在选择放款或赊销对象时有明显的不加注意的行为,由此而产生的损失,保险人可以不负责任;③ 被保险人发现被保证人有行为不轨的迹象,不宜继续让其经管钱财或对其放款赊销,应立即通知保险人。此外,保险人还应随时追踪调查被保证人的信用安全状况,并及时采取相关对策。

三、保险理赔的要求

保险理赔的要求一般包括:① 要求被保险人发觉被保证人出现问题时,立即通知保险人,在短期内提出赔偿请求,并提供必要的账册和材料,以供查证;② 发生问题后,要求被保险人主动采取措施,深入追查,在各方面给予保险人有效的配合,因追查而支出的费用,由保险人负担;③ 保险人在进行赔偿后可以被保险人的名义代位向被保证人或第三人进行诉讼、追偿,也可以依法处分其财产或担保品;④ 如被保险人和有关当事人达成协议和解,应取得保险人的同意,否则保险人可不受协议的约束。

第十章 人身保险

第一节 人身保险概论

一、人身保险的特征与分类

(一) 人身保险的特征

人身保险(Personal Insurance)是以人的生命或身体为保险标的的保险。它是区别于财产保险的一类保险业务的总称。在人身保险中,投保人根据合同约定向保险人支付保险费,保险人根据合同约定在被保险人疾病、伤残、死亡或达到约定的年龄、期限时承担给付保险金责任的保险。因此,人身保险与个人、家庭、企业的财产或责任风险没有关系。长期以来,人身保险被视为个人或家庭财务规划中必要和基本的因素,在个人或家庭的财务规划过程中,人身保险是有价值和有弹性的财务工具,尤其在对于个人死亡能很快地提供资金以及协助弥补财务损失方面,人身保险是唯一的财务工具。

人身保险与财产保险比较,有其特点:

(1) 保险标的不同。财产保险的保险标的是被保险人的财产及有关利益;人身保险的保险标的是被保险人的生命和身体。由于人的身体和生命的价值是很难用货币度量的,因而,人身保险的保险价值难以确定,其保险金额在保险合同当事人双方约定的基础上依照投保人缴纳保险费的能力确定。当保险事故发生时,保险人按保险合同约定的保险金额给付。当被保险人的身体和生命被第三者侵权时,被保险人在获得保险人给付的保险金的同时,还可获得侵权人的赔偿,而不存在代位求偿问题。其原因是人身保险的保险价值是无法衡量的,保险金是按预约给付而不是损失补偿。财产保险则不同,其保险标的的价值一般是可以计算的,保险金额的最高限额是保险价值,保险事故发生后,其赔偿金额根据实际损失额和投保方式确定,具有损失补偿的性质。若因第三者侵权而发生保险事故,则被保险人在获得保险人赔偿的保险金后,向侵权人要求赔偿的权利自动转移给保险人,即存在代位求偿问题。

(2) 保险金额的确定依据不同。财产保险的保险金额是根据保险价值确定的;而由于人身保险的保险标的是被保险人的生命和身体,如上所述,人的身体和生命的价值很难用货币度量,因而,人身保险的保险价值难以确定,其保险金额在保险合同当事人双方约定的基础上依照投保人缴纳保险费的能力确定。当保险事故发生时,保险人按保险合同约定的保险金额给付。而且,当被保险人的身体和生命被第三者侵权时,被保险人在获得保险人给付的保险金的同时,还可获得侵权人的赔偿,并不存在代位求偿问题。

(3) 保险期限不同。除意外伤害保险和短期健康保险外,人身保险一般是长期保险;财产保险一般为一年一保。

(4) 基本职能不同。人身保险的基本职能是保险金给付;财产保险的基本职能是经济补偿。

(5) 厘定纯费率的依据不同。厘定财产保险纯费率的依据是损失率;而人身保险中人寿保险纯费率的厘定依据是生命表和利息,即死亡率和利率。

(6) 经营技术要求不同。人身保险对死亡率的计算较为精密,出现的危险事故也较规则和稳定;财产保险则不然,其风险事故的发生较不规则,并缺乏稳定性,损失概率相对缺乏规律性,因而计算的费率没有寿险的精确。

(7) 性质不同。人身保险,尤其是人寿保险带有储蓄性质;财产保险一般不具备。

此外,适用对象也有差别。人身保险主要适用于个人;财产保险主要适用于企业。

(二) 人身保险的分类

人们需求的多样性、可变性与发展性,决定了人身保险险种的多样性,新险种层出不穷。对于众多的人身保险险种,如何进行科学的归类,世界上还没有形成一个固定的原则和统一的标准。实际上人身保险险种的归类,在不同的场合,根据不同的需求,从各个角度,可以有不同的划分方法。目前主要有下列几种分类方法:

1. 人寿保险、人身意外伤害保险和健康保险

这是按照保障范围的不同进行的分类。

(1) 人寿保险(Life Insurance)是以被保险人生存或死亡为保险事故(即给付保险金的条件)的人身保险。人寿即人的生命。人寿保险所承保的保险事故可以是生存,也可以是死亡,也可以同时承保生死。在全部人身保险业务中,人寿保险一般占绝大部分。因而,人寿保险是人身保险的主要的和基本的种类。

(2) 人身意外伤害保险(Accident Insurance)简称意外伤害保险,是以被保险人因遭受意外伤害事故造成死亡或残废为保险事故的人身保险。在全部人身保险业务中,意外伤害保险占的比重虽然不大,但由于保费低廉,只需付少量保费便可获得高额保障,投保简便,无须检验身体,所以承保人数很多。例如,人们可以在外出旅行乘坐飞机时,只投保一个航次的飞机旅客意外伤害保险,等等。意外伤害保险的特点是保费较低,保障性大,保单不具备现金价值。

(3) 健康保险(Health Insurance)是以被保险人因疾病、生育所致的医疗费用支出和工作能力丧失、收入减少为保险事故的人身保险。习惯上,往往将凡不属于人寿保险和意外伤害保险的人身保险都归为健康保险的范畴。在国外,如美国,将人身意外伤害保险纳入健康保险的范畴,健康保险承保被保险人因意外伤害或疾病所产生的医疗费用以及由此造成的收入损失。

2. 长期业务、一年期业务和短期业务

这是按保险期限长短不同进行的分类。

(1) 长期业务是保险期限超过一年的人身保险业务。人寿保险一般属于长期业务,保险期限一般最短为二年。健康保险亦可以是长期业务。

(2) 一年期业务是保险期限为一年的人身保险业务,一年期业务中以人身意外伤害保险居多。健康保险亦可以是一年期业务。

(3) 短期业务是保险期限不足一年的人身保险业务。短期业务一般是那些只保一次航程、一次旅程的旅游、旅客或公共场所游客意外伤害保险。

3. 强制保险和自愿保险

这是按照实施方式不同进行的分类。

(1) 强制保险是根据法律的规定而自动生效的,不管被保险人是否愿意投保,或保险人是否愿意承保,都得依法成立的保险关系,所以强制保险也叫法定保险。即基于国家有关法律、法令或有关规定而形成的保险关系。其特点:① 全面性,凡在保险法规规定的范围内,无论保险人和投保人是否愿意,都必须保险;② 保险责任自动产生,无论投保人是否履行投保手续,凡属于保险承保范围内的保险标的,保险责任即自动开始;③ 保险金额、保险期限统一规定,不由投保人选择。法定保险的实施本身就是国家有关政策的体现,为国家有关政策配套服务。

(2) 自愿保险是保险双方当事人在公平自愿基础上,通过订立合同而形成的保险关系。人身保险中的绝大部分业务都是自愿保险,只有旅客意外伤害保险等极少数险种属强制保险。自愿保险是投保人和保险人双方依照平等互利的原则,自愿签订保险合同而形成的保险关系。双方当事人按照合同的规定履行自己的义务和享受其权利。其特点表现为:投保人是否投保、投保哪一个险种以及保险期限和保险金额,都完全根据投保人的需求和意愿而定。只要符合承保条件,保险人一般不得拒绝,合同一经订立,投保人履行了第一次缴费义务,就具有法律效力,保险人不得随意中途中止合同。对于商业保险公司而言,其经营的业务应以自愿性质为主。

4. 个人保险和团体保险

这是按照投保方式不同进行的分类。

(1) 个人人身保险是以个人为投保人,一张保险单一般承保一个被保险人的人身风险的人身保险。个人人身保险又分为普通人身保险和简易人身保险两类。普通人身保险的保险金额一般高于简易人身保险。

(2) 团体人身保险是以团体为投保人,一张保险单承保一个团体的全部或大部分成员(一般要求至少为总人数的 75%)的人身风险的人身保险。团体人身保险又可分为团体人寿保险、团体年金保险、团体意外伤害保险和团体健康保险等。团体人身保险的主要特点在于:团体承保;采用经验费率;保险计划较灵活;一份团体保险合同。

5. 分红保险和不分红保险

这是按能否分红进行的分类。

(1) 分红保险是指保险人将其经营成果的一部分每隔一定时期以一定的方式分配给保单持有人。为了保证红利的分配,分红保险的费率一般较高于不分红保险。保单持有人所得红利的高低,取决于寿险业务的盈亏,因此不稳定。

可分配的红利主要来源于三个方面:① 利差益,即实际利率超过预定利率的收益。② 费差益,即实际费用率低于预定费用率之差,亦即业务开支的节余。③ 死差益,即实际死亡率低于预计死亡率之差,也就是说保险人的实际业务中,死亡保险死亡人数比预期的少;生存保险和年金保险死亡人数比预期的多。红利的领取方式有领取现款、抵充保费、存储生息、增额缴清保险和一年定期保险五种。实行分红保险,既可以提供保障,又可以使投保人获得高于银行利率的收益,有利于吸引更多的保户,促进保险业务的发展。

⑵ 不分红保险与分红保险相对，投保人不分享保险人经营的成果。保单持有人所获得的保险利益与保险人经营的效益无关。不分红保险的费率低于分红保险。我国目前开办的人身保险业务几乎都属此类保险。

6. 标准体保险和次健体保险

这是按风险程度进行的分类。

⑴ 标准体保险是被保险人的风险程度与保险人订立的正常费率相适应的人身保险。标准体又称为健康体或强体，是指身体、职业、道德等方面没有明显的缺陷，可以用正常费率来承保的被保险人。人身保险的大部分险种都是标准体保险。

⑵ 次健体保险是不能用正常费率来承保的人身保险。次健体，又称为弱体、非标准体，被保险人的风险程度超过了标准体的风险程度，因而只能用特殊的条件加以承保。

7. 成年人保险和未成年人保险

这是按被保险人的年龄进行的分类。

⑴ 成年人保险是以年龄超过一定的规定（以各国法律规定的成年人年龄为准，如我国民法通则规定 18 周岁以上的公民是成年人），具有行为能力的人为被保险人的人身保险。成年人保险的被保险人可独立行使保单赋予的一切权利和承担应尽的义务。

⑵ 未成年人保险是以不具备行为能力的人（具体年龄视各国法律的规定而定）为被保险人的人身保险。保单上的一切权利和义务都由未成年人的法定监护人或代理人代理或征得其同意。为了保护未成年人的身心健康和生命安全，消除道德风险因素，各国法律都严格禁止开办未成年人的死亡保险。我国《保险法》第 33 条规定："投保人不得为无民事行为能力人投保以死亡为给付保险金条件的人身保险，保险人也不得承保。父母为其未成年子女投保的人身保险，不受前款规定限制。但是，因被保险人死亡给付的保险金总和不得超过国务院保险监督管理机构规定的限额。"该法第 163 条规定：对为无民事行为能力人承保以死亡为给付保险金条件的保险人，处以 5 万元以上 30 万元以下的罚款。

目前在实际业务中，未成年人保险主要包括父母为子女的教育、结婚等准备资金的各种保险。并且在许多国家这种保险已发展成为连生保险，即子女的生存保险和父母的死亡保险相结合的保险。在我国农村，为了配合我国的人口政策，解决农民老有所养、子女健康成长的问题，开办了独生子女及父母养老金保险，将子女的生存保险与父母的养老保险结合起来。

除上述各种分类以外，人身保险还可按被保险人是否体检，划分为有体检和无体检的人身保险；按保险利益归属划分为自己利益的保险和为他人利益的保险等。

各种人身保险都有其自身的特点，各险种之间都存在着一定的差别，每一个险种的特点都可作为分类的依据。因此，无穷无尽的人身保险险种决定了其分类方法的多样性。然而，我们研究的目的并不是如何分类，而是要通过对人身保险的分类，了解和掌握各类保险的特点以及它们之间的区别和联系，并在此基础上研究、设计、组合成各种新的人身保险险种，满足人们日益增长的、变化无穷的保险需求。

二、人身保险合同中的常见条款

人身保险合同条款是人身保险合同中对某些事项的规定，是人身保险合同的核心。我国《保险法》在第二章保险合同中对人身保险合同的一些条款给予了明确规定。下面介绍的条款是在人身保险合同中比较常见的、国际上通行的、对保险人与投保人都非常重要的条款。这些条款有的在我国目前的人身保险业务中已经被使用,有的我国目前还没有用到。

(一) 不可抗辩条款

不可抗辩条款又称不可争条款。该条款规定,保单生效一定时期(通常为2年)后,就成为不可争议文件,保险人不能以投保人在投保时违反最大诚信原则,没有履行告知义务等理由,否定保单的有效性。保险人的可抗辩期是两年,保险人只能在两年内以投保人的误告、漏告、隐瞒等理由解除合同或拒付保险金。我国《保险法》第16条第3款规定:"……自合同成立之日起超过二年的,保险人不得解除合同;发生保险事故的,保险人应当承担赔偿或者给付保险金的责任。"该条款保护了被保险人和受益人的正当权益,同时约束保险人滥用最大诚信原则。

该条款也适用于保单失效后的复效。复效后的保单在两年之后也是不可抗辩的。

(二) 年龄误告条款

该条款通常规定了投保人在投保时误报被保险人年龄情况下的处理办法。一般分为两种情况:① 年龄不实影响合同效力的情况。被保险人真实年龄不符合合同约定的年龄限制的,保险合同为无效合同,保险人可解除保险合同,但向投保人退还保险费。② 年龄不实影响保险费及保险金额的情况。投保人申报的被保险人年龄不真实,致使投保人支付的保险费少于应付保险费或多于应付保险费,保险金额根据真实年龄进行调整。调整的原因在于年龄是寿险进行风险估计与计算保险费率的主要因素,不同年龄的人死亡率不同,即使他们所投保的险种与保险期限相同,他们所缴的保费也不同。调整的方法是:误报年龄导致实缴保费少于应缴保费的,投保人可以补缴过去少缴保费的本息,或按已缴保费核减保额;误报年龄导致实缴保费大于应缴保费的,无息退还多收的保费。[①] 在发生保险事故后发现年龄误报的,调整保险金额的计算方法是:将实际交纳保险费除以应该交纳保险费,然后乘以保险金额,便得到调整后的保险金额。

(三) 宽限期条款

该条款是分期缴费的人寿保险合同中关于在宽限期内保险合同不因投保人延迟缴费而失效的规定。它的基本内容通常是对到期没缴费的投保人给予一定的宽限期,投保人只要在宽限期内缴纳保费,保单继续有效。在宽限期内,保险合同有效,如发生保险事故,保险人仍给付保险金,但要从保险金中扣回所欠的保险费及利息。[②]宽限期一般为30天,我国保险法规定为60天,自应缴纳保险费之日起计算。

宽限期条款是考虑到人身保险单的长期性。在一个比较长的时间内,可能会出现一些因素影响被保险人如期缴费,例如,经济条件的变化、投保人的疏忽或其他原因等,致使合同失效。给投保人设定一个宽限期,可在一定程度上使投保人得到方便,避免保单失效从而失去保障;对于保险人来说,也避免了保单失效带来的业务丧失。

---

① 我国《保险法》第32条对年龄误报作了明确的规定。

② 各国或地区的保险人在实际操作中略有不同。如我国台湾从给付的保险金中只扣除当期保费,并不扣除利息,而且强调补交保费时,并不要求补交滞交利息。

（四）保险费自动垫缴条款

该条款通常规定，投保人未能在宽限期内交付保险费而此时保单已具有现金价值，同时该现金价值足够缴付所欠缴的保费时，除非投保人有反对声明，保险人应自动垫缴其所欠的保费，使保单继续有效。如果第一次垫交后，再次出现保费仍未在规定的期间交付，垫交需继续进行，直到累计的贷款本息达到保单上的现金价值的数额为止。此后投保人若再不交费，保单将失去效力。在垫交期间如果发生保险事故，保险人应从保险金内扣除垫交的保险费的本息后再给付。

保险人自动垫缴保费实际上是保险人对投保人的贷款，其目的是避免非故意的保单失效。为了防止投保人过度使用，有些保险公司会限制其使用次数。

（五）复效条款

该条款是针对投保人在宽限期内不按期缴纳保险费而使保险合同失效而设计的。该条款通常规定，投保人在一定时期内（一般为 2~3 年）按一定的条件有申请恢复合同效力的权利。

复效和重新投保不同。复效是恢复原订保险合同的效力，原合同的权利义务保留不变。重新投保是指一切都重新开始。对投保人来说，重新投保是非常不合算的，因为即使被保险人身体健康状况没有实质性变化而不被拒保，至少年龄增加会导致费率增加。复效条款实际上给予投保人在申请复效与重新投保之间的选择权。由于保险人在投保人符合复效条件的情况下不能拒绝，因而产生逆选择的风险，健康状况恶化的人比仍健康的人更希望复效，所以保险人必须重视复效条件的设计。通常投保人必须按下列条件申请复效：① 必须在规定的复效期限内填写复效申请书，提出复效申请。通常标准保险合同条款规定复效申请期限为合同失效之日起 2~3 年内，投保人需要注意合同中复效起始日的规定。② 必须提供可保证明书，以说明被保险人的身体健康状况没有发生实质性的变化。③ 付清欠缴保费及利息。④ 付清保单贷款本金及利息。

复效可以分为体检复效和简易复效两种。体检复效是针对失效时间较长的保单，在申请复效时，被保险人需要提供体检书与可保证明，说明被保险人的健康情况、职业危险、生活环境等变化状况，保险人据此考虑是否同意复效。简易复效是针对失效时间较短的保单，在申请复效时，保险人只要求被保险人填写健康声明书，说明身体健康状况在保险合同失效以后没有发生实质变化即可。由于大多数保单的失效是非故意的，所以保险人对更短时间内（如宽限期满后 30 天内）提出复效申请的被保险人采取宽容的态度，无须被保险人提出可保性证明。

复效后不可抗辩条款是否重新执行，存在争议。多数人认为需要重新执行，但只适用于复效申请单上的陈述。自杀条款在复效后不再执行。

（六）不丧失价值任选条款

不丧失价值任选条款又称为不没收价值条款。寿险保单除短期的定期险外，投保人缴满一定期间（一般为 2 年）的保险费后，如果合同满期前解约或终止，保单所具有的现金价值并不丧失，投保人或被保险人有权选择有利于自己的方式来处理保单所具有的现金价值。为了方便投保人或被保险人了解保单的现金价值的数额与计算方法，保险公司往往在保单上列明不没收价值表。

关于现金价值的处理方式，根据美国标准不丧失价值法，有三种选择方案：① 保险人退还其现金价值。② 将保单变更为减额缴清保险。减额缴清保险是指将现金价值作为一次交清的保险费,据此数额改变原保单的保险金额,原保单的保险期限与保险责任保持不变。③ 将保单变更为展延定期保险。展延定期保险是指将现金价值作为一次缴清的保险费,原保单的保险金额与保险责任不变,只是保险期限发生改变。这种方式适用于被保险人身体健康状况衰退或职业风险有所增加,又无力缴付保险费的保险合同。

上述三种方案适用于不同的情况。第一种方案一般是对于那些不想继续投保的人。第二、三种方案是针对那些希望停缴或无力继续缴费,而又不愿使保单失效的人,他们可以利用现金价值作为趸缴保费来维持保单的效力。采用第三种方案的人通常又是那些不希望变更死亡金额的人。需要注意的是,对于第二、三种方案,如果投保人曾经利用现金价值贷款,须先还清款项之后再计算可供使用的现金价值。

保单通常还附有缴清保险的保额表,使投保人可以明了交费若干年时责任准备金达到多少,可以改为保额多少的缴清保险。

(七) 保单贷款条款

此条款规定:投保人交付保险费满若干年后,如有临时性的经济上的需要,可以将保险单作为抵押向保险人申请贷款;贷款金额以不超过保险单当时现金价值的一定比例为限。借款本息超过或等于保单的现金价值时,被保险人应在保险人发出通知后的30天内还清款项,否则保单失效。当被保险人或者受益人领取保险金时,如果保单上的借款本息尚未还清,应在保险金内扣除借款本息。保单贷款制度的产生是因为保单经过一定的年限后具有保单价值的缘故。该条款使寿险保单的利用价值提高,避免了投保人退保。但保险人需设定一些条件来防止因资金过度外流而影响其正常的经营。

(八) 保单转让条款

一般认为,只要不侵犯受益人的权利,人寿保险单可以转让。如果转让是出于不道德或非法的考虑,法院将作出否认的裁决。如果指定的是不可变更的受益人,未经受益人同意,保单不能转让。通常保单的转让分为两类:

1. 绝对转让

即把保单所有权完全转让给一个新的所有人,也就是说,受让人成为新的保单所有人。绝对转让必须在被保险人生存时进行。在绝对转让下,如果被保险人死亡,全部保险金将给付受让人而非原受益人。

2. 抵押转让

即把一份具有现金价值的保单作为被保险人的信用担保或贷款的抵押品,也就是说受让人仅承受保单的部分权利。在抵押转让下,如果被保险人死亡,受让人收到的是已转让权益的那一部分保险金,其余的仍归受益人所有。以人寿保险单做抵押,抵押人通常承诺不做可能使保单失效的事,如果保单失效,也允许再取得新的保单。大多数人寿保险单转让是抵押转让。

保单转让后,投保人或保单持有人应书面通知保险人。

(九) 自杀条款

自杀条款属于保险人免责条款。自杀条款规定,如果被保险人在保险单生效或复效后两年内自杀，保险公司不给付保险金，只需退还所缴的保费或退还保单所具有的现金价值；[①] 退还的保费可以计息或不计息，一次付给受益人。同时，我国《保险法》还规定："但被保险人自杀时为无民事行为能力人的除外。"这是因为，无民事行为能力人缺乏辨认自己行为的能力，不能判断自己行为的后果，由于无法判断自己行为的后果，因此，应该将之认为纯粹的偶然事件。[②]

如何对待被保险人的自杀，过去有不同的看法。人寿保险合同曾一度完全拒绝承担自杀的风险。被保险人不论在何时自杀，保险人一律不给付保险金。但在后来认为是不妥当的，因为：① 保险公司计算保险费的死亡率中包括各种死亡因素，其中也有自杀。因而保险人对自杀完全免除责任不合理。② 领取死亡保险金的是受益人，对自杀完全免除责任会给受益人带来生活上的困难。③ 为防止获取保险金的蓄意自杀行为，有必要采取一定的限制措施，这就是规定一个免责期限，期限以内的自杀不赔。因为自杀行为大多是在特定环境下，一时冲动而进行，一般不可能有人在投保时就计划好两年之后自杀。即便有这种计划，因生活环境的变化，两年之后思想也可能会发生变化。这样就可以推定投保两年后的自杀并非为蓄意自杀，避免了逆选择。

构成法律上自杀的必要条件有：主观上有终结自己生命的意图；客观上实施足以使自己死亡的行为。二者缺一不可。

（十）战争除外条款

战争除外条款属于保险人免责条款。战争除外条款规定将战争和军事行为作为人身保险的除外责任。因为战争或军事行为造成的人员大量死亡，远远超过正常死亡率，所以一般保险公司常常在保单上附加战争除外条款。在确定战争是否属于除外责任时，有两种标准：一是因果型标准，即将造成死亡的直接原因是战争的情况作为除外责任；二是事态型标准，凡是被保险人在服兵役期间的死亡（不论什么原因，是否因为战争）都作为除外责任。我国现行保单条款规定符合前者。

（十一）意外事故死亡条款

意外事故死之条款是保单福利条款之一。该条款规定：保险人只对意外事故发生后若干日内的死亡（一般为 90 天）给付意外事故死亡保险金。给付的保险金一般为保险金额的 2~3 倍。该条款之所以规定一个 90 天的时限，是因为在发生意外伤害后的死亡，其直接原因是不是意外事故，很难查证。如果在发生意外伤害很长一段时间后死亡，死亡原因中难免包含疾病的因素。所以对意外伤害死亡保险金的给付必须规定一个时限，在发生事故之后超过 90 天的死亡，就不算意外死亡，不给付意外死亡保险金。

意外死亡的保险金之所以加倍给付，是因为考虑到意外事故造成的死亡给家人打击比自然死亡要大。意外事故是突然发生的，家人没有精神准备；另外意外死亡给家庭经济带来的损失也比自然死亡大，因意外死亡中青壮年的比例较大，自然死亡中老弱病残的比例较大，由于青壮年正是为家庭经济做贡献的时候，他的死亡会给家庭经济带来很大损失。

---

① 我国《保险法》有此规定。

② 参见：郑伟，贾若．保险法．北京：中国发展出版社，2009：163。

(十二) 受益人条款

在含有死亡责任的人身保险合同中,受益人是十分重要的关系人,因此很多国家的人身保险契约中都有受益人条款。

人身保险中的受益人通常分为指定受益人和未指定受益人两类。指定受益人按其请求权的顺序分为原始受益人、后继受益人。许多国家在受益人条款中都规定:"如果受益人在被保险人之前死亡,这个受益人的权利将转回给被保险人,被保险人可以另再指定受益人。"这个再指定受益人就是后继受益人。当保单所有人或被保险人未指定受益人时,如果被保险人没有遗嘱指定受益人,那么被保险人的法定继承人就成为受益人,这时保险金就变成被保险人的遗产。

保单所有人或被保险人除了指定受益人外,如果保单赋予保单所有人或被保险人有变更受益人的权利,则他就拥有变更受益人的权利。变更受益人无须征求受益人同意,但必须遵循一定的手续,否则变更无效。现在最通常的手续是书面通知保险公司。这种不需要受益人同意就可以变更的受益人称为可变更受益人。如果需要受益人同意才能变更的受益人称为不可变更受益人。现在大部分的保单都允许保单所有人或被保险人变更受益人,但也会受到一些因素的限制,例如夫妻共同财产、财产划分协议或团体保险方面的法律限制。在可变更受益人情况下,被保险人享用保单的各种权益(比如退保、抵押贷款等)无须经受益人同意,被保险人对保单具有一切支配使用权利,对这些权利受益人无权过问。保单是被保险人健在时可以自己支配的财产,在被保险人死亡之前,受益人只有"期待权"。

(十三) 共同灾难条款

当被保险人与第一受益人两者同时死于共同的意外事故,也就是共同灾难时,在处理保险金给付时,按照受益人条款很难处理。共同灾难条款就成了处理保险金给付的重要依据。

共同灾难的可能结果有三种:① 已确定两者死亡的先后顺序;② 确定两者同时死亡;③ 无法确定两者死亡的先后顺序。

第一种结果按照受益人条款就可以处理。如果被保险人后死,而受益人先死,保险金就列为被保险人的遗产;如指定了第二受益人,则保险金归第二受益人所有。如果第一受益人后死,而被保险人先死,不管是否指定了第二受益人,保险金都列为第一受益人的遗产。

第二、三种结果处理起来就比较麻烦,法律上有许多争论。在美国的大部分州已通过了《统一同时死亡法》,按照该法的规定,被保险人与第一受益人在共同灾难中同时死亡或无法确定死亡的先后顺序的情况下,被保险人比第一受益人后死。因此在没有指定第二受益人的情况下,保险金就列为被保险人的遗产;如指定了第二受益人,则保险金归第二受益人所有。我国《保险法》肯定了共同灾难条款:受益人与被保险人在同一事件中死亡,且不能确定死亡先后顺序的,推定受益人死亡在先。

应用共同灾难条款必须符合两个要件:① 必须有共同灾难发生;② 必须是同时死亡或无法确定死亡先后顺序。

(十四) 红利任选条款

被保险人如果投保分红保险,便可享受保险公司的红利分配。该条款规定了红利分配的任选方式。分红保单的红利来源主要是三差收益，但从本质上讲，来源于被保险人超缴的保费，因为与不分红保单相比，分红保单采取更保守的精算方式，即采取更高的预定死亡率、更低的预定利率、更高的预定费用率。

可供投保人选择的红利分配方式有：① 现金给付，即直接领取现金；② 抵缴保费，即用红利额调整次一期的保费；③ 存储生息，将应领的红利存于保险公司，而以保险公司的保证利率累积生息；④ 增加保额，把红利作为一次交清的保险费，用以提高原保单上的保险金额，也就是增额缴清保险方式；⑤ 一年定期保险选择权，即投保人将红利的一部分用来购买一年定期保险，其余部分可另做其他的红利选择。

（十五）保险金给付的任选条款

人寿保险的最基本目的是提供给受益人在被保险人死亡或退休时有一笔可靠的收入。为达到这个目的，保单条款通常列有保险金给付的选择方式，供投保人自由选择。最为普遍使用的保险金给付方式有以下几种：

1. 一次总付现金方式

这种方式有两种缺陷：① 在被保险人或受益人共同死亡的情况下，或受益人在被保险人之后不久死亡的情况下，不能起到充分保障作用；② 不能使受益人领取的保险金免除其债权人索债。过去这种方式常被采用，由于多次给付对保户更有利，因此有些合同规定，如果以现金一次总付，必须特别说明。

2. 利息收入方式

这一方式是受益人将保险金作为本金留存在保险公司而以最低的保证利率生息定期支付给受益人。受益人死亡后可由他的继承人领取保险金的全部本息。由于保险金作为长期性存款，可供保险人运用，因此这种方式一般给予比较高的利率。当然，这种方式下，受益人有权随时提取一部分本金。另外保单条款时常会限制保留的期间为受益人的终身或30年，视哪一种期限较长而定。

3. 定期收入方式

这一方式是将保险金保留在保险公司，由受益人选择一个特定期间领完本金及利息。在约定的年限内，保险公司以年金方式按期给付。如果领款人在约定的领款年内死亡，其继承人或第二受益人可以继续按此方式领取，也可以一次领取全部保险金。这种方式着重期间的固定。

4. 定额收入方式

这一方式是根据领款人生活开支需要，确定每次领取多少金额。领款人按期领取这个金额，直到保险金的本金全部领完。这种方式着重给付金额的固定。

5. 终身年金方式

这种方式是受益人用领取的保险金投保一份终身年金保险。以后受益人按期领取年金，直到死亡。该方式与前四种方式存在一点不同，就是它与死亡率有关，而前四种方式与死亡率无关。采取这种方式，在实际中还可以有不同终身年金给付方式的选择。

从这个条款中看到，保险公司提供的保险金的分配方式多种多样，非常灵活、方便，如果客观环境发生变化，被保险人或受益人还有权将已经选定的某种给付方式改换为其他方式。比如，被保险人或受益人最初选择的是定期收入方式或者定额收入方式，后来感到如果受益人老而未死时领完了保险金,以后在生活上可能会遇到困难,那么他可以改变最初的选择,改选终身年金方式。

第二节 人寿保险

一、传统型人寿保险

人寿保险(Life Insurance)是以人的生命为保险标的,以人的生死为保险事故的保险。

传统型人寿保险有三个基本类别:定期寿险、终身寿险和养老寿险。

(一) 定期寿险

定期寿险又称为定期死亡保险,它提供特定期间的死亡保障,如1年、5年、10年、20年,或到被保险人的某个年龄为止。被保险人在特定期间内死亡时,由保险人向受益人给付保险金;如特定期间届满,被保险人仍然生存,则保险人不承担保险责任。除长期险种外,定期寿险通常没有现金价值,为非储蓄性产品。

定期寿险是人寿保险业务中产生最早也最简单的一个险种。它的期限短,保费低于养老寿险与终身寿险,经常成为长期性寿险的替代品。由于定期寿险是廉价的保险,所以适合于两类人购买:一类是那些家庭收入低而急需较高保险金额的人,如刚结婚并有小孩的年轻夫妇;另一类是那些在短期内担任一项危险工作的人。

(二) 终身寿险

终身寿险又称为终身死亡保险,它提供被保险人终身的死亡保障,一般到生命表的终端年龄100岁为止。只要保险合同效力维持,不论被保险人在100岁以前何时死亡,保险人都向受益人给付保险金。如果被保险人生存到100岁,保险人向其本人给付保险金。投保人投保终身寿险的目的一般是为了在被保险人死亡后,家属得到一笔收入。终身寿险的保险费高于定期寿险,而低于养老寿险。因此从保险成本的角度看,终身寿险是最贵的定期寿险同时也是最便宜的养老寿险。终身寿险具有现金价值,但就储蓄成分而言,其现金价值低于养老寿险。

依缴纳保险费的方式,终身寿险分为三种形式:① 普通终身寿险。投保人在被保险人生存期间,每年都要缴费。它是人寿保险公司提供的最普通的保险,由于采用均衡保费方式,年均保费较低,适宜于中等收入者购买。② 限期缴费终身寿险。投保人的缴费期间并非终身,而是限定在某一特定期间。特定期间有两种表示方法:一种以特定的年数表示,如10年限缴终身寿险;另一种以特定的年龄表示,如60岁缴清终身寿险。由于缴费期限短,其年均衡保险费大于终身缴费的年均衡保费,所以该种保险单不适宜于需要保险保障大而收入水平低的人购买,而适宜于短期内有较高的收入者购买。③ 趸缴终身寿险。投保人一次缴清保费。由于一次缴纳高昂的保费,一般人对它兴趣不大,对于偏重于储蓄或逃避遗产税的人比较有吸引力。上述三种形态的终身寿险,就储蓄成分而言,趸缴终身寿险最高,普通终身寿险最低,而保障成分恰恰相反。

（三）养老寿险

养老寿险又称为生死合险或储蓄保险。它是生存保险与死亡保险的结合。被保险人在保险期内死亡或生存到保险期满时保险人均给付保险金。由于同时考虑生存与死亡这两种生命的状态，既提供强大的储蓄功能，又能防止储蓄期间的死亡危险，因此它既可以保障被保险人退休后生活的需要，又可以解除由于被保险人死亡而给家庭生活带来的后顾之忧。

养老保险有两项基本用途：① 提供老年退休基金；② 为遗属提供生活与教育费用。由于养老寿险的储蓄性强于终身寿险，属于高度储蓄性保险产品，故其有以下特殊用途：① 作为投资工具；② 作为半强迫性储蓄工具；③ 作为个人借贷中的债务抵押品。养老寿险一般规定一个期限，期限的表示方法有两种：一种是以特定的年数表示，如10年、15年、20年的养老寿险；另一种是以特定的年龄表示，如55岁、60岁、65岁的养老寿险。保险费通常在整个保险期间按年、半年、季或月缴付，也可以限期缴清。

二、创新型人寿保险

上述定期寿险、终身寿险与养老寿险都属于传统型人寿保险。由于保额通常为一个固定的数额，没有考虑通货膨胀因素，保险的保障功能因通货膨胀会明显减弱，同时人寿保险公司的大部分投资是固定收益率的长期投资，即使有分红保单，传统的人寿保险对通货膨胀的反应也是很弱的。[①]高利率与高通货膨胀率诱发了大量的退保与大幅度增加保单质押贷款，严重威胁人寿保险公司的财务安全；与其他金融产品相比，传统寿险产品的竞争力削弱，人寿保险公司在与金融机构之间的竞争中处于不利地位。上述因素引发了人寿保险业的创新，人寿保险公司开发出了一系列对付通货膨胀和更灵活满足顾客需求的产品，如变额人寿保险、万能人寿保险、变额万能人寿保险等。

与传统型寿险产品相比，创新型寿险产品十分注重投资功能。万能寿险给保户或保单所有人在保险金额的增减与保险费的缴纳方面增加了弹性。从20世纪80年代开始，保险公司将成本的公开作为保单设计与运用的主要因素之一。

虽然创新型寿险具有很强的投资功能，但许多保户并不十分了解他们所承担的投资风险，并未被告知或未被充分告知保单固有的风险，当保险公司的高风险投资组合出现问题时，市场对稳定的保单价值与保险公司的财务健全更加关心。

（一）变额人寿保险

变额人寿保险，按美国全国保险监督官协会制订的《变额人寿保险示范法规》的观点，基本上是一种普通终身寿险，提供可变的死亡保险金给付，而在法律上是一种证券。它具有以下特点：① 保费固定，但死亡给付金额是变动的，只有一个最低限额。② 保险公司对它实行单独账户管理，同其他寿险品种分开投资，资金主要用于投资，保单所有人拥有投资选择权，因此，变额人

---

① 传统人寿保险不仅对利率的中长期上升的反应很弱，对利率的中长期下降的反应也很弱。保险公司会因为利率下降而出现利差损，从而威胁其偿付能力。所以在一个不确定性的经济环境中，人寿保险公司应该有一个明确的利率战略，防止利率的中长期波动对公司的不利影响。

寿保单又称为与股权相联系的保单。[①]最初，变额人寿保险只提供一种普通股账户，后来提供多种投资账户，如股票和债券组合账户、低风险普通股账户、高风险普通股账户、货币市场基金账户等，保单所有人可以在其中做出选择。显然，保单所有人承担投资风险，而保险公司只承担死亡率和费用变动的风险。③ 现金价值随保险公司的投资组合和投资绩效的变动而变动。④ 人们购买变额人寿保险的目的是希望受益人能得到金额较大的死亡保险金给付。其给付金额按被保险人死亡时投资组合的市场价值提供。

(二) 变额可调整的人寿保险

变额可调整的人寿保险改变了变额人寿保险缴费固定的特点，死亡给付金额、保费、保险期限在一定的限制条件下都可以变动，因而产品的灵活性大大增加。一些保险公司推出该产品，是为了增强公司经营综合人寿保险的竞争力。

该产品可以为被保险人提供终身保护，也可以提供一个时期的保护，通常最短的期限为10年，能灵活地适应被保险人的需求。被保险人可以在购买保单时选择一个死亡给付金额，并在一定的限度内选择一个能接受的保费。保单生效后，死亡给付金额与所缴纳的保费呈同方向变动。根据投保人所支付的保费与对保障的需求程度，保单可以在终身寿险和定期寿险之间转化。在一定的期限内，随着保费的增加或减少，保险期限也可以随之延长或缩短。

(三) 万能人寿保险

万能人寿保险又称为综合人寿保险，是创新型寿险中的主流产品。它具有弹性、成本透明与投资特征，能满足顾客的需要，能与银行、投资基金和其他金融机构进行业务竞争。万能人寿保险适合于需要长期保障和相对注重投资安全的人购买。

万能人寿保险的特点表现在以下几方面：① 弹性是它最显著的特点，是它保持长期竞争力的主要因素。在保险期间，它的保费多少可以随保单所有人的需求与经济状况而改变，投保人甚至可以暂时停止支付保费。保单所有人可以根据需要改变保险金额，但保险单规定了一个最低保险金额，增加保险金需要提供可保性证明。而传统型普通终身寿险，增加保险金额必须购买一个新的保单，减少保险金额必须退保，再另行购买一个新的保单。② 保险公司为每个保单所有人设立单独账户。③ 保险公司至少每年向保单所有人寄送一份报告书，向他显示所缴保费如何在提供死亡给付保障、费用和现金价值间的分配。而传统型具有现金价值的保单并不区分死亡率、投资与费用的构成。④ 现金价值与实际投资收益率相联系。万能人寿保险一般以投资于中、短期金融工具为主，而传统型人寿保险以长期投资为主。⑤ 保单所有人不仅可以进行保单质押贷款，而且还可以提取出部分现金价值，合同却继续有效。

(四) 变额万能人寿保险

变额万能人寿保险又称为第二代万能人寿保险。它融合了万能人寿保险的保险费、死亡给付金额的弹性和变额人寿保险的投资灵活性特征。该产品允许投保人改变缴费的数额，并允许投保人使用投资账户中的现金价值支付保费。

---

① 参见：弗兰克·J. 法博齐，弗朗哥·莫迪利亚尼. 资本市场：机构与工具. 北京：中国人民大学出版社，2011。

（五）投资连结保险

投资连结类保险产品在英国、法国、东南亚部分国家或地区与我国都是创新型人寿产品的主要类型之一。

按照中国保监会《投资连结保险管理暂行办法》中的规定，投资连结保险是指包含保险保障功能并至少在一个投资账户中拥有一定资产价值的人身保险产品。投资连结保险是一种将投资与风险保障相结合的保险，保险公司将客户所交的保费分成“保障”和“投资”两部分，被保险人在获得风险保障的同时，将保费的一部分用来购买保险公司所设立的基金单位，由保险公司进行投资运作。

投资连结保险具有以下特点：① 投资连结保险有固定的保障作为基本保险保障，但却没有固定的预定利率，因此保险公司承担死亡风险与费用风险，保户承担投资账户的投资风险；② 投资连结保险的保单价值与投资绩效相联系，随投资收益的变动而不断变动；③ 传统寿险中保户不知道所支付的保费是如何分摊到各种收费中的，而投资连结保险在运作上是透明的，保户能够知道所交保费的各项用途。

由于收益率是投资连结保险的买点，投资连结保险的销售受制于客户的期望、资本市场的景气与保险公司的资产管理能力，同时基金对其形成强有力的直接竞争。

三、年金保险①

年金保险是指保险人在约定的期限内或指定人的生存期内，按照一定的周期给付年金领取者一定保险金的保险。这种周期可以是年、半年、季或月，但以月为主。年金保险是生存保险的特殊形态，目的是为了保障被保险人晚年的经济收入。在年金保险中，保费可以采用一次缴清方式，也可以采取按月或年的分期缴费方式。但不论采取何种方式，在开始领取年金以前，投保人必须缴清所有的保费，因此年金领取日也就是缴费截止日。

年金保险虽然是生存保险的一种，但其一向被看做寿险的变形。一般的人寿保险的主要功能在于积累或创造一笔资金，而年金保险的基本功能是有规则地清偿用人寿保险或非人寿保险方式所积累或创造的一笔资金。年金保险不提供死亡保障，而是提供因被保险人的长寿所致的收入损失保障。保险市场从传统险种向储蓄性险种的转变，人的寿命延长与人口老龄化，迅速推动了年金保险的发展，年金保险在新增寿险保费中的比例日益提高。

年金保险的种类很复杂，按照分类标准不同而有不同的年金保险。

(1) 按照缴费方法不同，分为趸缴年金与分期缴费年金。趸缴年金的投保人一次缴清全部保费，分期缴费年金的投保人分期缴纳保费。

(2) 按照年金给付开始的时间不同，分为即期年金与延期年金。即期年金是指投保人支付所有的保费后，保险人立即按期支付年金。即期年金一般采取趸缴保费方式。延期年金是指合同成立后，经过一定的期间或达到一定的年龄后且被保险人仍然生存时才开始给付年金。延期年金一般采取分期缴纳保费的方式。

(3) 按照被保险人不同，分为个人年金、联合及生存者年金、联合年金。个人年金又称为单生

---

① 随着人口老龄化的到来与人的寿命的延长，年金保险成为人寿保险市场最具有生命力的产品，并成为保险公司成长的新源泉。

年金，被保险人仅为一人，并以其生存作为给付条件。联合及生存者年金又称为联合及最后生存者年金，被保险人有两人以上，而年金给付继续到其中的最后生存者死亡为止。此种年金的投保者通常为夫妻。联合年金是以两个或两个以上的被保险人均生存作为给付条件，其中第一位被保险人死亡，保险金就停止给付。

(4) 按照给付期限不同，分为定期年金、终身年金与最低保证年金。定期年金是指保险人在约定的期限内给付年金，并以约定期满与被保险人死亡两者先发生者作为终止给付年金的时间。终身年金是指保险人以被保险人的死亡作为给付年金的终止时间。显然终身年金对长寿者非常有利，而被保险人死亡越早越不利。最低保证年金是指在年金领取人死亡的情况下，保险人继续向其指定的受益人支付年金领取人没有用完的年金。显然，最低保证年金是为了适应某些被保险人害怕过早死亡而损失本金的心理。

(5) 按照给付额是否变动，分为定额年金与变额年金。定额年金的给付额是固定的，而变额年金的给付额随着货币购买力的变动而不断调整，因此变额年金克服了定额年金在通货膨胀条件下保障水平低的缺点。根据美国最高法院对变额年金寿险公司的一个判决，个人变额年金属于证券。[①]个人购买变额年金可以看作主要是一项投资，而购买定额年金主要是一种储蓄。

第三节 健 康 保 险

一、健康保险的概念

健康保险（Health Insurance）在不同的国家其含义是不一样的。在美国，健康保险提供由于意外死亡和肢眼缺失所致的财务损失、由于工作能力丧失所致的收入损失和因伤害或疾病所发生的医疗费用的保障。因此健康保险包括人身意外伤害保险和疾病保险，而人身意外伤害保险与疾病保险都包括了丧失工作能力收入保险。我国的健康保险习惯上是指在保险的有效期间内，被保险人因疾病、分娩及其所造成残废或死亡，保险人按照合同的规定，承担给付保险金责任的保险，又称为疾病保险（Illness Insurance）。我国的健康保险不包括人身意外伤害保险，人身意外伤害保险单列。健康保险保障的主要内容，包括提供医疗费用保障和收入保障。

根据我国健康保险的定义，健康保险所承保的疾病风险应符合以下构成要件：

(1) 由被保险人自身内在原因引起的，而非由于明显的外来原因造成的。健康保险所承保的疾病应当是由于人体的内在原因所致的精神上或肉体上的痛苦或不健全，而不是指被保险人因外来、急剧、偶然的事故而蒙受的身体伤害。需要明确的是，有些疾病由外界原因诱发，如病菌的传染、气候的骤变、误用药物等，但它们在体内均要经过一段潜伏期后才会形成明显的病症，因此还应作为内部原因，属疾病范围。

(2) 不是由长期存在的原因引起的，而是由偶然的原因引起的。正常的人因规律性的原因引起的痛苦或不适、衰老期间一些必然性的病态不能作为疾病。

(3) 由于非先天的原因造成的。疾病是指身体由健康转为不健康的状态。先天性的疾病与

① 根据该判决，个人变额年金合同是一种属于1933年《证券法》中定义的证券，任何提供个人变额年金的组织都是投资公司，必须受1940年《投资公司法》管理。因此，任何出售个人变额年金的公司必须同时接受证券交易委员会与州保险部门的管理。

保险合同订立前存在的疾病应排除在健康保险范围之外，如属遗传因素或潜伏较深的病症，在保险合同订立之前并未显现，在合同持续期内由潜伏转为明显的疾病，也可以列入疾病保险范围。

健康保险的投保人可以是个人，也可以是团体，并且在不同的国家与地区，个人健康保险与团体健康保险在健康保险保费中所占比例不同，如美国健康保险业务以团体为主，而我国台湾以个人为主。

二、健康保险的特点

健康保险与人寿保险都属于对人的生命价值的保障，它们相互补充，构成一个完整的家庭保障系统。但由于健康保险所承保的内容与一般人寿保险不同，从而表现出不同的特点。主要有：

(1) 健康保险通常是短期保险，以一年的居多。

(2) 在费率计算上，健康保险对被保险人的职业与性别特别重视，而年龄因素不像在人寿保险中那样重要。

(3) 保单没有现金价值。

(4) 保险人与被保险人费用分摊。为避免保险人在处理赔款时费用过大，通常健康保险规定了免赔额条款、比例给付条款与给付限额条款，以达到保险人与被保险人费用共担的目的。其中免赔额条款规定保险人只负责超过某一金额的损失部分。免赔额的设定是为了避免小额损失索赔而定的，同时降低道德风险。比例给付条款存在于大多数健康保险合同中，规定对超过免赔额以上的部分，均采用保险人与被保险人共同分摊的比例给付方式，其目的是防止被保险人滥用医疗。一般说来，超过免赔额以上的部分保险人负担 75%~80%，被保险人负担 20%~25%。给付限额条款则规定给付的最高限额。

(5) 规定观察期与等待期，以对保险金的给付进行一定的控制。医疗保险通常规定观察期。观察期是指保单生效后的一定期间（如 15 天或 30 天），被保险人因疾病支出医疗费用或收入损失，保险人不负责，观察期结束后，保险金给付正式开始，但因意外事故所致的医疗费用或收入损失除外。观察期的规定有利于防止已经患有疾病的被保险人投保。在收入损失保险中规定了等待期。等待期又称免责期，通常是指在工作能力丧失开始日后的数星期内（通常规定为 7 日、14 日、30 日、60 日、90 日或半年），保险人没有给付保险金的责任。等待期的规定一方面有利于防止已经患病的被保险人投保；另一方面使保险人可以获得一定的时间，对被保险人的患病情况进行调查。

三、健康保险的保险责任

健康保险以疾病、分娩及其所造成残废或死亡为保险事故，其具体的保险责任如下：

(1) 疾病给付。被保险人从因病不能工作的若干日起(等待期或免责期)，开始领取疾病给付。

(2) 医药给付。被保险人从患病之日起即可领取医药给付。

(3) 生育或分娩给付。具体给付内容有生育补助、生育津贴和看护津贴。

(4) 残废或死亡给付。残废分为完全残废与部分残废。完全残废是指被保险人无法从事原来的工作或任何新的工作以获取工资收入，其给付可以采取终身年金的方式，也可采取一次性给付的方式，给付金额尽可能接近残废前的收入水平；部分残废是被保险人还能进行一些有收入的职业，但工资会减少，其给付只补偿工资损失。死亡给付包括丧葬费用与遗属津贴。

四、医疗保险

医疗保险是健康保险的主要内容之一，是提供医疗费用保障的保险。常见的医疗保险有以下几种：

（一）普通医疗保险

普通医疗保险是给被保险人提供治疗疾病时相关的一般性费用（包括门诊费、医药费、检查费）的保险。该险种比较适合于一般社会大众，保费成本较低。在普通医疗保险中，医药费用与检查费用的支出较难控制。为了克服这一问题，在保单中一般有免赔额与比例给付的规定。

（二）住院费用保险

住院费用保险是提供被保险人因伤病住院所需各种费用的保险。主要费用项目，包括每天的病房费用、住院期间的诊断费用、手术费、医药费和医院设备使用费等。由于住院期间的长短直接影响其费用的高低，而且住院费用较高，所以一般保单对各种不同疾病的住院期限长短有限制。

（三）外科费用保险

外科费用保险又称手术保险。这种保险提供因病人需做必要的手术而发生的费用。保险金给付通常根据一份外科手术费用表。通常外科费用保险中规定有承保各项手术的最高给付金额。该险种可以单独保险，也可以列为附加险种。

（四）大额医疗费用保险

大额医疗费用保险通常由保险人以总括方式承保，为被保险人提供全面的医疗费用，包括医疗、住院、手术等一切费用。这种保单的保险费较高。该险种有四大特征：① 保险责任范围广；② 给付限额很高；③ 规定了免赔额与费用分担；④ 保险费较高。大额医疗费用保险很能体现商业保险公司的经营特色，保单设计细致，附有很多限制性条款。

（五）特种疾病保险

特种疾病保险是对特种疾病的医疗费用提供保障的保险。特种疾病包括心脏病、癌症、肾衰竭、脑中风、瘫痪、严重烧伤、爆发性肝炎、重大器官移植手术等，这些疾病往往给病人及其家庭带来高额医疗费用，造成严重的财务负担。为确保能够支付产生的各种费用，这种保险的保险金额比较高。特种疾病保险一般在被保险人被确诊为患有某种特种疾病后一次性支付保险金额。由于发病率较低，一般规定较低的免赔额，有时甚至没有免赔额与给付比例。

第四节 意外伤害保险

一、意外伤害保险的概念

意外伤害保险（Personal Accident Insurance）是被保险人在保险有效期内，因遭受非本意的、外来的、突然发生的意外事故，致使身体蒙受伤害而残废或死亡时，保险人按照保险合同的规定给付保险金的保险。在意外伤害保险中，人身伤害必须是意外事故造成的。意外事故的构成必须具备三要素：

(1) 非本意的。又称意外发生的，即非预期的、非故意的事故。在意外伤害保险的应用上，分为三种形态：第一种是“意外途径”，即事故发生的原因与结果都是一种意外，如某人架梯油漆房子，不小心滑倒以致死亡。第二种是“意外结果”，即着重结果的意外性，如上例中，某人从梯子上跳下来，以致死亡。第三种是“意外原因”，事故发生的原因是意外的，并且必然会导致残废或死亡的结果，如在交通事故中被车撞致死或致残。

(2) 外来的。即被保险人身体外部原因造成的事故，如食物中毒、烫伤、交通事故中被车撞伤、失足落水等。

(3) 突然发生的。即事故的原因与伤害结果之间有直接的因果关系，在瞬息间造成伤害，来不及预防，而非经年累月造成。例如，交通事故、烫伤等。因此，像铅中毒、矽肺等职业病虽是外来致害物质对人体的伤害，但它们是逐渐形成的，不属于意外事故。

上述构成意外事故的三要素缺一不可。除了这三种要素外，构成意外伤害还必须有伤害的客观事实。伤害由致害物、伤害对象与伤害事实三个要素构成。致害物是造成伤害的物体或物质；伤害对象是指被保险人身体的各个部位，即伤害是生理伤害，而非精神伤害；伤害事实是致害物以一定方式破坏性地接触或作用于被保险人的身体。

二、意外伤害保险的特点

意外伤害保险是一种介于财产保险与人寿保险之间的保险，与它们既有相同之处，也有不同之处。意外伤害保险在保险标的、保险金额的确定、指定受益人等方面与人寿保险相同；在保险期限、未到期责任准备金的提取方面与财产保险相似。但由于意外伤害保险只承担意外伤害责任，因而具有较为明显的特点：

(1) 费率制定主要考虑被保险人的职业、工种或从事活动的危险程度，一般不需要考虑被保险人的年龄、性别等因素。

(2) 高龄者可以投保意外伤害保险。

(3) 对被保险人不必进行体检。当然，由于患有某些疾病的人比完全健康的人遭受意外伤害的可能性大，许多人身意外伤害保险合同将全部丧失劳动能力、精神病与癫痫病人排除在被保险人之外。

三、意外伤害保险的分类

意外伤害保险有多种分类方式，通常按所保风险不同将其分为普通意外伤害保险与特种意外伤害保险两大类。

(1) 普通意外伤害保险，是专门为被保险人因意外事故以致身体蒙受损伤而提供的保险保障。它不具体规定事故发生的原因与地点。它通常是一种独立经营的险种，保险期限一般为一年。例如，学生团体平安保险。

(2) 特种意外伤害保险，仅限于特种原因或特定地点所造成的伤害。例如，旅游伤害保险、交通事故伤害保险、电梯乘客意外伤害保险、团体伤害保险、职业伤害保险等。这类意外伤害保险的保险期限一般较短，有的以一个旅程为期。

四、意外伤害保险的保险责任

意外伤害保险所承保的意外伤害，并非是一切原因造成的意外伤害。犯罪活动、寻衅殴斗、酒醉、吸毒等造成被保险人的意外伤害都是不予承保的。另外，被保险人在从事登山、跳伞、滑雪、江河漂流、赛车、摔跤、拳击等体育活动中所遭受的意外伤害，保险公司一般也列为责任免除项目。

意外伤害保险的给付项目包括死亡给付、伤残给付、医疗费给付和丧失工作能力收入给付等。投保人可以只投保其中一二项，也可以投保多项。一般来说，死亡保险金和伤残保险金的给付合为一个保险金额；医疗保险金和丧失工作能力收入保险金分别规定保险金额，但也有把它们计入一个保险金额中的情况，例如，公路旅客意外伤害保险。

在意外伤害保险中，保险事故发生时，死亡保险金按约定的保险金额给付，残废保险金按保险金额的一定百分比给付。意外伤害保险既可以单独投保，也可以作为一种附加险投保。

第十一章 再保险

第一节 再保险概述

一、再保险的基本概念

再保险(Reinsurance),国际上称为“分保”,是原保险人在原保险合同的基础上,通过签订再保险合同,支付规定的分保费,将其承担的风险和责任的一部分转嫁给另一家或多家保险或再保险公司,以分散责任、保证其业务经营稳定性的保险。因此,再保险也叫对保险人的保险。

对于再保险的定义,可以从不同的角度考虑。从法律角度来看,我国《保险法》第 28 条规定:“保险人将其承担的保险业务,以分保形式,部分转移给其他保险人的,为再保险。”从业务角度来看,再保险是指保险人为了分散风险而将原承保的部分风险和责任向其他保险人进行保险的行为。

再保险业务交易中涉及很多相关的术语。在再保险合同中,转移风险责任的一方或分出保险业务的公司叫原保险人或分出公司(Ceding Company),承受风险责任的一方或接受分保业务的公司叫再保险人或分入公司(Ceded Company)。分出公司在分出风险责任的同时,把保险费的一部分交给分入公司,称为分保费(Reinsurance Premium);分入公司根据分保费付给分出公司一定费用,用以支付分出公司为展业及管理等所产生的费用开支,叫作分保佣金(Reinsurance Commission)或再保险手续费。当再保险合同有盈余时,分入公司根据分保费付给分出公司的费用称为盈余佣金,也叫纯益手续费(Profit Commission)。分出公司根据自身偿付能力所确定承担的责任限额叫自留额;经过分保转移出去由接受公司所承担的责任限额叫分保额。如果分入公司又将其接受的风险责任通过签订合同的方式再分摊给其他保险人,称为转分保(Retrocession)。

二、再保险与原保险的比较

(一)再保险与原保险的关系

再保险从原保险中独立出来,成为与原保险既有联系又有区别的保险业务。再保险的基础是原保险,再保险的产生,正是基于原保险人经营中分散风险的需要。因此,原保险和再保险是相辅相成的。两者的主要联系在于都是对风险责任的分散,原保险是对投保人的风险责任予以分散,是对风险的第一次转嫁;再保险是对保险人的风险责任予以分散,也可以说,再保险是对风险的进一步转移和分散,是对风险的第二次转嫁。

再保险与原保险的主要区别在于：

(1) 合同双方当事人不同。原保险合同的双方当事人是投保人和保险人；再保险合同的双方当事人都是保险人，即分出人与分入人，与原投保人无关。

(2) 保险标的不同。原保险中的保险标的既可以是财产、利益、责任、信用，也可以是人的生命与身体；再保险中的标的只是原保险人对被保险人承保的合同责任的一部分或全部。

(3) 保险合同的性质不同。原保险合同中的财产保险合同属于经济补偿性质，人身保险合同属于经济给付性质；再保险合同属于经济补偿性质，再保险人负责对原保险人所支付的赔款或保险金给予一定的补偿。这里需要说明的是，由于标的不同，关于补偿原则的运用也不同。对原保险来说，补偿原则适用于财产保险业务，至于人身保险合同就不能遵循补偿的原则，因为人身保险合同是给付合同而不是补偿合同。但对再保险来讲则完全不同，因为根据再保险人合同的协议内容，再保险人对于原保险人承担的是各类保险金支付的责任，因此，在再保险合同项下无论是人身险责任还是财产险责任，都遵循经济补偿的原理，也就是说，一切再保险合同都是补偿性合同。

(4) 保险费支付方式不同。在原保险合同中，除了奖励性支付外，保险费是单项付费的，即投保人向保险人支付保费；在再保险合同中，原保险人需向再保险人支付分保费，再保险人需向原保险人支付分保佣金。

(二) 再保险与共同保险的关系

同再保险一样具有分散风险功能的另一种保险方式是共同保险。共同保险与再保险均具有分散风险、扩大承保能力、稳定经营成果的功效，两者都有两个以上的保险人参与。但两者也有显著的不同：

(1) 承保方式不同。共同保险的承保方式是多个保险人直接承保标的物的一部分或全部；再保险则是一个保险人将自己承担的风险责任的一部分或全部分摊给其他保险人，其他保险人是间接承保的。

(2) 分摊方式不同。共同保险是对承保风险进行一次性分摊，是对风险的横向分摊；再保险是对风险进行第二次或更多次的分摊，是对风险的纵向分摊。

(3) 与被保险人的关系不同。共同保险的接受人都与被保险人存在直接法律关系；再保险接受人只与原保险人有直接法律关系，与被保险人没有关系。

三、再保险的职能和作用

再保险之所以能产生和发展是与其所具有的功能和作用分不开的，这也是进行再保险的目的。其职能和作用具体表现为：

(一) 分散风险

保险是一种经济机制，凭借这种机制，风险损失的冲击力得以分散。再保险也符合这一目的，它是原保险人能够借以分散风险的机制。如果一个保险公司将它所承担的大额业务全部由自己负责的话，那么一定会在财务上感觉不安全，所以就需要找到向其他保险人分散风险的方法，使得自己不致在遭受保险事故时负担过重。从分保接受人来讲，表面上是承受了别的风险，实际上他和原保险人接受投保人的风险一样，也需要根据大数法则的需要，从业务性质、风险状况、分保方式等方面来考虑是否接受业务，以什么条件接受业务，所以说，再保险人只是在更大范围内来承保业务，再保险实际上是风险的进一步分散。而且有些大额业务，一个保险公司不仅无法自己承担，需要将其分保给许多家分散在世界各地的保险公司承担，而且这些家接受公司也往往需要再进行转分保，以确保事故一旦发生时自身的财务稳定性。例如，1986 年墨西哥地震，损失约 30 亿美元；1988 年被称为世纪飓风的吉伯特号飓风，几天内横扫加勒比海和其他几个中美洲中部国家，造成损失 80 亿美元；两伊战争扣留船只损失 4 亿美元；2001 年的美国"9·11"恐怖事件，造成保险损失 500 多亿美元；2008 年发生在美国的艾克飓风造成保险损失 200 多亿美元，古斯塔夫飓风造成保险损失 40 多亿美元①；2008 年发生在中国四川的地震，估计保险损失 7.5 亿美元②；2011 年发生在日本的地震，由此引起的海啸和核电站爆炸带来的保险损失更大，但由于这些都办理了分保，故对单个保险公司影响不大。

（二）扩大承保能力

任何一个保险人，都希望承保量尽可能地多，但保险人的承保能力受很多条件的限制，尤其受资本金和公积金等因素制约。如果保险人承保量过大，超过他自己的实际承保能力，就会造成经营不稳定，因而会影响到保险人的生存，对被保险人也会造成威胁，也就意味着可能得不到补偿。但如果不承保大额业务，则无法与其他保险公司竞争，甚至无法经营业务，也就无法符合大数法则所要求的大量同类风险的存在。因此，各国保险法都规定业务量与资本额的比例。例如，我国《保险法》就规定保险人自留保费（即业务量）不能超过资本金加公积金总和的 4 倍，即 1 元资本可以经营 4 元的自留保费。可见，保险公司的承保能力受其资本和准备金等财务状况的限制，如果不办理再保险，保险公司就无力承保巨额风险。而且由于原保险公司业务量的计算不包括分保费，通过再保险，保险公司可以在不增加资本额的情况下增加业务量，扩大承保能力。

（三）控制责任，稳定经营

在保险经营过程中主要的支出是赔款，而赔款的多少取决于保险人对风险所承担的责任，再保险通过控制风险责任使保险经营得以稳定。具体做法分两个方面：一是控制每一风险单位的责任。保险以大数法则为依据，大数法则要求每个风险单位的保险金额基本一致，但在实际业务中不可能做到这一点。通过再保险，保险人将超过自己承保能力的风险分保出去即可达到要求，即保险人规定每一风险单位自留额，对未来可能超过自留额的责任分保出去，这种控制通常也称为险位控制。二是对累计责任的控制。对大数法则而言，每个风险单位是单独面对可能发生的损失，但在实际经营中常有累积责任的情况。责任累积一方面存在于一次巨灾事故当中；另一方面存在于一定时期以内。在一次巨灾事故中，如地震、台风等可能造成许多个风险单位的同时损失，那么，即使控制每一风险单位的责任，也可能由于责任的累积造成保险人的财务困境。为此，需对一次事故中的最高赔付进行限制，这种控制一般叫事故责任控制。另外，在一定时期以内的

① Swiss Re. Sigma, 2009 (2): 7.

② Swiss Re. Sigma, 2009 (2): 11-12.

控制一般指控制一年内的赔款数量。

(四) 降低营业费用,增加运用资金

由于保险人在提存未满期保费准备金时,根据保险法规定不能扣除营业费用,必须以保险资金另外支取营业费用。但通过再保险,不仅可以在分保费中扣存未满期保费准备金,还可以有分保佣金收入。这样,保险人由于办理分保,摊回了一部分营业费用。此外,办理分保需提取未满期保费准备金和未决赔款准备金,这部分资金从提取到支付有一段时间,保险人可在这段时间内加以运用,从而增加了保险人的资金运用总量。

(五) 有利于拓展新业务

保险人在涉及新业务过程中,由于经验的不足,往往十分谨慎,不利于新业务的迅速开展。再保险具有控制责任的特性,可以使保险人通过分保使自己的赔付率维持在某一水平之下,所以准备拓展新业务的保险公司可以放下顾虑,积极运作,促使很多新业务得以发展起来。

第二节 再保险合同

一、再保险合同概述

再保险合同又称分保合同,是分出公司和分入公司确定双方权利义务关系的协议。再保险分出公司和分入公司之间所达成的任何有关业务方面的协议,都是合同或合同的组成部分。

再保险合同是独立的合同,但又以原保险合同作为基础,具有普遍意义的保险基本原则也适用于再保险合同。再保险业务运作必须基于以下几条重要原则:

(1) 保险补偿原则。在再保险合同中,这一原则体现得更充分,不但适用于财产保险分保合同,也适用于人身保险分保合同。

(2) 保险利益原则。再保险合同中的保险标的,是原保险人在原保险合同下所承担的保险赔偿责任,是非物质的保障合同。这种责任的存在与否,决定了原保险人的得失,又为法律所承认,所以构成保险利益。但再保险合同的保险利益需以原保险合同的责任为限。

(3) 最大诚信原则。由于分入人对风险责任的评估多依赖于分出人提供的资料,所以,分出人有责任以诚信态度对待双方签订的合同,对影响分保条件的实质情况要如实告知。如分出人必须如实提供原保险的有关情况以及分保合同项下接受人必须了解的详细情况;安排分保时分出人必须详细告知接受人其自留责任金额及自留业务种类等。当再保险是由经纪人安排时,经纪人也需遵守最大诚信原则,否则其需要对由此造成的损失负责。

二、再保险合同的种类

根据不同的分类标准,再保险合同的分类方式也有所不同。

1. 按再保险的责任分配分类

按照再保险的责任分配分类,可以分为比例再保险合同和非比例再保险合同。

(1) 比例再保险是以保险金额为计算基础安排的分保方式。其最大特点就是保险人和再保

险人按照比例分享保费，分担责任，并按照同一比例分担赔款，同时再保险人按照比例支付手续费。比例再保险主要可分为成数再保险和溢额再保险两种方式。

(2) 非比例再保险是与比例再保险相对而言的，它是以赔款金额作为计算自留额和分保限额的基础。也就是先规定一个由分出人自己负担的赔款额度，对超过这一额度的赔款才由分保接受人承担赔偿责任，二者并无比例关系。因此，超赔分保几乎成了非比例再保险的代名词。

2. 按再保险业务的安排方式分类

按照再保险业务的安排方式，可以分为临时分保合同、合同分保合同和预约分保合同。

(1) 临时分保合同是分出公司根据业务需要，临时选择分保接受人，经双方逐笔协商达成协议而签订的再保险合同。对于分出公司，当承保的单一风险大于其自留的限额时，可以自由选择安排分保多少，向谁分保等；另一方面，对于临时分保的业务，分保接受人可以自由选择接受与否以及接受的份额。所以，对于临时分保业务的分出与接受，分出公司与接受公司均无义务，可以自由选择。临时分保的优点是业务条件清楚，缺点是手续比较烦琐。它是再保险合同发展的早期形式，但现在仍然被采用。

(2) 合同分保合同是由分出人和分入人以预先签订合同的方式确定双方的再保险权利义务关系，在一定时期内对一宗或一类业务进行缔约方之间约束性的再保险合同。合同分保与临时分保不同的是：合同分保是按年度安排分保的，而临时分保则是逐笔安排的。合同分保中，对于合同中双方同意及规定的分保业务，分出人和分入人都没有选择余地，分出人必须分出，分入人必须接受；而临时分保对双方均无约束力。

(3) 预约分保合同订约双方对于再保险业务范围有预约规定：对于合同中规定的业务，分出人有业务选择自由，不必一定分出；再保险人则无权选择，有义务接受分保业务。预约分保合同是介于临时分保合同和合同分保合同之间的一种再保险合同。也就是说，它既具有临时分保合同的性质，又具有合同分保合同的形式。就分出人而言，预约分保合同具有临时分保的可选择性；就再保险人而言，预约分保合同具有再保险的强制性。

三、各种再保险方式的运用

(一) 比例再保险方式

比例再保险是指分出人与分入人相互订立合同，按照保险金额比例分担原保险责任的一种分保方法。在这种方法中，分出人的自留额和分保额表现为保额的一定比例，这个比例亦是分割保费与赔款的依据。也就是说，保额、保费、赔款按同一比例分担。比例再保险可以分为成数再保险、溢额再保险及成数和溢额混合再保险。

1. 成数再保险

成数再保险是最简单的一种再保险方式。原保险人将每一风险单位的保险金额，按双方商定的固定比例即成数确定原保险人的自留额和再保险人的分保额，再保险费、赔款的分摊均按同一比例计算。

一般来讲，针对每一风险单位或每张保单，双方会规定一个最高限额。在这个限额内分出人和分入人按成数分担责任，超过限额的部分须由分出公司另外安排分保或自己承担。

【例 1】 某保险公司的一份船舶险成数分保合同，每艘船最高限额为 1 000 万元，保险费率为 1%，分出公司自留 20%，分出 80%。对于分出额，甲分入公司承担 40%，乙分入公司承担 60%。分保情况如表 11–1 所示。

表 11–1 成数再保险分析表 单位：万元

船名	总额			自留额 20%			分保额 80%		
	保额	保费	赔款	保额	保费	赔款	保额	保费	赔款
A	200	2	4	40	0.4	0.8	160	1.6	3.2
B	400	4	10	80	0.8	2	320	3.2	8
C	600	6	0	120	1.2	0	480	4.8	0
D	800	8	3	160	1.6	0.6	640	6.4	2.4
E	1 500	15	100	200	2.0	13.34	800	8	53.36
合计	3 500	35	117	600	6.0	16.74	2 400	24	66.96

表 11–1 中 A、B、C、D 四船的保额均在合同限额 1 000 万元以内，所以保费和赔款均按自留 20%、分保 80% 分配。E 船保额 1 500 万元，超过成数合同的分保限额 1 000 万元，余额 500 万元要安排临时分保，因此临时分保合同下摊付赔款比例为 500/1 500=33.3%；成数分保合同下摊付赔款为 1 000/1 500 = 66.7%。这样，这笔赔款分摊如下：

成数分保合同： 赔款 =100 × 66.7%=66.70（万元）

其中： 自留额 =66.7 × 20%=13.34（万元）

分保额 =66.7 × 80%=53.36（万元）

临时分保合同： 赔款 100 × 33.3%=33.3（万元）

即总赔款 100 万元各保险人分摊如下：

分出人赔付 13.34 万元。

成数合同分入人赔付 53.36 万元。

其中：甲负担 53.36 万元 × 40%=21.34 万元；乙负担 53.36 × 60%=32.02 万元。

临时分保合同分入人赔付 33.3 万元。

可见，成数再保险是按固定比例分配责任、保费和赔款，分出人和分入人有共同的利害关系，对某一笔业务来讲，分出公司有盈余或亏损，分入公司也相应有盈余或亏损。因此这种方式有合伙性质，适用于新公司、小公司或大公司的新险种。其最大的优点是手续简单，可以节省有关的费用开支。而且，这种方式还可以与其他再保险方式结合使用。

2. 溢额再保险

溢额再保险是以保额为基础，由分出人确定自己承担的自留额，当保险金额超过分出人的自留额时，分出公司将溢额部分办理分保，以自留额的一定倍数为分保限额，并按照自留额和分出额对保额的比例对保费和赔款进行分摊的一种分保方式。

线数是溢额分保实务中经常要用到的一个概念。一般将分出公司确定的自留额的倍数称为“线数”，分出公司根据风险确定自留额（一般为一线），接受公司按照自留额的倍数（线数）确定再保险合同的最大责任限额，以便更好地确定分保接受人的责任。

溢额分保与成数分保相比，相同点是保险条件遵循原保单条款，最大的不同是溢额分保是将超过分出人自留额的责任办理分保,而不是将每一风险的一定比例分出。另外,溢额分保的自留比例和分保比例根据每一标的的保额大小而变动,保费和赔款摊付的比例也相应变化;而成数分保的比例关系是固定不变的。

【例2】 有一个溢额再保险合同,每一风险单位的自留额为200万元,分保额为4线,即800万元,总承保能力1 000万元,超过的另外办理分保或分出公司自留。则有三笔业务分保情况如表11–2所示。

表11–2　溢额再保险分析表　　单位:万元

名称	总额			自留额			分保额		
	保额	保费	赔款	保额	保费	赔款	保额	保费	赔款
A	200	2	4	200	2	4	0	0	0
B	600	6	0	200	2	0	400	4	0
C	1 500	15	100	200	2	13.33	800	8	53.33
总计	2 300	23	104	600	6	17.33	1 200	12	53.33

表11–2中,根据合同要求,自留额为200万元,所以A公司不需要分保,全部由自己承担风险责任。B、C公司的总保额超过200万元,所以需要分保。合同规定分保额为4线。则B公司分保额为400万元,C公司分保额为800万元。C公司剩余的500万元由自己负责或另外安排临时分保。

另外,溢额再保险还可以分层设计,即把上述分保4线的情况称为第一溢额,在此基础上安排第二溢额、第三溢额等。例如,针对3 200万元承保能力安排分保:自留额为200万元,第一溢额5线,即200万元后的1 000万元;第二溢额10线,即1 200万元后的2 000万元。

溢额再保险在运用上对分出公司有较大的自由度,分出公司可根据风险情况自行决定自留额,既有助于风险分散,又保留了一定的保费收入。但它也有手续烦琐等不利之处,而且有些巨额风险也有赖于其他分保方式支持。

3. 成数和溢额混合再保险

成数和溢额混合再保险是将成数和溢额两种再保险方式混合运用,即把成数分保合同限额视同自留限额,以成数分保合同限额的若干线数作为溢额分保限额。在安排上既可以先安排成数分保,也可以先安排溢额分保。以先安排溢额分保为例:某分出公司安排5 000万元承保能力的溢额分保,自留额1 000万元,分保4线;针对自留额1 000万元再安排成数分保:40%自留,即400万元,60%分保,即600万元。从分出公司来看,实际自留责任或者说净自留额为400万元。

(二) 非比例再保险方式

非比例再保险是指分出人和分入人相互订立保险合同,以赔款金额作为基础分担原保险责任的一种再保险方式。即先规定分出人自己负担的赔款额,超过这一额度的赔款分保出去,由分保接受人承担。当然,分保接受人也不是无限地承担责任,往往也有限额的规定。而且,非比例再保险采取单独的费率计算,与原保费没有像比例再保险那样的比例关系。非比例再保险分为超额赔款再保险和赔付率超赔再保险。

1. 超额赔款再保险

超额赔款再保险也可以是非比例再保险的通称，但这里指的是以赔款额度作为自留和分保界限的一种分保方式，在运用中又分为险位超赔分保和事故超赔分保。

(1) 险位超赔分保。险位超赔分保是指以每一危险单位一次事故中有限危险单位所发生的赔款金额来计算自留额和分保额。如果在一次事故当中造成多个危险单位的损失，有的合同也规定危险单位个数的限制，一般为险位限额的 2~3 倍。

例如，某一超赔合同内容为每危险单位 100 万元后的 900 万元分保，一次事故中限三个危险单位。现假设有一次事故造成四个危险单位损失，赔款额分别为 200 万元、400 万元、300 万元、250 万元。则前三个危险单位，分出人负担 300 万元，接受人负担 600(100+300+200) 万元，而第四个危险单位因合同规定的限制全部由分出人负担。

(2) 事故超赔分保。事故超赔分保是以一次事故所发生的赔款总额计算自留额和分保额，即一次事故中许多危险单位同时发生损失，责任累积额超过自留额，超过部分由接受公司负责。这种再保险方式主要是针对巨大的自然灾害设计的，所以又称“巨灾超赔分保”，它实际上是险位超赔在空间上的扩展。由于大的自然灾害一般损失额都比较大，所以巨灾超赔分保常分层安排，以避免风险集中。所谓分层，即对整个超赔保障数额安排不同的层数，分保给不同的接受公司。

【例 3】 某分出人针对其承保的 3 000 万元业务安排三层超赔分保：

自留额为 500 万元。

第一层，超过 500 万元后的 500 万元。

第二层，超过 1 000 万元后的 1 000 万元。

第三层，超过 2 000 万元后的 1 000 万元。

发生赔款时，先由分出公司按自留额赔付，不足部分由第一层负担，再由剩余第二层负担，以此类推。也就是说，对于高层来讲，只有大额赔款才轮到他支付。

2. 赔付率超赔再保险

赔付率超赔再保险也称损失中止超赔再保险，它是按年度赔款累计总额或按年度赔付率来计算自留额和分保额。这是在一定期间内控制风险的一种方式。在这种方式下，双方当事人约定，在某一年度内，分出人自负一定赔付率后，由再保险人就超过部分负责至某一确定最高赔付率或一定金额，对保险人某一种业务一年中累计总的净损失数额或损失率超过总保费收入一定百分比时予以补偿，所以它是一种对保险人的财务损失的保障，而不是对个别危险负责。

例如，某一赔付率超赔再保险合同约定，如在一年内分出人的赔付率(即赔款与保费之比)超过 75%，超过的部分由接受公司负责，也以一定比率表示，如 75% 后的 40%，即接受公司负担赔付率 75%~115% 的损失，有时也规定一个最高限额，如 200 万元，两者先达到者为限。如果分出人当年净保费收入 100 万元，赔款 85 万元，赔付率为 85%，则分出人自负 75 万元赔款，接受公司负担 10 万元赔款。如果分出人当年净得保费收入 100 万元，赔款 120 万元，赔付率为 120%，则分出公司先负担自留赔款 75 万元，接受公司负担赔付率 75%~115% 的部分，即赔款 40 万元；此外，分出公司还要负担超过 115% 的那部分，即赔款 5 万元。如果分出人当年净自留保费 1 000 万元，赔款 1 100 万元，赔付率为 110%，则分出公司负担自留赔款 750 万元，接受公司则负担 200 万元，因为虽然按 75%~115% 计算赔款应是 400 万元，但是分入公司的赔付以 200 万元为限。此外，分出公司还要负担超过 200 万元限额的 150 万元赔款。

第三节　再保险市场

一、再保险市场的概念与特点

再保险市场是指从事各种再保险业务活动的再保险交换关系的总和。当直接保险人对其承保的巨大风险或特殊风险不能承受时，有必要进入再保险市场进一步分散风险。所以再保险市场是从保险市场发展而来的，它与保险市场紧密相连，两者是相互依存的。

再保险市场的主体一般由再保险的买方、卖方和再保险中介人组成。

再保险商品的买方主要指直接承保公司，经营再保险业务的公司亦可成为买方。再保险商品的卖方有兼营再保险的直接承保公司、专业再保险公司、劳合社、再保险集团等。再保险中介人主要包括再保险承保代理人（Underwriting Agent）和再保险经纪人（Reinsurance Broker）。再保险承保代理人是一个人或者一个组织，代理一个或几个保险人接受分保业务。再保险经纪人受分出人或分保接受人的委托，办理或接受分保业务，是联系再保险分出人与分入人的中介人，主要为双方建立再保险关系提供服务，包括提供市场行情、专业知识、实践经验，代委托人结算账务、收集赔款等。

由于再保险经常涉及大的或特殊的风险，当某个局部的市场不足以充分地分散风险时，往往要求在世界范围内分散风险，因此再保险交易具有广泛的国际性。有些国家对于国际分保交易并无限制，并在外汇管理方面给予自由或特殊照顾。但有些国家外汇紧张，虽允许跨国订立再保险契约，但对实际支付外汇控制却很严格，必须经政府特别批准。

世界性再保险公司在许多国家的重要城市设立分支机构或代理机构，吸收当地保险公司的再保险业务，逐渐形成了国际再保险中心。如伦敦、纽约、东京、苏黎世、慕尼黑和百慕大等。在那里有大量来自本国或国外的再保险业务成交。在有些市场，保险人和再保险人进行直接交易，在另一些市场，主要通过经纪人安排国际再保险，特别是在伦敦，再保险业务大部分由经纪人组织。

二、再保险市场承保人的组织形式

目前国际再保险市场承保人的组织形态很多，大体有以下几种。

（一）兼营再保险的普通保险公司

保险公司兼营再保险业务是再保险市场的最初形式。兼营再保险的普通保险公司（Direct Writing Company）又称综合保险公司，即原保险公司在经营直接业务的同时，偶尔接受再保险业务，但更经常的是以互惠交换业务的方式获得再保险业务。例如，中国人保集团、中国人寿保险集团、中国平安保险集团、中国太保集团等就属于这一类型。

（二）专业再保险公司

专业再保险公司（Professional Reinsurance Company）本身不承保直接保险业务，而是专门接受原保险人分出的业务，同时也将接受的再保险业务的一部分转分给别的再保险人。世界上最早的专业再保险公司是1846年成立的德国科隆再保险公司；最大的专业再保险公司为1880年成立的慕尼黑再保险公司(The Munich Reinsurance)；1863年，瑞士再保险公司成立。这些专业再保险公司历史悠久，资金雄厚，并拥有相当强的技术力量。

（三）再保险共同体

再保险共同体(Reinsurance Pool)又称再保险联合体，往往是由几家或许多家保险公司联合组成的，这种再保险共同体有属于一个国家的，也有区域性的，以20世纪70~80年代在发展中国家建立的较多。它们通常的做法是集团中的每一个成员将其承保的业务全部或一部分放入集团，然后各成员再按事先商定的固定比例分担每一成员放入集团的业务。

现在，再保险市场较出名的再保险集团有：亚非再保险集团、亚非再保险航空集团、经济合作组织再保险集团，以及英国、德国、日本、美国建立的原子能再保险集团，法国的特殊风险再保险集团等。

（四）劳合社承保人

劳合社承保人(Lloyd's Underwriter)是英国最大的接受再保险的组织，分入业务必须经过注册的劳合社经纪人中介。1988年后连续几年业务成绩出现亏损，成员人数一直下降。1992年进行改组，筹建了Equias再保险公司，1994年重新盈利。近十几年，劳合社几经起伏，发生过很多变化，市场实力有所削弱，但目前仍保持着世界第一大再保险中心的地位。

（五）自保公司

再保险市场上有一类特殊的承保人的组织形态，即专属保险公司或自保公司(Captive Company)。自保公司是大企业自设的保险或再保险机构，隶属于本身并不从事保险业务的一家公司或一家集团公司。它主要承保母公司的风险，同时也承保外界的风险和接受分入再保险业务。

大部分自保公司被看作再保险公司，而非直接保险公司。有了自保公司，母公司的风险先由当地的直接保险公司承保，然后再以再保险合同的形式分给自保公司，其中有一部分风险还可以转分保给专业再保险公司。这样既方便承保又可以降低进入再保险市场的成本。

自保公司产生于19世纪中期，20世纪50年代末60年代初得到较迅速发展。目前，全世界有超过4 000家自保公司，保费总收入约为210亿美元，约占全球商业市场份额的6%。最近，新增自保公司的增长幅度为5%。自保公司主要集中在美国(500家最大的公司中90%拥有自己的自保公司)；瑞典的50家最大的公司中90%拥有自保公司；英国的200家最大公司中80%拥有自保公司；此外，百慕大、开曼岛、挪威和卢森堡自保公司也很发达，甚至有人将百慕大称为世界第三大再保险市场。

三、国际再保险市场

再保险的主要市场为发达国家，国际再保险市场主要分布在英、美、德和瑞士等国。如英国、美国、法国、瑞士和德国的海外分支机构大约占外国公司的3/4，年保费收入约800亿美元。西欧的再保险业务保费收入占全世界总保费的60%，美国占20%。

欧洲再保险市场主要是专业再保险公司，特点是完全自由化（无法定分保）、商业化，竞争激烈，国际地位举足轻重。国际上最大的 20 家经营再保险业务的公司，欧洲市场就有 7 家。

英国伦敦的再保险市场由劳合社和保险公司市场两部分组成，尤以劳合社业务更强，其主要业务体现在再保险方面，其特点是所有再保险业务均须经过经纪人，且业务来源多在国外。虽然近些年劳合社再保险业务供过于求，但仍在世界再保险市场上占有重要地位。

德国再保险发展比较早，以慕尼黑再保险公司为代表。慕尼黑再保险公司建于 1880 年，是世界上第一大再保险公司，1995 年净保费收入 115 亿美元，目前与世界上 120 个国家的 2 000 多个国外公司有联系，保费收入有 40% 来自国外，对外扩展的最佳业务是工程保险的再保险。但受“9·11”事件等诸多因素影响，2003 年 8 月，标准普尔将它的评级连降 4 级，从 AA- 降到了 A+，现在它的评级比竞争对手瑞士再保险和巴菲特的通用再保险要低了两个等级。

欧洲大陆第二大再保险中心是瑞士。瑞士再保险市场中专业再保险公司占统治地位，除瑞士再保险公司外还有名列世界第 8 位的苏黎世再保险集团和第 16 位的丰泰集团（Winterthur Swiss Insurance）。瑞士再保险公司建于 1864 年，公司的发展以国际业务为基础，以其高居首位的国外保险费收入和广泛的信息网络闻名于世。

美国的保险业发展相对较晚，相应地，再保险的发展时间也相对较晚，但其实力不可忽视，纽约再保险公司已跻身世界再保险市场的前列。美国再保险市场的发展偏重于业务交换、共同保险和联营方式，比欧洲再保险公司的自留额高。世界前 15 家再保险公司中，美国的通用再保险公司（GE Re）占第 3 位。

日本再保险市场上专业再保险公司很少，大部分是兼营再保险公司。日本保险法中没有法定分保的规定，国内风险主要采取共保或分保的方式解决，从日本市场流向国际市场的业务主要是高风险和巨灾风险。目前主要通过与国外再保险伙伴的互惠交换业务进入世界再保险市场。

除此之外，一些新兴的再保险市场也颇受瞩目。如亚洲的巴林、新加坡和韩国，大洋洲的澳大利亚等。

四、国际再保险市场的发展新趋势

（一）资金投入的新动向

新资本进入再保险市场谋求新的机会。如百慕大新成立的再保险公司筹集了大约 70 亿美元的资本；2002 年劳合社也筹集了 123 亿英镑。到目前为止，已完成的新资本总计达 300 亿美元，仍未能弥补资本损失的缺口，再保险市场坚挺可能还会持续很长的时间。

（二）再保险业向质量回归

市场的变化对那些拥有较高资信的老牌再保险公司有利，它们开出的条件和费率往往高于市场的平均水平。对业务质量的重视程度达到了新的高度，再保险市场的重心转向通过更合适的定价来恢复承保盈利；同时，再保险公司在投资策略上采取了更加谨慎的做法。

（三）再保险形式将越来越多样化

临时再保险东山再起和非比例再保险在合同再保险中处于主角地位是再保险方式发展变化

的一种趋势。为了适应各种各样的再保险需求，量体裁衣的复合形式的再保险合同必将给再保险市场带来活力和繁荣；运用交换业务的作用逐步减弱；同时出现了共同保险的再保险化（即对于并列式的共同保险实行首席共保人制度）、再保险的共同保险化（进行连带式共同保险方式，承保同一危险的各共保人负连带责任）的趋势。总之，再保险的形式将越来越多样化，而且，再保险业给保险市场提供的必要服务会越来越专业化。

（四）再保险市场的组织形式将进一步呈多元化发展

关于再保险的组织形式，有保险公司兼营再保险业务、专业再保险公司、再保险联营等，这种呈多元化的格局将不会改变。

（五）购并和重组形成保险市场重新组合的主要方式

全球再保险业在20世纪90年代的特征就是自由化、市场开放、降低市场准入标准和放松管制，监管体系从行为监管向偿付能力监管转变。随着世界经济进一步向全球化方向发展，国家再保险业已经掀起了购并和重组的新一轮巨浪。例如，慕尼黑再保险公司收购了美国再保险公司；美国通用再保险公司收购了德国科隆再保险公司；目前德国格宁再保险公司和美国雇主再保险公司正在进行谈判。资料显示，1990年，国际上最大的前5家再保险公司占市场的20%，2000年达到了40%，而在2002年则达到了55%。种种迹象表明，今后的国际再保险市场将是巨人之间的竞争。

（六）采取特殊措施，分散巨灾风险

近年来，在再保险市场上出现了非传统风险转移方法（ART）①，以非传统方法（有限风险再保、混合型风险管理、备用资本），通过非传统销售渠道（专业自营再保险公司），向非传统风险承担者（资本市场）转移风险。它主要是指风险主体采用一些非传统的风险管理形式，通过保险债券或衍生工具等风险证券化的方法，通过资本市场上的保险交易，把保险风险直接转嫁给资本市场的投资者。

非传统风险转移方式产生的根本原因在于最近几十年来频繁发生的巨灾事故使得国际再保险公司损失惨重，保险公司资本急速减少，导致全球财产巨灾再保险承保能力下降，进而引起价格上升，连带巨灾再保险市场为之低迷。从1989年到1993年，全球再保险能力下降了30%以上。安德鲁飓风的爆发使得情况更为严重，仅1993年一年，据统计有8家美国再保险公司和38家其他国家的再保险公司，或者收缩其巨灾再保险业务或者不再承保巨灾再保险。与此同时，巨灾再保险成本越来越高，条件严苛，再保险费率急剧攀升，保险金额却不断降低。1989年雨果飓风发生以后，再保险价格水平剧烈上涨，到1994年达到峰值。按照价格指数，1994年再保险价格水平是1989年的4倍，但是，单一保险公司可以获得的最大保额由1990年的25亿美元降至1995年的24亿美元。保险公司的再保险成本大大提高，但同时却又不能获得充分的再保险保障，拒保现象剧增，巨灾风险难以分散。

与此同时，一个令人瞩目的事实是现在全球公开交易的股票和债券的总市值达60万亿美

① 参见：王绪瑾．财产保险（第二版）．北京：北京大学出版社，2017：32-34。

元。假设证券投资者在他们的股票和债券的投资组合中加上与巨灾风险有关的证券，一次损失达 2 500 亿美元的巨灾事件造成的损失金额不到全球总市值的 0.5%，而这样的波动在证券市场上不过是日常发生的事，足以对付巨灾风险。因此，资本市场上的保险交易为保险业提供了所期望的承保能力。

目前，国际市场上巨灾风险证券化的主要形式包括：保险连结固定收益债券、保险连结型资本融资证券、交易所巨灾选择权、巨灾互换、行业损失担保等。这些方式可以为再保险需求者提供更广泛的选择，但它们的具体运用需要相关的市场达到一定的要求。所以，进一步推广还需要各方面时机的成熟。

第十二章 社会保险

第一节 社会保险总论

一、社会保障体系

社会保障(Social Security)是国家通过立法对社会成员给予物质帮助而采取的各种社会措施的总和。社会保障是每一个社会成员享有的基本权利,也是政府对每一个社会成员应承担的义务和责任。社会保障体系是由相互联系、相互制约的一系列社会保障项目所构成的体系的总和。

社会保障可从不同角度分类。按实施方式不同分为强制性保障项目和自愿性保障项目;按保障对象不同分为面向全体社会成员的保障项目和面向特定社会成员的保障项目;按资金来源不同分为国家财政资金建立的保障项目、企业交费建立的保障项目、个人交费建立的保障项目、社会捐赠资金建立的保障项目。但一般按保障对象分为社会救助、社会福利、社会优抚和社会保险四类。其中,社会保险(Social Insurance)包括生育保险、医疗保险、工伤保险、失业保险、养老保险。如图 12-1 所示。

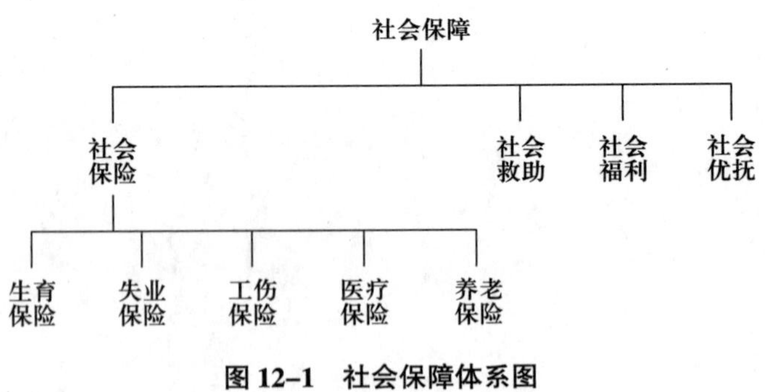

图 12-1 社会保障体系图

(一) 社会救助

社会救助是国家及各种社会群体运用掌握的资金、实物、服务手段,通过一定机构和专业人员,按照科学的工作方法,向无生活来源、丧失工作能力者,以及向生活在“贫困线”或最低生活标准以下的个人和家庭、一时遭受严重自然灾害和不幸事故的遇难者提供物质帮助,以保障其最低生活水平的一种社会保障制度。

(二) 社会福利

社会福利是现代国家实施的改进居民生活福利的一整套社会保障制度。其保障对象是全体社会成员;其保障标准是满足社会成员生活改善和提高的需要。社会福利的内容较多,按内容分为教育福利、住房福利、基础设施、个人生活福利、财政补贴等;按保障的主体分为未成年福利、老年人福利、残疾人福利、职工福利和家庭福利。对非劳动者而言,社会福利是其变相的收入来源,而对劳动者而言,则是获得工资后的额外收益,因此,社会福利有"社会工资"的美称。

(三) 社会优抚

社会优抚是社会优抚和安置的简称,是国家和社会依照法律规定,对特定对象通过抚恤、优待和安置,确保他们的生活不低于当地群众平均水平并带有褒扬性质的特殊社会保障制度。其优待和抚恤标准一般为保证被保障人的生活水平相当于或略高于当地平均生活水平。社会优抚的对象是复员退伍军人、伤残军人、为国捐躯军人和现役军人的家属,其资金主要来源于政府。其内容主要包括:举办社会优抚事业、伤残军人抚恤优待、军人抚恤金、军人家属优待、退伍军人就业安置。

(四) 社会保险

社会保险是国家通过立法对社会劳动者暂时或永久丧失劳动能力、失业带来收入减少时提供一定的物质帮助以保障其基本生活的社会保障制度。它是一项社会政策,通过提供物质帮助的方式体现,一般包括生育保险、工伤保险、医疗保险[①]、养老保险和失业保险等。社会保险通常实行强制保险制度,被保险人没有选择的权利。实施社会保险的目的是保障劳动者在暂时或永久失去劳动能力时享有基本生活的权利;其资金来源由国家、企业、个人三方面负担;其举办机构是政府或其委托的保险公司。社会保险是社会保障的核心,也是公民应享有的基本权利。2010 年 10 月 28 日,第十一届全国人民代表大会常务委员会第 17 次会议通过了《中华人民共和国社会保险法》(简称《社会保险法》)[②]。该法第 2 条规定:"国家建立基本养老保险、基本医疗保险、工伤保险、失业保险、生育保险等社会保险制度,保障公民在年老、疾病、工伤、失业、生育等情况下依法从国家和社会获得物质帮助的权利。"1994 年第八届人大八次会议通过的《中华人民共和国劳动法》(简称《劳动法》)对社会保险作了专章规定,第 70 条规定为:"国家发展社会保险事业,建立社会保险制度,设立社会保险基金,使劳动者在年老、患病、工伤、失业、生育等情况下获得帮助和补偿。"第 73 条对享受社会保险待遇做了进一步具体规定。从上述规定可以看出,社会保险包括下述含义:社会保险是一种社会保障制度;社会保险对象通常是社会劳动者;社会保险承保的风险是社会劳动者暂时或永远丧失劳动能力,或失业带来收入减少的风险,即劳动者由于年老、患病、工伤、失业、生育带来经济损失的风险;社会保险的保障标准是保障社会劳动者暂时或永远

---

① 依照国际劳工局的定义称为疾病保险,但从理论上看,严格来说,疾病保险与医疗保险是有区别的。疾病保险是按风险性质进行的分类,其保障包括收入给付和医疗给付(包括医疗服务和医药费用);而医疗保险,系疾病或身体伤残等的保险,疾病、工伤和生育均存在医疗给付问题,同时不包括收入给付,因此,它所包括的风险项目比疾病保险宽泛,而保障的内容却比疾病保险的小。但基于我国社会保险实际工作常常称为医疗保险一词,故而,这里沿用该习惯。

② 该法分为 12 章、98 条,2011 年 7 月 1 日起施行。

丧失劳动能力,或失业带来收入减少时的基本生活;社会保险是强制保险。因此,从社会保险的内容而言,任何一项具体的社会保险险种,均应该由保险的对象、范围、保险费负担和保险金支付等要素构成。

二、社会保险的基本特征

社会保险的基本特征为:强制性、普遍性、福利性、社会公平性、基本保障性和互济性。

(一) 强制性

所谓强制性,是指社会保险是通过立法强制实施的,社会保障的内容和实施都是通过法律进行的,凡属于法律规定范围内的成员都必须无条件地参加社会保险,并按规定履行缴纳保险费的义务,并受到保险保障。社会保险的这种强制性一般是通过立法和国家征收社会保险费及给付保险金两种方式体现出来。国家通过制定社会保险法规来实施社会保险制度,雇员和雇主必须依法缴纳社会保险费;社会保险的缴费标准和给付标准等也都是按国家法律、法令统一确定,被保险对象对于是否参加社会保险、投保的项目及待遇标准等均无权任意选择与更改,同时,凡属社会保险的对象都享有得到保险金的权利。社会保险的这种强制性确保了保险基金有可靠的来源,从而为社会保险制度得以全面贯彻落实提供了法律的和经济的保障。

(二) 普遍性

社会保险要求社会化,凡是符合法律规定的所有企业和社会成员都必须参加。因为保险费率是以大量同类风险的存在为前提,运用大数法则的原理计算出来的,故社会保险的领域越广泛,计算出来的费率就越精确。此外,保险是以多数人的力量来共同分担少数人的风险损失,故保险的覆盖面越广,就越能发挥这种互助互济的功能。

(三) 福利性

所谓福利性,是指社会保险不以盈利为目的,实施社会保险完全是为了保障社会成员的基本生活。社会保险的主要目的是稳定社会、增进福利,而不是以盈利为目的。因此,社会保险十分重视社会效益,要求以最少的社会投入解决最大的社会保障问题。社会保险基金来源于政府、雇主和雇员三个方面,而且要尽量减轻雇员个人负担。

(四) 社会公平性

公平分配是宏观经济政策的目标之一,社会保险作为一种分配形式具有明显的公平特征。一方面,社会保险中不能存在任何特殊阶层,同等条件下的公民所得到的保障是相同的。另一方面,在形成保险基金的过程中,高收入的社会成员比低收入的社会成员缴纳较多的保险费;而在使用的过程中,一般都是根据实际需要进行调剂,不是完全按照缴纳保险费的多少给付保险金,个人享有的权利与承担的义务并不严格对价,从而体现出一定程度的社会公平。

(五) 基本保障性

社会保险的保障标准是满足保障对象的基本生活需要,因为社会保险的根本目的是保证人们的收入稳定、生活安定,发挥社会稳定器的作用。我国《社会保险法》第3条规定:"社会保险制度坚持广覆盖、保基本、多层次、可持续的方针,社会保险水平应当与经济社会发展水平相适应。"

(六) 互济性

社会保险通过法律的形式向全社会有交纳义务的单位和个人收取社会保费建立社会保障基金,并在全社会统一用于济助被保障对象,同时各项社会保险基金可以从统一基金中相互调节。

三、社会保险的作用

社会保险是现代社会经济生活的重要方面,是一项重要的社会政策,它既是劳动者享有的维持基本生活的权利,也是政府应承担的义务,对保障人民基本生活、维护社会稳定、促进经济发展起着重要作用。社会保险的作用具体体现在以下几方面。

(一) 社会保险能发挥社会稳定器的作用

社会成员的老、弱、病、残、孕以及丧失劳动能力,是在任何时代和任何社会制度下都无法避免的客观现象。在现代社会里,随着生产的高度社会化和分工协作的发展,风险因素更是日益增多,危害程度也日益加剧。当风险事故发生时,许多社会成员因灾害事故损失和丧失收入而难以维持基本的生活条件,成为社会的一种不安定因素。社会保险就是当社会成员遇到这种情况时给予适当的补偿以保障其基本生活水平,从而防止不安定因素出现。

(二) 社会保险有利于保证社会劳动力再生产顺利进行

劳动者在劳动过程中必然会遇到各种意外事件,如疾病、伤残、失业等。这样就会使劳动者失去正常收入,造成劳动力再生产过程的停顿。而社会保险就是劳动者在遇到上述风险事故时给予必要的经济补偿和生活保障,使劳动力得以恢复。例如,当劳动者患病和遭受意外伤害时,可能会因为无力支付巨额医疗费用而耽误治疗,造成社会劳动力的损失。社会医疗保险就能为其提供医药费补贴和治疗服务,有助于早日恢复健康,重返工作岗位,从而保证社会劳动力再生产顺利进行。

(三) 社会保险有利于实现社会公平

由于人们在文化水平、劳动能力等方面的差异,会造成收入上的差距。一些文化水平低、劳动能力较弱的劳动者和家庭,其生活水平本来就比较低,如再遇上风险事故,就难以维持基本的生活水平,与文化水平高、劳动能力较强的劳动者和家庭相比较,生活水平的差距会进一步扩大,从而激化人与人之间的社会矛盾,不利于社会稳定和生产发展。而社会保险可以通过强制征收保险费,聚集成保险基金,对收入较低或失去收入来源的劳动者给予补助,提高其生活水平,在一定程度上实现社会的公平分配。

(四) 社会保险有利于推动社会进步

保险具有互助性的特点,社会保险更能体现出互助合作、同舟共济的精神。因为社会保险遵循的是权利与义务相结合、先尽义务后享权利的原则，这样有利于协调处理好个人利益与社会利益、眼前利益与长远利益之间的关系，从而提高国民保险保障程度，推动社会进步。

四、社会保险费与费率

(一) 社会保险费的定义及其特点

社会保险费是社会保险机构通过各种渠道筹集的用于社会保险事业开支的费用。由于社会保险是由最初的互助组织经过商业保险演变而成，所以商业保险在保险技术方面的基本属性在社会保险上也适用。因而，社会保险对于有关交费与给付之间权利义务对等、财务收入与支出平衡以及其他保险原理的运用，也适用于社会保险。但社会保险在保险费的性质上与商业保险不同。从总体上来说，社会保险费来源于整个社会，但由于社会是由个人、企事业单位和政府三个层次构成，因此，社会保险实际上由劳动者个人、企事业单位和政府三方负担。即除了被保险人外，政府与雇主往往分担一部分或全部。由三方面负担社会保险费的原因是由社会保险的性质和特征所决定的。社会保险费的特点主要表现在以下几方面。

1. 保费与给付不成比例

在商业保险中，若投保同一险种的被保险人交纳的保险费相等，则在发生保险事故时所得到的保障也必然相等；而社会保险中被保险人所交保险费的多少，一定程度上取决于当时工资水平的高低，而不完全取决于将来给付的多少。

2. 成本估计难以确定

在社会保险中，由于许多因素属于社会因素，如失业等，非常难于确定，因而社会保险的成本计算不能像商业保险那样准确。

3. 风险分类较粗略

由于社会保险是为了实施社会政策而进行的，因而对风险分类的粗细关系很小，对风险的大小也考虑较少，而是以收入为主考虑保费的多少。

4. 保险费负担较轻

由于商业保险是以盈利为目的的，其保费由纯保费和附加保费构成，纯保费用于风险事故发生时赔偿或给付保险金，附加保费则包括各种经营费用、税收和利润；而社会保险是非营利性活动，无须纳税，其管理费用亦由政府负担或资助，其保费仅限于纯保险部分，因而，其保险费的负担较商业保险轻。

5. 被保险人不需负担全部保险费

商业保险的保费全部由投保人负担；而社会保险所承保的保费负担则不然，通常由雇主、被保险人和政府三方分担，并且因险种不同而不同，如大部分国家的工伤保费被保险人完全不承担。

(二) 社会保险费的分担方式[①]

社会保险费通常由三方分担，但其负担的对象是相对社会保险费的总数而言的，并非每一险

---

① 参见：王绪瑾．社会保险筹资模式比较研究．北京商学院学报，1998(6)。

种的保险费均由三方分担。事实上,具体到某一险种,其保费分担者,或许是被保险人和企事业单位,或许是政府和企事业单位等。目前实施社会保险的国家中,因不同类型及不同险种分担方式不同,主要有以下几方面。

1. 雇主与被保险人共同负担

该缴费方式始于1883年德国首创社会保险时,其医疗保险费就规定由雇主和被保险人分担。至今绝大多数国家的医疗保险均采用该种分担方式。

2. 政府与被保险人共同负担

在该方式下,被保险人只负担少量保费,大部分保费由政府负担,这样既减轻了雇主的经济负担,也有利于贯彻社会政策。

3. 雇主与政府共同负担

这种方式是有关政府和雇主为减轻被保险人的经济负担、扩大社会保险范围而规定的。

4. 雇主、政府与被保险人共同分担

该方式最早在德国1889年举办的年金保险中实施。现在,多数国家都采用该种方式。

5. 被保险人全部负担

该方式只是在少数国家的少数险种上实施,旨在适当减轻雇主和政府的经济负担,增强被保险人办好社会保险的责任感。

6. 雇主全部负担

采用该方式有利于增强雇主的安全意识、减少灾害事故,减轻雇员和政府的经济负担。

7. 政府全部负担

该方式通常为政府财力充裕,并为了扶持某些险种的发展和加强政府对社会保险的宏观控制的国家所采用。

我国《劳动法》第72条规定:"社会保险基金按照保险类型确定资金来源,逐步实行社会统筹。用人单位和劳动者必须依法参加社会保险,缴纳社会保险费。"这说明我国社会保险费的负担方式因险种不同而有所区别。

(三) 影响社会保险费分担比例的因素

在社会保险中,对保费负担的比例,各国及各国的险种不一致。概括起来,有平均分担的方式、一方大于另一方负担比例的方式。因而,确定社会保险负担比例通常由下述因素决定。

1. 保险险种的性质

由于保险险种是由风险的性质所决定的,有些风险属于社会风险,应由政府承担;有些介于社会风险与个人风险之间,则应由政府、雇主与雇员共同承担。如老年、疾病等风险是每个劳动者都会遇到的纯粹自然性的风险,几乎每一个劳动者都会享受该种保险待遇,因而被保险人应交纳保险费;失业风险是由于社会经济原因所引起的,非被保险人所能控制,它关系到社会稳定,因而,政府负有主要责任,应承担失业保险费的大部分或全部;工伤风险与生产直接相关,雇主负有重大责任,因而雇主应承担工伤保险费的大部分或全部。由此可知,风险的性质决定着保险的类型,从而决定着保费的负担方式。

2. 雇员、雇主和政府三方各自负担保险费的能力

这是根据交费三方的收入水平来确定各方的负担比例。世界上绝大多数国家采用雇员和雇

主按工资总额的一定比率交纳保费、政府根据财力予以适当补贴的办法，即三方各自负担份额以各自负担保费的能力为出发点。1952年国际劳工大会通过的《社会保障最低公约》规定，社会保险费应通过交纳保险费或税收的方式，或两者都交纳的方式，以免给低收入者造成困难，并考虑成员国的经济情况和被保险人的类别，而由集体分担。但由被保险人分担的保费不得超过全部社会保险费的50%。根据该因素，如果一国经济发展水平高，财政承受能力强，则政府承担的保费相对高一些；反之，则雇员或雇主承担的比例便高一些。如一些发达国家，社会保险费用主要由政府承担；反之，一些发展中国家，则以雇员承担为主。新加坡的社会养老保险实行个人账户，便是比较典型的实例。

3. 国家的社会保险政策

社会保险一般是国家举办的强制性保险，因此其保险的对象、范围、险种及保险费负担的比例等方面均可作出一些政策性规定。政府可根据本国的实际情况，为某些险种确定一个由社会保险各方负担的法定比例。如实行普遍型社会保险的英国，国家财政补贴占全部资金来源的43.6%，而实行自助型社会保险的法国，这一比率仅为17.7%。同时，国家如要发展或限制某些险种，也可采用保费负担比例大小的办法加以引导，如国家鼓励发展某些险种，则在保费交纳比例上由政府承担大部分；反之，则由雇员与被保险人承担大部分。

（四）社会保险费的确定方式

社会保险费的确定方式一般来说有两种：比例保险费制和均等保险费制。

1. 比例保险费制

比例保险费制是以被保险人的工薪收入为基准规定一定的百分比作为保险费率，从而确定应交的保险费的方法。该方法于1883年于德国实施的医疗保险时首先采用，其费率为被保险人工资的5%。该方法将所交保费与被保险人的收入相联系，有利于根据其收入承受能力确定保费负担。现在多数国家的大部分社会保险项目采用这种方式。在比例保险费制中，由于各种规定和限制不同，通常分为固定比例制、等级比例制和累积比例制三种方式。

(1) 固定比例制，是指根据被保险人的实际收入征收同一百分比的保险费。该方法计算简便，为大多数国家所采用。

(2) 等级比例制又称差别比例制，是按被保险人的收入分为若干个等级，并规定其标准收入，然后就每一等级的标准收入按规定的费率计算保险费。

(3) 累积比例制，是指因收入高低不同而规定不同的保险费率，对低收入者征收的保险费率就低，对高收入者征收的保险费率就高，并且随着收入的递增，保险费率也随之按级递增。该方式的特点是：保费负担随收入的增加而增加。

2. 均等保险费制

均等保险费制又称为同一保险费率制，是不论被保险人或雇主的收入多少，一律计收同等的保险费的方法。其最大优点是：计算便利，易于普遍实施；在保险金给付方面具有收付一律平等的意义。其缺点是：低收入的被保险人与高收入的被保险人交纳同等数额的保费，在负担能力方面显失公平，有悖于社会保险风险分担、互助合作和收入再分配的原则。此种方法主要适用于以全体国民为保险对象的国家。最典型的是英国，丹麦、瑞典和爱尔兰等国也都采用该种方式。

为了弥补均等保险费制的缺陷，顾及被保险人保费负担能力的公平，有些国家在实行均等保险费制的同时，又采用了等级保费制，即按被保险人的收入划分若干等级，再就每一等级规定相应的保险费，即规定每一等级的均等保险费，收入多者多交，收入少者少交。该方式虽然在一定程度上克服了均等保险费制负担不公平的弊病，但也有缺点：在物价和工资变动时，不如比例保险费制富有弹性，必须随时调整保险费，否则会形成新的不平衡。因而少数采用均等保险费制的国家已逐步采用比例保险费制。

上述方法中，采用比例保险费制的国家较多。

（五）社会保险费率

1. 社会保险费率的定义

社会保险费率是社会保险单位在一定时期计算和收取保险费的比率。它通常用百分数（%）或千分数（‰）来表示。制定保险费率除了应符合正确合理、稳定灵活的一般要求外，还应符合不以盈利为目的以及国民收入在国家、企事业单位和个人三者之间分配的比例等特殊原则。

2. 社会保险费率的分类

社会保险费率通常分为综合保险费率和分类保险费率。

(1) 综合保险费率是将两种以上的保险项目综合在一起，根据某一基数（如工薪总额）计算出来的总保险费率，然后，再按总的保险费率在政府、雇主和雇员之间分别承担比例。目前，绝大多数国家的老年、残废、遗属、生育和疾病保险均采用综合保险费率。

(2) 分类保险费率是根据保险险种的性质、特征或其他因素分别计算的费率。该费率适用于具有特殊风险的险种，如工伤保险、失业保险等，但也有例外。分类保险费率的优点在于能反映各保险项目的特殊风险情况，使用灵活；缺点在于制定手续比较复杂，不利于降低保险成本。

五、社会保险与商业人身保险比较①

社会保险与商业人身保险都是通过建立保险基金的方式应付风险，以保证社会经济生活的稳定，并且其保险标的都是人的生命和身体，因此，二者均属于人身保险的范畴，只是前者属于政府行为，后者属于商业行为。由于社会保险是由最初的互助组织经过商业人身保险演变而成，所以商业人身保险在保险技术方面的基本属性、财务收入与支出的平衡以及其他保险原理的运用，也适用于社会保险。但二者在许多方面存在不同。

（一）保险性质不同

社会保险是国家保障劳动者基本生活的一项社会政策，当被保险人在遇到生育、老年、疾病、伤残、失业等风险而丧失劳动能力或暂时中断收入时，都有从社会获得基本生活保障的权利，同时也是政府应承担的责任，属于政府为实施某一社会政策的体现，属于政府行为；商业人身保险属于商业性质，是商业保险的一种形式，其行为是等价交换的买卖行为，属于商业行为。

（二）保险对象不同

社会保险的保险对象是法令规定的社会劳动者，有的国家甚至扩展到全体公民，凡法律规定

① 参见：王绪瑾．社会保险与商业人身保险比较研究．北京商学院学报，1998(3)。

属于社会保险的保险对象,都必须参加,社会化程度高;商业人身保险的保险对象较灵活,是一切自愿投保的国民,无论是劳动者还是非劳动者,均可投保,可由个人根据需要选择。但实际上,往往劳动者,尤其是低收入劳动者无力参加。

(三)实施方式不同

社会保险主要采取强制方式实施,属于强制保险。凡属于社会保险的保险对象,无论其是否愿意,都必须参加,并交纳保费;当被保险人在遇到生育、老年、疾病、伤残、失业等风险而丧失劳动能力或暂时中断收入时,政府必须按法定标准给付。因为,社会保险既然以社会大多数人为对象,故必须有大多数人的加入,才能收到实施社会政策的效果。而商业人身保险一般采取自愿原则,主要属于自愿保险,投保人是否投保、投保什么险种、保费多少等,主要由投保人自行决定。

(四)保险关系的建立依据不同

社会保险中保险人与被保险人之间保险关系的建立主要以法律为依据,如保险对象、保险资金来源、保费负担、受给资格、给付内容等均由法律规定,双方当事人不能另有约定;商业人身保险中保险人与投保人之间的保险关系的建立完全依据保险合同的签订,通过保险合同确定双方权利义务关系,如保险人可因投保人不履行交付保险费的义务而有权停止被保险人或受益人在保险合同中享有的权利,但社会保险则不能。

(五)保障水平不同

社会保险的保障水平是基本生活需要,通常在贫困线以上,而在一般水平以下,如果这一水平过高会产生依赖和懒惰的副作用;商业人身保险的保障水平是满足人们对保障水平的特定需要,投保人可根据其面临的风险以及保费承受能力确定险种和保险金额,其保障水平多样,一般较社会保险的高,是社会保险的必要补充。

(六)给付标准的依据不同

社会保险的给付标准主要取决于能提供社会劳动者某种程度基本生活的保障,并不一定与其所交的保险费具有对价关系,即偏重于社会的适当性;商业人身保险则不然,其给付高低与所交保费之间必然具有密切的关系,比较重视个别的公平性,支付保费多的人得到的保险金额自然就高。社会保险中如最低标准的订立、给付占保费的比例的增减、抚养家属的考虑,均为社会适当性的表现,这在医疗给付和老年给付中尤为明显。

(七)保费的承担者不同

社会保险的保费通常由劳动者个人、企业和国家三方共同分担。其基本原则主要是保障基本生活需要,主要强调社会的公平性,而不特别强调权利与义务的对等。个人负担多少,主要取决于其经济承受能力,而不是将来给付的需要。因为社会保险是为了保障社会大多数人经济生活安全,而这些人在一般情况下均因无力支付保险费而不能参加商业人身保险,以至于一旦不幸事件发生,便使其经济生活陷于不安定状态,进而可能造成严重的社会问题。故社会保险的保费常由各方分担,以减轻被保险人的负担,使其有参加保险的机会。商业人身保险的保险费则完全由投保人负担,保险费负担的多少取决于给付被保险人保险金额的多少以及风险程度的高低,严格强调权利与义务对等的原则,强调个别的公平性。

(八) 经营主体不同

社会保险的经营主体是政府,包括政府设置的社会保险机构或政府委托的政策性金融机构或保险公司;商业人身保险的经营主体是保险公司,是营利性的企业法人。当然,社会保险应以何者为经营主体,学者间不一其说。据各国先例,有委托民间保险公司代办的,有利用非营利的社团办理的,也有由国家特设机构承办的。民营保险与公营保险,各有利弊。但就原则而论,社会保险以实施社会政策为目标,由非营利的社团或特设机构承办易于达到政策目标。

(九) 经营目的不同

社会保险不以营利为目的,而是为确保社会安定、提高社会福利、促进经济增长、推动社会进步;商业人身保险则必须以营利为目的。社会保险以某种职业或小额收入者为对象,他们虽有保险的需要,但因经济能力不足,苦于没有参加保险的机会,一旦风险发生,其经济生活不安定的现象对社会影响极大,故不能有营利的因素介入。同时,社会保险是以救济贫困者为目的的保险,既以救贫为目的,便不能以营利为手段。而商业人身保险虽然客观上也起到保障人民生活和稳定生产经营的作用,但为了市场竞争的需要,必须偏向于取得更多利润,以增强其竞争力。

(十) 调整的法律依据不同

社会保险调整的法律依据是宪法、社会保险法、劳动法及有关的社会保障法律、法规;商业人身保险调整的法律依据是保险法及商业保险法律、法规。

第二节　社会保险的种类

社会保险的项目各国不一,依1952年国际劳工组织订立的《社会保障最低标准公约》规定分为医疗、疾病津贴、失业津贴、老龄津贴、工伤津贴、家庭津贴、生育津贴、残疾津贴及遗属津贴九项。美国卫生教育福利部社会安全署出版的《世界各国社会保障制度》,将社会保障分为五类:老年残疾及遗属、疾病与生育、职业伤害、失业及家庭津贴。我国《社会保险法》第2条规定,我国的社会保险包括养老保险、医疗保险、工伤保险、失业保险、生育保险。由上述分析可知,可归并为社会保险有五项:生育保险、失业保险、工伤保险、医疗保险、养老保险。

一、生育保险

(一) 生育保险的含义

生育保险是国家通过立法对妇女劳动者因生育子女而暂时丧失劳动能力、失去劳动收入时,提供一定物质帮助以维持其基本生活的一种社会保险。它保证妇女劳动者在怀孕、生育期间以及在生育行为刚刚结束时期,因劳动能力暂时丧失而中断生活来源后,能够从国家和企业获得收入补偿,从而保障基本生活,顺利地度过生育时期。

（二）我国生育保险的待遇

我国生育保险制度的建立始于1951年政务院颁布的《劳动保险条例》。长期以来，我国生育保险实行的是两种制度并存。第一种是中华人民共和国成立初期延续下来的传统生育保险制度。覆盖范围包括国家机关、人民团体、企业和事业单位。具体待遇标准按照《劳动部关于女职工生育待遇若干问题的通知》（劳险字〔1988〕2号）执行，即职工生育后，由所在单位负担职工的生育产假工资、报销生育医疗费，生育保险的管理由职工所在单位负责。第二种是生育保险社会统筹制度。根据《企业职工生育保险试行办法》（劳部发〔1994〕504号）规定，参保单位女职工生育或流产后，其生育津贴和生育医疗费由生育保险基金支付。实践中，很多省市规定将机关、事业单位、社会团体、民办非企业、个体工商户等单位纳入了生育保险覆盖范围。

随着社会保障制度不断完善，我国的生育保险制度也在逐步改革。2011年7月1日起施行的《社会保险法》规定：职工应当参加生育保险，由用人单位按照国家规定缴纳生育保险费，职工不缴纳生育保险费。用人单位已经缴纳生育保险费的，其职工享受生育保险待遇；职工未就业配偶按照国家规定享受生育医疗费用待遇。所需资金从生育保险基金中支付。生育保险待遇包括生育医疗费用和生育津贴。生育医疗费用包括：生育的医疗费用；计划生育的医疗费用；法律、法规规定的其他项目费用。职工有下列情形之一的，可以按照国家规定享受生育津贴：女职工生育享受产假；享受计划生育手术休假；法律、法规规定的其他情形。生育津贴按照职工所在用人单位上年度职工月平均工资计发。2012年4月，国务院发布的《女职工劳动保护特别规定》对女职工生育待遇作了新的规定，各地也根据实际情况，将实施生育保险和计划生育工作结合起来，并制定了一些相应的规定。2015年12月27日，全国人大常委会修正了《中华人民共和国人口与计划生育法》，全面实施一对夫妇可生育两个孩子政策。按修正案中规定，生育一孩或两孩的夫妻均可获得延长生育假的奖励。

我国的生育保险除实行免费医疗之外，还包括产假、工资待遇和生育补助费三项内容。现行的生育保险待遇主要内容有：

(1) 女职工达到法定婚龄，符合国家有关计划生育的法规规定，在法定生育休假期间、实施节育手术休假期间、实施节育手术后引起并发症的医疗期间以及已婚女职工流产休假期间，可享受生育保险待遇。

(2) 女职工生育或者流产的医疗费用，按照生育保险规定的项目和标准，对已经参加生育保险的，由生育保险基金支付；对未参加生育保险的，由用人单位支付。

(3) 女职工产假期间的生育津贴，以女职工产前或计划生育手术前12个月的生育保险月平均缴费工资为计发基数。

(4) 一次性生育补贴。原在单位参加生育保险的女职工失业后，在领取失业保险金期间，符合计划生育规定生育时，可享受一次性生育补贴：流产400元、顺产2 400元、难产和多胞胎生育4 000元；对参加生育保险的男职工，其配偶未列入生育保险范围，符合计划生育规定生育第一胎时，可享受50%的一次性生育补贴。

(5) 计划生育手术费，包括因计划生育需要实施放置（取出）宫内节育器、流产术、引产术、皮埋术、绝育及复通手术所发生的费用，列入生育保险基金结付范围。女职工实施节育手术引起的并发症，经计划生育主管部门和劳动鉴定委员会鉴定，并确认是由节育手术引起的，其医疗期间的医疗费用全部予以报销，工资按标准支付。

(6) 女职工生育享受产假。在“全面二孩”政策正式落地前，我国实施的产假标准依据的是2012年4月28日国务院发布的《女职工劳动保护特别规定》。该规定将女职工生育享受的产假由90天延长至98天，并规范了相关待遇。2016年1月1日，“全面二孩”政策正式实施后，全国30多个省(自治区、直辖市)已经在98天产假的基础上增加了生育奖励假或延长产假，普遍达到138~158天，并有男方陪护假或护理假，一般为15~30天。

此外，妇女在分娩、节育时，有可能出现一些医疗、医药责任事故和其他因素造成的妇女和婴儿的残疾或死亡，我国各地还普遍开展了“分娩、节育保险”和“母婴安康保险”。

二、失业保险

(一) 失业与失业保险的概念

对失业的理解有广义和狭义两种。广义的失业包括自愿失业和非自愿失业。非自愿失业者是有劳动能力与劳动意愿而未能在劳动力市场上找到工作的人。非自愿失业者由于非本人所能控制的原因失业后，其收入受到损失并因此影响其生活状况。这里采用国际上通用的非自愿失业标准。

失业保险是国家通过立法对劳动者因遭受本人所不能控制的失业风险而暂时失去收入时，提供一定物质帮助以维持其基本生活的一种社会保险。目前全世界实施失业保险的国家约40多个，其中约80%是第二次世界大战以后实施的。究其原因是因为失业已成为社会问题，必须由社会解决。从而，失业保险成为社会保险的一个重要险种。

(二) 我国的失业保险

中华人民共和国成立后，1950年6月政务院公布了《救济失业工人暂行办法》，对失业保险基金的筹措渠道和保险范围做了明确规定：从三个渠道筹措失业保险基金，即国有企业、私有企业按职工工资总额的1%缴纳保险费；职工个人按工资额的1%缴纳保险费；政府拨款和各界赞助。保障范围为国有、私有企业与码头运输业失业的职工以及文教部门失业人员。但后来认为，失业是资本主义的产物，在社会主义条件下人民已成为国家的主人，不存在失业问题，也就没有必要搞失业保险，因而，自1958年起我国原有的失业保险制度不再发生效力。但在实际中，有一部分人没有工作，这与没有失业不相符，于是将这一现象解释为待业，即等待工作的意思，并且仅限于城镇待业人员，并认为城镇待业人员是在劳动年龄内、有劳动能力，无业而要求就业并在城镇基层政权组织进行登记的人员，包括城镇年满16岁至25岁的初高中生未能升学、参军的社会青年和年龄在25岁至男50岁、女45岁以下的其他待业人员。显然，我国对待业人员的界定，无论从年龄或地域范围均大大小于失业的范围。直到1978年改革开放后，才认识到失业是市场经济条件下竞争的不可避免的产物，并开始逐步重视失业保险。

我国失业保险制度的真正建立是在1986年。1986年7月12日，国务院颁布了《国有企业职工待业保险暂行规定》，明确规定对国有企业职工实行职工待业保险制度。当时建立失业保险制度的主要目的之一是配合国有企业改革和劳动制度改革。

1986—1993年是我国失业保险制度的形成和初步运行时期。1993年4月，国务院发布了《国有企业职工待业保险规定》,这一规定的发布和实施标志着我国失业保险制度进入了正常运行时期,也进一步完善了我国的失业保险制度。近几年来,一些地方根据本地情况,扩大了失业保险的覆盖范围,将城镇集体企业、外商投资企业、私营企业及其职工,部分机关、社会团体和事业单位及其职工也纳入了失业保险的范围。为了增强失业保险基金的承受能力,部分省市还实行了个人缴费。

1995 年 1 月 1 日起施行的《中华人民共和国劳动法》第 70 条、第 73 条均已明确提到“失业”保险问题,标志着我国失业保险逐步规范化和法制化。我国失业保险制度自 1986 年建立至今,已有 30 余年的发展历史。在这期间,失业保险制度发挥了多方面的积极作用:第一,有效地保障了失业人员的基本生活;第二,促进了失业人员再就业;第三,支持了企业改革。但其还不能完全适应建立社会主义市场经济体制,深化国有企业改革和建立现代企业制度的要求,并存在一些问题:一是适用范围窄,只是在国有企业和企业化管理的事业单位实行;二是基金承受能力较弱;三是统筹程度不高,失业保险基金主要实行市县统筹,不能完全发挥失业保险社会互济的功能。2010 年 10 月 28 日第 11 届全国人民代表大会常务委员会第 17 次会议通过的《社会保险法》中关于失业保险的规定,揭开了我国失业保险的新篇章,将失业保险作为法律的层面实施,具有极其重大的现实意义。

(三) 我国现行失业保险的主要内容

根据我国 2010 年颁布的《社会保险法》,结合 1999 年我国颁布的《失业保险条例》,我国现行失业保险的主要内容包括以下几方面。

1. 失业保险的范围

按《失业保险条例》,目前我国失业保险的实施范围包括国有企业、城镇集体企业、外商投资企业、港澳台投资企业、城镇私营企业以及其他城镇企业。从单位来讲,城镇的国有企业、集体企业、外商投资企业、港澳台投资企业、私营企业等各类企业,以及事业单位都必须参加失业保险并按规定缴纳失业保险费;从个人来讲,上述单位的职工也要按规定缴纳失业保险费,失业后符合条件的可以享受失业保险待遇。社会团体及其专职人员、民办非企业单位及其职工、城镇中有雇工的个体工商户及其雇工是否适用《失业保险条例》,由各省级人民政府确定。根据《社会保险法》的规定,失业保险的范围也同样限于职工。

2. 失业保险所需资金的来源和失业保险费的缴纳

按《失业保险条例》,失业保险所需资金来源于四个部分:失业保险费,包括单位缴纳和个人缴纳两部分,这是基金的主要来源;财政补贴,这是政府负担的一部分;基金利息,这是基金存入银行和购买国债的收益部分;其他资金,主要是指对不按期缴纳失业保险费的单位征收的滞纳金等。失业保险费由城镇企业事业单位按照本单位工资总额的 2% 缴纳,城镇企业事业单位职工按照本人工资的 1% 缴纳。城镇企业事业单位招用的农民合同制工人本人不缴纳失业保险费。

失业保险费的基本缴费人是用人单位和职工。我国《社会保险法》第 44 条规定:“职工应当参加失业保险,由用人单位和职工按照国家规定共同缴纳失业保险费。”[①]

---

① 本书认为失业风险属于系统性风险,属于社会风险,并非个人所能控制,并且在很大程度上与政府的政策关联;同时,用人单位和个人已经缴纳一定的税收,因此,政府应该承担其中的一部分。

3. 失业保险的条件

我国《社会保险法》第45条规定："失业人员符合下列条件的，从失业保险基金中领取失业保险费：（一）失业前用人单位和本人已经缴纳失业保险费满一年的；（二）非因本人意愿中断就业的；（三）已经进行失业登记，并有求职要求的。"失业人员在领取失业保险金期间，按照规定同时享受其他失业保险待遇。

关于领取失业保险金的程序，《社会保险法》第50条规定：用人单位应当及时为失业人员出具终止或者解除劳动关系的证明，并将失业人员的名单自终止或者解除劳动关系之日起15日内告知社会保险经办机构。失业人员应当持本单位为其出具的终止或者解除劳动关系的证明，及时到指定的公共就业服务机构办理失业登记。失业人员凭失业登记证明和个人身份证明，到社会保险经办机构办理领取失业保险金的手续。失业保险金领取期限自办理失业登记之日起计算。

失业人员在领取失业保险金期间重新就业的；应征服兵役的；移居境外的；享受基本养老保险待遇的；无正当理由，拒不接受当地人民政府指定部门或者机构介绍的适当工作或者提供的培训的，则应当停止领取失业保险金，并同时停止享受其他失业保险待遇。

4. 失业保险期限

失业保险金的领取时间是由失业人员失业前所在单位和本人按照规定累计缴费时间决定的，累计缴费时间满1年不足5年的领取失业保险金的期限最长为12个月；累计缴费时间满5年不足10年的领取失业保险金的期限最长为18个月；累计缴费时间为10年以上的，领取失业保险金的最长期限为24个月。

5. 失业保险金的标准

我国《社会保险法》第47条规定："失业保险金的标准，由省、自治区、直辖市人民政府确定，不得低于城市居民最低生活保障标准。"具体来说，包括按月领取的失业保险金，领取失业保险金期间的医疗补助金，领取失业保险金期间死亡的失业人员的丧葬补助金及其供养的配偶、直系亲属的抚恤金。另外，还可以为失业人员在领取失业保险金期间开展职业培训、职业介绍或给予接受职业培训、职业介绍的本人补贴，以帮助失业人员实现再就业，并减轻失业人员的经济负担。医疗补助金的标准由省级人民政府规定。丧葬补助金和抚恤金的标准应参照对当地职工的规定办理，一次性发放。重新就业后，再次失业的，缴费时间重新计算，领取失业保险金的期限与前次失业应当领取而尚未领取的失业保险金的期限合并计算，最长不超过24个月。

另外，《失业保险条例》还对哪个机构负责失业保险工作、失业保险基金如何统筹和管理、对违法行为如何处罚等方面作了规定。

三、工伤保险

（一）工伤保险的概念

工伤保险是国家通过立法对被保险人因生产、工作中遭受意外事故或职业病伤害提供一定物质帮助以维持其基本生活的一种社会保险。

（二）我国的工伤保险

我国自2004年1月1日起施行《工伤保险条例》。2010年12月8日，国务院常务会议通过《国务院关于修改〈工伤保险条例〉的决定》。根据上述规定，我国工伤保险适用于各类企业、事业单位、社会团体、民办非企业单位、基金会、律师事务所、会计师事务所等组织的职工和个体工商户的雇工。工伤保险待遇主要包括以下几个方面：职工因工作遭受事故伤害或者患职业病进行治疗，享受工伤医疗待遇；职工因工作遭受事故伤害或者患职业病需要暂停工作接受工伤医疗的，在停工留薪期内，原工资福利待遇不变；工伤职工已经评定伤残等级并经劳动能力鉴定委员会确认需要生活护理的，从工伤保险基金按月支付生活护理费；职工因工致残的按照伤残等级享受补助金和津贴；工伤职工因日常生活或者就业需要必须安置假肢等辅助器具的，所需费用按照国家规定的标准从工伤保险基金支付；职工因工死亡，其直系亲属按照规定从工伤保险基金领取丧葬补助金、供养亲属抚恤金和一次性因工死亡补助金等。

（三）我国现行工伤保险的主要内容

根据我国《社会保险法》和《工伤保险条例》的规定，工伤保险的保险费，应由用人单位缴纳工伤保险费，职工不缴纳工伤保险费。因为工伤是雇员在用人单位务工而受伤，理应由用人单位支付其保险费。当然，国家应根据不同行业的工伤风险程度确定行业的差别费率，并根据使用工伤保险基金、工伤发生率等情况在每个行业内确定费率档次。行业差别费率和行业内费率档次由社会保险行政部门制定，并报国务院批准后公布施行；社会保险经办机构则根据用人单位使用工伤保险基金、工伤发生率和所属行业费率档次等情况，确定用人单位缴费费率。用人单位应当按照本单位职工工资总额，根据社会保险经办机构确定的费率缴纳工伤保险费。

工伤保险的条件和待遇为：职工因工作原因受到事故伤害或者患职业病，且经工伤认定的，享受工伤保险待遇；其中，经劳动能力鉴定丧失劳动能力的，享受伤残待遇。

根据性质不同，在我国，工伤保险费用的支付分为两条途径。一种是按照国家规定从工伤保险基金中支付，包括因工伤发生的下列费用：治疗工伤的医疗费用和康复费用；住院伙食补助费；到统筹地区以外就医的交通食宿费；安装配置伤残辅助器具所需费用；生活不能自理的，经劳动能力鉴定委员会确认的生活护理费；一次性伤残补助金和一至四级伤残职工按月领取的伤残津贴；终止或者解除劳动合同时，应当享受的一次性医疗补助金；因工死亡的，其遗属领取的丧葬补助金、供养亲属抚恤金和因工死亡补助金；劳动能力鉴定费。另一种是按照国家规定由用人单位支付，包括因工伤发生的下列费用：治疗工伤期间的工资福利；五级、六级伤残职工按月领取的伤残津贴；终止或者解除劳动合同时，应当享受的一次性伤残就业补助金。

职工所在用人单位未依法缴纳工伤保险费，发生工伤事故的，由用人单位支付工伤保险待遇。用人单位不支付的，从工伤保险基金中先行支付。但从工伤保险基金中先行支付的工伤保险待遇应当由用人单位偿还。用人单位不偿还的，社会保险经办机构可依法追偿。

对于工伤职工符合领取基本养老金条件的，停发伤残津贴，享受基本养老保险待遇。基本养老保险待遇低于伤残津贴的，从工伤保险基金中补足差额。

工伤职工有下列情形之一的，停止享受工伤保险待遇：丧失享受待遇条件的；拒不接受劳动能力鉴定的；拒绝治疗的。而职工因下列情形之一导致本人在工作中伤亡的，不认定为工伤：

故意犯罪；醉酒或者吸毒；自残或者自杀；法律、行政法规规定的其他情形。

四、医疗保险

医疗保险是社会保险中最古老的保险项目，首创于德国。1883 年 12 月 1 日，德国《疾病保险法》正式实施。随着社会的进步，人们对疾病影响的处理观念有了改变，由治疗转向保健。这种观念的转变主要表现在现今各国制定的社会保险法规中，一般称医疗社会保险为健康社会保险，也有些国家称之为国民健康保险，旨在将健康保险的对象覆盖到全体国民，如英国和日本实施的国民健康保险制度，常称为全民健康保险制度。

（一）医疗保险内容和范围

1. 医疗保险的含义

医疗保险是国家通过立法对被保险人非因工疾病或患病或伤残而暂时丧失劳动能力、失去收入时，提供一定物质帮助以维持其基本生活的一种社会保险。

医疗保险所保障的风险是一般疾病、患病和伤残。其中，疾病或患病系劳动者自身身体所致，并非职业病；伤残是指非工伤致残丧失劳动能力，其发病、致残原因与劳动无直接关系。医疗保险的保障对象一般是劳动者，也有的包括家属；其给付条件是劳动者因疾病丧失劳动能力、失去收入；其给付形式可以是现金给付或医疗给付。由于医疗保险是社会保险制度中涉及面广、社会作用大的项目，同时医疗保险的难度也大，因而，该保险属于福利性质和救济性质的社会保险。

实行医疗保险可以为病伤劳动者弥补收入损失，恢复劳动能力，重返生产和工作岗位。从而，有利于保障劳动者及家属的生活稳定；有利于提高国民健康水平；有利于维持劳动力的再生产；有利于经济发展和社会进步。

2. 医疗保险的基金来源

由于疾病、患病或非工伤残系劳动者自身的身体素质所致，与其工作或社会经济因素没有必然联系，因而，实行医疗保险所需的经费主要来源于被保险人和雇员，政府一般只提供少量的补助或不提供补助（对所有居民实行普遍免费医疗服务的国家，其医疗费用由政府从一般税收中拨付，或征收国民健康服务费）。实行国民保健服务方式的，其经费全部或大部分来自国家税收和地方税收。但不同国家雇主、被保险人和政府三方各自通常负担的保险费比例不同。

（二）我国医疗保险制度

在 1949 年后，我国根据劳动者从事的工作性质不同，对医疗保险采用“双轨”制，即医疗保险分为国有企业单位职工的医疗社会保险和国家机关、事业单位工作人员的医疗社会保险，也就是通常所说的劳保医疗和公费医疗。

1998 年 12 月，国务院决定在全国范围内进行城镇职工医疗保险制度改革，颁布了《国务院关于建立城镇职工基本医疗保险制度的决定》。该决定扩大了原医疗保险制度的覆盖范围，包括企业（国有企业、集体企业、外商投资企业、私营企业等）、机关、事业单位、社会团体、民办非企业单位及其职工。基本医疗保险费由用人单位和职工共同缴纳，用人单位缴费率应控制在职工工资总额的 6% 左右，职工缴费率一般为本人工资收入的 2%。基本医疗保险基金由统筹基金和个人账户组成。职工个人缴纳的基本医疗保险费全部计入个人账户。用人单位缴纳的基本医疗保险费分为两部分，一部分用于建立统筹基金，一部分划入个人账户。

在我国，社会医疗保险成为基本医疗保险，其保障对象包括：职工；无雇工的个体工商户、未在用人单位参加职工基本医疗保险的非全日制从业人员以及其他灵活就业人员；农村人口；城镇居民。由于适用对象不同，适用的规定有所不同，对前二者适用职工基本医疗保险制度；对于城镇居民和农村人口则适用城乡居民基本医疗保险制度①。

由于适用对象不同，其缴纳保险费的对象也不同，我国《社会保险法》规定：职工应当参加职工基本医疗保险，由用人单位和职工按照国家规定共同缴纳基本医疗保险费；无雇工的个体工商户、未在用人单位参加职工基本医疗保险的非全日制从业人员以及其他灵活就业人员可以参加职工基本医疗保险，由个人按照国家规定缴纳基本医疗保险费。城乡居民基本医疗保险实行个人缴费和政府补贴相结合、个人缴费标准与城乡居民人均可支配收入相衔接的机制。

对于参加职工基本医疗保险的个人，达到法定退休年龄时累计缴费达到国家规定年限的，退休后不再缴纳基本医疗保险费，按照国家规定享受基本医疗保险待遇；未达到国家规定年限的，可以缴费至国家规定年限。符合基本医疗保险药品目录、诊疗项目、医疗服务设施标准以及急诊、抢救的医疗费用，按照国家规定从基本医疗保险基金中支付。参保人员医疗费用中应当由基本医疗保险基金支付的部分，由社会保险经办机构与医疗机构、药品经营单位直接结算。社会保险行政部门和卫生行政部门应当建立异地就医医疗费用结算制度，方便参保人员享受基本医疗保险待遇。

但是，下列医疗费用不纳入基本医疗保险基金支付范围：应当从工伤保险基金中支付的；应当由第三人负担的；应当由公共卫生负担的；在境外就医的。医疗费用依法应当由第三人负担，第三人不支付或者无法确定第三人的，由基本医疗保险基金先行支付。基本医疗保险基金先行支付后，有权向第三人追偿。

五、养老保险

（一）养老保险及其特征

养老保险是国家通过立法对劳动者因达到规定的年龄界限而解除劳动义务，由国家提供一定物质帮助以维持其基本生活的一种社会保险。

养老保险属于国民收入再分配的范畴。一个国家有无养老保险，养老保险制度是否完备，与其生产力发展水平有着极大的关系。养老保险一般是通过建立离休、退休制度来实现，并以国家立法加以保证。

（二）养老保险资金筹措模式

世界社会保障发展到今天，从养老保险的角度来看，资金筹集模式有三种：一是现收现付制，二是基金积累制，三是现收现付制与基金积累制相结合的部分积累制。

---

① 城乡居民基本医疗保险制度是整合城镇居民基本医疗保险和新型农村合作医疗两项制度而成的。国务院2016年1月12日发布《国务院关于整合城乡居民基本医疗保险制度的意见》，要求各省（自治区、直辖市）于2016年6月底前对整合城乡居民医保工作作出规划和部署，各统筹地区于2016年12月底前出台具体实施方案。

1. 现收现付制

现收现付制是指从全社会的角度来说，把今天的缴费用于今天社会保障的养老、失业和医疗需求，今天具有从事经济活动的人为今天那些没能参与经济活动的人提供经济支持，而不必对未来进行储备积累。虽然终有一天他们也会不再参与经济活动，但在这种社会保障制度下，那些正在参与经济活动的劳动者，按法律的要求提供给这些曾经为社会保障体系做过付出的人以经济支持。现收现付制要求先确定近年内可能支付的养老保险费总额，然后，以此为参考依据，制定出参加养老保险的投保人应缴纳的保险费标准，并以筹集到的养老资金来支付退休人员的养老金。现收现付制实际上是一种静态平衡模式。

2. 基金积累制

基金积累制又称个人账户制度，是指社会成员在具有劳动能力的时候，从参与经济活动创造的财富中，按法律的要求拿出一部分，为自己将来的退休养老基金、医疗保障和失业等积累后备金。社会成员在从业期间所缴纳的保险费，与退休后所享受的养老待遇是有着密切联系。国家通过立法，采用强制性措施，要求每一个社会劳动者参加国家或社会其他机构举办的养老保险，在劳动就业期间，按规定的时间和缴费办法缴纳养老保险费，年老退休后，所有缴费人有权根据自己工作年限的长短以及缴纳的数额，定期地或一次性地领取养老金。不过，作为储备基金的费用不是全由个人负担，其中有相当一部分是雇主或企业负担的，还有一部分来自国家的补助。

3. 部分积累制

部分积累制，是介乎于现收现付和基金积累两种模式之间的养老保险资金筹集模式。它具有两种模式的长处，与此同时，又回避两者的短处，也正因此，它受到重视。部分积累制集基金积累制与现收现付制于一身，对已退休人员，实行现收现付制；对新参加投保的劳动者实行基金积累制。

总之，现收现付制、基金积累制、介于二者之间的混合制，都是养老保险的财务管理模式。至于采用哪一种办法，需要从具体的社会情况出发，不存在绝对的标准。

（三）我国的养老保险

新中国成立不久，1951 年就颁布了《中华人民共和国劳动保险条例》，规定对城镇企业职工实行养老保险。接着，又对国家机关、事业单位和人民团体也实行养老保险，以与企业职工养老保险相衔接。进入 20 世纪 90 年代，我国又决定在农村地区实施养老保险，先在乡镇企业以及富裕农村地区展开。至此，我国才建立了覆盖城乡的养老保险网络。

1995 年，国务院颁布《国务院关于深化企业职工养老保险制度改革的通知》，制定了社会统筹与个人账户相结合的养老保险制度改革方案，建立了职工基本养老保险个人账户。1997 年国务院又颁布《国务院关于建立统一的企业职工基本养老保险制度的决定》，决定到 20 世纪末，要基本建立起适应社会主义市场经济体制要求，适用城镇各类企业职工和个体劳动者，资金来源多渠道，保障方式多层次，社会统筹与个人账户相结合，权利与义务相对应，管理服务社会化的养老保险体系。

根据我国《社会保险法》的规定，我国的社会养老保险称为基本养老保险。其具体内容为，将保障对象分为：职工；无雇工的个体工商户、未在用人单位参加基本养老保险的非全日制从业人员以及其他灵活就业人员；农村人口；城镇居民。相应地，其适用的保险制度也不同。对于前二者,适用基本养老保险制度;城镇居民和农村人口适用城乡居民社会养老保险制度①。而公务员和参照公务员法管理的工作人员养老保险的办法,则由国务院规定。

社会保险费的缴纳根据不同情况区别处理:职工参加基本养老保险,由用人单位和职工共同缴纳基本养老保险费;无雇工的个体工商户、未在用人单位参加基本养老保险的非全日制从业人员以及其他灵活就业人员可以参加基本养老保险,由个人缴纳基本养老保险费。

基本养老保险实行社会统筹与个人账户相结合。基本养老保险基金由用人单位和个人缴费以及政府补贴等组成。用人单位应当按照国家规定的本单位职工工资总额的比例缴纳基本养老保险费,记入基本养老保险统筹基金;职工则应当按照国家规定的本人工资的比例缴纳基本养老保险费,记入个人账户;无雇工的个体工商户、未在用人单位参加基本养老保险的非全日制从业人员以及其他灵活就业人员参加基本养老保险的,应当按照国家规定缴纳基本养老保险费,分别记入基本养老保险统筹基金和个人账户。而对于国有企业、事业单位职工参加基本养老保险前,视同缴费年限期间应当缴纳的基本养老保险费由政府承担。基本养老保险基金出现支付不足时,政府给予补贴。个人账户不得提前支取,记账利率不得低于银行定期存款利率,免征利息税。个人死亡的,个人账户余额可以继承。

对于养老金的支付,基本养老金由统筹养老金和个人账户养老金组成。基本养老金根据个人累计缴费年限、缴费工资、当地职工平均工资、个人账户金额、城镇人口平均预期寿命等因素确定。参加基本养老保险的个人,达到法定退休年龄时累计缴费满 15 年的,按月领取基本养老金;达到法定退休年龄时累计缴费不足 15 年的,可以缴费至满 15 年,按月领取基本养老金,也可以转入新型农村社会养老保险或者城镇居民社会养老保险,按照国务院规定享受相应的养老保险待遇;因病或者非因工死亡的,其遗属可以领取丧葬补助金和抚恤金;在未达到法定退休年龄时因病或者非因工致残完全丧失劳动能力的,可以领取病残津贴。所需资金从基本养老保险基金中支付。

为了应对工资增长和物价上涨因素,以便养老金水平不降低,国家建立基本养老金正常调整机制,根据职工平均工资增长、物价上涨情况,适时提高基本养老保险待遇水平。

① 城乡居民基本养老保险的前身是新型农村社会养老保险和城镇居民社会养老保险。由于两种制度极为相似,2014 年 2 月 7 日,国务院常务会议决定将两者合并,建立统一的城乡居民基本社会养老保险制度。

第十三章 保险市场与保险监管

第一节 保 险 市 场

一、保险市场的构成与类型

(一) 保险市场的要素

保险市场(Insurance Market)是市场的一种形式。由于市场有广义的市场和狭义的市场之分,保险市场也就有广义和狭义之分。狭义的保险市场是保险商品交换的场所;广义的保险市场是保险商品交换关系的总和。

保险市场一般由保险主体、保险商品和保险价格三个要素构成。一个完整的保险市场,其市场主体一般由投保人、保险人和保险中介人三方构成。投保人是保险需求者,是保险商品的买者;保险人是保险供给者,是保险商品的卖者;保险中介人是为保险商品的交易提供中介服务的人,主要包括保险代理人、保险经纪人和保险公估人。在现代保险市场上,保险商品交易的一般方式如图 13-1 所示。

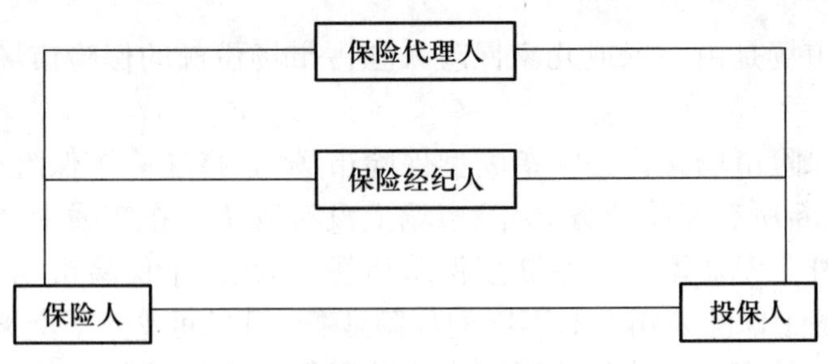

图 13-1　保险营销渠道图

保险市场展业有三种方式:保险人直接展业、保险代理人展业和保险经纪人展业。采用何种展业方式,应视一国保险业的监管制度、经济发展水平及惯例而定。英国的保险展业以保险经纪人为主;日本在 1996 年实施新的保险业法以前,以保险代理人展业为主,1996 年允许成立保险经纪人,才开始有保险经纪人参与保险展业;美国则保险代理人与经纪人展业并存,但以代理人展业为主。无论何种形式,这些国家的保险中介人展业已占 80% 以上。我国也存在保险代理人与保险经纪人展业,但目前保险代理人展业占 70% 以上。

保险商品是保险市场的客体,是保险人向被保险人提供的在保险事故发生时给予经济保障的承诺。其形式是保险合同。保险合同实际是保险商品的载体,其内容是保险事故发生时提供经济保障的承诺。保险费率是保险商品的价格,是被保险人为取得保险保障而由投保人向保险人支付的价金。

(二)保险市场的类型

现代保险市场可按不同的标志分类,但一般有如下主要分类。

1. 原保险市场和再保险市场

这是按保险业务承保的程序进行的分类。原保险市场亦称直接业务市场,是保险人与投保人之间通过订立保险合同而直接建立保险关系的市场;再保险市场亦称分保市场,是原保险人将已经承保的直接业务通过再保险合同转分给再保险人的方式形成保险关系的市场。

2. 人身保险市场和财产保险市场

这是按照保险业务性质进行的分类。人身保险市场是专门为社会公民提供各种人身保险商品的市场;财产保险市场是从事各种财产保险商品交易的市场。在西方国家,前者称为寿险市场,后者称为非寿险市场。

3. 国内业务市场和国际保险市场

这是按保险业务活动的空间进行的分类。国内业务市场是专门为本国境内提供各种保险商品的市场,按经营区域范围又可分为全国性保险市场和区域性保险市场;国际保险市场是国内保险人经营国外保险业务的保险市场。

4. 垄断型保险市场、自由竞争型保险市场和垄断竞争型保险市场

这是按保险市场的竞争程度进行的分类。① 其中:

(1) 自由竞争型保险市场是保险市场上存在数量众多的保险人、保险商品交易完全自由、价值规律和市场供求规律充分发挥作用的保险市场,如西方发达国家早期的保险市场大致属于这种类型。

(2) 垄断型保险市场是由一家或几家保险人独占市场份额的保险市场,包括完全垄断型和寡头垄断型保险市场。

① 完全垄断型保险市场又称独家垄断型保险市场,是指在一个保险市场上只有一家或者少数几家保险公司垄断所有保险业务,保险市场上没有竞争。在实践中,完全垄断型保险市场有两种变通形式;一种是专业型完全垄断型保险市场,即在一个保险市场上同时存在两家或两家以上的保险公司,各个保险公司垄断不同的保险业务,相互间业务不交叉,从而保持完全垄断市场的基本性质;另一种变通形式是地区型完全垄断保险市场,即在一国保险市场上两家或两家以上的保险公司,它们分别垄断不同地区的保险业务,相互间业务没有交叉。完全垄断型保险市场在目前世界几乎不复存在。

② 寡头垄断型保险市场是以大保险公司为主的寡头保险市场结构,其特点是市场被数目不多但规模较大的保险公司所分割。如 1996 年位居第 2 大保险市场的日本,占全世界保费收入的 24.67%,其中产险占 12.39%,寿险占 34.5%,但只有 39 家寿险公司、51 家产险公司、5 家再保险

---

① 王绪瑾 . 中国保险市场的研究 . 北京工商大学学报(社科版),2003(1)。

公司;位居第6大保险市场的韩国,只有51家保险公司,前4大保险公司的市场份额32.6%。该保险市场模式有一个十分明显的特点,即保险监管机关对市场规模控制得非常严格,新公司难以进入市场,保险市场的结构较为稳定。该市场模式在日本较为典型。它一方面有利于市场的稳定,另一方面也有利于促进市场竞争,尤其在近几年日本8家保险公司破产的情况下,由于有大型保险公司接管,从而保证了市场的稳定。

(3) 垄断竞争型保险市场是指在一个保险市场上存在大量的保险公司,并且大小保险公司在自由竞争中并存,少数大公司在保险市场中分别具有某种业务的局部垄断地位的保险市场。以大、小保险公司混合存在的垄断竞争型市场模式则较为普遍,如位居第1的美国保险市场就是该模式,以英国为主的欧洲国家大多具有垄断竞争型市场模式。如1998年德国、英国、美国前10家非寿险公司的市场份额分别为59%、55%、45%,至于寿险市场,则集中度更高。

我国目前的保险市场属于寡头垄断型保险市场。在封闭型经济条件下,寡头垄断型模式是中国保险市场模式的理想选择,它既能促进竞争,又能保证市场的稳定;而在开放型经济条件下,中国保险市场的理想模式将是垄断竞争型保险市场模式。其基本依据在于保险公司自身特点、规模经济、经济全球化带来的国际竞争,均要求有一定规模的公司稳定市场;同时,根据我国的国情、入世承诺、促进竞争、改善服务,均要求和可能使保险公司的数量迅速增加;同时,借鉴国际保险市场的发展趋势,均说明我国未来的保险市场模式应当为垄断竞争型市场模式。①

二、保险市场的需求与供给

(一) 保险市场的需求

保险需求是全社会在一定时期内购买保险商品的货币支付能力。它包括保险商品的总量需求和结构需求。保险商品的结构需求是各类保险商品占保险商品需求总量的比重,如财产保险保费收入占全部保费收入的比率、财产保险和人身保险各自内部的结构。影响保险需求的因素较多,主要有以下几方面。

1. 风险因素

保险商品服务的具体内容是各种客观风险。无风险,则无保险。因此风险的客观存在是保险需求产生的前提。保险需求总量与风险因素存在的程度成正比:风险因素存在的程度越大、范围越广,保险需求的总量也就越大;反之,保险需求量就越小。

2. 社会经济与收入水平

保险是社会生产力发展到一定阶段的产物,并且随着社会生产力的发展而发展。一方面,经济发展带来保险需求的增加;另一方面,收入水平的提高也会带来保险商品需求总量和结构的变化。衡量保险需求量变化对收入变化反映程度的指标是保险需求收入弹性。它是需求变化的百分数与收入变化的百分数之比,表示收入变化对需求变化影响的程度。保险需求的收入弹性一般大于1,即收入的增长引起对保险需求更大比例的增长。但不同险种的收入弹性不同。

---

① 参见:Wang Xujin, Lina. Trends in the Chinese Insurance Market Structure. The Journal of Risk Management and Insurance, 2002(7);王绪瑾.中国保险市场模式的选择.保险研究,2007(12)。

3. 保险商品价格

保险商品的价格是保险费率。保险需求主要取决于可支付保险费的数量。保险费率与保险需求一般成反比例关系:保险费率愈高,则保险需求量愈小;反之,则愈大。衡量保险需求量变化对保险商品价格变化反映程度的指标是保险需求的价格弹性,它是保险商品需求变化的百分数与保险商品价格变化的百分数之比,表示保险价格变化对保险商品需求变化影响的程度。不同险种的价格弹性不同。

4. 人口因素

人口因素包括人口总量和人口结构。保险业的发展与人口状况有着密切联系。人口总量与人身保险的需求成正比,在其他因素一定的条件下,人口总量越大,对保险需求的总量也就越多,反之就越少。人口结构主要包括年龄结构、职业结构、文化结构、民族结构。由于年龄风险、职业风险、文化程度和民族习惯不同,对保险商品需求也就不同。

5. 市场经济的发展程度

商业保险是市场经济的重要要素,同时,市场经济又是商业保险的前提,市场经济的发展程度与保险需求成正比,市场经济越发达,则保险需求越大;反之,则越小。

6. 强制保险的实施

强制保险是政府以法律或行政的手段强制实施的保险保障方式。凡在规定范围内的被保险人都必须投保,因此,强制保险的实施,人为地扩大了保险需求。

此外,利率水平的变化,对储蓄型保险商品也有一定的影响。

(二) 保险市场的供给

保险供给是保险人在一定时期内通过保险市场可能提供给全社会的保险商品数量。保险供给包括供给总量和供给结构。保险商品供给结构体现为险种结构,即某种保险品种所提供的经济保障的额度;供给总量是指全社会所提供的保险供给的总量,即全社会的所有保险人对社会经济所担负的保险责任的总量,亦即所有承保的保险金额之和。影响保险供给的因素主要有:

1. 保险资本量

保险供给是由全社会的保险公司和其他保险组织所提供的,而保险公司经营保险业务必须有一定数量的经营资本。在一定时期内,社会总资本的量是一定的。因而能用于经营保险的资本量在客观上也是一定的。因此,这个有限的资本量在客观上制约着保险供给的总规模。在一般情况下,可用于经营保险业的资本量与保险经营供给成正比关系。

2. 保险供给者的数量和素质

通常保险供给者的数量越多,意味着保险供给量越大。在现代社会中,保险供给不但要讲求数量,还要讲求质量,质量的提高,关键在于提高保险供给者的素质。保险供给者素质高,许多新险种就容易开发出来,推广得出去,从而能够扩大保险供给。

3. 经营管理水平

由于保险业本身的特点,在经营管理上要有相当的专业水平和技术水平,即在风险管理、险种设计、业务选择、再保险分出分入、准备金的提存、费率厘定以及人事管理和法律知识等方面均要具有一定的水平。其中任何一项水平的高低,都会影响保险的供给,因而保险公司经营管理水平与保险供给成正比关系。

4. 保险商品价格

保险供给是通过保险市场进行的。由于在保险成本及其他因素一定的条件下，保险商品价格越高，则保险营业利润率越高，从理论上讲，保险商品价格与保险供给成正比：保险商品价格愈高，则保险商品供给量愈大；反之，则愈小。衡量保险供给量变化对保险商品价格变化敏感程度的指标是保险供给的价格弹性，它是保险商品供给量变化的百分数与保险商品价格变化的百分数之比，表示保险价格变化对保险商品供给变化影响的程度。

5. 保险成本

保险成本一般包括赔付的保险金、营业费用（含佣金、工资、房屋的租金、管理费用等）和营业税收。在一般情况下，保险成本与保险供给成反比例关系，保险成本愈高，保险供给量就愈小；反之，保险供给量就愈大。对保险人来说，如果保险成本低，在保险费率一定时，所获的利润就多，那么保险人对保险业的投资就会扩大，保险供给量就会增加。

6. 保险市场竞争

保险市场竞争对保险供给的影响是多方面的。保险竞争的结果，会引起保险公司数量上的增加或减少，从总的方面来看，公司增加，竞争加剧则会增加保险供给；同时，保险竞争使保险人改善经营管理，提高服务质量，开辟新险种，从而扩大保险供给。

7. 政府的政策

政府的政策在很大程度上决定保险业的发展，决定保险经营的性质，决定保险市场竞争的性质，决定保险业的发展方向。如果政府对保险业采用扶持政策，则保险供给增加；反之，若采取限制发展的政策，则保险供给减少。①

第二节　保险经营组织

一、保险经营组织的形式

保险经营组织的形式，是指依法设立、登记，并以经营保险为业的机构。在国外，保险组织形式多种多样。就其经营主体而言，可分为公营保险组织和民营组织；就其经营目的而言，可分为营利性保险组织和非营利性保险组织。公营保险组织是由政府或其他公共团体设立的经营保险业务的机构。这种组织通常是非营利性的，其成立主要是为了增加财政收入或实施某项政策。民营保险组织是私人或私法上的团体（即国家机关、企事业单位以外的法人组织）设立的经营保险业务的机构，一般都是以营利为目的。

保险业有不同形式，各国保险业的组织形式一般有：

（一）国有独资保险公司

国有独资保险公司（State-Owned Insurance Company）是国家授权投资机构或部门单独投资设立的保险有限责任公司。其基本特征为：投资者的单一性、财产的全民性、投资者责任的有限性。因为只有一个股东，即出资者只有国家一人，故而也称为“一人保险

① 请扫描右侧二维码观看视频“保险新‘国十条’如何构筑民生保障网”。

公司”;从组织机构上不设立股东会,只设立董事会、总经理和监事会;财产具有特殊性。国有独资公司具有的优点为:资金雄厚,给被保险人以可靠的安全感;多为大规模经营,风险较分散,业务稳定;一般采用固定费率,且费率较低;在公平经营基础上,注重社会效益,有利于实施国家政策。从目前我国已有的保险公司来看,中国出口信用保险公司属于国有独资保险公司;苏联、朝鲜等国家所设立的国家保险局,在一定程度上,也具有国有保险公司的性质。

(二) 股份保险公司

股份保险公司(Capital Stock Insurance Company)又称保险股份有限公司,是将全部资本分成等额股份,股东以其所持股份为限对公司承担责任,公司则以其全部资产对公司债务承担责任的企业法人。其性质为组织资合性、资本股份性。股东以领取股息的办法分配公司所取得的利润。为了保证股份保险公司的稳定经营,各国保险业法对其实收资本的最低限额,一般都有明确的规定。股份有限公司的资本以股东购买股票的形式募集资金,股东以领取股息或红利的办法分配公司的利润,并以自己认购的股份为限对公司的债务负责。

股份有限公司具有分散风险、规模庞大的优点,一般具有雄厚的财力,对被保险人的保障能力较强,因而,许多国家的保险业法也规定,经营保险业者必须采用股份有限公司的形式。股份保险公司的内部组织机构主要由权力机构、经营机构和监督机构三部分组成:股东会是公司的权力机构;公司的经营机构是董事会;监事会是公司的监督机构。

股份保险公司的不足之处在于:① 公司的控制权操纵在股东之手,经营目的是为投资者攫取利润,被保险人的利益往往被忽视;② 对保险金的赔付,往往附以较多的限制性条款;③ 对那些风险较大、利润不高的险种,股份保险公司往往不愿意承保。因此,近几年来,各国股份保险公司相互化的观念与行动日渐普遍。中国人民保险公司、中国人寿保险公司、中国再保险公司均于2003 年由国有独资保险公司改制为股份保险公司。在我国目前,中国人民财产保险股份有限公司、中国人寿保险股份有限公司、中国平安保险(集团)股份有限公司、中国太平洋保险(集团)股份有限公司、新华人寿保险公司、华泰财产保险股份有限公司,均为股份保险公司。

(三) 相互保险组织

相互保险组织是为参加保险的成员之间相互提供保险的一种组织。其组织形式有以下几类。

1. 相互保险公司

相互保险公司(Mutual Insurance Company)是所有参加保险的人为自己办理保险而合作成立的法人组织。它是保险业特有的公司组织形态,为非营利性组织中最重要的一种。虽然它名为公司,但实为非营利组织。其经营方式,多由社员事先缴纳基金;所有社员还得按时缴付保险费,但仅负有限责任;相互保险公司经营如有盈余,因无股东分配,完全由社员共享,或分别摊还,或拨作公积金;社员兼具投保人与保险人双重身份,并且双重身份同时存在;经营目的是为参加该组织投保人谋取福利。相互保险公司较适合于承保保险合同有效期比较长、投保人变动不大的各种人身保险。如列入 2000 年全球 500 强的 48 家保险公司中,相互保险公司占 18 家,其中以日本寿险业的相互保险最为发达。

2. 相互保险社

相互保险社(Mutual Insurance Association)是保险组织的原始形态,但在当今欧美各国仍然相当普遍。其经营范围也十分广泛,涉及海上、火灾、人寿及其他有关险种。它是由一些对某种危险有同一保障要求的人组成的一个集团,当其中某个成员遭受损失时,由其余成员共同分担。日本的县级农业共济组织就属此类;在法国,有 26 000 多个此类地方组织。相互保险社的经营十分简单。

3. 交互保险社

交互保险社(Reciprocal or Interinsurance Exchange)是由若干商人共同组成相互约定交换保险的组织。交互保险社最先创立于 1881 年,是单独存在于美国的一种保险组织的特殊形态。相互保险有法人型与非法人型两大类。法人型的称为相互保险公司,非法人型的则以交互保险社为主。交互保险社的投保人仅以社员为限,互相交换保险也限于社员之间,有相互保险组织的性质。各社员以个人名义在一定金额限度内承担责任,而不是分摊。交互保险社虽为合作保险的一种组织形式,但并非法人或合伙组织。其社员除个人外,还可以是公司或合伙组织。

(四) 个人保险组织

个人保险组织是个人为保险人的组织。该组织主要存在于英国,英国的劳合社(Lloyd's)是世界上最大、历史最悠久的个人保险组织。劳合社实际上不是一家保险公司,而是一个保险市场。劳合社市场上的保险人是劳合社的承保成员,其资格要经过严格的审查。加入劳合社通常需具备:① 经 1 名成员推荐,5 名成员附议;② 愿承担个人的无限责任(自 1994 年起已改为有限责任);③ 个人财产不少于 75 万英镑;④ 经劳合社委员会审查、批准。另外,还应向劳合社管理公司提供不少于 1 万英镑的保证金,具体数额随业务量而定。20 世纪初,劳合社仅有 600 多名成员,但到 1988 年底劳合社注册的成员已达 32 433 人,其中大部分是英国人;其后有逐步减少的趋势,2000 年底劳合社成员为 4 171 人。[①] 劳合社的每个成员就是保险人,他们常常组成承保小组,以组为单位承保,每个成员以其全部财产承担责任(自 1994 年起已改为有限责任)。

在美国也有类似的组织,称为美国劳合社(American Lloyd's)。但由于各州法律都加以限制,有的州还禁止此类组织成立,故其在保险市场中所处地位,远不如英国。

(五) 保险合作社

保险合作社(Insurance Cooperative)是由一些对某种风险具有同一保障要求的人,自愿集股设立的保险组织。它依合作的原则从事保险业务,是同股份有限公司与相互保险公司并存的一种保险组织。它一般属于社团法人,是非营利机构,以较低的保费来满足社员的保险需求,社员与投保人基本上是一体的。

最早的合作保险组织为 1867 年英国的合作保险公司,其后逐渐发展,迄今 30 多个国家有保险合作社这种组织,其中以英国的保险合作社数量最多,范围最大,是世界合作保险的中心。在法国、美国、日本、新加坡等国,保险合作社均有一定的影响。目前,全球具有影响力的保险合作社有美国的蓝十字(Blue Cross)与蓝盾(Blue Shield)协会、加拿大 Co-operators 保险合作社、日本的“全劳济”等。

蓝十字与蓝盾协会是美国颇具有影响力的、提供健康险业务的合作社,在美国有许多人向

---

① LLOYD'S, Best's Rating of Lloyd's, June 2000:29.

该保险组织投保；加拿大Co-operators保险合作社已有50多年历史，现已发展为包括保险公司、资产投资管理公司、电脑服务等成员企业的Co-operators集团；日本的“全劳济”的会员人数约占日本人数的10%，其保费收入占日本市场的11%~20%。“全劳济”的发展一方面与工人运动密切相关；另一方面顺应了市场经济的发展趋势，走市场化、规模化、科学化的道路。20世纪40年代，日本工会运动提出加强工人阶级团结和发挥互济精神，促进了工人共济事业的发展，推动了1957年各县“劳济联”和1976年全国县劳济联合组成的“全劳济”，在市场竞争中发挥了规模经济效益。

一般而言，保险合作社与相互保险公司最早都属于非营利的保险组织。但二者存在区别：

① 保险合作社属于社团法人，而相互保险公司属于企业法人。

② 就经营资金的来源而言，相互保险公司的经营资金为基金；保险合作社的经营资金包括基金和股金。

③ 保险合作社与社员间的关系比较永久，社员认缴股本后，即使不投保仍与合作社保持关系；相互保险公司与社员间，保险关系与社员关系则是一致的，保险关系建立，则社员关系存在；反之，则社员关系终止。

④ 就适用的法律而言，保险合作社主要适用保险法及合作社法的有关规定；相互保险公司主要适用保险法的规定。

当然，由于保险合作社与相互保险公司二者有很多共性，如均为非营利保险组织；保险人相同，投保人即为社员；决策机关相同，均为社员大会或社员代表大会；责任损益的归属相同，均为社员等。

保险合作社一般以人身保险为主，如日本的“全劳济”、新加坡的“职总英康”；有的以健康保险为主，如美国的蓝十字（Blue Cross）与蓝盾（Blue Shield）协会；有的则以财产保险为主，如德国的火灾保险合作社等。

各国或地区的保险合作社都有相应的法律规范约束，如新加坡的保险合作社受合作社法和保险法的规范。对保险合作社的设立有特别的规定，其设立条件常有：社员人数要求，人身保险合作社的人数通常高于财产保险合作社；资本金的要求，通常为股金和基金的要求；高级管理人员的要求；组织机构和管理制度的要求；章程的要求；经营场所和设施的要求。

（六）行业自保组织

行业自保组织是指某一行业或企业为本企业或本系统提供保险保障的组织形式，可以自保公司命名，也可以风险管理部（中心）命名，但常以自保公司命名。欧美国家的许多大型企业集团都有自己的自保公司（Captive Iusurance Company）。行业自保公司是在第一次和第二次世界大战期间首先在英国兴起的，到20世纪50年代，美国也开始出现了这种专业性自保公司。

自保公司一般由其母公司拥有，母公司直接影响并支配其自保公司的运营。自保公司可以直接承保母公司及其下属公司的风险，或者间接地通过为母公司及其下属公司的原保险公司办理再保险，向母公司及其下属公司提供保障。较典型的采用集团自保公司的企业或行业有：大型石油公司集团；大型会计师事务所、审计师事务所、医院与医师。

自保公司具有一般商业保险所具备的优点，但其适用范围有限制，故而不能像商业保险那样普遍采用。其优点在于：第一，降低被保险人的保险成本；第二，增加承保弹性，即自保公司承保业务的伸缩性较大，对于传统保险市场所不愿承保的风险，也可予以承保，以解决母公司风险管理上的困难；第三，减轻税收负担，自保公司设立的重要动机，就在于获得税收方面的利益；第四，加强损失控制，即通过建立自保公司，可以降低商业保险公司经营所引起的道德风险，母公司会更加主动地监督其风险管理方案。

其缺点在于：第一，业务量有限。因现今多数自保公司虽皆接受外来业务，以扩大营业范围，但在本质上其大部分业务仍以母公司为主要来源，危险单位有限，使大数法则难以发挥作用。第二，风险品质较差。因自保公司所承保的业务，多为财产保险及若干不易由传统保险市场获得保障的责任保险，不仅易于导致风险过分集中，且责任保险的风险品质较差，如损失频率高，损失额度大，损失补偿所需的时间常拖延甚久等，增加了业务经营的困难。第三，组织规模简陋。因自保公司通常规模较小，组织较为简陋，不易罗致专业人才，无法采用各种损失预防或财产维护的措施。第四，财务基础脆弱。因其设立资本较小，同时外来业务少，不易分散经营风险，所以财务基础脆弱。为解决财务基础脆弱问题，一般采用再保险，以分散风险。[①]

目前，世界上大部分国家采用的保险组织形式有保险股份有限公司、相互保险公司和保险合作社，同时，在许多国家已有行业自保公司或自保集团。保险组织形式的多元化，在一定条件下将有利于发挥每个保险组织优势互补的功能，满足不同层次的保险需求。

二、保险企业的内部组织结构

保险的业务组织分为内部组织和外部组织。内部组织可分别按职能、业务、区域的不同进行分类。保险企业的外部组织分为保险代理人、保险经纪人、保险公估人。这里仅介绍按职能分类的内部组织结构。

（一）承保部

该部门是保险企业选择风险并办理承保业务的部门。该部门的工作质量对保险公司的经营安全具有决定性影响。

（二）理赔部

该部门是在保险事故发生后，对保险责任范围内的保险事故负责赔偿处理的部门。

（三）再保险部

该部门主要负责保险企业所承担风险的转嫁工作。其基本职能是依据风险管理的理论决定公司的自留额，而对超过本公司承保能力的部分或全部业务转嫁给其他保险公司，以谋求公司经营的稳健。

（四）代理部

该部门或称展业部，主要负责保险代理人、保险经纪人的选择、培训和监督等工作，并负责有关其他业务的扩展等工作。

① 参见：王绪瑾，李予萱．我国自保公司研究．中国金融，2016，24：54–55。

(五) 法律部

该部门主要负责保险合同条款的拟订、保险理赔诉讼等法律纠纷的处理,以及公司经营是否符合有关法律规定等处理工作。

(六) 投资部

该部门主要负责保险公司资金运用的收益性、安全性、流动性等工作。保险资金运用在保险公司处于非常重要的地位,故常由总经理直接控制。

(七) 会计部

该部门主要负责保险公司会计事务的处理,报表的编制,保险代理人、经纪人往来账目的处理。

(八) 精算和统计部

该部门主要由精算师负责保险费率的制定、准备金的提存、盈余及佣金或代理手续费的计算等工作。

(九) 工程部

该部门主要负责保险标的的查勘、风险的评估、损失的估价调查等工作。该部门一般为财产保险公司所独有的部门。

(十) 其他部门

保险公司还设有一些其他部门,如人事教育、秘书、稽核、总务等部门。

第三节 保 险 监 管

一、保险监管概述

(一) 保险监管的含义

保险监管(Insurance Regulation),是政府对保险业监督管理的简称。保险监管法又称保险业法,在采取民商合一制度的国家中,它被视为民法的特别法;在民商分立的国家中,它被视为商法的范畴。我国属于民商合一的国家,保险业法是从属于民法范畴的特殊法律规范。关于保险业监管的立法体例,主要有两种不同方式:一是制定单行的保险业法;二是把保险业法列入商法典或保险法典中。我国是将保险合同与保险业法合一的国家,保险业法是对保险业监督管理的法律,因而,保险监管是保险法的一部分。

我国自 1979 年恢复国内保险业务以来,保险监管方面的法规建设得到了加强。1985 年国务院发布了《保险企业管理暂行条例》;1992 年中国人民银行公布了《保险代理机构管理暂行规定》,并于同年9月11日公布了《上海外资保险机构暂行管理规定》;1995年第八届全国人大常委会颁布了《中华人民共和国保险法》;1996年2月2日中国人民银行公布了《保险代理人管理暂行规定》,同年7月25日又公布了《保险管理暂行规定》;1997年11月30日中国人民银行修订并公布了《保险代理人管理规定(试行)》;1998年2月24日中国人民银行公布了《保险经纪人管理规定(试行)》;1999年中国保监会公布了《保险公司管理规定(试行)》,2000年又公布了《保险公估人管理规定(试行)》,2004年修订了《保险公司管理规定》以及《保险经纪机构管理规定》《保险代理机构管理规定》,2001年修订了《保险公估机构管理规定》,2009年、2015年分别修订了《保险公司管理规定》以及《保险经纪机构监管规定》《保险专业代理机构监管规定》《保险公估机构监管规定》;2003年中国保监会公布了《保险公司偿付能力额度及监管指标管理规定》,2008年修订并公布了《保险公司偿付能力管理规定》,2015年2月13日发布了《保险公司偿付能力监管规则(1—17号)》从而启动了中国风险导向偿付能力体系建设工作;2008年修订并公布了《保险保障基金管理办法》,2010年公布了《保险资金运用管理暂行办法》并于2014年4月修订公布。同时,与此相关的法律法规亦已修订颁布。2002年国务院颁布了《中华人民共和国外资保险公司管理条例》;2002年10月28日第九届全国人大常委会第三十次会议修订并颁布了《保险法》,2009年2月28日第十一届全国人大常委会第七次会议再次修订并颁布了《保险法》,从而初步形成了以《保险法》为核心的保险法律、法规和规章体系。但从长期来看,我国将在进一步完善保险法律和规章体系的同时,加强保险监管人员的配备,借鉴国外的保险监管技术和方法,以提高保险监管力度。

保险监管、行业自律和企业内控存在一定的关系。保险监管是政府为保护被保险人的合法利益对保险业依法监管管理的行为;行业自律是在国家法律允许的条件下保险企业组织保险行业协会[①],制定同业公约和章程以相互约束、维护保险行业整体利益的行为;企业内控则是保险企业在国家法律和行业规定允许的范围内为维护本企业利益而采取的行为,如股份有限公司的监事会就是企业内控的一个方面,监事会对股东大会负责,对董事会监督,从而保证公司既合法经营,又执行股东大会的决议。因此,三者的共同点是都以国家的保险法为其基本依据,但它们各自的目标存在区别:保险监管的最基本的目标是保护被保险人的合法利益;而行业自律的基本目标是在法律允许的范围内维护本行业的合法利益;企业内控的目标则是在法律和行业均允许的条件下维护企业的合法利益。

(二) 保险监管的部门

为了对保险业实行有效的监督和管理,各国都建立了相应的保险监管部门,并赋予其明确的职责。世界各国保险行业的监管机关各不相同,主要是由政府部门实行对于本国保险行业的监管。英国的保险监管机关是金融服务局,由金融服务局颁发保险营业许可证,监管保险公司偿付能力,管理保险公司资金事务;日本原来一直由大藏省负责,大藏省银行局下设保险部,具体负责对私营保险公司的行政监督管理工作,大藏省的保险审议会是保险咨询机构,1998年日本成立金融监督厅,接管了大藏省部分保险监管职能;美国保险行业的监管任务由隶属于各个州政府的

① 海外称之为保险同业公会。

保险署负责[①],美国政府的保险监督官协会(National Association of Insurance Commissioners,NAIC)只负责全美各个州政府保险署事务工作的协调;德国保险行业的监管由德国联邦政府的保险管理局负责。

我国保险业监管的归属问题几经周折,开始由中国人民银行领导,中间改为财政部领导,其后又转归中国人民银行领导。1998 年 11 月以前中国人民银行作为国务院金融管理部门代表政府实施对中华人民共和国境内的保险行业的监督和管理。其后,根据分业监管的要求,加强保险监管的力度,1998 年 11 月 18 日成立了中国保险监督管理委员会,作为我国专门的保险监督管理部门。其内部机构由财产保险监管部、人身保险监管部、保险中介监管部、国际部、发展改革部、政策研究室、法规部、资金运用监管部、财务会计部、统计信息部、办公厅、派出机构管理部、人事教育部、监察局、党委宣传部等 15 个部门组成。中国保监会的主要职能在于:拟定保险事业发展的方针和政策;批准设立保险企业,维护保险企业的合法经营,完善保险市场机构体系;健全保险法规;指导、监督保险企业的业务活动,并审查其财务成果等。根据《保险法》第 9 条规定:"国务院保险监督管理机构依法对保险业实施监督管理。国务院保险监督管理机构根据履行职责的需要设立派出机构。派出机构按照国务院保险监督管理机构的授权履行监督管理职责。"根据我国《保险法》第 2 条对于保险的解释,明确了保险特指为商业保险。因此,保险行业的监管对象为所有在中华人民共和国境内经营商业保险业务的保险人和保险中介人。

(三) 保险监管的方式

利用保险法规实行对于保险行业的监管是世界各国政府的保险管理机关所采取的主要监管手段。由于各个国家的法律制度不同、历史时期不同,在利用保险法规实行监管的过程中,有关国家对保险业的监管曾经采取过截然不同的方式,主要有以下三种。[②]

1. 公示主义

公示主义亦称公告管理,是国家对保险业最为宽松的一种监督管理方式,适用于保险业自律能力较强的国家。其含义是国家对于保险行业的经营不进行直接监督,而将其资产负债、财务成果及相关事项公布于众的管理方式。该方式为保险业的发展提供了较大的自由空间,但它以保险行业本身具有相当的自我约束能力、社会各界具有较强的保险意识并对保险人经营有正确的判断为前提。英国 1901 年及 1940 年的公司法即采用该方式。

2. 准则主义

准则主义亦称规范管理,是由国家通过颁布一系列涉及保险行业运作的法律法规,要求所有的保险人和保险中介人必须遵守,并在形式上监督实行的管理方式。该方式适用于保险法规比较严密和健全的国家。准则主义较公告管理方式有了进步,注重保险经营形式上的合法性,并不涉及保险业经营管理的实体,而保险的技术复杂,有关法规很难囊括,因此有时容易流于形式。德国早期私人疾病基金的监督采用此法,但目前大多数国家已放弃该种管理方式。

---

① 参见:李玉泉 . 保险法 . 2 版 . 北京:法律出版社,2003:268–271。

② 对保险监管的方式有不同的解释,实际是由于分组的标志不同。按是否在现场监管,分为现场监管和非现场监管;按监管的内容不同,分为偿付能力监管、市场行为监管和偿付能力与市场行为并重的监管;按设立上的要求不同,分为公告管理、规范管理和实体管理。在学理上所指的监管方式,一般是后者的分类,本书亦采用该观点。

3. 批准主义

批准主义亦称实体管理,是国家保险管理机关在制定保险法规的基础上,根据保险法规所赋予的权力,对保险业实行的全面有效的监督管理措施。其监管的内容涉及保险业的设立、经营、财务乃至倒闭清算。其监管的内容具体、实际,有明确的衡量尺度,是对保险业监管中最为严格的一种。它追求彻底有效的监督和管理,赋予国家保险管理机关较高的权威和灵活处理的权力,一方面,国家保险管理机关在市场准入资格方面对于保险人的审批具有很大的政策灵活性;另一方面,国家保险管理机关辅之以规范管理的某些措施。该方式目前为大多数国家所采用,但随着经济的发展,许多国家已逐步放宽费率管理和条款审定等,故而,准则主义有放宽的趋势。

(四) 保险监管的目的

由于保险业经营的高风险性和社会性,保险业经营状况直接影响到社会经济的稳定和人民生活的安定,为了保护被保险人的利益,必须对保险业进行监管。保护被保险人是保险监管的根本目的。保险监管的目的具体为:保证保险人有足够的偿付能力;规范保险市场、维护保险业的公平竞争;防止保险欺诈;弥补自行管理的不足。在我国,目前及相当一段时期内前三者是主要的目的。

二、保险监管的基本内容①

尽管各国对保险监管的规定不尽相同,但其基本内容相同。保险监管按对象不同,分为对保险人的监管和对保险中介人的监管。从各自内容分析,对保险人的监管包括保险组织的监管、保险经营的监管、保险财务的监管;对保险中介人的监管一般包括保险中介人设立与执业的监管。对保险人的监管是重点。根据《保险法》,保险监管的基本内容包括保险组织的监管、保险经营的监管、保险财务的监管和保险中介人的监管四个方面。

(一) 保险组织的监管

保险组织的监管包括保险组织形式、市场准入和退出的监管,而对后者常称保险公司的设立、变更和终止。

1. 保险组织形式

保险组织是依法设立、登记,并以经营保险为业的机构。我国保险组织的形式包括国有独资公司、股份有限公司和其他形式。根据《公司法》的规定,对保险公司可确定股份有限公司或国有独资公司两种形式,同时参考国外经验,相互保险公司、保险合作社、自保公司也是保险组织的重要形式,也不排除上述两种形式以外的其他形式。我国《保险法》第 6 条规定:“保险业务由依照本法设立的保险公司以及法律、行政法规规定的其他保险组织经营,其他单位和个人不得经营保险业务。”第 94 条规定:“保险公司,除本法另有规定外,适用《中华人民共和国公司法》的规定”。第 181 条规定:“保险公司以外的其他依法设立的保险组织经营的商业保险业务,适用本

① Wang Xujin. A Study of Insurance Supervision and Regulation in China. The Second Annual Conference of Asia-Pacific Risk and Insurance Association, 18–21 July, 1998, in Singapore.

法”。第 183 条规定:“中外合资保险公司、外资独资保险公司、外国保险公司分公司适用本法规定;法律、行政法规另有规定的,适用其规定”。第 184 条规定:“国家支持发展为农业生产服务的保险事业。农业保险由法律、行政法规另行规定”。这些说明:第一,经营保险业务,必须依法设立保险组织;第二,保险组织形式,除保险公司以外,还允许依法设立其他保险组织。

2. 保险公司的设立、变更和终止

(1) 保险公司的设立。保险公司的设立是创办保险公司的一系列法律行为及其法律程序的总称。在我国,保险公司的设立必须经过国务院保险监督管理机构的批准。未经批准,擅自设立保险公司或非法从事商业保险业务活动的,要依法根据情节追究当事人的法律责任。

① 保险公司的设立条件。设立保险组织必须具备比一般工商企业设立更为严格的条件,这是世界各国保险法的普遍规定。设立保险公司应遵循的原则为:符合法律、行政法规;有利于保险业的公平竞争和健康发展。[①] 我国《保险法》明确规定了设立保险公司的 7 项条件:

第一,主要股东具有持续盈利能力,信誉良好,最近 3 年内无重大违法违规记录,净资产不低于人民币 2 亿元。

第二,有符合《保险法》和《公司法》规定的章程。如对于股份有限公司要符合《保险法》和《公司法》关于股份有限公司章程的规定。

第三,有符合本法规定的注册资本最低限额。根据《保险法》规定,设立保险公司,其注册资本的最低限额为人民币 2 亿元,并且保险公司的注册资本必须为实缴货币资本。国务院保险监督管理机构根据保险公司的业务范围、经营规模,可以调整其注册资本的最低限额,但不得低于人民币 2 亿元的限额。由于资本金是公司承担财产责任的基础,保险公司是经营高风险的公司,其资本金必须远远高于工商企业。

第四,有具备任职专业知识和业务工作经验的董事、监事和高级管理人员。高级管理人员是指对保险机构经营管理活动和风险控制具有决策权或者重大影响的人员。包括:总公司总经理、副总经理和总经理助理;总公司董事会秘书、合规负责人、总精算师、财务负责人和审计责任人;分公司、中心支公司总经理、副总经理和总经理助理;支公司、营业部经理;与上述高级管理人员具有相同职权的管理人员。由于保险业务是专业性很强的业务,所以保险监督管理机构对保险公司的董事、监事和高级管理人员有特别规定,除符合基本条件外,还要符合学历、经验和经历的要求。根据《保险公司董事、监事和高级管理人员任职资格管理规定》,保险机构董事、监事和高级管理人员的基本条件为:应当遵守法律、行政法规和中国保监会的有关规定,遵守保险公司章程;应当具有诚实信用的品行、良好的合规经营意识和履行职务必需的经营管理能力;应当通过中国保监会认可的保险法规及相关知识测试。但各自又在从业经验和学历上有所区别,保险公司董事长应当具有金融工作 5 年以上或者经济工作 10 年以上工作经历;保险公司董事和监事应当具有 5 年以上与其履行职责相适应的工作经历;保险公司董事会秘书应当具有大学本科以上学历以及 5 年以上与其履行职责相适应的工作经历。保险公司总经理、副总经理和总经理助理应当具有下列条件:大学本科以上学历或者学士以上学位;从事金融工作 8 年以上或者经济工作 10 年以上。其中,保险公司总经理除具有前款规定条件外,还应当具有下列任职经历之一:担任保险公司分公司总经理以上职务 5 年以上;担任保险公司部门负责人 5 年以上;担任金融监管机

① 参见《保险公司管理规定》第 6 条。

构相当管理职务5年以上;其他足以证明其具有拟任职务所需知识、能力、经验的职业资历。保险公司省级分公司总经理、副总经理和总经理助理,保险公司分公司、中心支公司总经理、副总经理和总经理助理,其任职条件具有学历、经验和经历要求的差别,可参见《保险公司董事、监事和高级管理人员任职资格管理规定》。

第五,有健全的组织机构和管理制度。健全的组织机构是指具有健全的权力机构、经营机构和监督机构。如保险公司的组织形式为股份有限公司、国有独资公司,根据我国《公司法》的规定,从内部机构体制来看,股份有限公司内部机构应由股东会、董事会、监事会三个机构组成;国有独资公司则由董事会、监事会组成。为了公司稳健经营,保险公司应当聘用经国务院保险监督管理机构认可的精算专业人员,建立精算报告制度;保险公司应当聘用专业人员,建立合规报告制度。

第六,有符合要求的营业场所和与经营业务有关的其他设施。

第七,法律、行政法规和国务院保险监督管理机构规定的其他条件。

上述7项条件是对设立保险公司实质要件的规定,同时,依照《保险公司管理规定》,保险监督管理部门审查保险设立申请时,除要审查上述条件外,还包括具有明确的发展规划、经营策略、组织机构框架、风险控制体系;有投资人认可的筹备组负责人。保险监管机构在审查设立保险公司时应当遵循的原则为:符合法律、行政法规;有利于保险业的公平竞争和健康发展。

在中国设立外资保险公司的基本条件为:经营保险业务30年以上;提出申请前一年年末资产总额在50亿美元以上;在中国境内设立代表处在2年以上。这三项基本条件分别反映了保险公司的稳健经营能力、经济实力和对中国保险市场本土化的适应能力。

② 保险公司的设立程序。依照我国《公司法》《保险法》和《保险公司管理规定》的要求,设立保险公司的一般程序分为筹建和开业两个阶段。

第一,筹建。筹建是申请人向保险监督管理机构提出要求筹备建立保险组织的书面请求。申请设立保险公司,应当向保险监督管理机构提出书面申请,并提交以下材料:设立申请书,申请书应当载明拟设立的保险公司的名称、注册资本、业务范围等;可行性研究报告;筹建方案;投资人的营业执照或者其他背景资料;经会计师事务所审计的上一年度财务会计报告;投资人认可的筹备组负责人和拟任董事长、经理名单及本人认可证明;国务院保险监督管理机构规定的其他材料。保险监督管理机构应当对设立保险公司的申请进行审查,自受理之日起6个月内作出批准或者不批准筹建的决定,并书面通知申请人。决定不批准的,应当书面说明理由。保险公司经过筹建,应向保险监督管理部门提交正式申请表和有关文件、资料。筹建期为1年。筹建期是指从企业被批准筹建之日起至开始经营(包括试营业)之日的期间。

第二,开业。申请开业时,保险公司应提出开业申请,并提交有关资料;保险监督管理部门审查批准后,认为符合条件的,应颁发经营保险业务许可证。我国《保险法》第73条规定:"筹建工作完成后,申请人具备本法第六十八条[①] 规定的设立条件的,可以向国务院保险监督管理机构提出开业申请。国务院保险监督管理机构应当自受理开业申请之日起六十日内,作出批准或者不批准开业的决定。决定批准的,颁发经营保险业务许可证;决定不批准的,应当书面通知申请人并说明理由。"最后,保险公司到工商行政管理机关办理登记,领取营业执照,并缴存保证金,方

① 即上述设立的七项条件。作者注。

可营业。[①]

(2) 保险公司的变更。保险组织的变更包括保险组织的合并、分立、组织形式的变更及其他事项变更。保险组织进行变更时，首先要由股东会或董事会同意；其次要经过保险监督管理部门批准；最后要向原登记机关办理登记。如果涉及减少实收货币资本金时，必须通知债权人。

(3) 保险公司的终止。保险公司的终止分为保险公司的解散、撤销和破产三种形式。保险公司的解散和撤销都要经保险监督管理部门批准，但由于人寿保险合同具有储蓄性质、涉及的社会面广，故经营人寿保险业务的公司不得解散。当保险公司不能支付到期债务时，经保险监管机构同意，由人民法院宣告破产。但对经营人寿保险业务的保险公司被依法撤销或依法宣告破产的，其持有的人寿保险合同及其责任准备金必须转让给其他经营有人寿保险业务的保险公司；不能同其他保险公司达成转让协议的，则由保险监管机构指定经营人寿保险业务的保险公司接受转让。

(二) 保险经营的监管

1. 保险经营的业务范围

我国《保险法》按保险标的不同将保险公司的业务范围分为财产保险业务和人身保险业务两大类。财产保险包括财产损失保险、责任保险、信用保险、保证保险等保险业务；人身保险包括人寿保险、健康保险、意外伤害保险等保险业务。

我国关于保险经营范围包括两层含义：① 禁止兼业，即保险组织不得从事保险业务以外的业务，非保险组织不得经营保险或类似保险的业务。② 禁止兼营，即同一保险公司不得兼营人身保险和财产保险两种业务。人寿保险公司不得经营财产保险业务，财产保险公司不得经营人寿保险业务。我国《保险法》第 95 条规定，同一保险人不得同时兼营财产保险业务和人身保险业务。但是，经营财产保险业务的保险公司经保险监督管理机构核定，可以经营短期健康保险业务和意外伤害保险业务。我国禁止兼营的原因在于：财产保险与人寿保险性质不同、经营技术不同、保护被保险人的利益和便于保险监管。寿险带有长期性和储蓄性，兼营财产保险，有可能将寿险的保费挪作财产保险的保险金赔付之用，从而使寿险业务缺乏保险金保证；同时，我国保险市场尚不完善，有必要严格监管。当然，这有利于稳健经营，但也不利于灵活经营。世界绝大部分国家的保险法曾对保险公司的经营范围作了类似限制性的规定，但随着金融自由化浪潮的到来，各国有放松管制的趋势。[②]

国际上习惯于将人寿保险业务称为第一领域，财产保险业务称为第二领域，意外伤害和健康保险业务称为第三领域。上述关系，以及与寿险、非寿险的关系如图 13-2 所示。

国际上绝大部分国家允许第三领域兼营(即产险、寿险公司均可经营)，其理由是第三领域与第二领域具有相同的性质，一般均属于短期险、不带有储蓄性；厘定纯费率的依据相同，均以损失率为依据；经营技术相同。

---

① 我国《保险法》第 78 条规定："保险公司及其分支机构自取得经营保险业务许可证之日起六个月内，无正当理由未向工商行政管理机关办理登记的，其经营保险业务许可证失效。"

② 如日本 1996 年的保险业法规定，寿险公司可以设立子公司经营非寿险业务，非寿险公司可以设立子公司经营寿险业务。同时，美国则在 1999 年 11 月通过了旨在银行、保险、证券一体化的《美国金融服务现代化法》。这说明，保险混营、保险混业，即综合经营已成为国际金融改革的大趋势。

<table>
<tr><td colspan="3">人身保险</td><td rowspan="2">财产保险</td></tr>
<tr><td>人寿保险</td><td>健康保险</td><td>意外伤害保险</td></tr>
<tr><td>第一领域</td><td colspan="2">第三领域</td><td>第二领域</td></tr>
<tr><td>寿险</td><td colspan="3">非寿险</td></tr>
</table>

图 13–2　保险经营业务范围图

2. 保险费率与保险条款的监管

保险条款和保险费率的确定带有很强的技术性，远非一个保险公司所能决定，同时，我国缺乏过去保险市场的基础，因而，对关系社会公众利益的保险险种、依法执行强制保险的险种和新开发的人寿保险险种等的保险条款和保险费率，应报国务院保险监督管理机构批准①，而对其他险种的保险条款和保险费率由保险公司拟定，但应当报国务院保险监督管理机构备案。这样，既能保证保险业的健康发展、保护被保险人的利益，又能促进市场公平竞争。当然，从长期来看，它不利于运用价格策略和产品策略。

3. 保险人恶性竞争行为的禁止

为了规范保险市场、防止恶性竞争，遵循诚实信用和公平竞争的原则，《保险法》对保险人在保险业务中的行为作出一些禁止性规定。在保险业务活动中，保险公司及其工作人员不得：① 欺骗投保人、被保险人或者受益人；② 对投保人隐瞒与保险合同有关的重要情况；③ 阻碍投保人履行本法规定的如实告知义务，或者诱导其不履行本法规定的如实告知义务；④ 给予或者承诺给予投保人、被保险人、受益人保险合同约定以外的保险费回扣或者其他利益；⑤ 拒不依法履行保险合同约定的赔偿或者给付保险金义务；⑥ 故意编造未曾发生的保险事故、虚构保险合同或者故意夸大已经发生的保险事故的损失程度进行虚假理赔，骗取保险金或者牟取其他不正当利益；⑦ 挪用、截留、侵占保险费；⑧ 委托未取得合法资格的机构或者个人从事保险销售活动；⑨ 利用开展保险业务为其他机构或者个人牟取不正当利益；⑩ 利用保险代理人、保险经纪人或者保险评估机构，从事以虚构保险中介业务或者编造退保等方式套取费用等违法活动；⑪ 以捏造、散布虚假事实等方式损害竞争对手的商业信誉，或者以其他不正当竞争行为扰乱保险市场秩序；⑫ 泄露在业务活动中知悉的投保人、被保险人的商业秘密；⑬ 违反法律、行政法规和国务院保险监督管理机构规定的其他行为。

4. 再保险经营

在我国，再保险公司也要分业经营，即再保险公司不得将财产保险与人身保险业务兼营。同

① 严格来说，我国《保险法》的该条规定，是基于我国目前保险市场尚不完善、保险公司尚缺乏足够多经验的情况制定的，但随着保险市场的完善，保险条款和费率应当逐步由各保险公司制定，或者由保险行业协会组织各保险公司制定。同时，我国《保险法》的该条规定与保险合同争议处理有利于被保险人或受益人的解释相冲突。对保险人提供的格式条款，合同争议处理有利于被保险人或受益人的解释是基于合同法的公平原则，合同争议处理有利于非起草人，而按照我国《保险法》规定，关系公众利益的保险险种和新开发的人寿保险的保险条款和保险费率由保险监管部门审批，显然，保险人在此并非真正意义上的保险合同起草人，这就会带来权利和义务的错位，因为保险人在此并未享有起草人的权利，却要承担起草人的法律后果，显然对保险人有失公平。基于中国目前的情况，可以采用变通的方式：前述险种的保险条款和保险费率先由保险行业协会组织各保险公司制定，在各家保险公司达成一致意见的基础上，再报保险监管部门备案，以还保险人为保险合同起草人的真面目，从而保证保险合同的公平性。同时也便于与国际接轨，便于保险公司利用价格策略和产品策略。

时，在分保方面，保险公司应当按照国务院保险监督管理机构的规定办理再保险，并审慎选择再保险接受人。

5. 承保责任限额的规定

为了保证保险公司的偿付能力，有必要通过保险公司业务量的限制控制其责任限额，从而分散风险，稳定经营。这主要通过下列规定控制：① 每一危险单位承担责任的限制。这是对任何保险公司承保能力的规定。任何保险公司对每一危险单位，即对一次保险事故可能造成的最大损失范围（即危险单位）所承担的责任不得超过其实有资本金和公积金总和的 10%。② 总自留额的限制。即经营财产保险业务的保险公司当年自留保险费，不得超过其实有资本金加公积金总和的 4 倍。①

（三）保险财务的监管

1. 最低偿付能力的监管

这是保险监管的核心。偿付能力是指保险组织履行赔偿或给付责任的能力。根据我国《保险公司偿付能力管理规定》第 2 条第 2 款规定："保险公司偿付能力是指保险公司偿还债务的能力。"保险公司应当具有与其业务规模相适应的最低偿付能力。保险公司的实际偿付能力为其会计年度末实际资产减去实际负债的差额，实际资产种类及其认可比率由中国保监会规定，实际资产价值为各项认可资产认可价值之和。保险公司的认可资产减去认可负债的差额不得低于保险监督管理机构规定的数额。其中，保险公司的资产是流动资产、固定资产、长期资产、无形资产及其他资产之和；保险公司的负债是流动负债与长期负债之和；法定余额是保险监督管理部门规定的最低数额，即最低偿付能力。认可资产是保险公司在评估偿付能力时依据中国保监会的规定所确认的资产；认可负债是保险公司在评估偿付能力时依据中国保监会的规定所确认的负债。保险公司认可资产与认可负债的差额便是保险公司的实际资本，即最低偿付能力。保险公司的最低资本是指保险公司为应对资产风险、承保风险等风险对偿付能力的不利影响，依据中国保监会的规定而应当具有的资本数额。最低偿付能力应与其业务规模相适应，不同保险公司的业务规模不同，因而，最低偿付能力也就不一样。

我国《保险法》第 101 条规定："保险公司应当具有与其业务规模和风险程度相适应的最低偿付能力。保险公司的认可资产减去认可负债的差额不得低于国务院保险监督管理机构规定的数额；低于规定数额的，应当按照国务院保险监督管理机构的要求采取相应措施达到规定的数额。"我国《保险法》第 137 条规定："国务院保险监督管理机构应当建立健全保险公司偿付能力监管体系，对保险公司的偿付能力实施监控。"《保险公司偿付能力管理规定》则对偿付能力评估、报告、管理和监督作出了更为具体的规定。②

为了保证保险公司的最低偿付能力，还有必要通过保险公司业务量的限制控制其责任限额。

---

① 我国《保险法》第 102 条和第 103 条的规定。历史地看，在 1995 年保险公司偿付能力监管不够完善的情况下，此规定对完善保险监管发挥了一定作用。但随着我国偿付能力监管日益完善，该规定已没有多大意义。原因在于：第一，每一危险单位承保责任的限额，便控制了每笔业务的承保风险；第二，偿付能力监管便控制了公司总量风险；第三，从国际惯例的角度看，保险业发达和较发达的国家均无此规定。

② 反映保险公司偿付能力常用两个指标：偿付能力溢额和偿付能力充足率。前者从绝对数上反映，后者从相对数上反映，二者结合运用，才能全面保险公司的偿付能力。其中：实际资本 = 认可资产 − 认可负债；偿付能力溢额 = 实际资本 − 最低资本；偿付能力充足率（%）= 实际资本 / 最低资本。对于认可资产、认可负债的测算，请参见《保险公司偿付能力监管规则（1—17 号）》。

我国《保险法》对此主要对每一危险单位承保责任进行限制。每一危险单位承担责任的限制是对任何保险公司承保能力的规定。任何保险公司对一次保险事故可能造成的最大损失范围(即危险单位)所承担的责任不得超过其资本金和公积金总和的10%;对超过的部分,应当办理再保险。

由于非人寿保险比人寿保险业务的风险大,因而,经营非人寿保险业务的保险公司一方面应当将其承保的每笔保险业务按国家的有关规定办理再保险;另一方面,经营财产保险业务的保险公司当年自留保险费,不得超过其实有资本金加公积金总和的4倍,对超过的部分,必须办理再保险分出业务,以分散风险、稳定经营。

2. 资产的监管

资产的监管主要体现在保险资金运用的规定。保险资金运用是现代保险业得以生存和发展的基础,同时,由于保险公司是经营风险的企业,其资金运用状况直接影响着公司的赔付能力,因而,许多国家的保险费都对保险公司资金运用的原则、范围、比例和方向等作了明文的限制性规定。

我国《保险法》对保险资金运用的首要原则是安全性原则,同时保证资产的保值增值。我国《保险法》第106条规定:"保险公司的资金运用必须稳健,遵循安全性原则。保险公司的资金运用限于下列形式:(一)银行存款;(二)买卖债券、股票、证券投资基金份额等有价证券;(三)投资不动产;(四)国务院规定的其他资金运用形式。保险公司资金运用的具体管理办法,由国务院保险监督管理机构依照前两款的规定制定。"我国《保险资金运用管理暂行办法》则从保险资金运用的形式、决策运行机制、风险管控、监督管理作了具体规定。从运用形式而言,既规定了保险资金运用的方式,也规定了每一资金运用方式的比例和每一融资主体的比例;既利于提高盈利性,也安全;既有利于提高保险公司的风险控制能力,也便于提高保险公司的盈利能力。从而提高了保险公司的偿付能力。

3. 负债的监管

负债的监管主要体现在各种保险准备金的监管。责任准备金是保险公司按法律规定为在保险合同有效期内承担赔偿或给付保险金义务而从保险费收入中提存的一种资金准备。保险准备金是保险公司的负债。保险公司应有与准备金等值的资产作为后盾,才能完全履行保险责任。因此,保险准备金的提存,实际上也是为了确保保险组织具有充足的偿付能力。我国《保险法》第98条规定:"保险公司应当根据保障被保险人利益、保证偿付能力的原则,提取各项责任准备金。保险公司提取和结转责任准备金的具体办法,由国务院保险监督管理机构制定。"保险准备金依其用途不同,体现在下述指标监管上:

(1) 未到期责任准备金。由于寿险业务一般属于长期业务,非寿险业务一般一年一保,因而,非人寿保险的未到期责任准备金是当年承保业务的保险单中在下一年度有效保单的保险费。由于寿险和非寿险期限不同、性质不同,导致提取的方法也不同,同时,非寿险各险种的期限不同,其提取方法也有别,因而有必要针对不同险种,采用不同方法提存未到期责任准备金。

(2) 未决赔款准备金。保险公司应当提存未决赔款准备金的情况是:保险事故已经发生,被保险人已经提出保险赔偿或者给付申请,但保险公司对赔付与否或赔付额尚未决定;已经发生保险事故但尚未提出保险赔偿或者给付申请。提存未决赔款准备金是为了对已发生保险事故但尚未理赔所作的资金准备。

(3) 保险保障基金的监管。保险保障基金属于保险组织的资本,主要是应付保险公司发生赔付危机或破产。提取保险保障基金是为了保障被保险人的利益、支持保险公司稳健经营的需要。

在我国,保险公司应当按照保险监督管理机构的规定提存保险保障基金。保险保障基金应当集中管理,统筹使用。

4. 净值的监管

保险组织的净值是保险组织资产与负债的差额。净值监管主要体现对资本金、公积金、总准备金的监管。而资本金、总准备金前已论述,故此只介绍对公积金的监管。公积金是保险公司依照法律和公司章程的规定从公司税后利润中提取的积累资金。保险公司提取公积金,是为了用于弥补公司亏损和增加公司资本金。按其来源不同分为资本公积金和盈余公积金。

根据《公司法》和《金融保险企业财务制度》的规定,保险公司应在税后利润中提取 10% 的法定盈余公积金;当法定盈余公积金累计达到注册资本的 50% 时,可不再提取。

(四) 保险中介人的监管

保险中介人(Insurance Producer)的监管是指对保险代理人、保险经纪人和保险公估人的监管。对三者的监管既有联系又有区别。其共同点在于都涉及将有关的业务许可证放置在营业场所适当的位置,以备检查;对保险代理人和保险公估人均有每年一定期限培训的要求。

1. 保险代理人的监管①

(1) 保险代理人的类型与组织形式。保险代理人是根据保险人的委托,向保险人收取佣金,代为办理保险业务的机构或者个人。我国《保险法》规定:保险代理机构包括专门从事保险代理业务的保险专业代理机构和兼营保险代理业务的保险兼业代理机构。我国《保险代理人管理规定》对保险代理人采用复合分类法,先按保险代理主体的性质将保险代理人分为机构代理人和个人代理人,然后将机构代理人按行业性质不同分为专业代理人和兼业代理人,从而形成了专业代理人、兼业代理人和个人代理人。专业代理人是专门从事保险代理业务的保险代理公司,其组织形式为有限责任公司或股份有限公司;兼业代理人是受保险人的委托,在从事自身业务的同时,指定专人为保险人代办保险业务的机构;个人代理人是根据保险人的委托,向保险人收取佣金,并在保险人授权的范围内代为办理保险业务的个人。

我国 2001 年制定及 2004 年修订的《保险代理机构管理规定》将保险代理机构的组织形式分为合伙企业、有限责任公司、股份有限公司;2009 年修订公布的《保险专业代理机构监管规定》则将保险代理机构的组织形式分为有限责任公司、股份有限公司,2015 年再次修订公布的《保险专业代理机构监管规定》坚持了这两种组织形式。

(2) 保险代理人的设立。保险代理机构在符合保险监督管理部门所规定的条件后经保险监督管理部门颁发经营保险代理业务许可证,在工商行政管理部门注册登记,领取营业执照,并缴存保证金或者投保职业责任保险,方可营业。当然,对各类保险代理人的具体要求有所不同。②

---

① Wang Xujin.On the Administration and Operation of Insurance Agents in China.Singapore International Insurance and Actuarial Journal,1998(2).

② 应当指出,2015 年修订的《保险法》第 122 条规定:"个人保险代理人、保险代理机构的代理从业人员、保险经纪人的经纪从业人员,应当品行良好,具有从事保险代理业务或者保险经纪业务所需的专业能力。"而 2009 年的该法第 122 条则规定:"个人保险代理人、保险代理机构的代理从业人员、保险经纪人的经纪从业人员,应当具备国务院保险监督管理机构规定的资格条件,取得保险监督管理机构颁发的资格证书。"显然,2015 年的规定已经取消准入资格的限制,这样的好处在于增加了保险营销人员,但也将对保险业务的承保质量和经营风险管控构成一定的挑战。

① 保险代理人的设立条件。我国《保险法》规定:保险代理机构应当具备国务院保险监督管理机构规定的条件,取得保险监督管理机构颁发的经营保险代理业务许可证。保险专业代理机构凭保险监督管理机构颁发的许可证向工商行政管理机关办理登记,领取营业执照。保险兼业代理机构凭保险监督管理机构颁发的许可证,向工商行政管理机关办理变更登记。设立保险专业代理机构的条件一般包括:资本金要求、章程要求、人员要求、高级管理人员要求、营业场所要求。

根据《保险专业代理机构监管规定》以及《公司法》的要求,设立保险专业代理机构应当具备的条件为:

第一,股东、发起人信誉良好,最近 3 年无重大违法记录。

第二,注册资本达到《公司法》和《保险专业代理机构监管规定》的最低限额,保险专业代理公司注册资本的最低限额为人民币 5 000 万元;中国保监会另有规定的除外。保险专业代理公司的注册资本必须为实缴货币资本。

第三,公司章程符合有关规定。

第四,董事长、执行董事、高级管理人员符合本规定的任职资格条件。保险专业代理机构高级管理人员是指保险专业代理公司的总经理、副总经理或者具有相同职权的管理人员;保险专业代理公司分支机构的主要负责人。保险专业代理机构拟任董事长、执行董事和高级管理人员应当具备下列条件,并报经中国保监会核准:A. 大学专科以上学历;B. 从事经济工作 2 年以上;C. 具有履行职责所需的经营管理能力,熟悉保险法律、行政法规及中国保监会的相关规定;D. 诚实守信,品行良好;E. 中国保监会规定的其他条件。其中,从事金融工作 10年以上,可以不受前款第 A 项的限制。

第五,具备健全的组织机构和管理制度。

第六,有与业务规模相适应的固定住所。

第七,有与开展业务相适应的业务、财务等计算机软硬件设施。

第八,法律、行政法规和中国保监会规定的其他条件。

其中保险专业代理机构的名称中应当包含"保险代理"或者"保险销售"字样,且字号不得与现有的保险中介机构相同,中国保监会另有规定除外。依据法律、行政法规规定不能投资企业的单位或者个人,则不得成为保险专业代理公司的发起人或者股东。

② 保险代理人的设立审批。保险代理机构设立程序一般经过筹建和开业两个阶段。首先,向保险监管机构申请,并按规定提交有关的资料,保险监管机构自收到申请成立的材料之日起,在 30 日内书面通知申请人是否受理。如果同意,经批准成立开业的保险代理机构应按规定领取经营保险代理业务许可证;其次,经批准成立的保险代理公司由保险监督管理机构颁发经营保险代理业务许可证,并在工商行政管理局注册登记,取得营业执照,方可营业。[①]

同时,保险专业代理机构应当自办理工商登记之日起 20 日内投保职业责任保险或者按其注册资本向中国保监会指定的商业银行缴存保证金。这是为了保护保险人的合法权益,维护保险市场的稳定。[②]

---

① 具体要求的材料及时限,参见《保险专业代理机构监管规定》以及《中华人民共和国行政许可法》。

② 严格来说,兼业代理机构或个人代理人也应该投保职业责任险,以维护保险人的利益和保险市场的稳定。

(3) 保险代理人的执业管理。根据我国《保险法》和《保险代理人管理规定》《保险专业代理机构监管规定》,并结合有关法规和惯例,保险代理人的执业规则主要应包括:

① 保险代理人在从事代理业务前应与保险人签订代理合同,这是执业基本条件。保险代理合同是保险代理人与保险人之间约定保险代理权利义务关系的协议,一般由保险人制作,应当遵循《民法通则》《合同法》《保险法》及《保险专业代理机构监管规定》等法律法规和规章中有关合同的规定。

保险代理合同作为委托合同的一种形式,其主体是保险代理人与保险人;其客体是双方当事人在保险代理授权范围内应当各自完成的行为;其内容是保险代理人与保险人双方的权利和义务。保险代理合同的签订应当在保险代理人从事保险代理业务之前完成,通过合同的订立,明确双方的权利和义务、代理期限、佣金支付标准和方式、代理范围、代理险种、保险费支付方式和其他有关代理事项,同时,根据法律的规定,保险代理合同应报当地中国保监会备案。

尽管保险代理合同因其代理形式、代理业务范围及险种不同而有所差异,但其基本内容是一致的,主要包括:保险代理人和保险人的名称;代理范围;代理险种;代理佣金支付的标准和方式;代理期限;违约责任;保险费支付方式;争议处理和保险代理合同的变更、终止的条件及其方法。保险代理人的权利义务依据保险代理合同的签订而产生。

② 代理业务活动范围的限制。主要包括代理对象的合法性、代理范围的区域性、特定对象的专属性、代理业务的限定性和专业性。从代理对象的合法性看,只能为依法成立的保险公司代理保险业务,不能为未经中国保监会批准的保险公司代理保险业务[①];从代理范围的区域性看,代理人只能为其注册登记的行政辖区内的保险公司代理保险业务;从特定对象的专属性看,由于人寿保险业务技术要求较高,同时具有储蓄性质,代理寿险业务的个人代理人只能是专用代理人;从代理业务的专业性来看,保险代理人不得兼做保险经纪人业务[②]。

③ 遵循保险代理的原则。根据诚信原则的要求,保险代理人应将被保险人应该知道的保险公司业务情况和保险条款的内容及其含义如实告诉被保险人,在代理业务活动中不得欺骗保险人、投保人、被保险人或者受益人;隐瞒与保险合同有关的重要情况;阻碍投保人履行本法规定的如实告知义务,或者诱导其不履行本法规定的如实告知义务;给予或者承诺给予投保人、被保险人或者受益人保险合同约定以外的利益;利用行政权力、职务或者职业便利以及其他不正当手段强迫、引诱或者限制投保人订立保险合同;伪造、擅自变更保险合同,或者为保险合同当事人提供虚假证明材料;挪用、截留、侵占保险费或者保险金;利用业务便利为其他机构或者个人牟取不正当利益;泄露在业务活动中知悉的保险人、投保人、被保险人的商业秘密。

④ 禁止滥用代理权。包括:第一,禁止自己代理。保险代理中的自己代理是以保险人的名义承保自己或本单位的保险业务。从民法角度看,自己代理是无效代理,同样也适用于保险代理。因此,保险代理人为自己或本单位投保,均视为保险公司的直接业务,保险代理人不得从中提取代理手续费。第二,禁止恶意串通。保险代理中的恶意串通是保险代理人与投保人、被保险人或受益人串通损害保险人利益的行为。如串通投保人、被保险人或者受益人,骗取保险金。这有悖

---

① 当然中国保监会另有规定的除外。

② 保险代理人不得从事保险经纪人业务,保险经纪人不得从事保险代理人业务,这在英国称之为“两极化原则”,但在英国仅仅限于寿险业务。其原因在于:寿险业务带有储蓄性;经营技术要求较高;为了保护被保险人的利益。我国此规定在于防止保险代理人在代理手续费低于保险经纪人的佣金时,将代理业务转作经纪业务,以获得更大的利益,从而损害保险人的利益。不过,在美国,保险代理人可以兼做保险经纪业务。

于代理的初衷,故为法律所禁止。

⑤ 接受保险监管。中国保监会是保险代理人的保险监督管理部门,为了保证保险代理人经营的合法性、财务的合规性,可随时检查除个人代理人以外的保险代理人的经营状况、账册、业务记录、收据。保险代理人则有接受其监管的义务,不得以任何借口拒绝。[①]

2. 保险经纪人的监管[②]

(1) 我国保险经纪人的类型与性质。我国对保险经纪人的监管已有明确规定。对保险经纪人监管的法律法规有《保险法》《保险经纪机构监管规定》以及《民法通则》。在保险市场中,保险经纪人是投保人的代理人,保险代理人是保险人的代理人。我国《保险法》第 118 条规定:"保险经纪人是基于投保人的利益,为投保人与保险人订立保险合同提供中介服务,并依法收取佣金的机构。"这说明在我国保险经纪人限于机构。我国《保险经纪机构监管规定》第 2 条第 1 款规定:"本规定所称保险经纪机构是指基于投保人的利益,为投保人与保险公司订立保险合同提供中介服务,并按约定收取佣金的机构,包括保险经纪公司及其分支机构。"除中国保监会另有规定外,保险经纪机构应当采取的组织形式为:有限责任公司、股份有限公司。保险经纪包括直接保险经纪和再保险经纪。直接保险经纪是指保险经纪公司与投保人签订委托合同,基于投保人或被保险人的利益,为投保人与保险人订立保险合同提供中介服务,并按约定收取中介费用的经纪行为;再保险经纪是指保险经纪公司与原保险人签订委托合同,基于原保险人的利益,为原保险人与再保险人安排再保险业务提供中介服务,并按约定收取佣金的经纪行为。未经中国保监会批准,任何单位和个人不得在中华人民共和国境内从事保险经纪活动。保险经纪公司在办理保险经纪业务过程中因过错给投保人、被保险人或其他委托人造成损失的,由保险经纪公司依法承担法律责任。

保险经纪人的性质是由其业务范围决定的。根据《保险经纪机构监管规定》,保险经纪机构可以经营下列业务:为投保人拟订投保方案、选择保险公司以及办理投保手续;协助被保险人或者受益人进行索赔;再保险经纪业务;为委托人提供防灾、防损或者风险评估、风险管理咨询服务;中国保监会批准的其他业务。因此,保险经纪人具有居间、代理、咨询的性质。

(2) 保险经纪人的设立。

① 保险经纪人的设立条件。设立保险经纪公司应具备法律规定的条件,我国《保险经纪机构监管规定》要求必须具备以下条件:

第一,资本金要求。注册资本达到《中华人民共和国公司法》和本规定的最低限额。保险经纪公司的注册资本的最低限额为人民币 5 000 万元,且必须为实缴货币资本。中国保监会另有规定的除外。

第二,章程要求。应具有符合法律规定的公司章程。其章程应符合《公司法》或有关法律有限责任公司或股份有限公司章程的规定。

第三,具有健全的组织机构和管理制度。

第四,董事长、执行董事和高级管理人员符合本规定的任职资格条件。保险经纪机构高级管

① 这里主要从理论角度概括为五方面,具体可参见《保险法》及相关法规和规章。

② Wang Xujin.On the Administration and Operation of Insurance Broker in China.Insurance Beyond Year 2000 in Asia. Hong Kong Institute of Business Studies and Lingnan University,1999.

理人员包括:保险经纪公司的总经理、副总经理或者具有相同职权的管理人员;保险经纪公司分支机构的主要负责人。保险经纪机构拟任董事长、执行董事和高级管理人员应当具备下列条件,并报经中国保监会核准:A. 大学专科以上学历;B. 从事经济工作 2 年以上;C. 具有履行职责所需的经营管理能力,熟悉保险法律、行政法规及中国保监会的相关规定;D. 诚实守信,品行良好。E. 中国保监会规定的其他条件。其中,从事金融工作 10 年以上,可不受前款第 A 项的限制。

第五,有与业务规模相适应的固定住所。

第六,有与开展业务相适应的业务、财务等计算机软硬件设施。

第七,股东、发起人信誉良好,最近 3 年无重大违法记录。

第八,法律、行政法规和中国保监会规定的其他条件。

上述条件是对设立保险经纪机构实质要件的规定,中国保监会审查设立申请时,除要审查上述条件外,还应考虑保险市场发展的需要。但是,依据法律、行政法规和中国保监会的有关规定不能投资于保险经纪公司的单位和个人不得成为保险经纪公司的股东或发起人,同时,保险经纪机构的名称中应当包含"保险经纪"字样,且字号不得与现有的保险中介机构相同,中国保监会另有规定除外。

② 保险经纪人的设立审批。保险经纪公司的设立,要经过一定的程序,即筹建和开业两个阶段。首先,向保险监管机构申请,并按规定提交有关的资料,保险监管机构自收到申请成立的材料后,如果同意的,经批准成立开业的保险经纪公司应按规定领取经营保险经纪业务许可证。其次,经批准成立的保险代理公司由我国保险监管机构颁发经营保险经纪业务许可证,并在工商行政管理局注册登记,取得营业执照,方可营业。[①]

同时,保险经纪机构应当自许可证取得之日起 20 日内投保职业责任保险或者按其注册资本向中国保监会指定的商业银行缴存保证金。该规定的基本依据在于保护投保人、被保险人或受益人的利益。因为保险经纪人在保险业务中的过错造成投保人或被保险人损失的,由保险经纪人承担赔偿责任。显然,为了保护投保人、被保险人或受益人的利益,只有保证保险经纪人有足够的偿付能力,才能使投保人、被保险人或受益人的利益得到保障。

保险经纪人的变更和终止均需经中国保监会的批准,其破产则由人民法院组织进行。

(3) 保险经纪人的执业管理。保险经纪人的执业管理是对保险经纪人从事保险居间、委托代理、咨询等经纪业务活动的约束规则的总和。保险经纪人在其经纪执业中应接受保险监管,根据《保险法》《保险经纪机构监管规定》和《合同法》,并结合有关法规和惯例,保险经纪人的执业规则可归纳为以下几个主要方面:

① 已取得保监会颁发的经营保险经纪业务许可证。

② 保险经纪人经纪业务的范围。包括:保险经纪人只能同保险标的所在地的保险公司洽谈和办理直接投保手续等;不得兼营保险代理业务[②]。

③ 保险经纪人应遵循最大诚信、自愿、公平、平等的原则。根据诚信原则的要求,保险经纪人不得做不实、误导的广告或宣传,不得做不如实转告投保人声明事项;根据平等、自愿原则要

---

① 具体要求的材料及时限,参见《保险经纪机构监管规定》以及《中华人民共和国行政许可法》。

② 我国此规定在于防止在保险经纪人的佣金低于代理手续费时,将经纪业务转作代理业务,以获得更大的利益,从而损害投保人的利益。在英国只适用于寿险经纪人;而在美国,保险经纪人可以兼做保险代理人的业务。

求,保险经纪人不得利用行政权力、职务或者职业便利以及其他不正当手段强迫或者限制投保人订立保险合同;根据公平原则的要求,保险经纪人不得利用不正当手段引诱投保人订立保险合同。[①]

④ 禁止恶意代理。包括:第一,禁止自己代理,如保险经纪人为自身财产、人员投保不得收取佣金;第二,禁止恶意串通,如禁止保险经纪人损害委托人的利益,因为这有悖于代理的初衷,故为法律所禁止;第三,禁止双方代理,如禁止保险经纪公司兼管保险代理业务,因为这有损于公平原则。

⑤ 收取合法的佣金。包括:为投保人向保险人介绍保险业务、代投保人向保险人办理投保手续的,由保险人支付佣金;为被保险人代办索赔等手续,由被保险人支付佣金。同时,保险经纪公司的佣金标准应在委托合同中约定列明。[②]

⑥ 独立承担赔偿责任。因保险经纪人的过错,给投保人、被保险人、受益人、分出人造成损失的,由保险经纪人承担赔偿责任。

⑦ 接受保险监管。包括:接受中国保监会对保险经纪人实行日常检查和年度检查制度;按规定向中国保监会定期报送业务和财务报表。[③]

3. 保险公估人的监管

(1) 我国保险公估人的性质与类型。我国对保险公估人的监管已有明确规定,其监管的法律法规有《保险公估机构监管规定》以及《保险法》《民法通则》的有关规定。在保险市场中,保险经纪人是投保人的代理人,代表投保人的利益;保险代理人是保险人的代理人,代表保险人的利益;保险公估人则基于第三者的地位。在我国,虽然《保险法》尚无对保险公估人的明确规定,但规定保险活动当事人可以委托保险公估机构等依法设立的独立评估机构或者具有相关专业知识的人员,对保险事故进行评估和鉴定。[④]根据我国《保险公估机构监管规定》:"本规定所称保险公估机构是指接受委托,专门从事保险标的或者保险事故评估、勘验、鉴定、估损理算等业务,并按约定收取报酬的机构。"这说明在我国保险公估人限于机构。根据《保险公估机构监管规定》,保险公估机构可以经营的业务包括:保险标的承保前和承保后的检验、估价及风险评估;保险标的出险后的查勘、检验、估损理算及出险保险标的残值处理;风险管理咨询;中国保监会批准的其他业务。据此,保险公估人的民事法律行为具有委托性质,其委托人既可以是保险人,亦可以是被保险人或受益人,还可以是保险人和被保险人或受益人双方。

保险公估人的类别也较为复杂,按资本金性质不同分为中资保险公估公司、外资保险公估公司、中外合资保险公估公司。我国《保险公估机构监管规定》则规定,保险公估机构可以为合伙企业、有限责任公司或股份有限公司。

(2) 保险公估人的设立。

① 保险公估人的设立条件。设立保险公估公司应具备法律规定的条件。设立保险公估机构的条件一般包括:资本金要求、章程要求、人员要求、高级管理人员要求、营业场所要求。根据

① 具体内容可参见《保险法》第131条。

② 由于保险经纪人从事居间或代投保人投保的佣金一般由保险人支付,为了防止保险经纪人为获得较高的佣金而损害投保人的利益,所以在保费收据中载明。

③ 这里主要从理论角度概括为七方面,具体可参见《保险法》及相关法规和规章。

④ 参见《保险法》第129条。

《保险公估机构监管规定》,设立保险公估机构,应当具备下列条件:

第一,股东、发起人或者合伙人信誉良好,最近3年无重大违法记录。

第二,公司章程或者合伙协议符合有关规定。

第三,董事长、执行董事和高级管理人员符合本规定的任职资格条件。根据我国《保险公估机构监管规定》,保险公估机构高级管理人员包括:公司制保险公估机构的总经理、副总经理或者具有相同职权的管理人员;合伙制保险公估机构执行合伙企业事务的合伙人或者具有相同职权的管理人员;保险公估分支机构的主要负责人。保险公估机构拟任董事长、执行董事和高级管理人员应当具备下列条件,并报经中国保监会核准:A. 大学专科以上学历;B. 从事经济工作2年以上;C. 具有履行职责所需的经营管理能力,熟悉保险法律、行政法规及中国保监会的相关规定;D. 诚实守信,品行良好;E. 中国保监会规定的其他条件。其中,从事金融或者评估工作10年以上,可以不受前款第A项限制。

第四,具备健全的组织机构和管理制度。

第五,有与业务规模相适应的固定住所。

第六,有与开展业务相适应的业务、财务等计算机软硬件设施。

第七,法律、行政法规和中国保监会规定的其他条件。

上述条件是对设立保险公估机构实质要件的规定,中国保监会审查设立申请时,除要审查上述条件外,还考虑保险市场发展的需要。但是,依据法律、行政法规规定不能投资企业的单位或者个人,不得成为保险公估机构的发起人、股东或者合伙人。如各级党政机关、部队、社会团体及国家拨给经费的事业单位以及保险公司不得向保险公估机构投资入股。

同时,保险公估机构及其分支机构的名称中应当包含"保险公估"字样,且字号不得与现有的保险中介机构相同,中国保监会另有规定除外。

② 保险公估人的设立审批。保险公估人设立的基本程序一般经过筹建和开业两个阶段。保险公估机构的设立,要经过一定的程序。首先,向保险监管机构申请,并按规定提交有关的资料,保险监管机构如果同意的,经批准成立开业的保险代理机构应按规定领取经营保险公估业务许可证。其次,保险公估机构经中国保监会批准并颁发经营保险公估业务许可证,并在工商行政管理机关注册登记后,取得营业执照,方可营业。[①]

虽然《保险公估机构监管规定》未对保证金或职业责任险作出规定,但《中华人民共和国资产评估法》第21条规定:"评估机构根据业务需要建立职业风险基金,或者自愿办理职业责任保险,完善风险防范机制。"

保险公估机构的变更、分立、合并和解散均须经中国保监会的批准,其破产必须经中国保监会同意,由人民法院组织进行。

(3) 保险公估人的执业管理。保险公估人的执业管理是对保险公估人从事保险标的的评估、勘验、鉴定、估损、理算等公估业务活动的约束规则的总和。《保险公估机构监管规定》中规定保险公估人在其公估执业中应接受保险监管。根据《保险法》《保险公估机构监管规定》《资产评估法》《民法通则》和《合同法》,并结合有关法律、法规和惯例,保险公估人的执业规则可归纳为以下几个主要方面:

---

① 具体要求的材料及时限,参见《保险公估机构监管规定》以及《中华人民共和国行政许可法》。

① 从业的合法性。即在中国境内设立保险公估公司应当由中国保监会审批;任何机构未经中国保监会批准不得从事保险公估业务。

② 聘用公估人员的合规性。即保险公估公司内部直接从事保险公估业务的人员及其他保险公估公司临时聘用的专业技术人员,应事先经由保险公估公司向原批准机关备案后,方可从事保险公估业务。

③ 业务范围的限制性。包括:第一,任何保险公估公司不得从事保险代理或保险经纪活动,这是为了公正的需要;第二,保险公估公司只能在指定的经营区域内从事保险公估业务,其经营区域由中国保监会核定。

④ 遵循诚信、独立 、客观、公平、公正、公开原则。根据诚信原则的要求,保险公估公司不得为开展业务做夸大不实的广告及宣传,不得在开展业务时有弄虚作假、收受贿赂、向客户索要额外利益、与客户串通等行为;根据公正、公平原则的要求,保险公估公司不得为其自身利益及有利害关系的委托人进行保险公估活动,其营业场所也不得设在保险公司、保险代理公司或保险经纪公司等机构的营业场所内,以便与其有利害关系的人回避。[①]

⑤ 保守商业秘密。当保险人、被保险人和其他保险关系人及时、准确地向保险公估公司提供有关保险标的的资料时,保险公估公司有义务为其保守商业秘密。

⑥ 公估报告的真实性、要素性和有效性。第一,公估报告的真实性。保险公估公司不得向当事人出具虚假的公估报告。第二,公估报告内容的要素性。其内容至少应包括:保险公估事项发生的时间、地点、起因、过程、结果等情况,保险公估标的简介,进行保险公估活动所依据的原则、定义、手段和计算方法,标的理算以及其他费用的计算公式和金额,保险公估结论。第三,公估报告的有效性。《资产评估法》第 27 条规定:“评估报告应当由至少两名承办该项业务的评估专业人员签字并加盖评估机构印章。”

⑦ 依规定收取公估费。即保险公估费用标准应当依国家有关规定或双方约定执行。从理论上说,保险公估费用应当由委托人支付,但实际上通常由保险人支付。不过,当发生争议以至诉讼时,则通常由败诉方支付。

⑧ 独立承担赔偿责任。因保险公估公司的过错,给保险人、被保险人造成损失的,由保险公估公司承担赔偿责任。

⑨ 接受保险财务和业务的监管。包括:按规定向中国保监会定期报送业务报表和财务报表;接受其对保险公估公司实行检查制度,从而要求保险公估公司应将各类财务原始凭证、勘察原始资料、保险公估报告及其他重要文件保存至少 5 年,以备其检查。[②]

---

① 参见《保险法》第 129 条。

② 《保险公估机构监管规定》对此做了具体规定,这里只作理论框架的描述。

参考文献

1. 郝演苏．保险学教程．北京：清华大学出版社，2004.
2. 陈继儒．新编保险学．北京：立信会计出版社，1996.
3. 王绪瑾．保险学概论．4 版．北京：中央广播电视大学出版社，2017.
4. 庹国柱．保险学．7 版．北京：首都经济贸易大学出版社，2016.
5. 孙祁祥．保险学．5 版．北京：北京大学出版社，2013.
6. 孙祁祥，郑伟．保险制度与市场经济：历史、理论与市政考察．北京：经济科学出版社，2009.
7. 魏华林，林宝清．保险学．3 版．北京：高等教育出版社，2016.
8. 王绪瑾．商业保险基础．北京：中国财政经济出版社，2002.
9. 马永伟．保险知识读本．北京：中国金融出版社，2000.
10. 中国保监会普及保险知识编写组．保险知识学习读本．北京：中国金融出版社，2006.
11. 张念．保险学原理．成都：西南财经大学出版社，1997.
12. 徐文虎．保险学．上海：上海人民出版社，1994.
13. 袁中蔚．保险学．北京：首都经济贸易大学出版社，2000.
14. 陈云中．保险学．台北：五南图书出版公司，1993.
15. 凌氤宝，康裕民，陈森松．保险学：理论与实务．台北：华泰文化，2006.
16. 刘新立．风险管理．北京：北京大学出版社，2006.
17. 宋明哲．现代风险管理．台北：五南图书出版公司，2001.
18. 特瑞斯·普雷切特，等．风险管理与保险．孙祁祥，等，译．北京：中国社会科学出版社，1998.
19. Scott E Harrington，Gregory R Niehaus. 风险管理与保险．陈秉正，王珺，周伏平，译．北京：清华大学出版社，2001.
20. 詹姆斯·S. 特里斯曼，等．风险管理与保险．裴平，译．大连：东北财经大学出版社，2002.
21. 中国保险学会．中国保险史．北京：中国金融出版社，1998.
22. 李玉泉，邹志洪．保险法学．北京：高等教育出版社，2010.
23. 朱铭来．保险法学．天津：南开大学出版社，2006.
24. 郑伟，贾若．保险法．北京：中国发展出版社，2009.
25. 吴定富．《中华人民共和国保险法》释义．北京：中国财政经济出版社，2009.
26. 李玉泉．保险法学案例教程．北京：知识产权出版社，2005.
27. 许飞琼．财产保险案例分析．北京：中国金融出版社，2004.
28. 中国保险监督管理委员会．重大灾害事故保险理赔事例选编（2016）. 北京：中国金融出版社，2016.

29. 黎宗剑 . 保险案例汇编 . 北京:中国时代出版社,2007.
30. 林群弼 . 保险法论 . 台北:三民书局,2010.
31. 郑玉波 . 保险法论 . 台北:三民书局,1997.
32. 卓志 . 寿险精算的理论与操作 . 成都:西南财经大学出版社,1993.
33. 张博 . 精算学 . 北京:北京大学出版社,2005.
34. 江生忠,祝向军 . 保险经营管理学 . 北京:中国金融出版社,2001.
35. 魏巧琴 . 保险经营管理学 . 4 版 . 上海:上海财经大学出版社,2012.
36. 王绪瑾 . 财产保险 . 2 版 . 北京:北京大学出版社,2017.
37. 郝演苏 . 财产保险 . 成都:西南财经大学出版社,1996.
38. 乔林,王绪瑾 . 财产保险 . 北京:中国人民大学出版社,2002.
39. 郝演苏 . 财产保险 . 北京:中国金融出版社,2005.
40. 郑功成,许飞琼 . 财产保险 . 5 版 . 北京:中国金融出版社,2015.
41. 乔林,王绪瑾 . 财产保险 . 2 版 . 北京:中国人民大学出版社,2008.
42. 林增余 . 财产保险 . 北京:中国金融出版社,1987.
43. 李继熊,魏华林 . 海上保险学 . 成都:西南财经大学出版社,1994.
44. 郭颂平 . 海上保险理论与实务 . 北京:中国金融出版社,1998.
45. 应世昌 . 新编海上保险学 . 3 版 . 上海:同济大学出版社,2016.
46. 杨良宜,汪鹏南 . 英国海上保险条款详论 . 5 版 . 大连:大连海事大学出版社,1996.
47. 张拴林,王绪瑾 . 海上保险 . 大连:东北财经大学出版社,1999.
48. 雷荣迪 . 国际货物运输保险 . 北京:对外经济贸易大学出版社,1991.
49. 王和 . 工程保险理论与实务 . 北京:中国财政经济出版社,2011.
50. 朱世昌 . 工程保险 . 长沙:湖南教育出版社,1993.
51. 许飞琼 . 责任保险 . 北京:中国金融出版社,2007.
52. 郑功成 . 责任保险理论与实务 . 北京:中国金融出版社,1991.
53. 江平,费安玲 . 中国侵权责任法教程 . 北京:知识产权出版社,2010.
54. 中国出口信用保险公司 . 出口信用保险 . 北京:中国海关出版社,2004.
55. 庹国柱 . 农业保险 . 北京:中国人民大学出版社,2008.
56. 王绪瑾 . 保险专业知识与实务(中级). 北京:中国人事人民出版社,2017.
57. 所罗门·许布纳 . 财产与责任保险 . 陈欣,译 . 北京:中国人民大学出版社,2002.
58. 凌氤宝,陈森松 . 产物保险经营 . 台北:华泰文化,2006.
59. 刘冬娇 . 人身保险 . 北京:中国金融出版社,2010.
60. 魏巧琴 . 新编人身保险学 . 3 版 . 上海:同济大学出版社,2014.
61. 袁辉 . 健康保险制度创新研究 . 北京:中国社会科学出版社,2010.
62. 庹国柱,方明川 . 年金保险 . 北京:北京大学出版社,2010.
63. Kenneth Black Jr., Harold D Skipper Jr. 人寿与健康保险 . 孙祁祥,郑伟,等,译 . 北京:经济科学出版社,2003.
64.《再保险》编写组 . 再保险 . 成都:西南财经大学出版社,1993.
65. 郑功成 . 社会保障学:理念、制度、实践与思辨 . 北京:商务印书馆,2000.

66. 李晓林,王绪瑾 . 社会保障学 . 北京:中国财政经济出版社,1997.
67. 林宝清 . 保险发展模式论 . 北京:中国金融出版社,1993.
68. 裴光 . 中国保险业监管研究 . 北京:中国金融出版社,1999.
69. 裴光 . 中国保险业竞争力研究 . 北京:中国金融出版社,2002.
70. 徐徐 . 中国有效保险监管制度研究 . 北京:经济科学出版社,2009.
71. 马永伟 . 各国保险法规制度对比研究 . 北京:中国金融出版社,2001.
72. 本书译编委员会 . 各国保险法律制度译编 . 北京:中国金融出版社,2000.
73. 王绪瑾 . 论中国大陆的保险监管 . 保险专刊第 54 期,财团法人保险事业发展中心编印,1998.
74. 保险区块链项目组 . 保险区块链研究 . 北京:中国金融出版社,2017.
75. Harold Dshipper Jr.International Risk and Insurance.Shipaer Irwin Mcgraw Hill,1998.
76. George E Rejda.Principles of Risk Management and Insurance. 6th ed. Addison Wesley Educational Publishers Inc.,1998.
77. James S Trieschmann,Robert E Hoyt,David W Sommer. 风险管理与保险 . 北京:北京大学出版社,2006.
78. Mark S Dorfman.Introduction to Risk Management and Insurance. 9th ed. 北京:清华大学出版社,2007.
79. 吴定富 . 中国保险年鉴 . 北京:中国保险年鉴编辑部,1997—2017.
80. 孙祁祥,郑伟 . 中国保险业发展报告 . 北京:北京大学出版社,2016.
81. 中国保险业风险评估报告编写组 . 中国保险业风险评估报告 2017. 北京:中国保险保障基金有限责任公司,2017.
82. 瑞士再保险网站:http://www.swissre.com/publications,Sigma.
83. 保险研究,1990 年以来各期 .